PORTRAITS CONTEMPORAINS

PAR

C.-A. SAINTE-BEUVE

DE L'ACADÉMIE FRANÇAISE

« Nous sommes mobiles, et nous jugeons
des êtres mobiles..... »
SÉNAC DE MEILHAN.

TOME PREMIER

NOUVELLE ÉDITION

REVUE, CORRIGÉE ET TRÈS-AUGMENTÉE

PARIS

MICHEL LÉVY FRÈRES, ÉDITEURS

RUE VIVIENNE, 2 BIS, ET BOULEVARD DES ITALIENS, 15

A LA LIBRAIRIE NOUVELLE

1870

Droits de reproduction et de traduction réservés

PORTRAITS
CONTEMPORAINS

I

CHEZ LES MÊMES ÉDITEURS

POÉSIES COMPLÈTES

DE

C.-A. SAINTE-BEUVE

Nouvelle édition revue et très-augmentée

DEUX VOLUMES IN-8°

NOUVEAUX LUNDIS

PAR

C.-A. SAINTE-BEUVE

TOMES 1 A 11

— Format grand in-18 —

PARIS. — J. CLAYE, IMPRIMEUR, 7, RUE SAINT-BENOÎT. — [901]

En réimprimant une fois encore ces *Portraits contemporains,* je m'attacherai, tout en y ajoutant çà et là quelques mots et parfois une ou deux pages, à les maintenir dans leur première mesure : ce ne sont point des portraits complets et définitifs, ce sont des portraits faits à une certaine date, à un certain âge; ils nous rendent aussi fidèlement que je l'ai pu les originaux, tels qu'ils étaient à ce moment, ou tels qu'ils me parurent. Bien des traits qui étaient encore délicats, et qu'il fallait de l'attention pour découvrir, se sont marqués davantage et accentués depuis; d'autres se sont effacés ou recouverts, grâce à cette sorte de transfiguration qui se fait avec les années. Bon nombre enfin de ces articles, qui étaient *contemporains* du modèle au moment où je les écrivais, sont devenus *posthumes* à l'heure où je les réimprime et où il m'est donné, une dernière fois, de les relire. Je tiendrai compte de toutes ces différences pour pousser le plus possible au relief et à la vérité.

Ce 6 juillet 1868.

AVERTISSEMENT

DE LA PREMIÈRE ÉDITION.

Je continue de mettre ordre de mon mieux à ce que j'appelle mes *affaires littéraires*. Après avoir recueilli, il y a deux ans, les portraits que j'avais faits des morts, je rassemble aujourd'hui ceux des écrivains vivants. La division peut ne pas sembler très-rigoureuse. Tel écrivain mort d'hier est aussi vivant que tel qui ne mourra que demain. Pendant qu'on imprime ces volumes, il se peut que plus d'un sujet se dérobe à ma classification et acquière le droit de passer d'une série à l'autre. Peu importe; la classification ne serait-elle qu'un prétexte, l'essentiel est que j'y trouve un fil pour rassembler ces divers morceaux, déjà si nombreux, en m'appliquant à les perfectionner.

Ces nouveaux volumes ont d'ailleurs leur caractère assez à part, en effet; les noms les plus célèbres du jour s'y pressent; j'ai eu affaire à la plupart d'entre eux, d'assez près et plus d'une fois. La forme de la critique se ressent des difficultés dont j'ai eu à triompher : je débute le plus souvent par la louange, par la pleine louange, tellement que la critique proprement dite semble parfois bien près de disparaître. Ç'a été sincérité de ma part en même temps que curiosité d'étude et ouverture commode, je l'avoue; ç'a été à la fois, s'il m'est permis de le dire, un penchant et une méthode.

On n'obtient rien des poëtes que par l'extrême louange : Homère, le plus grand de tous, le savait bien, lui qui, au livre VIII de l'*Odyssée*, fait dire par Ulysse au chantre Démodocus, pour lui demander un chant : « *Démodocus, je te mets sans contredit au-dessus de tous les mortels ensemble,* car c'est la Muse elle-même qui t'a enseigné, la Muse, fille de Jupiter, ou plutôt Apollon... » Ce compliment de début est de rigueur auprès des poëtes, depuis Homère et Démodocus jusqu'à... jusqu'à tous ceux de nos jours.

Je ne me suis pas dit cela de prime abord ; j'ai commencé par admirer pleinement, naïvement, ceux que j'aimais surtout à contempler et à pénétrer, et qui se déployaient d'eux-mêmes sous mon regard ; ma curiosité se mêlait d'émotion à mesure que j'entrais plus avant dans chaque talent digne d'être étudié et connu. Je me disais comme Pline le Jeune, lorsqu'il décrit et développe les mérites de tant d'illustres amis : « *At hoc pravum malignumque est non admirari hominem admiratione dignissimum, quia videre, alloqui, audire, complecti, nec laudare tantum, verum etiam amare contingit.* » Je me disais cela en commençant, et les circonstances extérieures se prêtaient elles-mêmes à cette vue et y inclinaient en quelque sorte la critique, afin que celle-ci pût remplir tout son rôle à ce moment.

Il se tentait dans l'art, dans la poésie, dans les diverses branches de la pensée, quelque chose de nouveau à quoi le public n'était pas encore accoutumé ; il a fallu bien des efforts pour qu'il y fût définitivement conquis. On peut par là marquer les deux temps de ma manière critique, si j'ose bien en parler ainsi : dans le premier, j'interprète, j'explique, je *professe* les poëtes devant le public, et suis tout occupé à les faire valoir. Je deviens leur avocat, leur secrétaire, ou encore leur héraut d'armes, comme je me suis vanté de l'être souvent. Dans le second temps, ce point gagné, je me retourne vers eux, je me fais en partie public, et je les juge.

Je les juge avec bien des ambages et des circonlocutions sans doute. Nos successeurs diront sans efforts, et en deux mots, ce que nous nous sommes donné beaucoup de peine pour envelopper ou délayer. Pourtant il n'est pas si malaisé d'entendre ce qu'il n'a été permis que d'indiquer; et même dans cette manière, que je nomme ma première, et qui a un faux air de panégyrique, la louange (prenez-y garde) n'est souvent que superficielle, la critique se retrouverait dessous, une critique *à fleur d'eau* : enfoncez tant soit peu, et déjà vous y touchez.

Même en énumérant les qualités des talents amis, il y a un mot qu'il ne faudrait jamais perdre de vue, le *circum præcordia ludit*, qu'un satirique accorde à l'aimable Horace : se jouer autour du cœur de ceux même qu'on caresse, et montrer qu'on sait les endroits où l'on ne veut pas appuyer.

En réimprimant ces portraits, je leur laisse exactement le caractère qu'ils eurent dans le temps de leur publication première, sans m'interdire toutefois les petites notes qui complètent ou restreignent. J'ai dû mettre çà et là des correctifs, je n'ai pas eu à faire de rétractation. Moyennant ce système de petites notes qui courent sous le texte, je rends à celui-ci son vrai sens; la note est plus familière et donne la facilité de baisser d'un ton. J'ai cru qu'il était permis de parler à l'entre-sol un peu plus librement qu'au premier.

Il m'eût été facile, sur bien des points, de rendre ces portraits plus piquants; j'ai dû le plus souvent me l'interdire. Entre tant d'écueils à travers lesquels je naviguais, si j'ai touché par accident sur quelques-uns, qu'il me suffise de me rendre ce témoignage que je ne crois pas avoir cédé à la crainte de déplaire quand j'ai été indulgent, ni à aucun sentiment hostile quand j'ai été plus sévère. J'ai pu craindre quelquefois d'affliger; j'ai pu, d'autres fois, prendre occasion de ressaisir ma liberté et de marquer mon dissentiment. Ai-je réussi, autant que j'y ai visé, à ne faire tout cela que dans la limite des obligations imposées et des convenances permises? — Tels qu'ils sont, on trouvera incontestablement dans ces portraits de bonnes indications de vérités, et une grande masse de faits et de notions apportés en tribut à l'histoire littéraire contemporaine.

En achevant de revoir et de relire des pages où j'ai autrefois déposé tant d'espérances, où j'ai placé tant de vœux sur des noms brillants qui n'en ont réalisé qu'une partie, je me surprends à redire, et je ne puis m'empêcher de citer, pour moralité finale, ces beaux vers de Virgile, si empreints de gravité et de justesse sévère, et applicables à la décadence de toutes les aristocraties, à celle de tous les talents qu'un travail et une vigilance perpétuelle n'entretiennent pas :

> Vidi lecta diu et multo spectata labore
> Degenerare tamen, ni vis humana quotannis
> Maxima quæque manu legeret. Sic omnia fatis
> In pejus ruere, ac retro sublapsa referri.

15 août 1845.

PORTRAITS

CONTEMPORAINS

CHATEAUBRIAND

1834

— Mémoires — (1).

Nous sommes dans un temps où tout se hâte, se divulgue, et où la parole n'attend pas. L'événement d'hier est déjà de la chronique, de la poésie ou de l'histoire; l'œuvre de demain s'anticipe impatiemment, et la curiosité la dévore. On a goûté, le matin, ce qui fait l'objet d'un souvenir, et avant le soir on le raconte, on le chante.

Et pourquoi ne le raconterait-on pas? pourquoi ne pas mettre en circulation jour par jour, pour ainsi dire, ce qui a instruit ou ému, ce qui a appris quelque

(1) On a essayé dans les pages qui suivent de rendre l'effet que produisirent les premières lectures des *Mémoires*, dans le salon de madame Récamier. Ce n'est en rien un jugement, c'est une impression, un reflet fidèle.

chose sur l'état de la société ou sur la nature particulière d'un génie? Nous subissons les inconvénients du temps où nous vivons, ayons-en du moins les avantages. Qu'il en soit du monde moral comme il en est aujourd'hui de l'univers et du ciel physique. Les physiciens, les astronomes, les navigateurs observent et notent à chaque instant les variations de l'atmosphère, la latitude, les étoiles. Ces observations multipliées s'enchaînent, et leur ensemble aide à découvrir ou à vérifier des lois. Faisons quelque chose d'analogue dans le monde de l'esprit et de la société. Bien des détails précieux qui échapperaient, si on ne les saisissait au passage, et qui ne se retrouveraient plus, sont ainsi fixés, et pourront fournir d'imprévues conclusions à nos neveux, ou du moins, en vieillissant, en se colorant par le seul effet de la distance, ils leur deviendront poétiques et chers. Et quant à ce qui est beau, grand et décidément immortel, pourquoi hésiterait-on à le constater, à le saluer aussitôt qu'on le rencontre? Et dans cet âge de rapidité, d'ennui, d'efforts avortés et d'espérances non encore mûres, pourquoi s'envierait-on une jouissance actuelle et une conquête certaine? Faut-il attendre qu'on soit loin de l'édifice, et séparé par la poussière et la foule, pour l'admirer?

Le mois passé (et de spirituelles indiscrétions l'ont déjà ébruité par mille endroits), quelques auditeurs heureux ont goûté une de ces vives jouissances d'imagination et de cœur qui suffisent à embellir et à marquer, comme d'une fête singulière, toute une année de la vie. Nous en étions, et, après d'autres sur qui

nous n'aurons que cet avantage (1), nous essayerons
d'en dire quelque mot. C'était, comme on le sait, dans
un salon réservé, à l'ombre d'une de ces hautes renommées de beauté auxquelles nul n'est insensible, puissance indéfinissable que le temps lui-même consacre
et dont il fait une muse. La bonté ingénieuse surtout,
si une fois elle a été unie à la beauté souveraine, et
n'a composé avec elle qu'un même parfum, est une
grâce qui devient enchanteresse à son tour et qui ne
périt pas. Dans ce salon, qu'il faudrait peindre, où tout
dispose à ce qu'on y attend, dont la porte reste entr'ouverte sur le monde qui y pénètre encore, dont les fenêtres donnent sur le jardin clos et sur les espaliers en
fleur d'une abbaye, on a donc lu les Mémoires du vivant
le plus illustre, lui présent, Mémoires qui ne paraîtront
au jour que lui disparu. Silence et bruit lointain,
gloire en plein régnante et perspective d'un mausolée,
confins du siècle orageux et d'une retraite ensevelie,
le lieu de la scène était bien trouvé. Dans ce salon
étroit, et qui était assez peu et assez noblement rempli pour qu'on se sentît fier d'être au cercle des préférés, il était impossible, durant les intervalles de la
lecture, ou même en l'écoutant, de ne pas s'égarer aux
souvenirs. Ce grand tableau qui occupe et éclaire toute
la paroi du fond, c'est Corinne au cap Misène : ainsi
le souvenir d'une amitié glorieuse remplit, illumine
toute une vie. En face, cette branche toujours verte de

(1) M. Janin venait d'écrire quelque article sur ces lectures,
mais sans y avoir assisté.

1.

fraxinelle ou de chêne qui, au milieu des vases grecs et des brillantes délicatesses, sur le marbre de la cheminée, tenait lieu de l'heure qui fuit, n'était-ce pas comme une palme de Béatrix rapportée par l'auteur d'Orphée, comme un symbole de ce je ne sais quoi d'immortel qui trompe les ans? De côté, sur ces tablettes odorantes, voilà les livres choisis, les maîtres essentiels du goût et de l'âme, et quelques exemplaires somptueux où se retrouvent encore tous les noms de l'amitié, les trois ou quatre grands noms de cet âge. Oh! que les admirables confidences étaient les bienvenues dans ce cadre orné et simple où elles s'essayaient! Comme l'arrangement léger de cet art, dont il faut mêler le secret à toute idéale jouissance, n'ôtait rien à l'effet sincère et complétait l'harmonie des sentiments! Le grand poëte ne lisait pas lui-même; il eût craint peut-être en certains moments les éclats de son cœur et l'émotion de sa voix. Mais si l'on perdait quelque accent de mystère à ne pas l'entendre, on le voyait davantage; on suivait sur ses vastes traits les reflets de la lecture comme l'ombre voyageuse des nuages aux cimes d'une forêt. Celui qui fut tour à tour René, Chactas, Aben-Hamet, Eudore, l'Homère du jeune siècle, il était là, écoutant les erreurs de son Odyssée. Les plis de ce front de vieux nocher, la gravité de la tête du lion, l'amplitude des tempes triomphales ou rêveuses, ressortaient mieux dans l'immobilité. Tantôt sa main passait et se posait sur les paupières, comme pour plus de ressemblance avec ces grands aveugles qu'il a peints, et dont la face exprime le repos dans le génie : il dérobait quelque pleur involontaire. Tantôt son œil se rouvrait avec la flamme du jeune aigle, et ce regard humide et enivré jouait dans le soleil, dont quelque rayon, à travers le bleu des franges, le poursuivait obstinément. Et cette noble tête se détachant ainsi derrière le lecteur dans la bordure du tableau de Corinne, tableau un peu trop rapproché de nous, je me disais : « Enfant, de tels fonds ont surmonté longtemps et dominé nos rêves. Staël! Chateaubriand! les voilà devant nous, l'une aussi présente, l'autre aussi dévoilé qu'ils peuvent l'être, unis tous les deux sous l'amitié vigilante d'un même cœur. Entrons bien dans cette pensée. Respirons, respirons sans mélange la poésie de ces pages où l'intimité s'exhale à travers l'éclat. Embrassons, étreignons en nous ces rares moments, pour qu'après qu'ils auront fui, ils augmentent encore de perspective, pour qu'ils dilatent d'une lumière magnifique et sacrée le souvenir. Cour de Ferrare, jardins des Médicis, forêt de pins de Ravenne où fut Byron, tous lieux où se sont groupés des génies, des affections et des gloires, tous Édens mortels que la jeune postérité exagère toujours un peu et qu'elle adore, faut-il tant vous envier? et n'enviera-t-on pas un jour ceci? »

C'est vers 1800 que M. de Chateaubriand entra du premier pas dans la gloire. Rien de lui n'était connu jusque-là; l'*Essai sur les Révolutions,* publié en Angleterre, n'avait nullement pénétré en France; quelques articles du *Mercure* et les promesses de M. de Fontanes présageaient depuis plusieurs mois aux personnes attentives un talent nouveau, quand le *Génie du Chris-*

tianisme remplit l'horizon de ses subites clartés (1). Cet incomparable succès, au début, conféra à M. de Chateaubriand un caractère public, comme écrivain ; sa triple influence, religieuse, poétique et monarchique, commença dès lors. Toute sa destinée ultérieure dut se dérouler sous cette majestueuse inauguration et à partir de cette colonne milliaire que surmontait une croix. La religion, la poésie, la monarchie, durant ces trente années, dominèrent, chacune plus ou moins, selon les circonstances, dans cette vie qui marcha comme un long poëme. Mais il y eut bien des inégalités nécessaires et des interruptions qui furent peu comprises des esprits prosaïques et soi-disant positifs. Cette dévotion éloquente, cette invocation au christianisme du sein d'une carrière d'honneurs, de combats politiques ou de plaisirs, cette rêverie sauvage, cette mélancolie éternelle de René se reproduisant au sortir des guirlandes et des pompes, ces cris fréquents de liberté, de jeunesse et d'avenir, dans la même bouche que la magnificence chevaleresque et le rituel antique des rois, c'en était plus qu'il ne fallait pour déconcerter d'honnêtes intelligences qui chercheraient difficilement en elles la solution d'un de ces problèmes, et qui prouveraient volontiers, d'après leur propre exemple, que l'esprit est matière, puisqu'il n'y tient jamais qu'une seule chose à la fois. Depuis quelques années pourtant, l'unité de cette belle vie de M. de Chateaubriand s'était suffisam-

---

(1) Les dates précises sont : *Atala*, 1801 ; *Génie du Christianisme*, 1802.

ment dessinée ; sauf quelques brusques détails, la ligne entière du monument était appréciée et applaudie. Littérairement, il n'y avait qu'une voix pour saluer le fondateur, parmi nous, de la poésie d'imagination, le seul dont la parole ne pâlissait pas dans l'éclair d'Austerlitz. Après le xvIII[e] siècle, qui est en général sec, analytique, incolore; après Jean-Jacques, qui fait une glorieuse exception, mais qui manque souvent d'un certain velouté et d'épanouissement ; après Bernardin de Saint-Pierre, qui a bien de la mollesse, mais de la monotonie dans la couleur, M. de Chateaubriand est venu, remontant à la phrase sévère, à la forme cadencée du pur Louis XIV, et y versant les richesses d'un monde nouveau, les études du monde antique. Il y a du Sophocle et du Bossuet dans son innovation, en même temps que le génie vierge du Meschacebé : Chactas a lu Job et a visité le grand Roi. On a comparé heureusement ce style aux blanches colonnes de Palmyre : ce sont en effet des fûts de style grec, mais avec les lianes des grands déserts pour chapiteaux. Et puis, comme dans le Louis XIV, un fonds de droit sens mêlé même au faste, de la mesure et de la proportion dans la grandeur. En osant la métaphore comme jamais on ne l'avait fait en français avant lui, M. de Chateaubriand ne s'y livre pas avec profusion, avec étourdissement; il est sobre dans son audace; sa parole, une fois l'image lancée, vient se retremper droit à la pensée principale, et il ne s'amuse pas aux ciselures ni aux moindres ornements. Le fond de son dessin est d'ordinaire vaste et distinct, les bois, la mer retentissante, la simplicité lumineuse des horizons; et c'est par là qu'on le retrouve surtout homérique et sophocléen.

M. de Chateaubriand apparaît donc littérairement comme un de ces écrivains qui maintiennent une langue en osant la remuer et la rajeunir. Toute l'école moderne émane plus ou moins directement de lui. Dans son application à la politique, et dans l'*Itinéraire* de son voyage en Orient, il a si bien su proportionner son style à la nature des sujets, que c'est aujourd'hui l'opinion universelle qu'il y a chez lui une seconde manière, une seconde portion de son œuvre qui est irréprochable. Mais comme ce mérite d'être *irréprochable* tient surtout en ce cas-là à un moindre déploiement poétique, je persiste à le préférer dans sa complète et, si l'on veut, inégale manière.

Politiquement, le rôle de M. de Chateaubriand n'est pas moins, à peu près unanimement, apprécié aujourd'hui. Sauf quelques mots, quelques écarts dus à la tourmente des temps et aux engagements de parti, on le voit constamment viser à une conciliation entre la liberté moderne et la légitimité royale. La liberté de la parole et de la presse est, en quelque sorte, l'axe fixe autour duquel sa noble course politique a erré. Et puis, d'époque en époque, on rencontre dans la vie publique de M. de Chateaubriand de ces actes d'honneur désintéressé et de généreuse indignation qui font du bien au cœur parmi tant d'égoïsmes prudents et d'habiles indifférences. Cette faculté électrique qui, lors de l'assassinat du duc d'Enghien, le porta instantanément à briser avec le gouvernement coupable, ne l'a pas abandonné encore; elle est, chez lui, restée irrésistible et entière comme son génie. Elle ne l'a pas trompé particulièrement dans sa relation de guerre et de dégoût contre un état de choses venu le dernier et déjà le plus attiédissant. Nous n'entendons pas ici précisément parler des deux brochures politiques de M. de Chateaubriand : nous en serions fort mauvais juge, incapable que nous nous trouvons, par suite d'habitudes anciennes et de convictions démocratiques, d'entrer dans la fiction des races consacrées et des dynasties de droit. Nous serions même fort tenté de croire que l'illustre écrivain n'a lancé ces manifestes que par engagement de position, par sentiment de point d'honneur, et comme on irait galamment sur le pré pour une cause à laquelle on se dévoue plutôt qu'on n'y croit. Mais ce que nous aimons sans réserve dans l'attitude actuelle de M. de Chateaubriand, ce qui nous le montre bien d'accord avec lui-même, avec son tempérament de loyauté et de liberté, c'est son irrémédiable dégoût de tout régime peureux, ou du moins étayé sur la peur, sans noblesse, qui suit sa cupidité sous l'astuce, et qui parfois devient même cynique dans ses actes ou dans ses aveux. Cette faculté d'indignation honnête, ce sens d'énergie palpitante et involontaire que rien n'attiédit, et qui se fait jour, après des intervalles, à travers le factice des diverses positions, est une marque distinctive de certaines âmes valeureuses, et constitue une forte portion de leur moralité. On aime à retrouver ce ressort chez des hommes également haut placés, chez M. de La Mennais comme chez M. de Chateaubriand.

Dans le jeune parti républicain, M. Carrel est l'organe d'un sentiment non moins vivace et incorruptible.

Religieusement, il ne tombe plus à l'esprit de personne de chicaner M. de Chateaubriand sur quelques désaccords qui pouvaient faire le triomphe et la jubilation de l'abbé Morellet, de Ginguené, de Marie-Joseph Chénier. Ces honorables représentants ou héritiers du xviiie siècle ne soupçonnaient pas la grande révolution morale qui allait s'opérer dans les esprits des générations naissantes. M. de Chateaubriand en a donné l'éclatant signal. Le premier, il s'est retourné contre le xviiie siècle et lui a montré le bouclier inattendu, éblouissant de lumière, et dont quelques parties étaient de vrai diamant. Si tout, dans ce brillant assaut, n'était pas également solide, si les preuves qui s'adressaient surtout à des cœurs encore saignants et à des imaginations ébranlées par l'orage ne suffisent plus désormais, l'esprit de cette inspiration se continue encore; c'est à l'œuvre et au nom de M. de Chateaubriand que se rattache le premier anneau de cette renaissance. Et pour ce qui est des contradictions, des luttes, des alternatives entre cet esprit chrétien, une fois ressaisi, et le monde avec ses passions, ses doutes et ses combats, qui de nous ne les a éprouvées en son cœur? qui de nous, au lieu de prétendre accuser et prendre en défaut la sincérité de celui qui fit *René*, n'admirera, ne respectera en lui ce mélange de velléités, d'efforts vers ce qu'on a besoin de croire, et de rentraînements vers ce qui est difficile à quitter? M. de Chateaubriand, qui a eu l'initiative en tant de choses, l'a eue aussi par ses orages intérieurs et par les vicissitudes de doute et de croyance qui sont aujourd'hui le secret de tant de jeunes destinées. « Quand les semences de la religion, dit-il en un endroit de ses Mémoires, germèrent la première fois dans mon âme, je m'épanouissais comme une terre vierge qui, délivrée de ses ronces, porte sa première moisson. Survint une bise aride et glacée, et la terre se dessécha. Le Ciel en eut pitié, il lui rendit ses tièdes rosées ; puis la bise souffla de nouveau. Cette alternative de doute et de foi a fait longtemps de ma vie un mélange de désespoir et d'ineffables délices. » Voilà en ces deux mots l'histoire religieuse d'une âme qui est le type complet de beaucoup d'âmes venues depuis. Quand M. de Chateaubriand ne confesserait pas cette lutte dans ses Mémoires, on en retrouverait l'empreinte continuelle dans sa vie, et elle y répand une teinte de mélancolie et de mystère qui en achève la poétique beauté.

Mais quoique la destinée de M. de Chateaubriand, depuis l'année où elle apparaît avec le siècle sur l'horizon, se manifeste, s'explique et resplendisse d'elle-même suffisamment, il y a bien des endroits inégaux, des transitions qui manquent, des effets dont les causes se doivent rechercher. Il y a surtout, avant cette gloire publique, avant ce rôle d'apologiste religieux, de publiciste bourbonnien, de poëte qui a chanté sa tristesse et qui s'est revêtu devant tous de sa rêverie, il y a, avant cela, trente longues années d'études, de travaux, de secrètes douleurs, de voyages et de misères ; trente années essentielles et formatrices, dont les trente suivantes ne sont que le développement ostensible et la conséquence, j'oserai dire facile. Or, comment ignorer cette première et féconde moitié d'une belle vie ? On veut tout savoir sur le point de départ des grandes âmes avant-courrières. M. de Chateaubriand avait déjà parlé dans des notes, dans des préfaces, çà et là, de cette époque antérieure; mais les détails épars ne se liaient pas et laissaient champ aux incertitudes. Un livre, par lui publié à Londres en 1797, l'*Essai sur les Révolutions,* était la source la plus abondante et la plus native où l'on pût étudier cette jeunesse confuse. En lisant l'*Essai,* on y voit quelles connaissances nombreuses, indigestes, avait su amasser le jeune émigré; quelle curiosité érudite et historique le poussait à la fois sur tous les sujets qu'il a repris dans la suite ; quelle préoccupation littéraire était la sienne ; quel souci de style, et d'exprimer avec saillie, avec éclat, tout ce qui en sens divers était éloquemment exprimable ; quel respect empressé pour tout ce qui avait nom d'homme de lettres, pour Flins, par exemple, qu'il cite entre Simonide et Sanchoniaton. On y voit une haute indifférence politique, un bien ferme coup d'œil sur des ruines fumantes, une appréciation chaleureuse, mais souvent équitable, des philosophes ou des personnages révolutionnaires; il m'arrive à chaque page, en lisant l'*Essai,* d'être de l'avis du jeune homme contre l'auteur des notes, que je trouve trop sévère et trop prompt à se condamner. Le scepticisme de l'*Essai* n'a rien de frivole ; c'est un désenchantement amer, une douleur de ne pas croire ; c'est le souffle de cette bise sombre dont tout à l'heure il a été parlé. Le deuxième volume renferme un chapitre *aux Infortunés,* dans lequel, à travers les conseils et les règles de conduite que l'auteur essaye de déduire, on lit toute l'histoire de sa vie d'émigration et de sa noble pauvreté : « Je m'imagine, s'écrie-t-il, que les malheureux qui lisent ce chapitre le parcourent avec cette avidité inquiète que j'ai souvent portée moi-même dans la lecture des moralistes, à l'article des misères humaines, croyant y trouver quelque soulagement. Je m'imagine encore que, trompés comme moi, ils me disent : « Vous ne nous apprenez rien ; vous « ne nous donnez aucun moyen d'adoucir nos peines ; au « contraire, vous prouvez trop qu'il n'en existe point. » — O mes compagnons d'infortune ! votre reproche est juste ; je voudrais pouvoir sécher vos larmes, mais il vous faut implorer le secours d'une main plus puissante que celle des hommes. Cependant ne vous laissez point abattre ; on trouve encore quelques douceurs parmi beaucoup de calamités. Essayerai-je de montrer le parti qu'on peut tirer de la condition la plus misérable ? peut-être en recueillerez-vous plus de profit que de toute l'enflure d'un discours stoïque. » Et suivent alors les conseils appropriés : fuir les jardins publics, le fracas, le grand jour ; le plus souvent même ne sortir que de nuit ; voir de loin le réverbère à la porte d'un hôtel, et se dire : « Là, on ignore que je souffre ; » mais ramenant ses regards sur quelque petit rayon tremblant dans une pauvre maison écartée du faubourg, se dire : « Là, j'ai des frères. » Voilà ce qu'on trouve, après tant d'autres pages révélatrices, dans l'*Essai.* Mais jusqu'ici cette œuvre de jeunesse était restée en dehors du grand monument poétique, religieux et politique, de M. de Chateaubriand, et n'était pas comprise, pour ainsi dire, dans la même enceinte. Les notes que l'auteur y avait jointes, écrites en 1826, et dans un esprit de justification religieuse et monarchique, servaient à séparer l'*Essai* de ce qui a suivi plutôt qu'à l'y rattacher. C'est aux Mémoires qu'il appartenait de tout reprendre dans une unité plus vaste, et de représenter avec accord l'entière ordonnance de cette destinée.

L'idée de M. de Chateaubriand, écrivant ses Mémoires, a été de se peindre sans descendre jusqu'à la confession, mais en se dépouillant d'une sorte de *convenu* inévitable qu'imposent les grands rôles joués sur la scène du monde ; c'est une des raisons qui le portent à n'en vouloir la publication qu'après lui. Dans les pages datées de 1811, comme dans celles de 1833, l'auteur de la grande tentative chrétienne et monarchique se sent toujours, mais il ne se pose pas en travers. Rien n'abjure les opinions du passé, mais rien ne s'y asservit, rien ne les flatte. Le poëte, comme René, a ressaisi solitude et puissance ; il est rentré dans sa libre personnalité, dans mille contradictions heureuses. Sa nature originelle y reprend le dessus, y tient le dé, si j'ose dire. Toutes les réflexions saines, capables d'éloquence, toutes les nobles images à cueillir et les palmes en fleur dans chaque champ, toutes les belles rêveries à rêver, l'appellent d'un attrait invincible. L'art surtout, ce grand et insatiable butineur, y gagne. L'unité de la vie même de l'écrivain se retrouve dans cette diversité.

Il y a telle page de 1833 qui ressemble plus à telle page de l'*Essai* que tout ce qui a été écrit dans l'intervalle : les rayons du couchant rejoignent l'aurore.

Ce serait, on le sent, aborder les Mémoires de M. de Chateaubriand par un bien étroit côté, que d'y chercher simplement un récit explicatif qui comblerait les lacunes biographiques et aiderait à compléter une psychologie individuelle. De ses Mémoires, M. de Chateaubriand a fait et a dû faire un poëme. Quiconque est poëte à ce degré reste poëte jusqu'à la fin ; et quoiqu'il écrive en face de la réalité, il la transgresse toujours ; il ne lui est pas donné de redescendre. Mais, chemin faisant, au milieu des peintures et des caractères, des récits enjoués ou des idéales rêveries, les indications abondent : on y sent passer les secrets voilés ; on saisit surtout cette continuité essentielle du héros, qui s'étend du berceau jusqu'à la gloire, qui persiste de dessous la gloire jusqu'à la tombe. Et c'est là, je le dirai, ce qui m'a le plus profondément attaché au milieu de la beauté et de la grandeur vraiment épiques de l'ensemble.

Noble vie, magnanime destinée, à coup sûr, que celle qui se trouve tout naturellement et comme forcément amenée à produire l'épopée de son siècle en se racontant elle-même, tant elle a été mêlée à tout, à la nature, aux catastrophes, aux hommes, tant son rôle extérieur a été grand, bien qu'elle ait gardé plus d'un mystère ! Oh ! quand je m'échappe quelquefois à parler du factice inévitable des rôles humains ; quand j'ai l'air de me plaire à la pure réalité, ce n'est pas que je me dissimule les misères et les petitesses de celle-ci, ce n'est pas que je méconnaisse le mérite et la force des entreprises. En présence surtout de l'œuvre et de la vie de M. de Chateaubriand, j'ai senti combien il sied à la faculté puissante, au génie, d'enfanter de longues espérances, de se proposer de grands buts, d'épouser d'immenses causes. A trente ans, d'ordinaire, le premier cours naturel de la jeunesse s'affaiblit. A s'en tenir au point de vue de la stricte réalité, on sait déjà les inconvénients de toute chose, le néant des amitiés, le revers des enthousiasmes, l'insuffisance des doctrines stoïques et altières. Si l'on demeure à ce point de vue stérile, il n'est aucune raison pour se remuer davantage, et l'on cesse toute action confiante et suivie à l'âge même où le génie déploie la sienne. Mais le génie, lui, invente; il se suscite de magnifiques emplois. Pour remonter la vie à partir de ce point où le premier torrent de jeunesse ne pousse plus (1), il évoque, il embrasse dans son temps quelque vaste pensée religieuse, sociale, politique même, comme ces machines un peu artificielles à l'aide desquelles on remonte les

---

(1) C'est l'habitude de comparer la vie à un fleuve qu'on descend : il serait plus juste, dans beaucoup de cas, et sinon par rapport à l'horizon des années et au cours du temps, du moins par rapport à notre principe d'action et à notre mouvement dans les choses, de la comparer à un fleuve qu'on remonte. On y arrive à la marée montante et parfois dans l'orage, non sans dangers, mais avec impulsion. Plus tard, la barre franchie, le danger est moindre, mais l'impulsion aussi. Le commun des hommes continue de ramer péniblement chaque jour, assez pour ne pas descendre, mais sans plus avancer.

grands fleuves. Il se crée une succession indéfinie d'espérances, d'efforts renaissants et de jeunesses. Qu'il atteigne ou non tel ou tel but en particulier, qu'importe ? Quand sa marche est loyale et fidèle à certaines règles, il n'a pas failli. Il enflamme derrière lui des émulations généreuses et des passions qui régénèrent; il est pour beaucoup dans toutes les nobles pensées de ses contemporains et du jeune avenir.

Les Mémoires de M. de Chateaubriand, au point où ils en sont aujourd'hui, se composent de deux ensembles distincts. Le premier ensemble, dont la rédaction remonte à 1811 et s'achève en 1822, comprend les trente premières années de sa vie jusqu'en 1800. Le second ensemble, dont la rédaction est de 1833, comprend les deux voyages de M. de Chateaubriand à Prague, le voyage à Venise, les diverses relations avec la famille royale déchue, dans cette même année. L'illustre auteur s'occupe en ce moment, je pense, à compléter cette dernière partie de sa narration par l'histoire des deux ou trois années écoulées entre juillet 1830 et son premier départ pour Prague. Ces deux ensembles, dont l'un est entièrement terminé et dont l'autre va l'être, figurent, en quelque sorte, deux ailes égales à l'extrémité d'un même monument. Le corps intermédiaire du récit, les trente années de l'Empire et de la Restauration ne sont encore tracées que par endroits et ne présentent pas, à l'heure qu'il est, une ligne ininterrompue et définitive. Quelle qu'en soit l'importance, au reste, dans le plan de l'édifice, on peut provisoirement concevoir cet espace entre les deux ailes rempli par le *Génie du Christianisme*, les *Martyrs*, l'*Itinéraire*, la *Monarchie selon la Charte*, les *Quatre Stuarts*, les *Études historiques*, tous palais différents de date et de style, mariant heureusement leur diversité, et composant un Louvre ou plutôt un Fontainebleau merveilleux, comme l'a dit quelque part M. Magnin à propos des *Études historiques* en particulier. Par le seul fait que l'époque antérieure à la vie publique est terminée jusqu'en 1800, que l'époque postérieure à la retraite politique est tout près d'être terminée d'une façon non moins définitive, nous tenons donc dès à présent un monument sans exemple, et dont l'aspect, même dans cet état inachevé, simule quelque chose d'accompli. Mais bientôt, derrière ce *Génie du Christianisme*, ces *Martyrs*, cette *Monarchie selon la Charte*, tous ces palais, disons-nous, qui meublent l'intervalle, bientôt s'élèvera un autre monument de forme imprévue qui les enceindra : M. de Chateaubriand s'entend à la grande architecture.

En essayant ici d'introduire un peu le lecteur dans ce que nous avons récemment recueilli, dans cet Alhambra de nos souvenirs, notre embarras est extrême, nous l'avouons. Que faire de tant de richesses encore jalouses ? Nous ne savons comment modérer notre mémoire. Nous aurons tort d'être trop inexact, et tort aussi d'être trop fidèle. Nous craignons, en mêlant trop du nôtre aux confidences du poëte, de les altérer ; en les offrant vives, telles qu'elles se sont gravées en nous, de les trahir.

En 1811, à Aulnay, dans cette Vallée-aux-Loups où

il a écrit l'*Itinéraire, Moïse, les Martyrs*, près de ces arbres de tous les climats, qui lui rappellent les Florides ou la Syrie, et si petits encore qu'il leur donne de l'ombre quand il se place entre eux et le soleil, M. de Chateaubriand, au comble de sa gloire, au plus haut de la montagne de la vie, profitant des derniers jours de calme avant les orages politiques qu'il pressent, se retourne un matin vers le passé et commence la première page de ses Mémoires (1). Il est né à Saint-Malo, d'une famille noble, des anciens Chateaubriand de Beaufort qui se rattachent aux premiers comtes, ensuite ducs de Bretagne. Il discute cette généalogie, il nous y intéresse : « Mais n'est-ce pas là, se dit-il, d'étranges détails, des prétentions malsonnantes dans un temps où l'on ne veut que personne soit le fils de son père ? Voilà bien des vanités à une époque de progrès, de révolution ! » Non pas ; dans M. de Chateaubriand, le chevaleresque est une qualité inaliénable ; le gentilhomme en lui n'a jamais failli, mais n'a jamais été obstacle à mieux. Béranger se vante d'être du peuple, M. de Chateaubriand revendique les anciens comtes de Bretagne ; mais tous les

---

(1) Si nous osons bien exprimer un vœu qui, nous le savons, est celui de plusieurs, c'est que ces pages des jeunes années, écrites en des jours si propices, restent ce qu'elles furent, ce qu'elles étaient la première fois que nous les entendîmes, et que l'illustre écrivain, dans son inquiétude du mieux, s'abstienne de retouches et, comme on dit en peinture, de *repentirs*, qui ne sauraient que compliquer une première ligne heureuse. — (Le vœu tout littéraire que nous formions n'a pas été exaucé : l'auteur, en y repassant, n'a pu se retenir de gâter quelques endroits.)

deux se rencontrent dans l'idée du siècle, dans la république future, et ils se tendent la main.

Cette idée de noblesse et d'antique naissance est surtout nécessaire pour expliquer le caractère et la physionomie du père de M. de Chateaubriand, de l'homme ardent, rigoureux, opiniâtre, magnanime et de génie à sa manière, dont toute la vie se passe à vouloir relever son nom et sa famille ; espèce de Jean-Antoine de Mirabeau dans son âpre baronnie. Il faut voir le portrait ineffaçable de ce père dur et révéré, au nez aquilin, à la lèvre pâle et mince, aux yeux enfoncés et *pers* ou *glauques* comme ceux des lions ou des anciens barbares. Son silence redouté, sa tristesse profonde et morne, ses brusques emportements, et le rond de sa prunelle qui se détache comme une balle enflammée dans la colère, puis sa mise imposante et bizarre, la grandeur de ses manières, sa politesse seigneuriale avec ses hôtes quand il les reçoit tête nue, par la bise ou par la pluie, du haut de son perron, comme tout cela est marqué ! quelle touche à la fois fidèle et pieuse en son exactitude austère ! Si le vieillard revivait, s'il se voyait ainsi retracé et immortel, comme on sent qu'il se reconnaîtrait ! comme il s'enorgueillirait de sa propre vue et de son aspect inexorable ! comme il se saurait gré de sa race ! comme il bénirait ce fils dont il a contristé la jeunesse, et verserait sur lui une de ces rares larmes que sa joue sèche avait si vite dévorées !

A côté de cette haute figure, vient la mère de M. de Chateaubriand, fille d'une ancienne élève de Saint-Cyr, et sachant elle-même par cœur tout *Cyrus*. Femme élégante de manières, cultivée d'esprit, soupirante et silencieuse, elle souffre aussi de la sévérité absolue du maître, et partage la tristesse refoulée des siens plutôt qu'elle ne la console. Ceux qui cherchent dans les parents des grands hommes la trace et la racine des vocations éclatantes, ceux qui demandent aux mères de Walter Scott, de Byron et de Lamartine, le secret du génie de leurs fils, remarqueront ce caractère à la fois mélancolique et cultivé de madame de Chateaubriand; ils auraient à remarquer aussi que deux des sœurs du poëte, et l'une particulièrement, ont laissé des pages touchantes; qu'un de ses oncles paternels, prêtre, faisait des vers, et qu'un autre oncle paternel vivait à Paris, voué aux recherches d'érudition et d'histoire. Il y a toujours quelques ébauches naturelles préexistant aux apparitions sacrées.

François-Auguste de Chateaubriand naquit donc à Saint-Malo, rue des Juifs, dans une maison voisine de celle où devait naître quelques années plus tard M. de La Mennais ; il était le dernier de dix enfants, dont six vécurent, quatre sœurs et un frère, l'aîné de tous. Il eut titre *le Chevalier* ; son frère, le comte de Combourg (car le père de M. de Chateaubriand avait racheté l'ancienne terre de Combourg du maréchal de Duras), était destiné à être conseiller au parlement de Rennes; le chevalier devait entrer, suivant l'usage des cadets en Bretagne, dans la marine royale. En attendant, on le mit en nourrice au village de Plancoët; il s'attacha fort à sa bonne nourrice, *la Villeneuve*, qui seule le préférait; il s'attacha d'une amitié bien délicate, en grandissant, à la quatrième de ses sœurs, négligée comme lui, rêveuse et souffrante, et qu'il nous peint d'abord l'air malheureux, maigre, trop grande pour son âge, attitude timide, robe disproportionnée, avec un collier de fer garni de velours brun au cou, et une toque d'étoffe noire sur la tête. Voilà celle pourtant qui plus tard brillera si poétique et si belle, dont le front pâle se nuancera de toute sérieuse pensée, qu'il comparera muette et inclinée à un Génie funèbre, et qui sera pour lui la Muse, quand, dans une des promenades au grand mail, il lui parlera avec ravissement de la solitude, et qu'elle lui dira d'une voix de sœur qui admire : « Tu devrais peindre cela. »

La grand'mère maternelle du chevalier habitait à *l'Abbaye,* hameau voisin de Plancoët, avec une vieille sœur non mariée, mademoiselle de Boisteilleul. Il y avait dans la maison d'à côté trois vieilles filles nobles qui venaient chaque après-midi faire la partie de quadrille, averties de l'heure précise par un double coup de pincettes que mademoiselle de Boisteilleul frappait sur la plaque de la cheminée. Jamais intérieur en apparence insignifiant n'a pris plus de vie sous un pinceau et une expression plus pénétrante. Si, dans le portrait de son père, M. de Chateaubriand n'a rien à envier aux Van Dyck, aux Velasquez et aux vieux maîtres espagnols; si, dans le portrait de sa sœur enfant, il a égalé quelque jeune fille gauche et finement ingénue de Terburg, il n'est comparable en cet endroit qu'à la grâce exquise et familière de Wilkie. Mais quand il vient à se rappeler que cette société, la première qu'il ait remarquée, est aussi la première qui ait disparu à ses yeux ; quand il montre la mort dépeuplant par degrés cette maison heureuse, une chambre qui se ferme et puis une autre, et le quadrille de l'aïeule devenu impossible, faute des partners accoutumés, il touche alors à une corde de sensibilité intime dont ses Mémoires nous rendent plus d'un tendre soupir. Mais cela tourne bientôt à la gravité solitaire et à la mélancolique grandeur qui est le fond de cette nature de René : « Vingt fois depuis cette époque, dit-il, j'ai fait la même observation, vingt fois des sociétés se sont formées et dissoutes autour de moi. Cette impossibilité de durée et de longueur dans les liaisons humaines, cet oubli profond qui nous suit, cet invincible silence qui s'empare de notre tombe et s'étend de là sur notre maison, me ramènent sans cesse à la nécessité de l'isolement. Toute main est bonne pour nous donner le verre d'eau dont nous pouvons avoir besoin dans la fièvre de la mort. Ah ! qu'elle ne nous soit pas trop chère ! car comment abandonner sans désespoir la main que l'on a couverte de baisers, et que l'on voudrait tenir éternellement sur son cœur ? »

A côté de la maison calme et bénie de l'aïeule, il y a Monchoix, le joyeux et turbulent manoir de l'oncle, plein de chasseurs, de fanfares et de festins. Combourg ne vient que plus tard. Le chevalier est encore à Saint-Malo, luttant contre les vagues, aux prises avec ses jeunes compagnons, battu ou battant tour à tour. Les impressions sérieuses de la religion agissent cependant ; on le relève du vœu que sa nourrice avait fait pour lui, et le prêtre qui l'exhorte lui parle de ses ancêtres, et de Palestine et de pèlerinage. Aux fêtes saintes, aux stations, il est à la cathédrale avec les autres enfants de son âge. Le jour baisse, les petites bougies sont allumées tout contre les *Heures* où chacun suit l'office ; on chante le *Tantum ergo* : « Je voyais, dit-il, les cieux ouverts, les anges offrant notre encens et nos vœux à l'Éternel ; je courbais mon front : il n'était point encore chargé de ces ennuis qui pèsent si horriblement qu'on est tenté de ne plus relever la tête, lorsqu'on l'a inclinée au pied des autels. »

Nous avons entendu dire quelquefois à certaines gens, de bonne volonté d'ailleurs, à propos de cette tristesse de plusieurs grands poëtes, et de M. de Chateaubriand en particulier : « Qu'a-t-il ? Pourquoi tant de tristesse et d'ennuis ? Tout, dans la gloire du moins et dans le concert des louanges, ne lui sourit-il pas ? Et lui-même, si par hasard nous le rencontrons sous les ormes de son boulevard, n'a-t-il pas fleur à la main et jeunesse légère, et, si nous le saluons, toute la grâce du sourire ? Allez, ces grands soucis de poëte ne sont que feinte. » — Bonnes gens, qui ne concevez pas qu'on puisse agréablement vous sourire, et n'en pas moins sentir le néant et l'interminable ennui de toute chose ! C'est la duchesse mère d'Orléans qui a dit, je crois, de son fils le régent, qu'il était *né ennuyé*. Ce mal originel d'ennui puisé au ventre de la mère, qui tourne chez les uns en vice et en folies déréglées, tourne chez les autres en poésie et en génie ; mais la douleur se cache sous la beauté. Enfant (et je me sers à dessein d'expressions ravies), tout devient passion en attendant la passion même ; tout s'épuise, tout se dévore, avant d'être cueilli et touché. On est, comme le frère d'Amélie, égaré et possédé du démon de son cœur. Viennent les délices tant désirées; elles n'ont qu'un jour, une heure à peine. Il y a des natures fatales qui portent plus aisément que d'autres, autour d'elles, le vertige et le désenchantement : Jupiter qui s'approche consume Sémélé. Puis voilà qu'on en est à la fuite des ans; la jeunesse alors (et c'est toujours avec les expressions dérobées au poëte, avec la plume échappée au cygne, que j'écris de lui), la jeunesse rentre au cœur, et quittant l'écorce, les dehors déjà moins fleuris, elle s'enferme en un sein orageux qu'elle continue de troubler. On est tenté de s'écrier comme l'auteur des Mémoires, dans une mélancolie cuisante : « Allons-nous-en avant d'avoir vu fuir nos amis et ces années que le poëte trouvait seules dignes de la vie : *vita dignior ætas*. Ce qui enchante dans l'âge des liaisons devient dans l'âge délaissé un objet de souffrance et de regret. On ne souhaite plus le retour des mois riants à la terre; on le craint plutôt. Les oiseaux, les fleurs, une belle soirée de la fin d'avril, une belle nuit lunaire commencée le soir avec le premier rossignol, achevée le matin avec la première hirondelle, ces choses qui donnent le besoin et le désir du bonheur, vous tuent! » Et cela n'empêche pas cependant, tant la nature de l'homme est mobile et associe les contraires, de sourire gaiement à quelque réveil de mai, de sortir par la petite porte de son parc avec une fleur encore humide de rosée, de sourire d'un air de fête au passant qu'on aimerait éviter peut-être, au jeune homme qui rougit et salue, et dont cette rencontre va enflammer la journée. Parce que chaque soir revient funèbre et sombre, chaque matinée de soleil ne nous rend-elle pas un peu de vrai printemps?

Si j'osais adresser un seul reproche à quelques rares endroits de cette douleur presque innée que je comprends et que j'admire, ce ne serait pas de s'exagérer et de se surfaire, ce serait de se croire plus unique au monde, plus privilégiée en amertume qu'elle ne l'est en effet. Certes, nulle vie n'a été plus traversée, semée sur plus de mers, sillonnée de plus de sortes d'orages; et quand, après tant d'incomparables vicissitudes, on porte sa douleur sans fléchir, comme ces personnages de rois et d'empereurs qui, outre leur diadème de gloire au front, portent un globe dans la main, on en mesure mieux tout le poids. Mais ce poids, pour être d'ordinaire plus obscurément porté, n'en pèse pas moins aujourd'hui sur bien des cœurs. Le mal du solitaire René, en retranchant même ce qui a été de contagion et d'imitation, est assez endémique en ce siècle; la famille est nombreuse, je le crois, qui l'invoque tout bas comme l'aîné des siens. Quand René jette ses regards sur une foule, sur ce désert d'hommes comme il l'a appelé, il peut s'écrier sans crainte, ainsi que s'écriait l'infortuné dans l'*Essai* à la vue des petites lumières des faubourgs : *Là, j'ai des frères !* frères moins glorieux sans doute, plus infirmes, moins honorés des grands coups du sort. Mais n'est-ce pas en fait de douleur surtout qu'il est vrai de dire avec M. Ballanche : « Tout se passe au fond de notre cœur, et c'est notre cœur seul qui donne à tout l'existence et la réalité. »

Pendant qu'il joue au bord de la mer à Saint-Malo, le chevalier de Chateaubriand a pour ami d'enfance un compagnon espiègle, hardi et provocateur, qui exerce un grand empire sur lui, et à qui il attribue, comme à une étoile jumelle, une influence mystérieuse et superstitieuse sur sa destinée. C'est ce même Gesril qui, devenu plus tard officier de marine, périt à l'affaire de Quiberon. L'action était finie, et les Anglais continuaient de canonner. Gesril, à la nage, s'approche des vaisseaux, crie aux Anglais de cesser le feu, leur annonçant le malheur et la capitulation. On le voulut sauver en lui filant une corde : « Je suis prisonnier sur parole, » s'écrie-t-il du milieu des flots ; et il revient à terre, où il est fusillé avec Sombreuil. — Gesril, vous êtes mort en héros, vous avez égalé Régulus et surpassé d'Assas ; et qui connaît votre nom cependant ? Vous étiez jusqu'ici comme ces héros tombés avant Agamemnon, et qui ont manqué de poëte sacré ! Mais non ; vous avez joué, enfant, avec le poëte, vous l'avez poussé aux combats de pierre avec les autres enfants de la plage, vous l'avez enhardi sur les pentes glissantes des rochers ; il vous suivait comme une bannière, et votre charme héroïque l'enchaînait déjà. Gesril, vous voilà sauvé de l'oubli ! Si le poëte est capricieux de nature, s'il lui plaît parfois d'immortaliser des chimères, des êtres rencontrés à peine, des jeunes filles dont il ne sait le nom et auxquelles il sourit comme la fée, le poëte aussi est reconnaissant ; il prend dans la nuit l'ami qu'il préfère, et il lui dresse un trône. Voyez plus tard comme il couronnera Fontanes pour l'avoir deviné et aimé ! Le poëte redore les renommées amies qui pâlissent : il ressuscite et crée le héros qu'on ignore. Toute gloire humaine est chanceuse, mais c'est la Muse encore qui trompe le moins.

Mis au collége à Dol, où il apprend Bezout, où il sait par cœur toutes ses tables de logarithmes depuis 1 jusqu'à 10,000, où il fait des vers latins si coulamment que l'abbé Egault, son préfet, le surnomme *l'Élégiaque,* le chevalier revient passer ses vacances non plus à Saint-Malo, mais à Combourg. On n'arrive à ce château mystérieux que peu à peu, par intervalles, moyennant des descriptions graduelles, ménagées, qui disposent à l'émotion. A ce collége de Dol, la troisième année de séjour fut marquée par la révolution d'âme et de sens qu'amena la puberté. Un *Horace* non châtié et le livre des *Confessions mal faites* tombèrent aux mains du jeune homme ; il entrevoyait d'une part la volupté flatteuse avec ses secrets incompréhensibles, de l'autre la mysticité délirante apprêtant des flammes et des chaînes. « Si j'ai peint plus tard avec vérité, dit-il, les entraînements de cœur mêlés aux syndérèses chrétiennes, je l'ai dû à cette double connaissance simultanée. » Le quatrième livre de *l'Énéide,* les volumes de Massillon où sont les sermons de *l'Enfant prodigue* et de *la Pécheresse,* ne le quittaient pas. Chacun reconnaîtra dans ces tableaux quelques traits de sa propre enfance. Mais quelle pudeur de pinceau ! quelle chasteté de ton dans ce trouble et dans ces chaudes haleines ! A côté du penchant voluptueux, voilà tout aussitôt l'idée de l'honneur qui s'éveille : « car, ainsi que le remarque le poëte, les passions ne viennent jamais seules ; elles se donnent la main comme les Furies ou comme les Muses. » L'honneur donc (et nous citons toujours), l'honneur, cette exaltation de l'âme qui maintient le cœur incorruptible au milieu de la corruption, ce principe réparateur près du principe dévorant, allume en cette jeune âme un foyer qui ne va plus s'éteindre, et qui sera peut-être son principal autel. Il y a là, à ce sujet, la délicieuse histoire d'un nid de pies déniché malgré les défenses de l'abbé Egault; l'abbé furieux se venge en condamnant au fouet le coupable. On trouve également dans Rousseau l'histoire d'une condamnation injuste au fouet; mais Rousseau la subit, et de la main de mademoiselle Lambercier, avec des sentiments d'une énergie concentrée, violente, toutefois un peu souillée, si l'on s'en souvient. Ici la différence des natures se déclare. Le chevalier résiste, il se défend, il obtient capitulation ; il reste intact, et son honneur, même d'enfant, peut marcher la tête haute, pur d'affront.

La première communion faite, le chevalier de Chateaubriand va de Dol achever ses études au collége de Rennes, où il hérite du lit du chevalier de Parny, où il devient condisciple de Moreau et de Limoëlan. De Rennes, il va ensuite à Brest, où il reste quelques mois au milieu des constructions navales comme Télémaque à Tyr, mais sans Mentor (1). Ses instincts de voyageur

---

(1) « Peut-être n'avais-je déjà plus cette innocence qui nous fait un charme de tout ce qui est innocent : ma jeunesse n'était plus enveloppée dans sa fleur et le temps commençait à la déclore. »

se déploient et s'irritent en présence de cette mer naufrageuse, son idole, dit-il, et son image. Il est admirable surtout, quand, remontant le torrent qui se jette dans le port, jusqu'à un certain coude, et ne voyant plus rien qu'une vallée étroite et stérile, il tombe en rêverie; et si le vent lui apporte alors le bruit du canon d'un vaisseau qui met à la voile, il tressaille et pleure. Mais par un de ces revirements inexplicables de la vie, au lieu de rester à Brest pour y attendre l'heure des longs voyages, il en part un matin subitement et arrive à Combourg.

Cette fois, nous sommes bien à Combourg pour y rêver à loisir. Le chevalier déclare qu'il renonce à la marine; on décide qu'il achèvera ses études à Dinan et qu'il embrassera l'état ecclésiastique; mais Dinan est à quatre lieues de Combourg, et il revient perpétuellement à ce gîte austère et chéri jusqu'à ce qu'on s'accoutume à l'y laisser à demeure. Sa plus jeune et mélancolique sœur, reçue chanoinesse, reste aussi à la campagne, en attendant de passer d'un chapitre dans un autre.

Ici commence toute une vie de René autre que celle que nous connaissons, avec le même fonds pourtant d'inquiétude et de rêve; un René plus réel et non moins idéal, aussi romanesque, aussi attachant sans catastrophe et sans le malheur d'Amélie. On sait tous les personnages du château, on sait jusqu'aux lieux où couchent les domestiques dans la grosse tour ou dans les souterrains. On voit çà et là, l'hiver, venir de rares hôtes à cheval avec le porte manteau en croupe; ce sont ceux que le père reçoit tête nue sur le perron. Ils content à souper leurs guerres de Hanovre ; ils couchent dans le grand lit d'honneur de la Tour du Nord ; et le lendemain matin, on les voit chevauchant par la neige sur la chaussée solitaire de l'étang. L'humeur du père redouté devient plus taciturne et plus insociable avec l'âge ; il ne sort qu'une fois l'an, à Pâques, pour aller entendre la messe à l'église paroissiale de Combourg. Il redouble la solitude autour de lui dans sa solitude, il disperse sa famille et ses serviteurs aux quatre tourelles du château. Les soirs d'automne, dans le vaste salon, vêtu d'une robe de ratine blanche, la tête couverte d'un haut bonnet roide et blanc, il se promène à grands pas; si la mère, le chevalier et sa sœur, qui sont assis immobiles, échangent quelques mots, il dit en passant, d'un ton sévère : « De quoi parliez-vous? » et l'on n'entend plus rien bruire, jusqu'à ce que, le coup de dix heures arrêtant brusquement sa marche, il se retire dans son donjon. Alors il y a un court moment d'explosion de paroles et d'allégement. Madame de Chateaubriand elle-même y cède, et elle entame une de ces merveilleuses histoires de revenants et de chevaliers, comme celle du sire de Beaumanoir et de Jehan de Tinténiac, dont le poëte nous reproduit la légende dans une langue créée, inouïe.

Cette langue du moyen âge, qui se trouve condensée, refrappée en cet endroit avec un art et une autorité dont on ne peut se faire idée, laisse çà et là des traces énergiques dans tout le courant du récit de M. de Chateaubriand. L'effet est souvent heureux, de ces mots gaulois rajeunis (1), mêlés à de fraîches importations latines (2), et encadrés dans des lignes d'une pureté grecque, au tour grandiose, mais correct et défini. Le vocabulaire de M. de Chateaubriand, dans ces Mémoires, comprend toute la langue française imaginable, et ne la dépasse guère que parfois en quelque demi-douzaine de petits mots (3) que je voudrais retrancher. Cet art d'écrire qui ne dédaigne rien, avide de toute fleur et de toute couleur assortie, remonte jusqu'au sein de Du Cange pour glaner un épi d'or oublié, ou ajouter un antique bluet à sa couronne.

Retiré le soir dans son donjon à part, le jeune homme, plein des légendes et du Génie du lieu, commençait à son tour une poétique incantation; il évoquait sa *Sylphide*. Qu'était cette Sylphide? C'était le composé de toutes les femmes qu'il avait entrevues ou rêvées, des héroïnes de l'histoire ou du roman, des châtelaines du temps de Galaor, et des Armides; c'était l'idéal et l'allégorie de ses songes; c'est quelquefois sans doute, le dirai-je? un fantôme responsable, un nuage officieux, comme il s'en forme, dans les tendres moments, aux pieds des déesses. Il la suivait, cette Sylphide, par les prairies, sous les chênes du grand

---

(1) « Le couvent au bord du chemin *s'envieillissait* d'un quinconce d'ormes du temps de Jean V de Bretagne; » — « un des premiers plaisirs que j'aie goûtés, était de lutter contre les orages, de me jouer *emmi* les vagues qui se retiraient; » — *à l'orée* d'une plaine; des nuages qui projettent leur ombre *fuitive*, etc.

(2) *Le vaste du ciel, les blandices des sens*, etc.

(3) Les châteaux qui *entombaient* les aïeux, etc

mail, sur l'étang monotone où il restait bercé durant des heures ; il lui associait l'idée de la gloire. « Elle était pour lui la vertu lorsqu'elle accomplit les plus nobles sacrifices ; le génie, lorsqu'il enfante la pensée la plus rare. » Il y a à travers cela d'impétueux accents sur le désir de mourir, de passer inconnu sous la fraîcheur du matin. « L'idée de n'être plus, s'écrie-t-il, me saisissait le cœur à la façon d'une joie subite; dans les erreurs qui ont égaré ma jeunesse, j'ai souvent souhaité de ne pas survivre à l'instant du bonheur. Il y avait dans le premier succès de l'amour un degré de félicité qui me faisait aspirer à la destruction. » On retrouve un sentiment tout semblable dans Atala pendant la tempête ; dans Velléda sur le rocher. Mais à quel propos ici ces désirs de mourir, ce cri égaré d'une félicité en apparence sans objet? Quand j'entendais lire ces obscurs et murmurants passages, il me semblait sentir un parfum profond comme d'un oranger voilé (1).

(1) Ce parfum d'*oranger voilé* se respire en maint endroit des Mémoires, mais nulle part plus mystérieusement qu'en un autre passage que je veux citer ; c'est de plus une de ces révélations sincères dont j'ai parlé, sur la lutte et la contradiction des passions cachées et de la foi ostensible dans le poëte. Se retrouvant à Venise en 1833, M. de Chateaubriand, qui se promène au Lido, se rappelle son ancien départ de cette ville pour l'Orient, et une tempête essuyée au rivage d'Afrique, durant laquelle il jetait à la mer une bouteille scellée avec son nom, puis il s'écrie : « Mais ai-je tout dit dans l'*Itinéraire* sur ce voyage commencé au port de Desdémone et d'Othello? allais-je au tombeau du Christ dans les dispositions du repentir? Une seule pensée m'absorbait, je comptais avec impatience les moments. Du bord de mon navire, les regards attachés sur l'étoile du soir, je lui demandais des vents pour cingler plus vite, de la gloire pour me faire aimer. J'espérais en trou-

Triste, dégoûté de tout, voyant sa sœur peu heureuse, sa mère peu consolante, craignant son père au point que, si au retour de ses courses sauvages il l'apercevait assis sur le perron, il se fût laissé tuer plutôt que de rentrer au château, le chevalier essaya en effet de mourir; il s'enfonça dans un bois avec son fusil chargé de trois balles : l'apparition d'un garde l'interrompit. Il fit une maladie mortelle. Guéri, il était à Saint-Malo, près de passer aux Grandes-Indes, quand on le rappela pour un brevet de sous-lieutenant au régiment de Navarre. Il quitte son père pour la dernière fois.

Ces Mémoires sont de temps en temps entrecoupés par des prologues qui marquent les dates et les situa-

---

ver à Sparte, à Sion, à Memphis, à Carthage, et l'apporter à l'Alhambra. Comme le cœur me battait en abordant les côtes d'Espagne ! aurait-on gardé mon souvenir ainsi que j'avais traversé mes épreuves ? Que de malheurs ont suivi ce mystère ! le soleil les éclaire encore ; la raison que je conserve me les rappelle. Si je cueille à la dérobée un instant de bonheur, il est troublé par la mémoire de ces jours de séduction, d'enchantement et de délire. »
Un aveu moins prolongé, moins obscurément émouvant, mais précieux encore, se rapporte à la traversée du voyage en Amérique. Bien des parties de description, déjà placées dans le *Génie du Christianisme* ou dans l'*Essai sur les Révolutions*, sont remises là à leur vraie place et dans leur premier jour ; ainsi à propos du chant de Notre-Dame de Bon-Secours en mer qu'entonnent les matelots : « Quand je transportais cette description dans le *Génie du Christianisme*, mes pensées étaient analogues à la scène ; mais quand j'assistais au brillant spectacle, le vieil homme était encore tout entier au fond du jeune homme. Était-ce Dieu seul que je contemplais sur les flots...? Non, je voyais une femme et les miracles de son sourire. »

tions contrastantes où l'auteur les composa. En 1821, M. de Chateaubriand, ambassadeur à Berlin, continue le récit de cette vie de jeunesse. Plus tard, c'est ambassadeur à Londres, qu'il décrira les misères de son émigration. Le premier voyage à Paris, en compagnie de mademoiselle Rose, marchande de modes, qui méprise fort son vis-à-vis silencieux ; l'entrevue avec le cousin Moreau, qui n'est pas le grand général, avec madame de Châtenay, cette femme de douce accortise; l'amour de garnison au profit de Lamartinière, la présentation à Versailles, la journée de la chasse et des carrosses, tous ces riens plus ou moins légers du monde extérieur sont emportés avec une verve de pur et facile esprit à laquelle le sérieux poëte ne s'était jamais nulle part aussi excellemment livré. On a pu remarquer parfois dans les pages graves de M. de Chateaubriand quelques mots aigus qui font mine de sortir du ton, et qu'un goût scrupuleux voudrait rabattre. Ces mots ne sont le plus souvent que de l'esprit, de la verve comique et mordante, mais qui ne se présente pas en ces endroits à l'état direct et simple. C'est une veine refoulée qui engorge légèrement, pour ainsi dire, un style de plus profonde couleur. Mais dans les pages dont nous parlons, cette veine heureuse circule et joue au naturel ; elle fertilise dans le talent de M. de Chateaubriand des portions encore inconnues.

A Paris, le jeune officier fait connaissance avec des gens de lettres, et négocie, à force d'habileté et d'appui, l'insertion d'une idylle dans l'*Almanach des Muses*. Parmi ces figures de gens de lettres si vivement éclairées en quelques mots, on voit Parny, « poëte et créole, à qui il ne fallait que le ciel de l'Inde, une fontaine, un palmier, une femme, et dont la paresse n'était interrompue que par ses plaisirs qui se changeaient en gloire. » On y voit Delille de Sales, le philosophe de la nature, « qui (comme d'autres philosophes de nos jours) faisait en Allemagne ses remontes d'idées. » On y trouve La Harpe, arrivant chez une sœur de M. de Chateaubriand, avec trois gros volumes de ses œuvres sous ses petits bras. Flins y obtient une part moins belle que dans l'*Essai,* mais très-satisfaisante encore. Flins a beau être mort de toute la mort d'une médiocrité spirituelle, une goutte d'ambre est tombée sur son nom et le conserve; il y a quelque chose de lui enchâssé dans la base de marbre de cette statue immortelle. Ginguené et Chamfort sont les moins indulgemment traités. En relisant l'*Essai*, j'ai désiré un milieu plus juste entre la louange première et la sentence trop rigoureuse qui durera.

On est en 89; la politique gronde. Il y a un épisode développé sur les États de Bretagne, sur la constitution et les troubles de cette province : les lignes majestueuses de l'histoire apparaissent. Mirabeau, avec qui l'auteur a dîné plusieurs fois, et qu'il a souvent entendu, est peint de génie à génie. La vie confuse, remuée, enthousiaste, de ces années-là, s'anime devant nous. On suit les trois belles nièces de Grétry avec la foule dans les allées des Tuileries; on reconnaît la belle madame de Buffon à la porte d'un club, dans le phaéton du duc d'Orléans.

C'est en cette année pourtant que le jeune homme, assez indifférent à la politique, dévoré de l'instinct des voyages, voulant visiter la scène naturelle de ce poëme des *Natchez* qu'il médite déjà, rêvant aussi la découverte du passage polaire, part pour l'Amérique, muni des conseils et des instructions de M. de Malesherbes dont son frère aîné est le petit-gendre. Il nous faudrait un autre jour tout entier, une reprise d'haleine nouvelle, pour pouvoir l'y suivre. On y verrait les types de Mina et de Céluta, les deux Floridiennes. Puis au retour, après le mariage, l'émigration; la guerre au siége de Thionville, les veilles nocturnes du camp qui ont servi à peindre celles d'Eudore dans *les Martyrs*; la blessure, le retour à Namur par les Ardennes où le poëte, qui a ébauché déjà Atala et René, est près de mourir d'épuisement; Jersey, Londres; la vie de misère et de noble fierté, l'*Essai sur les Révolutions*, l'histoire divine de Charlotte, et, à la nouvelle de la mort d'une mère pieuse, la pensée conçue, le vœu du *Génie du Christianisme*.

Quant à la seconde partie des *Mémoires*, nous aurions beaucoup à en dire, même en n'effleurant rien de toute la relation de Prague, de l'intérieur des princes déchus, ni de l'entrevue avec Madame de Berry. Mais la route, les grands chemins seulement, les rêves du poëte-ambassadeur, de Sterne-René, dans la vieille calèche autrefois construite à l'usage du prince de Talleyrand; mais les paysages de Bohême, les conversations avec la lune où tous les souvenirs reviennent et se jouent, tantôt dans une moquerie légère, tantôt dans une ivresse voluptueuse qui ranime, comme sous des baisers, les plus chers fantômes ; mais Venise et la Zanzé de Pellico, et le Lido où l'enfant des mers salue avec amour ses vagues maternelles ; mais Ferrare, et la destinée du Tasse qu'il marie à la sienne, comme un poëme dans un poëme ; ce serait là matière à bien des réminiscences aussi, à bien des fuites sinueuses et des étincelles. Ne pouvant à loisir tout embrasser, nous finissons, pour donner une idée des grandes perspectives qui s'y ouvrent fréquemment, par une citation sur l'avenir du monde, que la bienveillance de l'auteur nous a permis de détacher. Après avoir piloté assez péniblement le lecteur en vue de nos côtes inégales, nous arrivons avec lui à la haute mer, et nous l'y laissons.

(Ici, dans la *Revue des Deux Mondes* du 15 avril 1834, suivait l'extrait indiqué, trop long, par malheur, pour être reproduit en ce lieu.)

CHATEAUBRIAND.

1844.

(Vie de Rancé.)

« Mon premier ouvrage a été fait à Londres en 1797, mon dernier à Paris en 1844 : entre ces deux dates, il n'y a pas moins de quarante-sept ans; trois fois l'espace que Tacite appelle une longue partie de la vie humaine : *Quindecim annos, grande mortalis ævi spatium.* » Cette pensée s'élève inévitablement dans l'esprit du lecteur qui ouvre le volume, quand l'auteur ne l'aurait pas fait remarquer. Voilà près d'un demi-siècle, voilà quarante-quatre années du moins que M. de Chateaubriand a inauguré notre âge par *Atala*, par le *Génie du Christianisme*, et s'est placé du premier coup à la tête de la littérature de son temps : il n'a cessé d'y demeurer depuis; les générations se sont succédé, et, se proclamant ses filles, sont venues se ranger sous sa gloire; presque tout ce qui s'est tenté d'un peu grand dans le champ de l'imagination et de la poésie procède de lui, je veux dire de la veine littéraire qu'il a ouverte, de la source d'inspiration qu'il a remise en honneur; ce qu'on a, dans l'intervalle, applaudi de plus harmonieux et de plus brillant est apparu comme pour tenir ses promesses et pour vérifier ses augures ; il a eu des héritiers, des continuateurs, à leur tour illustres, il n'a pas été surpassé ; et aujourd'hui, quand beaucoup sont las, quand les meilleurs se dissipent, se ralentissent ou se taisent, c'est encore lui qui vient apporter à la curiosité, à l'intérêt de tous, un volume impatiemment attendu, et qui n'a, si l'on peut dire, qu'à le vouloir pour être la fleur de mai, la primeur de la saison.

Il n'est pas jusqu'à cette vogue religieuse du moment qui ne semble jusqu'à un certain point devoir se rapporter à lui : sans doute, en ce qu'elle aurait de tout à fait sérieux et de profond, lui-même il n'en accepterait pas l'honneur, et il l'attribuerait à une cause plus haute ; sans doute, en ce qu'elle offre d'excessif et de blessant, il aurait le droit d'en décliner la responsabilité, lui qui a surtout présenté la religion par ses aspects poétiques et aimables ; mais enfin il est impossible de ne pas remarquer que la vogue religieuse, dont le *Génie du Christianisme* fut le signal, est encore, après toutes sortes de retours, la même qui va accueillir la *Vie de Rancé*.

M. de Chateaubriand ne paraît pas assez croire à cet à-propos, à cet intérêt actuel de ce qu'il écrit, à cette avide et affectueuse vénération de tous, et c'est le seul reproche que nous nous permettrons de lui adresser. Il dédie son livre à la mémoire de l'abbé Séguin, vieux prêtre, son directeur, mort l'année dernière à l'âge de quatre-vingt-quinze ans : « C'est pour obéir aux ordres du directeur de ma vie que j'ai écrit l'histoire de l'abbé de Rancé. L'abbé Séguin me parlait souvent de ce travail, et j'y avais une répugnance naturelle. J'étudiai néanmoins ; je lus, et c'est le résultat de ces lectures qui compose aujourd'hui la vie de Rancé. » Cette humble origine de l'ouvrage sied à l'humilité du sujet ; cette docilité de l'illustre auteur est touchante ; mais le vieux confesseur avait raison ; avec le coup d'œil du simple, il lisait dans le cœur de René plus directement peut-être que René lui-même ; il avait touché les fibres secrètes par où René était fait pour vibrer à l'unisson de Rancé.

Et nous-même, bien qu'il ne se soit pas confessé à nous, il nous semble que nous saisissions le rapport, et qu'à travers tant de contrastes nous puissions aussi dénoncer les humaines ressemblances. Qu'était-ce que Rancé dans le monde ? Un esprit merveilleux, brillant, en train de toute science et de toute diversion, cherchant jusqu'au miel des poëtes ; une parole éloquente et suave, un cœur généreux et magnifique, une âme ardente, impatiente, immodérée, épuisant la fatigue sans jamais trouver le repos, que rien ne pouvait combler, ressaisie d'une mélancolie infinie au sein des succès et des plaisirs ; que revenait obséder par accès l'idée de la mort, l'image de l'éternité, et qui, à un certain moment, rejetant ce qui n'était plus qu'incomplet pour elle, l'immolant au pied de la Croix, entra, comme dit son biographe, dans la *haine passionnée de la vie*. Il en est de la vie comme de la personne la plus aimée : il n'y a pas tellement loin de la haine passionnée à l'amour ; c'est précisément parce qu'on l'a trop aimée, trop rêvée idéale, cette vie passagère, trop embrassée dans de rares et uniques instants, qu'on se met ensuite, quand on a l'âme grande, à s'en dégoûter opiniâtrément et à s'en déprendre. Mais, chez Rancé, le sacrifice fut complet; le rayon d'en haut ne tomba point seulement, la foudre descendit et dévora l'holocauste; le front du pénitent, sous la cendre, reste à jamais marqué des stigmates sacrés. Dans l'ordre humain, ce qui fait pour nous la puissance singulière et le charme du frère d'Amélie, de l'Eudore de Velléda, c'est au contraire la composition et le mélange; lui aussi, il essaye d'entrer dans la haine passionnée de la vie, mais il s'y reprend au même instant; il la hait et il la ressaisit à la fois; il a les dégoûts du chrétien et les enchantements du poëte; il applique sa lèvre à l'éponge trempée d'absinthe, et il nous rend tout à côté les saveurs d'Hybla. Cette lutte du Calvaire et de la Grèce, que l'heureux Fénelon ne soupçonnait pas, qui, d'abord confuse, égara René jusque dans les savanes, qu'il nous a bientôt rendue si distincte et si vivante sous les traits d'Eudore et de Cymodocée, elle n'a pas cessé avec les ans, il la porte en lui éternelle; toujours, si austère que soit le sentier, si droite que semble la voie vers Jérusalem, il a des retours soudains vers *Argos*; toujours, jusque dans le pèlerin du désert, on retrouve, aux accents les plus émus, l'ami de jeunesse d'Augustin et de Jérôme.

Malheur à qui a reçu dès le berceau ce don de la Muse, cet art d'évocation et de poésie, l'incurable magie des mots harmonieux, cette magie, elle aussi, qui ensorcelle! malheur à qui, avec les instincts infinis et le besoin de croire aux consolations éternelles, a senti trop amoureusement cet idéal d'humaine beauté, ce paganisme immortel qu'on appelle la Grèce !

Un voyageur qui visita la Trappe du temps de l'abbé de Rancé raconte qu'étant au réfectoire pendant qu'on lisait quelque chapitre du Lévitique, il entendit un endroit qui l'effraya : *Exterminabitur de populo anima ejus qui non fecerit Deo sacrificium in tempore suo,* « et je compris mieux que jamais, dit-il, quel malheur c'est que de manquer le temps du sacrifice. » — Celui à qui est dû le *Génie du Christianisme* ne manqua point ce moment ; il sut mettre, à l'heure marquée, son talent en offrande sur l'autel : l'éclair brilla, mais alors même tout se répandit en lumière et en encens.

Le revoilà après tant d'années qui, semblable au fond, le cœur insoumis par la vieillesse, nous donne la vie du plus rigide et du plus mortifié des pénitents; il a quelque peine, il nous l'avoue, à s'y assujettir; son récitatif est fréquemment interrompu par des retours qui ont le sens des versets de Job sur le néant des choses, ou celui des distiques de Mimnerme sur la fuite de la jeunesse. Nous allons tâcher de le suivre, et de suivre à la trace son saint et sublime héros. Nous profiterons, chez le biographe, de toutes les belles paroles. Le critique, quand il s'agit de M. de Chateaubriand, n'en est plus un ; il se borne à rassembler les fleurs du chemin et à en remplir sa corbeille; c'était l'office, dans les fêtes antiques, de ce qu'on appelait le canéphore; et même en cette histoire de cloître, si l'on nous passe l'image, c'est ainsi que nous ferons.

Armand-Jean Le Bouthillier de Rancé, né en 1626, neveu d'un surintendant des finances, neveu aussi de l'évêque d'Aire et de l'archevêque de Tours, cousin germain du ministre d'État Chavigny, fut tonsuré encore enfant, chargé de bénéfices et destiné à l'héritage ecclésiastique de son oncle de Tours. On l'appliqua en attendant aux études tant sacrées que profanes, et on le livra au train du monde. Il donnait à l'âge de douze ans (1639) une édition d'*Anacréon* avec des scolies et commentaires grecs de sa façon, et une dédicace à son parrain le cardinal de Richelieu, toute grecque également. On a fort relevé le contraste de cette édition précoce avec la destinée future de l'enfant. Un jour un visiteur à la Trappe en toucha un mot au saint abbé : « Il me répondit qu'il avoit brûlé tout ce qui lui en restoit d'exemplaires, qu'il n'en avoit gardé qu'un dans sa bibliothèque et qu'il l'avoit donné à M. Pellisson, lorsque celui-ci vint à la Trappe après sa conversion, non pas comme un bon livre, mais comme un livre fort propre et bien relié; que dans les deux premières années de sa retraite, avant d'être religieux, il avoit voulu relire les poëtes, mais que cela ne faisoit que rappeler ses anciennes idées, et qu'il y a dans cette lecture un poison subtil caché sous des fleurs qui est très-dangereux, et qu'enfin il avoit fallu quitter tout cela. » Quand vint la lutte sérieuse, Rancé, on le voit, n'hésita point ; le culte charmant résista peu en lui à cet endroit; aussi il n'était que scoliaste et non poëte, il étouffa plus aisément sa colombe, qui n'était que celle d'Anacréon.

A la suite de la dédicace à Richelieu se trouvent, dans l'*Anacréon* de Rancé, quelques petites pièces grecques anonymes à la louange de l'éditeur. Chardon de La Rochette, dans ses *Mélanges de Critique et de Philologie* (1), en cite une qui est piquante en effet, mise en regard de l'avenir: « Qu'est-ce que tu peux souhaiter, ô chantre Anacréon? Est-ce donc Bathylle que tu aimes? Est-ce que tu aimes Bacchus ? Est-ce que tu aimes Cythérée, ou bien les danses des vierges? Mais voici ce jeune Armand, bien préférable à Bathylle, bien préférable à Bacchus, bien plus désirable que Cythérée, que Comus et que les vierges. Que si tu possèdes Armand, oh! alors tu possèdes toutes choses. »

Les études les plus contraires se disputaient l'inquiète curiosité du jeune Rancé ; il s'adonna quelque temps à l'astrologie. La théologie pourtant n'était pas négligée; il y réussit, il fit merveille au doctorat, il prêchait éloquemment. Sinon en politique, du moins en dissipations contradictoires, il semblait serrer de près la trace de Retz, son aîné de douze ans, et il fut aussi à sa manière un des *roués* de cette première régence, ne bougeant, dit Saint-Simon, de l'hôtel de Montbazon, ami de tous les personnages de la Fronde, et faisant volontiers de très-grandes parties de chasse avec M. de Beaufort, le chef des *importants*. Un biographe élégant, l'abbé de Marsollier, nous l'a peint avec une sorte de

(1) Tome I, page 149.

complaisance : « Il étoit à la fleur de l'âge, n'ayant qu'environ vingt-cinq ans ; sa taille étoit au-dessus de la médiocre, bien prise et bien proportionnée ; sa physionomie étoit heureuse et spirituelle ; il avoit le front élevé, le nez grand et bien tiré sans être aquilin ; ses yeux étoient pleins de feu, sa bouche et tout le reste du visage avoient tous les agréments qu'on peut souhaiter dans un homme. Il se formoit de tout cela un certain air de douceur et de grandeur qui prévenoit agréablement et qui le faisoit aimer et respecter tout ensemble (1). » Avec une complexion très-délicate, on comprenait à peine qu'il pût suffire à des exercices aussi divers : il portait dès lors dans son activité aux choses disparates ce quelque chose d'excessif et d'infatigable qu'il a depuis poussé dans un seul sillon ; on aurait dit qu'il avait hâte d'exterminer le jeune homme en lui. Souvent, après avoir chassé le matin dans quelque belle terre, il venait en poste, de douze ou quinze

(1) En regard de ce portrait du jeune homme il n'y a qu'à mettre tout aussitôt celui du vieillard, vu plus de quarante ans après, tel que nous l'a rendu Saint-Simon lorsqu'il employa cette ruse ingénieuse pour le faire peindre à son insu par Rigaud : « La ressemblance dans la dernière exactitude, dit-il, la douceur, la sérénité, la majesté de son visage, le feu noble, vif, perçant, de ses yeux, si difficile à rendre, la finesse et tout l'esprit et le grand qu'exprimoit sa physionomie, cette candeur, cette sagesse, paix intérieure d'un homme qui possède son âme, tout étoit rendu, jusqu'aux grâces qui n'avoient point quitté ce visage exténué par la pénitence, l'âge et les souffrances. » Tous les visiteurs du temps s'accordent à parler de cette *physionomie fine et délicate,* de cet *air noble* de M. de la Trappe, qui tranchaient sur la rudesse de sa vie.

lieues, prêcher en Sorbonne à l'heure dite, comme si de rien n'était : « Sa parole, dit M. de Chateaubriand, avait du *torrent*, comme plus tard celle de Bourdaloue; mais il touchait davantage et parlait moins vite. » Sa violence de passion, en tout temps, se recouvrait d'une parfaite politesse.

Il connut de bonne heure Bossuet et s'était lié avec lui sur les bancs des écoles : « Il eut le bonheur, dit M. de Chateaubriand, de rencontrer aux études un de ces hommes auprès desquels il suffit de s'asseoir pour devenir illustre. » Le biographe s'est laissé aller à être modeste pour l'humble héros : Bossuet, on le verra tout à l'heure, s'exprimera plus librement ; c'est lui qui revendiquerait pour lui-même le bonheur et l'honneur de s'être assis à côté de Rancé, de cet homme dont il ne parlait jamais sans être saisi d'une admiration sainte.

La vie tumultueuse de Rancé reçut à diverses reprises des avertissements qui le frappèrent et lui donnèrent à penser. Un jour, par exemple, qu'il était allé se promener avec son fusil sur un terrain alors inhabité, derrière l'église de Notre-Dame, se proposant de tirer quelque oiseau au passage, il fut atteint dans l'acier de sa gibecière d'une balle qu'on lui lâcha de l'autre côté de la rivière ; la boucle amortit le coup. Il ressentit vivement le danger, et son premier mouvement fut de s'écrier : « Que devenois-je, hélas ! si Dieu m'avoit appelé en ce moment ! » Ainsi à ces époques, plus heureuses par là que les nôtres, et jusqu'en ces âmes dissipées, même au fort du libertinage, on croyait;

quelle que fût la surface et le soulèvement des orages, le fond était de la foi : on revenait à temps, et les grandes âmes allaient haut. Aujourd'hui presque partout, même quand l'apparence est de croyance honorable et philosophiquement avouable, le fond est de doute, et les grandes âmes elles-mêmes n'ont guère de retour; elles ne croient pas en avoir besoin, et elles se dissipent. En un mot, il y avait de la foi jusque sous le libertinage de ces temps-là, et il se glisse du scepticisme jusque dans nos croyances philosophiques d'aujourd'hui, et pourquoi ne pas ajouter : jusque dans nos professions chrétiennes ? je parle des plus sincères.

Avant le moment de sa conversion, Rancé fut député du second ordre à l'Assemblée générale du Clergé qui se tint dans les années 1655-1657 ; il y eut un rôle assez actif et même d'opposition à la Cour, au moins en ce qui concernait les intérêts du cardinal de Retz, son ami, qu'on voulait déposséder. Il se mêla moins aux autres contestations du jour, et resta étranger aux démêlés jansénistes, bien qu'il fût du nombre des docteurs qui refusèrent de souscrire la censure d'Arnauld en Sorbonne. Il se conduisait en ces affaires, même ecclésiastiques, à la manière d'un galant homme du monde qui se fait honneur d'être fidèle à ses amis dans la disgrâce. C'est sur ces entrefaites que la mort de madame de Montbazon (1657) vint lui porter un coup dont on a tant parlé, que l'imagination publique s'est plu à commenter, à charger d'une légende romanesque, comme pour l'histoire d'Abélard et d'Héloïse, et sur lequel lui-même il est demeuré plus muet que la tombe. On raconta donc qu'étant à la campagne lorsque arriva cette mort imprévue de la plus belle personne de la Cour, et qui le préférait à tous les autres, il revint sans en être informé, et que, montant tout droit dans l'appartement dont il savait les secrets accès, il trouva l'idole non-seulement morte, mais encore décapitée; car les chirurgiens avaient, dit-on, détaché cette belle tête pour la faire entrer dans le cercueil trop court. L'imagination émue des conteurs ne s'arrêta pas en si beau chemin, et il ne coûta rien d'ajouter que cette tête si chère, emportée par lui, devint plus tard l'objet de ses méditations à la Trappe, le signe transformé, et présent à toute heure, de son culte pénitent.

Le fait est (comme Saint-Simon bien informé le raconte, et je ne vois pas de raison d'en douter) que madame de Montbazon mourut de la rougeole en fort peu de jours, que M. de Rancé était auprès d'elle, ne la quitta point, lui fit recevoir les sacrements et fut présent à sa mort. Peu après il partit pour sa belle terre de Veretz en Touraine, et se mit à penser de plus en plus sérieusement à la perte irréparable : « La retraite, dit M. de Chateaubriand (d'après Dom Gervaise), ne fit qu'augmenter sa douleur : une noire mélancolie prit la place de sa gaieté; les nuits lui étaient insupportables; il passait les jours à courir dans les bois, le long des rivières, sur les bords des étangs, appelant par son nom celle qui ne pouvait lui répondre.

« Lorsqu'il venait à considérer que cette créature qui brilla à la Cour avec plus d'éclat qu'aucune femme de son siècle n'était plus, que ses enchantements avaient disparu, que c'en était fait pour jamais de cette personne qui l'avait choisi entre tant d'autres, il s'étonnait que son âme ne se séparât pas de son corps.

« Comme il avait étudié les sciences occultes, il essaya les moyens en usage pour faire revenir les morts. L'amour reproduisait à sa mémoire ornée le sacrifice de Simèthe cherchant à rappeler un infidèle par un des noms d'un passereau consacré à Vénus ; il invoquait la Nuit et la Lune... »

Je ne sais s'il fit, en effet, toutes ces choses que le génie, cet autre enchanteur, peut à son gré remuer et évoquer. Les pieux biographes de Rancé sont extrêmement sobres de détails à cet endroit ; tout au plus s'ils se hasardent à dire à mots couverts que tantôt une cause ou une autre, tantôt *la mort de quelques personnes de considération du nombre de ses meilleurs amis,* le frappaient et le rappelaient à Dieu ; mais ils se plaisent à raconter au long, d'après lui, la simple aventure suivante, comme un des moyens dont Dieu se servait pour l'attirer doucement : « Il m'arriva un jour (c'est Rancé qui parle) de joindre un berger qui conduisoit son troupeau dans la campagne, et par un temps qui l'avoit obligé de se retirer à l'abri d'un grand arbre pour se mettre à couvert de la pluie et de l'orage. Lui remarquant un air qui me parut extraordinaire et un visage qui me faisoit voir que la paix et la sérénité de son cœur étoient grandes (il avoit soixante ans), je lui demandai s'il prenoit plaisir à l'occupation dans laquelle il passoit ses jours : il me répondit qu'il y trouvoit un repos profond, que ce lui étoit une si sensible consolation de conduire ces animaux simples et innocents, que les journées ne lui sembloient que des moments; qu'il trouvoit tant de douceur dans sa condition qu'il la préféroit à toutes les choses du monde, que les rois n'étoient ni si heureux ni si contents que lui, que rien ne manquoit à son bonheur, et qu'il ne voudroit pas quitter la terre pour aller au ciel s'il ne croyoit y trouver des campagnes et des troupeaux à conduire.

« J'admirai, continue Rancé, la simplicité de cet homme, et le mettant en parallèle auprès des grands dont l'ambition est insatiable, et qui ne trouveroient pas de quoi se satisfaire quand ils jouiroient de toutes les fortunes, plaisirs et richesses d'ici-bas, je compris que ce n'étoit point la possession des biens de ce monde qui faisoit notre bonheur, mais l'innocence des mœurs, la simplicité et la modération des désirs, la privation des choses dont on se peut passer, la soumission à la volonté de Dieu, l'amour et l'estime de l'état dans lequel il a plu à Dieu de nous mettre. » Ce sont là (suivant l'heureuse expression de Dom Le Nain) de ces *premiers coups de pinceau* auxquels le grand Ouvrier se réservait d'en ajouter d'autres encore plus hardis pour conduire Rancé à la perfection. Je ne crois pas que je m'abuse, il me semble que la pensée divine, si elle se ménage l'entrée dans les cœurs mortels, doit le faire souvent par ces voies si paisibles et si unies, et qu'après les grands coups portés il lui suffit, pour gagner à elle, de ces simples et divins enchantements.

Rancé était une âme forte, une grande âme; il comprit du premier jour qu'il avait perdu ce qu'il ne recouvrerait jamais, que recommencer sur les brisées d'hier une vie moindre, c'était indigne même d'une noble ambition humaine. Pendant qu'il se disait ces choses assez haut, une voix intérieure lui parlait plus bas, et cette voix avait un nom pour lui. Heureux ceux d'alors pour qui cette voix conservait le nom efficace et distinct, s'appelant simplement la grâce de Jésus-Christ!

Il avait trente et un ans (1657); jusqu'au jour où il prit l'habit religieux et entra au noviciat (juin 1663), six années s'écoulèrent, durant lesquelles son dessein grandit, se fortifia, et atteignit à la maturité. Retiré presque tout le temps dans sa terre de Veretz, il travaillait à rompre ses divers liens, à vendre son patrimoine au profit des pauvres, à se soustraire aux ambitions ecclésiastiques de son oncle, l'archevêque de Tours, à se décharger en bonnes mains de ses bénéfices, ne gardant pour lui que la pauvre abbaye de la Trappe; en un mot, il mit six années à s'acheminer vers le cloître. Il s'y sentait bien de la répugnance dans les premiers temps; il gardait de ses préjugés de mondain et d'homme de qualité contre le froc. Les hommes les plus respectables qu'il consultait ne l'y engageaient pas. Un jour qu'il se promenait avec son ami l'évêque de Comminges (Gilbert de Choiseul), dans le diocèse de ce dernier et à un endroit fort solitaire, d'où l'on découvrait d'assez près les hautes montagnes des Pyrénées, l'évêque, remarquant l'attention avec laquelle Rancé considérait ces lieux sauvages, y soupçonna du mystère : « Apparemment, monsieur, lui dit-il, vous cherchez quelque lieu propre à vous faire un ermitage. » Rancé se prit à rougir et n'en disconvint pas. — « Si cela est, repartit l'évêque, vous ne pouvez mieux faire que de vous adresser à moi; je connois ces montagnes, j'y ai passé souvent en faisant mes visites : j'y sais des endroits si affreux et si éloignés de tout commerce, que, quelque difficile que vous puissiez être, vous aurez lieu d'en être content. » Rancé, avec sa vivacité naturelle, prenant cette parole à la lettre, pressait déjà M. de Comminges de les lui montrer : « Je m'en garderai bien, lui répondit le prélat en souriant, ces endroits sont si *tentants,* que, si vous y étiez une fois, il n'y auroit plus moyen de vous en arracher. »

C'était en vain que cet évêque aimable et d'autres amis conseillaient à Rancé, jusque dans son repentir, « cette juste médiocrité qui fut toujours le caractère de la véritable vertu. » Cette médiocrité était précisément ce qu'il y avait de plus contraire à son humeur et de plus insupportable à ses pensées. Dans les premiers moments de sa retraite à Veretz, vers 1658, il avait bien pu borner ses vues à mener une vie innocente, confinée en une solitude exacte et entretenue de pieuses lectures; mais il n'avait pas tardé, disait-il, à comprendre qu'un état si doux et si paisible ne convenait pas à un homme dont la jeunesse s'était passée dans de tels égarements. Le scrupule d'expiation en vue de l'éternité, le vœu ardent de la pénitence le saisit. La raison modérée a beau dire et vouloir mitiger, il y a dans les grands cœurs repentants quelque chose qui crie plus haut, une conscience qui veut se punir et ne pas être consolée à si peu de frais. Autrement, qu'y gagnerait-on? Ces âmes-là, une fois prises, n'ont que faire d'un doux et faux bonheur, au sein duquel elles se sentiraient éternellement désolées.

Un des grands oracles d'alors, et que consulta avec le plus de fruit l'abbé de Rancé, fut l'évêque d'Aleth, Nicolas Pavillon; comme ce digne prélat devint plus tard une des autorités et des colonnes extérieures de Port-Royal, on chercha à en tirer parti contre Rancé et à insinuer qu'il y avait du venin janséniste dans sa conversion. Nous ne croyons en général à ce venin qu'après y avoir regardé de très-près; mais, dans le cas présent, il n'y a pas lieu même au doute : M. d'Aleth, à l'époque où Rancé le consulta, n'avait pas encore pris parti dans les querelles du temps; il conseilla à Rancé la soumission pure et simple : celui-ci n'eut pas de peine à obéir (1). Au vrai, la conversion qui nous occupe ne saurait être attribuée à aucune per-

---

(1) C'est par inadvertance qu'à la page 86 de la *Vie de Rancé* il est parlé en termes formels de la chute de l'évêque d'Aleth, comme coïncidant avec la fin du saint abbé. Le digne évêque était mort en 1677, universellement vénéré malgré quelques obstinations de conduite. Tout ce qu'on dit du voyage de Hollande et de Rome ne doit se rapporter qu'à M. *du Vaucel*, son ex-théologal. — Boileau rendait hommage aux vertus proverbiales de Pavillon, lorsqu'il faisait dire dans son *Lutrin* au vieux Sidrac :

> Ces vertus, dans *Aleth*, peuvent être en usage ;
> Mais, dans Paris, plaidons : voilà notre partage.

sonne humaine, pas plus à M. d'Aleth qu'à M. de Comminges, pas même à l'esprit de ces exemples réitérés qu'offrait Port-Royal depuis plus de vingt ans. Je me plais à le dire ici comme je ne manquerai pas de le répéter ailleurs (1), si le coup de la Grâce pure, de ce qu'on appelle de ce nom, est quelque part évident, c'est dans la pénitence présente ; sur ce front de Rancé la foudre d'en haut a parlé seule et par ses propres marques. Ainsi la réforme de la Trappe elle-même, bien qu'entamée en 1662 seulement, ne se modela sur aucune autre du siècle ; elle fut œuvre originale et ne se rattache par l'imitation qu'aux premiers temps de l'Ordre : de là sans doute la rudesse et quelques excès.

Dans la voie où il vient de faire les premiers pas, il ne paraît point que Rancé se soit retourné une seule fois en arrière. Décidé à devenir abbé régulier de commendataire qu'il était, bouchant ses oreilles aux clameurs et même aux conseils, il entre comme novice au monastère de Perseigne, de l'étroite observance de Cîteaux, le 13 juin 1663, et l'année suivante, le 13 juillet, il est béni abbé dans l'église de Saint-Martin à Séez. Le 14, il se rend à la Trappe, et le voilà franchissant d'un bond le seuil dans cette haute carrière où il n'a plus désormais qu'à courir et à guider. Il est âgé de trente-huit ans et demi, et Dieu lui accordera trente-six années de vie encore, l'espace des plus longs desseins. La pauvre abbaye avait tout à réparer. Déjà,

(1) Dans mon livre de *Port-Royal* où j'ai en effet traité à fond de Rancé.

dans un séjour qu'il y avait fait en 1662, il avait dû purger les lieux de la présence des anciens religieux, au nombre de six, qui n'en avaient plus que le nom et qui y vivaient en toutes sortes de désordres ; menacé par eux et au risque d'être poignardé ou jeté dans les étangs, il avait tenu bon, refusant même l'assistance que lui offrait M. de Saint-Louis, un colonel de cavalerie du voisinage, digne militaire dont Saint-Simon nous a transmis les traits. Les mauvais moines en vinrent à consentir à la retraite moyennant pension, et on introduisit en leur place six religieux de Perscigne. Il n'avait pas moins fallu pourvoir au matériel, relever les bâtiments qui tombaient en ruine, en chasser le bétail et les oiseaux de nuit, refaire les clôtures. Enfin, grâce à ces premiers efforts, l'abbaye de Notre-Dame de la Maison-Dieu de la Trappe se retrouvait une maison de prière et de silence, dans ce vallon fait exprès, que cernent la forêt et les collines, et au milieu de ses neuf étangs.

Ce n'était là qu'un commencement, et le grand expiateur, comme M. de Chateaubriand l'appelle, s'essayait à peine, lorsqu'il fut encore retardé dans son ardeur et obligé par obéissance de se rendre à Paris à une assemblée de son Ordre, puis député à Rome pour y soutenir les intérêts communs. Il s'agissait d'une affaire très-compliquée, d'un procès qui durait depuis déjà longtemps. Une partie de l'Ordre de Cîteaux s'était réformée, et prétendait assez naturellement échapper à la juridiction du général qui n'admettait pas cette réforme ; mais il y avait là aussi une question de régularité et de discipline; Rome était saisie de l'affaire et paraissait, selon son usage, plus favorable à la chose établie qu'à l'innovation, même quand cette innovation pouvait n'être dite qu'un retour. Rancé partit donc pour Rome (1664) avec un collègue qu'on lui donna, l'abbé du Val-Richer; il vit le pape, il sollicita les cardinaux; il sut dans cette vie si nouvelle conserver et aguerrir son austérité des dernières années, tout en retrouvant ses grâces polies et quelques-unes de ses adresses d'autrefois. A un certain moment, comme il jugea l'affaire perdue, il se crut inutile, et, laissant le reste de la conclusion à son confrère, il s'échappa dans l'impatience de retrouver sa chère solitude. Arrivé à Lyon, il y fut atteint par des lettres de Rome et de Paris qui le blâmaient également de sa précipitation. A Rome, on avait appelé cette fuite une *furie française*. Rancé, fidèle au principe d'obéissance, repartit sans murmurer de Lyon pour Rome, y reprit la négociation sans espoir, y subit jusqu'au bout toutes les lenteurs, et ne revint qu'après le procès perdu, ayant bien mérité, encore une fois, son désert. Il y remit le pied le 10 mai 1666, et ne s'appliqua plus qu'à embrasser pour lui et pour les siens la vraie pratique de cette pénitence sur laquelle on disputait ailleurs. — Le biographe de Rancé n'a pu s'empêcher de rappeler, à propos de ce voyage de Rome et de ce procès perdu, un autre voyage et une autre condamnation qui ont eu bien du retentissement de nos jours; mais les moments, les situations, les intentions, diffèrent autant des deux parts que la conduite qui a suivi. Je ne voudrais rien dire qui eût l'air d'amoindrir M. de La Mennais; l'éloquent et agréable auteur des *Affaires de Rome* sait trop bien la vie de Rancé pour ne pas s'en dire beaucoup plus à lui-même.

L'histoire de la Trappe, dans les années suivantes, serait celle des progrès insensibles, silencieux et cachés; le bruit qui en arrive au dehors en fait la moindre partie et souvent la moins digne d'être sue. L'austérité du fond commençait à devenir un attrait irrésistible pour quelques-uns; ils y accouraient des monastères voisins comme à une ruche d'un miel plus céleste. Rancé pouvait se dire un ravisseur d'âmes, et il avait quelquefois à les disputer aux autres couvents qui les voulaient retenir. Ce sont là les grands événements, les conflits qui faisaient diversion à cette première simplicité du labeur. Vers 1672, la Trappe était arrivée à sa haute perfection, à sa pleine renommée monastique, et un monument original de plus s'ajoutait dans l'ombre à l'admirable splendeur qui éclaire ce moment de Louis XIV.

S'il était permis, sans rien profaner, de saisir l'ensemble et de tout mettre en compte dans le tableau, nous dirions que cette heure de 1672 fut sans doute la plus complète d'un règne si merveilleux. Jamais maturité plus brillante et plus féconde n'offrit plus d'œuvres diverses et de personnages considérables en présence. Le groupe des poëtes n'avait rien perdu : Boileau célébrait le passage du Rhin; Racine, au milieu de sa course, reprenait haleine par *Bajazet*. La Fontaine entremêlait à des fables nouvelles quelques contes assez bienséants. C'était l'année des *Femmes savantes,* avant la dernière heure de Molière (1). M. de Pomponne entrait aux affaires, et allait prêter à ce noble bon sens du monarque l'élégance de plume d'un Arnauld. Bossuet, orateur glorieux par ses premières oraisons funèbres, docteur déclaré par l'*Exposition de la Foi,* se vouait à l'éducation du Dauphin. Port-Royal, en ces années sincères de la *paix de l'Église,* refleurissait et fructifiait de nouveau, avec l'abondance d'un dernier automne. Enfin, dans les obscurs sentiers du Perche, il s'opérait je ne sais quoi d'angélique et qui sentait son premier printemps : « On s'aperçut, dit M. de Chateaubriand, qu'il venait des parfums d'une terre inconnue ; on s'y tournait pour les respirer : l'île de Cuba se décèle par l'odeur des vanilliers sur la côte des Florides. »

De son temps toutefois, Rancé eut aussi ses détracteurs, et il fut contredit par plus d'un adversaire. Je ne parle pas des libelles qui coururent, mais il eut à soutenir des discussions sérieuses et dans lesquelles il ne parut pas toujours avoir raison. J'ai noté jusqu'à trois discussions de ce genre dans lesquelles il eut plus ou moins affaire à des hommes de Port-Royal : la première avec M. Le Roi, abbé de Haute-Fontaine, au sujet d'une pratique monastique que M. Le Roi trouvait excessive et que Rancé favorisait ; la seconde au sujet des études monastiques que Rancé voulait trop restreindre, et dans laquelle Nicole prit naturellement

---

(1) Oserai-je rappeler encore que c'est en 1672 que Lulli prit en main l'*Opéra,* et s'y associa Quinault?

4.

parti pour Mabillon ; la troisième enfin avec l'humble M. de Tillemont au sujet de diverses circonstances et paroles qui semblaient également empreintes de quelque dureté. Ce n'est pas ici le lieu d'exposer à fond et de démêler ces affaires auxquelles il faudrait apporter un grand détail pour les rendre intéressantes. Qu'il suffise de dire que le respect des dignes adversaires eux-mêmes pour l'abbé de Rancé n'en subit aucune atteinte ; que Nicole, approuvé en cela par Arnauld, s'écriait qu'*il se ferait plutôt couper le bras droit que d'écrire contre M. de la Trappe,* et que Bossuet, souvent pris pour arbitre en ces querelles révérentes, ne parlait des écrits de Rancé, de ceux-là mêmes en apparence excessifs, que comme d'ouvrages où « toute la sainteté, toute la vigueur et toute la sévérité de l'ancienne discipline monastique est ramassée. »

Ce fut Bossuet qui le contraignit à publier le livre *de la Sainteté et des Devoirs de la Vie monastique* ; lisant ce livre en manuscrit au retour de l'Assemblée de 1682 : « J'avoue, écrivait-il à Rancé, qu'en sortant des relâchements honteux et des ordures des casuistes, il me falloit consoler par ces idées célestes de la vie des solitaires et des cénobites. » Le style de Rancé, quand il ne s'agit pas d'une simple discussion dans laquelle il a hâte de couper court et d'en finir, ce qui lui arrive souvent, mais quand ce style s'applique comme ici à des traités de doctrine et d'édification, a de l'étendue et de la beauté : « Je ne vois rien, a dit un contemporain, de plus égal, de plus naturel, ni de plus fleuri. Les pensées en sont remplies, les figures ménagées, les mots propres et choisis, les expressions nettes et les périodes harmonieuses. » Les traductions qu'il donne des Pères et qui sont presque continuelles dans son texte ont surtout suavité et largeur ; enfin il suffit de gravir, on recueille une abondance de miel au creux du rocher.

A mesure qu'on avançait dans le siècle, l'abbaye de la Trappe gagnait en autorité aux yeux du monde; elle héritait de l'affluence et du concours qui ne se partageait plus entre d'autres saints lieux désormais suspects et sans accès. Rancé devenait l'oracle unique du désert; les convertis et les vertueux du dehors allaient à lui. La princesse Palatine le consultait et suivait ses directions; le roi d'Angleterre, pour se consoler de la perte d'un trône, revenait l'entretenir de Dieu chaque année; la duchesse de Guise (fille de Gaston d'Orléans) faisait des stations à la Trappe deux et trois fois l'an et se logeait dans les dehors; le maréchal de Bellefonds se tenait toujours à portée et avait une maison dans le voisinage. On sait les retraites fréquentes et les *huitaines* de Saint-Simon, qui nous a donné sur cet intérieur austère des jours tout particuliers, d'une clarté vive, et qui nous y font pénétrer. Il ne parle jamais du pénitent rigoureux qu'avec tendresse..

Sentant les années de plus en plus pesantes, Rancé désira se démettre de sa charge d'abbé et voir de ses yeux son successeur; Louis XIV s'y prêta. On nomma Dom Zozime, qu'il avait désigné, et qui mourut après quelques mois (1696). Son second choix fut malheureux. Dom Gervaise faillit tout perdre; Saint-Simon nous a raconté les détails longtemps secrets et vraiment étranges qui amenèrent le nouvel abbé à une démission forcée; il fut lui-même trop employé à la Cour dans cette affaire pour qu'on puisse douter des circonstances qu'il affirme et qu'il n'a aucun intérêt, ce semble, à surcharger (1). Enfin, Rancé eut la satisfaction de voir l'abbaye remise en bonnes mains sous la conduite de Dom Jacques de La Cour (1698), et il ne pensa plus qu'à mourir. Il expira aux bras de son évêque (M. de Séez), le 27 octobre 1700. On fit courir dans le temps divers bruits contradictoires, et quelques personnes prétendaient qu'il avait redoublé de frayeur aux approches suprêmes : « S'il a eu, comme on vous l'a dit (écrivait Bossuet à la sœur Cornuau), de grandes frayeurs des redoutables jugements de Dieu, et qu'elles l'aient suivi jusqu'à la mort, tenez, ma fille, pour certain que la constance a surnagé, ou plutôt qu'elle a fait le fond de cet état. »

Peu de temps après cette mort, le même Bossuet, qu'on ne se lasse pas de citer et dont on n'a cesse de se couvrir en telle matière, posait ainsi les règles à suivre et traçait sa marche à l'historien d'alors, tel qu'il le concevait (2) : « Je dirai mon sentiment sur la

---

(1) M. de Chateaubriand, de son côté, ne s'est pas assez méfié des récits intéressés de ce Dom Gervaise, qui a cherché à se justifier en attaquant les autres, dans son *Jugement critique des Vies de feu l'abbé de Rancé*. Gervaise, en parlant si haut, ne s'attendait pas au coup de revers que lui gardait Saint-Simon.

(2) Lettre à M. de Saint-André, curé de Vareddes, 28 janvier 1701.

Trappe avec beaucoup de franchise, comme un homme qui n'ai d'autre vue que celle que Dieu soit glorifié dans la plus sainte maison qui soit dans l'Église, et dans la vie du plus parfait directeur des âmes dans la vie monastique qu'on ait connu depuis saint Bernard. Si l'histoire du saint personnage n'est écrite de main habile et par une tête qui soit au-dessus de toutes vues humaines, autant que le ciel est au-dessus de la terre, tout ira mal. En des endroits, on voudra faire un peu de cour aux bénédictins, en d'autres aux jésuites, en d'autres aux religieux en général. Si celui qui entreprendra un si grand ouvrage ne se sent pas assez fort pour ne point avoir besoin de conseil, le mélange sera à craindre, et par ce mélange une espèce de dégradation dans l'ouvrage.... La simplicité en doit être le seul ornement. J'aimerois mieux un simple narré, tel que pouvoit faire Dom Le Nain (1), que l'éloquence affectée... » On avait proposé à Bossuet même de se charger de cette vie; lui seul, aux conditions qu'il pose, était de force à l'exécuter, mais il ne le put à cause de sa plénitude d'occupations. Sa pensée principale était que chaque parti chercherait à *tirer le saint abbé à soi,* et qu'il fallait au contraire l'imiter, en se tenant, comme il avait fait, dans l'éloignement de tous les partis.

Aujourd'hui les temps sont changés; les hautes indications de Bossuet subsistent sans doute, mais il y a autre chose encore. Le danger n'est guère aujourd'hui,

---

(1) Cette histoire de l'abbé de Rancé, par Dom Le Nain (le frère de M. de Tillemont), a paru, mais elle a été altérée.

malgré la *renaissance* religieuse si exacte dont nous sommes témoins, qu'on tire Rancé à soi du côté des bénédictins, du bord des jansénistes ou de celui des molinistes. Rendons aussi cette justice à notre âge : on est assez disposé à y accepter, tel qu'il s'offre, cet abbé sublime, ce moine digne de Syrie ou du premier Clairvaux, ardent, impétueux, impatient, d'action et de fait plus que de discussion et de doctrine, bien que de grand esprit à la fois ; vrai moine de *race,* comme dirait de Maistre, indompté de tout autre que de Dieu. On serait même trop disposé à le prendre peut-être en ce sens unique et à faire un Rancé tout d'une pièce, ce que n'est aucun homme, pas même lui. Pour faire un vrai Rancé, il y a un coin de monde à introduire, un ressort moral à toucher, une fibre secrète à atteindre que l'orthodoxie des contemporains ne cherchait pas et n'admettait pas. L'illustre biographe qui vient d'aborder l'homme sous le saint l'a bien senti : il a jeté tout d'abord un coup d'œil de connaissance sur cette haine passionnée de la vie, sur cet amour amer de la mort : le côté fixe et glorieux de l'éternité y a un peu faibli. En introduisant ainsi les reflets d'alentour, en entr'ouvrant chez Rancé la porte aux souvenirs, l'illustre biographe a moins encore obéi à un dessein suivi qu'à un retour irrésistible. Lui aussi, en touchant ce seuil du cloître, il a été repris des fantômes. Génie inconsolablement mélancolique, imagination inépuisée, il a évoqué cette existence mortifiée avec un cœur relaps à la jeunesse. L'austérité extrême du sujet l'a rejeté d'autant plus vers les images voltigeantes. René, il y a plus de quarante ans, invoquait l'aquilon et les orages qui le devaient enlever comme la feuille du dernier automne ; et ici, toujours le même, voilà qu'il s'est mis à regretter l'aubépine des printemps : « Heureux celui dont la vie est *tombée en fleurs !* » En vain, au début du livre, par manière de prélude, il se disait en une de ces paroles, telles que seul il les sut trouver : « La vieillesse est une voyageuse de nuit : la terre lui est cachée ; elle ne découvre plus que le ciel. » A deux pas de là, il oubliait cette vieillesse que les dieux de la Grèce ne connaissaient pas, ou il ne s'en souvenait que pour s'écrier : « O Rome ! te voilà donc encore ! est-ce ta dernière apparition ? Malheur à l'âge pour qui la nature a perdu ses félicités ! Des pays enchantés où rien ne vous attend sont arides. Quelle aimables ombres verrais-je dans les temps à venir ? Fi des nuages qui volent sur une tête blanchie ! » Ce saint qui ne retourne jamais la tête, qui la cache sous le froc et sous la cendre, qui s'abîme, qui s'humilie et s'accuse, mais à qui il n'échappe jamais une confidence ni un aveu, il le contemple, il l'admire par moments, il ne peut se décider à l'aimer : « Tel fut Rancé, dit-il en finissant ; cette vie ne satisfait pas : il y manque le printemps... » Et encore, parlant de la Correspondance de Rancé et de ses Lettres de piété, dont la monotonie est frappante, il a écrit ces pages qu'on nous pardonnera de tirer du milieu du livre, pour les offrir ici, à demi profanes, dans leur vérité durable et dans tout leur charme attristé ; on n'ira pas bien avant sans avoir retrouvé la touche immortelle, incomparable :

« Rancé a écrit prodigieusement de lettres. Si on les imprimait jamais avec ses œuvres, on verrait qu'une seule idée a dominé sa vie; malheureusement on n'aurait pas les lettres qu'il écrivait avant sa conversion et qu'au moment de sa vêture il ordonna de brûler. Ce serait seulement une étude remarquable par la différence des correspondants auxquels il s'adressa, mais toujours avec une idée fixe. Les réponses à ces lettres, les lettres qu'on lui écrivit à lui-même, seraient plus variées et toucheraient à tous les points de la vie. Il s'est formé une solitude dans les lettres de Rancé comme celle dans laquelle il enferma son cœur.

« Les recueils épistolaires, quand ils sont longs, offrent les vicissitudes des âges : il n'y a peut-être rien de plus attachant que les longues correspondances de Voltaire, qui voit passer autour de lui un siècle presque entier.

« Lisez la première lettre, adressée en 1715 à la marquise de Mimeure, et le dernier billet écrit le 26 mai 1778, quatre jours avant la mort de l'auteur, au comte de Lally-Tolendal; réfléchissez sur tout ce qui a passé dans cette période de soixante-trois années. Voyez défiler la procession des morts : Chaulieu, Cideville, Thieriot, Algarotti, Genonville, Helvétius; parmi les femmes, la princesse de Bareith, la maréchale de Villars, la marquise de Pompadour, la comtesse de Fontaine, la marquise du Châtelet, madame Denis, et ces créatures de plaisir qui traversent en riant la vie, les Lecouvreur, les Lubert, les Gaussin, les Sallé, les Camargo, Terpsichores *aux pas mesurés par les Grâces,* dit le poëte, et dont les cendres légères sont aujourd'hui effleurées par les danses aériennes de Taglioni.

« Quand vous suivez cette correspondance, vous tournez la page, et le nom écrit d'un côté ne l'est plus de l'autre; un nouveau Genonville, une nouvelle du Châtelet paraissent et vont, à vingt lettres de là, s'abîmer sans retour ; et les amitiés succèdent aux amitiés, les amours aux amours.

« L'illustre vieillard, s'enfonçant dans ses années, cesse d'être en rapport, excepté par la gloire, avec les générations qui s'élèvent; il leur parle encore du désert de Ferney, mais il n'a plus que sa voix au milieu d'elles. Qu'il y a loin des vers au fils unique de Louis XIV :

> Noble sang du plus grand des rois,
> Son amour et notre espérance, etc.,

aux stances à madame du Deffand :

> Eh quoi! vous êtes étonnée
> Qu'au bout de quatre-vingts hivers
> Ma muse, faible et surannée,
> Puisse encor fredonner des vers!
> . . . .
> Quelquefois un peu de verdure
> Rit sous les glaçons de nos champs;
> Elle console la nature,
> Mais elle sèche en peu de temps.

« Le roi de Prusse, l'impératrice de Russie, toutes les grandeurs, toutes les célébrités de la terre reçoivent à genoux, comme un brevet d'immortalité, quelques mots de l'écrivain qui vit mourir Louis XIV, tomber Louis XV et régner Louis XVI, et qui, placé entre le grand roi et le roi martyr, est à lui seul toute l'histoire de France de son temps.

« Mais peut-être qu'une correspondance particulière entre deux personnes qui se sont aimées offre encore quelque chose de plus triste; car ce ne sont plus les *hommes,* c'est l'*homme* que l'on voit.

« D'abord les lettres sont longues, vives, multipliées; le jour n'y suffit pas : on écrit au coucher du soleil, on trace quelques mots au clair de la lune, chargeant sa lumière chaste, silencieuse, discrète, de couvrir de sa pudeur mille désirs. On s'est quitté à l'aube; à l'aube, on épie la première clarté pour écrire ce que l'on croit avoir oublié de dire dans des heures de délices. Mille serments couvrent le papier, où se reflètent les roses de l'aurore; mille baisers sont déposés sur les mots qui semblent naître du premier regard du soleil :

pas une idée, une image, une rêverie, un accident, une inquiétude qui n'ait sa lettre.

« Voici qu'un matin quelque chose de presque insensible se glisse sur la beauté de cette passion, comme une première ride sur le front d'une femme adorée. Le souffle et le parfum de l'amour expirent dans ces pages de la jeunesse, comme une brise le soir s'alanguit sur des fleurs : on s'en aperçoit et l'on ne veut pas se l'avouer. Les lettres s'abrègent, diminuent en nombre, se remplissent de nouvelles, de descriptions, de choses étrangères; quelques-unes ont retardé, mais on est moins inquiet. Sûr d'aimer et d'être aimé, on est devenu raisonnable; on ne gronde plus, on se soumet à l'absence. Les serments vont toujours leur train; ce sont toujours les mêmes mots, mais ils sont morts; l'âme y manque : *je vous aime* n'est plus là qu'une expression d'habitude, un protocole obligé, le *j'ai l'honneur d'être* de toute lettre d'amour. Peu à peu le style se glace ou s'irrite; le jour de poste n'est plus impatiemment attendu, il est redouté; écrire devient une fatigue. On rougit en pensée des folies que l'on a confiées au papier; on voudrait pouvoir retirer ses lettres et les jeter au feu. Qu'est-il survenu? Est-ce un nouvel attachement qui commence ou un vieil attachement qui finit? N'importe : c'est l'amour qui meurt avant l'objet aimé. On est obligé de reconnaître que les sentiments de l'homme sont exposés à l'effet d'un travail caché; fièvre du temps qui produit la lassitude, dissipe l'illusion, mine nos passions, fane nos amours et change nos cœurs, comme elle change nos cheveux et nos années. Cependant il est une exception à cette infirmité des choses humaines : il arrive quelquefois que dans une âme forte un amour dure assez pour se transformer en amitié passionnée, pour devenir un devoir, pour prendre les qualités de la vertu; alors il perd sa défaillance de nature, et vit de ses principes immortels. »

Que dites-vous maintenant? Se plaindra-t-on encore de la digression et de l'oubli du lieu? Il n'y avait à la

Trappe, dans le cabinet de l'abbé, que quelques estampes de dévotion sur des murailles blanches: cette page-ci est décidément trop belle, je la détache et je l'emporte avec moi.

15 mai 1844.

(Parmi les jugements proprement dits, qui ont paru au sujet de la *Vie de Rancé*, nous indiquerons les très-beaux et très-respectueux articles de M. Vinet, dans *le Semeur* (22, 29 mai et 28 août 1844), et de plus quelques pages de la *Revue suisse* publiée à Lausanne (numéro de juin 1844, pages 380-383); ces pages ont de la portée.)

Tels sont ces articles sur Chateaubriand qui m'ont valu, par la suite, tant d'injures, et au nom desquels on m'a contesté le droit d'étudier plus à froid et de juger Chateaubriand mort à un point de vue toujours admiratif, mais moralement plus vrai et plus réel. Je dirai de plus que le caractère de mes relations avec M. de Chateaubriand a été tout à fait méconnu et défiguré à plaisir par des critiques, venus depuis et qui ne se sont pas rendu compte des vrais rapports naturels entre une ardente jeunesse qui s'élève et une gloire déclinante qui vieillit. — Je ne désirai jamais être présenté à M. de Chateaubriand : ce fut M. Villemain qui, le premier, eut pour moi cette gracieuse idée en 1829. Il vint me prendre un soir d'été dans ma chambre de la rue Notre-Dame-des-Champs pour me mener chez M. de Chateaubriand, logé alors rue d'Enfer, à l'hospice Marie-Thérèse, et qui allait partir pour son ambassade de Rome. Nous trouvâmes M. de Chateaubriand au jardin. J'avais déjà publié mon *Tableau de la Poésie française au* XVIe *siècle*, les *Poésies de Joseph Delorme*, et des articles dans *le Globe* et dans la *Revue de Paris;* il me prit tout d'abord à partie sur un des derniers articles, celui de *Jean-Baptiste Rousseau*. Il rentra avec nous au salon, et la conversation roula sur La Harpe, qu'il avait connu. M. Villemain, en me conduisant chez M. de Chateaubriand, avait sans nul doute l'intention de m'être agréable et même utile ; il ne semblait nullement impossible, à cette avant-dernière saison encore propice de la Restauration, que M. de Chateaubriand redevînt ministre et président d'un Cabinet où M. Villemain lui-même aurait été ministre de l'Instruction publique. Dans ce cas il n'eût pas été tout à fait indifférent, non plus, que les jeunes gens qui s'élevaient et qui marquaient quelque talent fussent conciliés d'avance par de la bonne grâce et ne fussent point abandonnés entièrement à leur humeur irrégulière et frondeuse. Lorsque M. de Chateaubriand revint de Rome à l'avénement du ministère Polignac, j'allais le voir quelquefois les matins : j'essayais de lui faire agréer les idées et comprendre le sens novateur de la jeune école romantique à laquelle il n'était guère favorable ; il avait fort connu Victor Hugo, mais il ne le voyait pas alors ; je faisais de mon mieux ma fonction de critique-truchement et négociateur. Lorsque je publiai *les Consolations* en mars 1830, je les envoyai à M. de Chateaubriand, qui répondit à mon envoi par la lettre suivante (30 mars 1830) :

« Je viens, monsieur, de parcourir trop rapidement vos *Consolations* : des vers pleins de grâce et de charme, des sentiments tristes et tendres se font remarquer à toutes les pages. Je vous félicite d'avoir cédé à votre talent, en le dégageant de tout système. Écoutez votre génie, monsieur ; chargez votre muse d'en redire les inspirations, et, pour atteindre la renommée, vous n'aurez besoin d'être porté dans le *casque* de personne.

« Recevez, monsieur, je vous prie, mes remercîments les plus empressés et mes sincères félicitations.

« Chateaubriand »

Cette lettre, dans son compliment, renfermait le conseil indirect de m'émanciper un peu de Victor Hugo et faisait allusion à un sonnet où j'avais dit, parlant au puissant poëte :

Comme un guerrier de fer, un vaillant homme d'armes,
S'il rencontre, gisant, un nourrisson en larmes,
Il le met dans son casque et le porte en chemin...

La Révolution de 1830 interrompit mes relations avec
M. de Chateaubriand. Ses amis ne furent point très-contents
d'un petit article de moi qui parut dans *le Globe* du 19 août
1830 et dans lequel, en félicitant Victor Hugo de se rallier à
la nouvelle France, j'acceptais au contraire, comme un fait
accompli et légitime, l'abdication politique de M. de Chateaubriand. Les amis de celui-ci, Mme Récamier, M. Lenormant,
trouvèrent que c'était y aller un peu vite, et ils ne désespéraient pas encore de le rattacher au nouvel ordre de choses.
Je fus deux ou trois ans sans revoir M. de Chateaubriand.
Dans l'intervalle, je m'émancipai un peu sur son compte dans
mon article de l'*Abbé Prevost*. Je m'en fis même une objection
quand mon ami Ampère voulut me présenter à l'Abbaye-au-Bois ; mais je finis par céder à ses instances, et c'est dans ce
salon que je retrouvai M. de Chateaubriand comme dans
son cadre le plus naturel et où il était décidé à être le plus
aimable.

J'ai souvent pensé combien, malgré tous les soins qu'on
prend pour peindre la société de son temps et pour en donner l'idée aux générations survenantes, on y réussit peu et
quelles étranges images s'en font ceux qui se mêlent ensuite
d'en écrire. Ainsi un feuilletoniste, qui s'efforce de m'être
agréable, dira par exemple : « Jeune, quand vous alliez à
l'Abbaye-au-Bois, vous écoutiez ; maintenant, c'est votre
tour de parler, on vous écoute... » Il semblerait en vérité
que, dans ce charmant salon où présidaient la politesse et le
goût, M. de Chateaubriand eût charge de rendre des oracles
et que le rôle des autres fût de l'écouter bouche béante. Mais,
chers messieurs, sachez donc que nous parlions alors comme
nous n'avons jamais fait depuis ; que, pleins de rêves et d'espérances ou de généreuses colères, nous parlions beaucoup plus
et beaucoup mieux qu'aujourd'hui ; et que, lorsqu'on avait le
tact de ne prendre la parole et de ne la garder qu'à propos,
M. de Chateaubriand était le premier à se plaire à nos discours et à nous en savoir gré en s'y mêlant. Notre verve
plus d'une fois provoqua la sienne et la fit jaillir. On se tai-

sait alors : on jouissait de cette haute et vraiment grande éloquence, d'autant qu'elle était plus rare.

Comme exemple de la manière absurde dont tout se défigure et dont les incidents de société se déforment avec le temps et même avant le temps, je citerai encore un estimable écrivain, M. Godefroy, qui, parlant de la chambre de Malherbe où il y avait six chaises et de la tyrannie que le poëte-grammairien y exerçait, a bien osé comparer cela au salon de l'Abbaye quand M. de Chateaubriand y était : « Dans ce petit cercle d'intimes choisis, il (Malherbe) trônait en roi : il fallait l'écouter et ne prendre la parole que pour l'approuver absolument. On ne vit depuis semblable tyrannie qu'à l'Abbaye où Mme Récamier avait composé à Chateaubriand un cercle d'admirateurs, d'où la vérité ne put sortir qu'après la mort de l'idole qu'on y encensait (1). » On n'est pas plus instruit que M. Godefroy, mais on n'est pas plus neuf en fait de rapprochements (2).

(1) *Histoire de la Littérature française depuis le* xvie *siècle jusqu'à nos jours; Poëtes;* t. I, p. 358; par M. Frédéric Godefroy (1867).

(2) Ce n'est pas sans étonnement que je lis dans une lettre de Béranger, publiée dans un opuscule intitulé : *Béranger et La Mennais, correspondance, entretiens et souvenirs,* qu'a donné M. le pasteur Napoléon Peyrat (1861), le passage suivant; l'illustre chansonnier vient de parler à M. Peyrat de l'insurrection de Lyon : « Il y a aussi guerre, dit-il, dans le camp littéraire. Hugo, qui n'a plus que les *Débats,* vient de se brouiller avec Sainte-Beuve qui s'est réconcilié avec Chateaubriand, qu'autrefois il accusait de jalousie contre le chef de la jeune école. Sainte-Beuve m'a écrit pour s'excuser de ne pas me venir voir; il achève son roman (*Volupté*). Je suis heureux de vivre loin de toutes ces petites querelles si mesquines, dans un temps où les grands intérêts devraient seuls occuper des têtes bien faites. (Passy, 22 avril 1834.) » — En vérité, il y a de quoi rougir de voir un homme qu'on admire, à qui on en a donné tous les gages publics (le lecteur va tout à l'heure en juger), un homme qui se flatte d'avoir la tête la mieux faite et de ne s'occuper que d'objets d'un intérêt général, descendre à de

Lorsque je publiai, en 1834, le roman de *Volupté*, M. de Chateaubriand m'écrivit la lettre suivante :

« Paris, 14 juillet 1834.

« Ma vie, monsieur, est si entravée, je lis si lentement que je serais trop longtemps sans vous remercier. Je n'en suis encore qu'à la page 51, mais je vous le dis sans flatterie, je suis ravi. Le détail de cette jeunesse et de cette famille est enchanté. Comment n'ai-je pas trouvé le *blond essaim au-dessus de la tête blonde*, et *les deux vieillards et les deux enfants entre lesquels une révolution a passé*, et *les torrents de vœux et de regrets aux heures les plus oisives*, et *cette voix incertaine qui soupire en nous et qui chante, mélodie confuse, souvenir d'Éden*, etc.? Bien est-il heureux pour ma probité littéraire, monsieur, que ma jeunesse fût achevée dans mes *Mémoires*, car je vous aurais certainement volé.

« Je vous quitte pour retourner à vous; je pense avec la joie d'un poëte que je laisserai après moi de véritables talents sur la terre. Agréez de nouveau, monsieur, je vous prie, les remercîments bien sincères d'une reconnaissante admiration.

« CHATEAUBRIAND. »

En citant de semblables éloges à mon sujet, je n'ai qu'une pareils commérages, qui portent sur des suppositions imaginaires. Cette combinaison qui, de ma part, eût consisté, en me brouillant avec l'un, à me réconcilier avec l'autre, est une pure invention; et je ne puis même aujourd'hui me rendre compte de ce qui y aurait donné prétexte. Je l'ai dit, depuis juillet 1830 j'avais cessé de voir M. de Chateaubriand; je n'étais nullement brouillé avec lui; mais j'avais laissé tomber de premières relations pour être plus libre à son égard. Ampère, qui me témoignait en ces années une de ces amitiés dont il était si capable, une affection presque passionnée, parlait sans cesse de moi à Mme Récamier, et à moi il me parlait d'elle et de son désir de me connaître. Être présenté à cette aimable femme, c'était accepter en même temps de revoir M. de Chateaubriand, et dans ces circonstances j'eusse été un fat de m'y refuser. Il n'y avait aucune corrélation, d'ailleurs, entre cette entrée dans le monde de l'Abbaye-aux-Bois et mes rapports avec mon ancien ami, Victor Hugo. Mais nous touchons là à l'un des faibles de Béranger : c'était une illustre commère.

intention et qu'un désir : c'est de montrer que si, la veille ou le lendemain d'une telle lettre, nous venions à louer M. de Chateaubriand, comme il était tout naturel de le faire dans le milieu de société où nous vivions près de lui, nous ne faisions nullement pour cela la cour à un puissant lettré dont nous eussions besoin, ni une platitude envers un grand nom idolâtré; il pouvait y avoir de notre part quelque complaisance assurément, mais cette complaisance n'était pas tout entière de notre côté, et elle était elle-même partagée. Il me répugne d'employer de tels mots, mais je pourrais répondre à ceux qui m'accuseraient d'avoir fait alors ma cour qu'on me la faisait, à moi aussi, avec bien du soin et de la délicatesse. Remettons donc les choses à leur point. Figurons-nous un monde charmant, une société d'élite, un vieillard illustre et glorieux qui se sentait heureux d'être compris et goûté par des hommes plus jeunes et qui n'étaient pas tout à fait ses disciples.

J'avais, d'ailleurs, mes restes de fantaisie et de résistance, et, par exemple, je me refusai tout net un jour, quoique j'en fusse très-sollicité, à parler de l'*Essai sur la Littérature anglaise* qui est en tête de la traduction de Milton de Chateaubriand. Cet *Essai* me semblait incomplet, trop classique, ne rendant pas justice aux derniers grands poëtes de l'Angleterre que M. de Chateaubriand ne semblait pas connaître. Le livre passa donc sans que je le saluasse d'un article. J'en écrivis mes raisons détaillées à Ampère, et M. de Chateaubriand eut le bon goût de ne point m'en vouloir.

Mais quant à la *Vie de Rancé*, j'avoue que je n'y regardai pas de si près. Le livre était manifestement si faible que le sentiment qui en faisait dire du bien était au-dessus du soupçon (1). D'ailleurs, j'avais fort étudié Rancé de longue main

---

(1) On trouve dans la chronique de la *Revue suisse* de juin 1844 le passage suivant :

« Le *Rancé* de Chateaubriand a été une déception ; les articles de M. Vinet (dans *le Semeur*), très-beaux et très-respectueux, expri-

pour mon *Port-Royal*, et j'en pris occasion de dire de lui bien des choses que M. de Chateaubriand affaibli avait oubliées ou méconnues. Il fut le premier à le sentir et à m'en remercier dans une lettre, la dernière que j'aie reçue de lui et que je ne retrouve pas sous ma main ; mais j'en retrouve une autre un peu antérieure et qui se rapporte au temps où je préparais la notice à mettre en tête des œuvres de Fontanes :

« 4 octobre 1838.

« La lettre copiée, monsieur, était devant moi avec un mot d'explication. Je vous demande mille pardons d'avoir oublié de vous la

ment avec discrétion ce sentiment de regret qu'ont éprouvé les personnes sérieuses. Nous remarquons dans l'article de M. Sainte-Beuve (*Revue des Deux Mondes* du 15 mai) ce passage de Bossuet qui indique les conditions à remplir dans une biographie de Rancé, du fondateur de la Trappe : « *Je dirai mon sentiment...* » (Voir précédemment, pour la citation, page 68 ; et la Chronique suisse continuait en disant :) « Ce n'est ni aux bénédictins, ni même aux jésuites qu'on songe à plaire de nos jours, mais à flatter Mme Sand, à ne pas choquer M. de La Mennais, à chatouiller M. de Béranger, leurs noms et leurs doctrines, et de là une dégradation véritable du sujet. Au reste c'est un trait honorable pour la presse en France, que le ton respectueux et l'absence de critique au sujet de Chateaubriand. Le respect est devenu chose si rare, qu'il ne faut pas le blâmer quand par hasard il se rencontre.

« Pour nous qui y sommes moins obligés, grâce à notre éloignement, nous dirons franchement que ce livre, que l'on concevait si simple et si austère, est devenu, par manque de sérieux et par négligence, un véritable *bric-à-brac;* l'auteur jette tout, brouille tout, et vide toutes ses armoires.

« Les images les plus riantes, les plus folâtres, viennent à tout moment et se lèvent à tous les coins, derrière chaque pilier du cloître, ce qui faisait dire l'autre jour à un plaisant que c'était une vraie tentation de saint Antoine, tant il y a de diables et de jolis diables. Il semble par endroits que la Trappe ait des jours sur les coulisses de l'Opéra. — Mais le respect aussi nous interdit d'en dire davantage. »

5.

remettre : j'étais dans la distraction du plaisir de causer avec vous. Je vous remercie mille fois, monsieur, pour la mémoire de Fontanes : c'était un homme fait pour vous connaître et vous admirer.

« Chateaubriand. »

Et maintenant qu'on s'étonne, si l'on veut, et qu'on se scandalise qu'après des années écoulées, en ne cessant de placer M. de Chateaubriand au premier rang littéraire du siècle, j'aie écrit sur lui, dans les deux volumes dont il est le sujet et le centre, comme en pensaient et en parlaient dans la familiarité tous ses amis et connaissances, toutes les personnes de la société en dehors de sa coterie, M. Molé, M. Pasquier, Mme de Boigne, Mme de Castellane, M. de Noailles lui-même dans le tuyau de l'oreille, la vieille marquise d'Aguesseau, sœur de Christian de Lamoignon, etc.; je dis que cette susceptibilité si vive est le fait de personnes qui aiment le convenu et qui répugnent à la vérité. Mais j'aurais tort de m'en étonner moi-même. C'est qu'en effet le cœur de l'homme est ainsi fait que souvent la vérité, par cela seul qu'elle est la vérité, l'indispose et l'offense.

BÉRANGER.
1832.

Dans ces esquisses, où nous tâchons de nousprendre à des œuvres d'hier et à des auteurs vivants, où la biographie de l'homme empiète, aussi loin qu'elle le peut, sur le jugement littéraire ; où ce jugement toutefois s'entremêle et supplée au besoin à une biographie nécessairement inachevée ; dans cette espèce de genre intermédiaire, qui, en allant au delà du livre, touche aussitôt à des sensibilités mystérieuses, inégales, non encore sondées, et s'arrête de toutes parts à mille difficultés de morale et de convenance, nous reconnaissons aussi vivement que personne, et avec bien du regret, combien notre travail se produit incomplet et fautif, lors même que notre pensée en possède par devers elle les plus exacts éléments. Le premier devoir, en effet, la première vérité à observer en ces sortes d'études, c'est la mesure et la nuance de ton, la discrétion de détails, le sentiment toujours attentif et un peu mitigé, qui règnent dans le commerce du critique avec les contemporains qu'il honore et qu'il admire. Avant d'être de grands hommes qu'il veut faire connaître, ils sont pour lui des hommes qu'il aime, avec lesquels il vit, et dont les moindres considérations personnelles, les moindres susceptibilités sincères lui sont plus sacrées que la curiosité de tous. La postérité, elle, a moins d'embarras et se crée moins de soucis. Son accent est haut, son œil scrutateur, son indiscrétion inexorable et presque insolente. Le grand homme a rendu l'âme à peine, qu'elle arrive là, au chevet du mort, comme les gens de loi. Elle dépouille, elle verbalise, elle inventorie; on vide les tiroirs; les liasses des correspondances sortent de la poussière, les indications abondent, les témoignages ne font faute. Quelquefois un testament olographe, c'est-à-dire les mémoires du grand homme, écrits par lui-même, viennent couper court aux nombreuses versions qui déjà circulent. Tout cela veut dire qu'après la mort des grands hommes, des grands écrivains particulièrement, l'on sait et l'on débite sur leur compte une infinité de détails authentiques ou officieux, qu'eux vivants on garde pour soi ou que même on ignore. Rien donc ne saurait valoir ni devancer pour l'instruction de la postérité les lumières de ce dépouillement posthume, et telle n'a jamais été notre prétention, relativement aux contemporains dont nous anticipons l'histoire. Mais comme nous croyons aussi que, dans l'inventaire posthume, si les contemporains les plus immédiats et les mieux informés ne s'en mêlent promptement pour y mettre ordre, il s'introduit bien du faux qui s'enregistre et finit par s'accréditer, il nous semble qu'il y a lieu à l'avance, et sous les regards mêmes de l'objet, dans l'observation secrète et l'atmosphère intelligente de sa vie, d'exprimer la pensée générale qui l'anime, de saisir la loi de sa course et de la tracer dès l'origine, ne fût-ce que par une ligne non colorée, avec ses inflexions fidèles toutefois et les accidents précis de son développement. Un jugement, même implicite, même privé des motifs particuliers qu'il suppose, mais porté en plein sur un point de caractère par un proche témoin circonspect et véridique, peut démentir décidément et ruiner bien des anecdotes futures, que de gauches récits voudraient autoriser. Quand je me dis combien de manières il y a de mal observer un homme qu'on croit bien connaître, de mal regarder, de mal entendre un fait qui se passe presque sous les yeux ; quand je songe combien d'arrivants béats et de Brossettes apprentis j'ai vu rôder, le calepin en poche, autour de nos quatre ou cinq poëtes ; combien d'inconstantes paroles jetées au vent pour combler l'ennui des heures et varier de fades causeries se sont probablement gravées à titre de résultats sentencieux et mémorables ; combien de lettres familières, arrachées par l'importunité à la politesse, pourront se produire un jour pour les irrécusables épanchements d'un cœur qui se confie ; quand, allant plus loin, je viens me demander ce que seraient, par rapport à la vérité, des mémoires sur eux-mêmes élaborés par certains génies qui ne s'en remettraient pas de ce soin aux autres, oh ! j'avoue qu'alors il me prend quelque pitié de ce que la postérité, équitable, je le crois, mais aussi avidement curieuse, court risque d'accepter pour vrai et de recueillir pêle-mêle dans l'héritage des grands hommes. Cette idée-là, légèrement vaniteuse, mais pas du tout chimérique, me rend courage pour ces essais, et me réconcilie avec les avantages incomplets, actuellement réalisables, que le critique et biographe attentif peut tirer de sa position près des vivants modèles. Ce sont des matériaux scrupuleux dont il fait choix, et qui serviront plus tard à en contrôler d'autres, aux mains de l'historien définitif. J'ai toujours gardé à M. de Valincour la même rancune que lui témoigne l'honnête Louis Racine pour n'avoir pas laissé quelques pages de renseignements biographiques et littéraires sur ses illustres amis, les poëtes. En échappant de reste pour ma faible part au reproche qu'on a le droit d'adresser à M. de Valincour, je sais qu'il en est un autre tout contraire à éviter. Il serait naïf et d'un empressement un peu puéril de se constituer l'historiographe viager de tout ce qui a un renom, de se faire le desservant de toutes les gloires. Un sentiment plus grave, plus recueilli, a inspiré ces courts et rares essais consacrés à des génies contemporains. Nous n'avons pas indifféremment passé de l'un à l'autre. Un prêtre illustre qui est plus à nos yeux qu'un écrivain, et dont le saint caractère grandit en ce moment dans l'humilité du silence (1); un philosophe méconnu (2), qui avait doté notre siècle de naturelles et majestueuses peintures; puis des poëtes admirés du monde et surtout préférés de nous, comme celui que

---

(1) Il s'agissait de M. de La Mennais. Quelques-unes de nos louanges, on le voit, étaient en même temps des insinuations et des désirs.

(2) M. de Sénancour.

nous abordons en ce moment : ce sont là nos seuls choix jusqu'ici, et désormais nous n'en prévoyons guère d'autres. Soit que des plumes ingénieuses et sagaces nous aient déjà dérobé heureusement ce qui nous eût attiré peut-être; soit que cette prédilection vive que nous apportons dans l'étude des modèles et qu'on a pu blâmer, mais à laquelle nous tenons, ne s'étende pas à l'infini; soit qu'enfin l'espèce de détails que l'indulgence ou la convenance prescrit de taire, les faiblesses qui enchaînent, les vanités qui rapetissent, ces sentiments mêlés et attristants, nous semblent, dans plusieurs des cas que nous excluons, à la fois trop essentiels et trop impossibles à dévoiler ; par tous ces motifs, nous serons plus que jamais sobre de choix à l'avenir. Jusqu'à présent, du moins, dans le groupe d'élite que nous nous étions composé, et qu'aujourd'hui notre Béranger couronne, il faut le déclarer avec orgueil à l'honneur des premiers esprits de cette époque, nous n'avons rien eu à celer : le goût seul a mesuré nos réticences. Si quelquefois nous avons dû omettre certaines particularités qui eussent mieux fait saillir la figure, ç'a été uniquement parce que la personne voilée du prêtre, ou la modestie du philosophe, ou la simplicité élevée de l'homme ne le permettait pas, ou encore parce que le sage, comme cette fois, nous a dit : « Vous savez ma vie dans ses détails : je ne rougis et n'ai à rougir d'aucun ; je ne me suis donné que bien peu de démentis, ce qui est rare en notre temps. Mais, pour Dieu ! mes dernières années ont été bien assez tumultueuses et envahies ; laissez-moi çà et là quelque coin intact de souvenir, où je puisse me retrouver seul ou à peu près seul avec mes pensées d'autrefois ! »

N'ayez nul souci de nous, ô sage ! ne vous repentez pas d'avoir trop parlé ! Ces coins obscurs dont vous vous réservez l'enceinte, ces bosquets mystérieux dans le champ du souvenir, où vous nous avez introduit une fois et d'où vous ne sortez vous-même chaque soir que les yeux humides de pleurs, nous vous les laisserons, ô poëte ! ils sont inviolables pour tous : nul n'y viendra relancer votre rêverie, pas plus qu'en ces autres bosquets qui en sont l'image, bosquets tout voisins de votre Passy, et où vous vous enfoncez au milieu du jour, à l'abri même des amis, fuyant, selon la saison, ou cherchant le soleil, cherchant surtout l'entretien de la conscience et l'habitude de la Muse !

Pierre-Jean de Béranger, comme sa chanson du *Tailleur* et de la *Fée* nous l'apprend, est né à Paris, en l'an 1780 (19 août), chez un tailleur, son *pauvre et vieux grand-père* du côté maternel. Les père et mère de Béranger comptèrent peu dans sa vie, à ce qu'il semble, du moins comme aide et comme source d'éducation. Son père, né à Flamicour, village près de Péronne, homme vif, mobile, probablement spirituel, d'une imagination entreprenante et peu régulière, assez de l'ancien régime par l'humeur et les défauts, aspira constamment, dans le cours d'une vie pleine d'aventures, à une condition plus relevée que celle dont il était sorti. Il n'eût pas tenu à lui par moments, et à ses lueurs de vanité, que le jeune Béranger ne vît dans le *de* qui précédait son nom un reste de lustre et la trace d'une distinction ancienne, au lieu de nous chanter comme plus tard : *Je suis vilain et très-vilain*. La mère de Béranger, qui fut surtout douce et jolie, paraît n'avoir eu dans l'organisation et les destinées de ce fils unique que la part la moins active, contre l'ordinaire de la loi si fréquemment vérifiée, qui veut que les fils de génie tiennent étroitement de leur mère : témoin Hugo et Lamartine. C'est donc plutôt à ses grands parents paternels et maternels que Béranger se rattache directement, peut-être pour la ressemblance morale originelle (cela s'est vu maintes fois), à coup sûr pour l'impulsion et les principes qu'il en reçut. Il resta à Paris, rue Montorgueil, chez son grand-père le tailleur, jusqu'à l'âge de neuf ans, très-aimé, très-gâté, se promenant, jouant, n'étudiant pas. Présent au 14 juillet, il en a célébré le palpitant souvenir en 1829, sous les barreaux de la Force, après quarante années. La révolution continuant, il quitta Paris pour Péronne, où il fut confié à une tante paternelle, qui tenait là une espèce d'auberge. Cette respectable femme, encore existante et aujourd'hui octogénaire, est pour quelque chose dans une gloire qu'elle a préparée et dont elle apprécie la grandeur. C'est chez elle et sous ses yeux que l'enfant, jusque-là ignorant, lut le *Télémaque* et des volumes de Racine et de Voltaire qu'elle avait dans sa bibliothèque. Elle y joignait d'excellents avertissements de morale, à l'appui desquels la dévotion n'était pas oubliée : le jeune Béranger fit sa première communion à onze ans et demi. Nous devons avouer pourtant que, dès cette époque, le génie libre et malin de l'enfant se trahissait par des saillies involontaires. Ainsi à l'âge de douze ans, ayant été atteint d'un coup de tonnerre, au seuil même de la maison, comme on l'avait couché sur un lit sans mouvement et sans apparence de vie, mais non sans connaissance, il endura longtemps les doléances et les soins éperdus des assistants, ne pouvant prendre la parole pour les rassurer; mais le premier mot qui lui échappa fut à sa tante : « Eh bien! à quoi sert donc ton eau bénite? » car il l'avait vue jeter, suivant la coutume, force eau bénite au commencement de l'orage.

Vers le même temps, le jeune Béranger versait des larmes au chant de *la Marseillaise,* ou en entendant le canon des remparts célébrer la reprise de Toulon. A quatorze ans, il entra en apprentissage dans l'imprimerie de M. Laisné, et ce travail le formait aux règles de l'orthographe et de la langue. Mais sa véritable école, celle qui d'abord l'avait développé et à laquelle il devait le plus, était l'*École primaire* fondée à Péronne par M. Ballue de Bellenglise, député à la Législative. Dans son enthousiasme pour Jean-Jacques, ce représentant imagina un institut d'enfants d'après les maximes du citoyen-philosophe : plusieurs villes de France en créaient alors de semblables. Un établissement à part fut destiné aux jeunes filles. Celui des jeunes garçons offrait l'image d'un club et d'un camp: on portait le costume militaire ; à chaque événement public, on nommait des députations, on prononçait des discours, on votait des adresses; on écrivait au citoyen Robespierre ou au citoyen Tallien. Le jeune

Béranger était l'orateur, le rédacteur habituel et le plus influent. Ces exercices, en éveillant son goût de style, en étendant ses notions d'histoire et de géographie, avaient en outre l'avantage d'appliquer de bonne heure ses facultés à la chose publique, de fiancer, en quelque sorte, son jeune cœur à la patrie. Mais, dans cette éducation à la romaine, on n'apprenait pas le latin ; ce qui fit que Béranger ne le sut pas.

A dix-sept ans, muni de ce premier fonds de connaissances et des bonnes instructions morales de sa tante, Béranger revint à Paris, auprès de son père, qui s'y trouvait pour le moment dans une position de fortune très-améliorée (1). Entièrement émancipé désormais, grâce à la confiance ou à l'insouciance paternelle, ayant sous la main toutes les ressources de dépenses à l'âge des passions et dans une époque licencieuse, il se rend ce témoignage de n'en avoir jamais abusé. Vers dix-huit ans, pour la première fois, l'idée de vers, odes, chansons et comédies, se glissa dans sa tête : il est à croire que cela lui vint à l'occasion des pièces de théâtre auxquelles il assistait. La comédie fut son premier rêve. Il en avait même ébauché une, intitulée *les Hermaphrodites*, dans laquelle il raillait les hommes fats et efféminés, les femmes am-

---

(1) Le père de Béranger avait des opinions royalistes très-prononcées ; c'est le même qu'on trouverait compromis, sous le nom de Béranger-Mersix, dans la conspiration dite de l'an V (affaire de Brotier, La Villeurnoy, etc., etc.). Béranger, jeune, fut ainsi témoin de bien des intrigues du parti royaliste, et, quand il vit plus tard rentrer les Bourbons, il put dire : « Je les connais. »

bitieuses et intrigantes. Mais, ayant lu avec soin Molière, il renonça, par respect pour ce grand maître, à un genre d'une si accablante difficulté. Molière et La Fontaine faisaient sa perpétuelle étude; il savourait leurs moindres détails d'observation, de vers, de style, et arrivait par eux à se deviner, à se sentir. Ainsi, en renonçant au théâtre, dès vingt ans il se dit : « Tu es un homme de style, toi, et non dramatique. » On verra pourtant qu'il garda jusqu'au bout et introduisit dans sa chanson quelque chose de la forme du drame. Le théâtre mis de côté, la satire, qui lui traversa l'esprit un moment, repoussée comme âcre et odieuse, il prit une grande et solennelle détermination : c'était de composer un poëme épique, un *Clovis*. Il devait en préparer à loisir les matériaux, approfondir les caractères des personnages, de Clotilde, de saint Remi, mûrir les combinaisons principales : quant à l'exécution proprement dite, il l'ajournait jusqu'à trente ans. Cependant des malheurs privés, déjà survenus, contrastaient amèrement avec les grandioses perspectives du jeune homme. Après dix-huit mois environ de pleine prospérité, Béranger avait connu le dénûment et la misère. Il y eut là pour lui quelques années de rude épreuve. Il songea un moment à la vie active, aux voyages, à l'expatriation sur la terre d'Égypte, qui n'était pas abandonnée encore : un membre de la grande expédition, qui en était revenu deux ans auparavant (1), le détourna de cette idée. La jeunesse pourtant, cette puis-

---

(1) M. Parseval-Grandmaison.

sance d'illusion et de tendresse dont elle est douée, cette gaieté naturelle qui en formait alors le plus bel apanage et dont notre poëte avait reçu du ciel une si heureuse mesure, toutes ces ressources intérieures triomphèrent, et la période nécessiteuse qu'il traversait brilla bientôt à ses yeux de mille grâces. Ce fut le temps où il se mêla de plus près à toutes les classes et à toutes les conditions de la vie, où il apprit à se sentir vraiment du peuple, à s'y confirmer et à contracter avec lui alliance éternelle ; ce fut le temps où, dépouillant sans retour le factice et le convenu de la société, il imposa à ses besoins des limites étroites qu'ils n'ont plus franchies, trouvant moyen d'y laisser place pour les naïves jouissances. C'était le temps enfin du *Grenier,* des amis joyeux, de la *reprise* au revers du *vieil habit;* l'aurore du règne de Lisette, de cette Lisette infidèle et tendre comme Manon, et dont il est dit dans un fragment de lettre qu'on me pardonnera de citer :
« Si vous m'aviez donné à deviner quel vers vous avait
« choquée dans *le Grenier* (*J'ai su depuis qui payait*
« *sa toilette*), je vous l'aurais dit. Ah! ma chère amie,
« que nous entendons l'amour différemment! à vingt
« ans, j'étais à cet égard comme je suis aujourd'hui.
« Vous avez donc une bien mauvaise idée de cette
« pauvre Lisette? elle était cependant si bonne fille,
« si folle, si jolie! je dois même dire si tendre! Eh
« quoi! parce qu'elle avait une espèce de mari qui
« prenait soin de sa garde-robe, vous vous fâchez
« contre elle! vous n'en auriez pas eu le courage, si
« vous l'aviez vue alors. Elle se mettait avec tant de

« goût, et tout lui allait si bien! D'ailleurs elle n'eût
« pas mieux demandé que de tenir de moi ce qu'elle
« était obligée d'acheter d'un autre. Mais comment
« faire? moi, j'étais si pauvre! la plus petite partie de
« plaisir me forçait à vivre de panade pendant huit
« jours, que je faisais moi-même, tout en entassant
« rime sur rime, et plein de l'espoir d'une gloire fu-
« ture. Rien qu'en vous parlant de cette riante époque
« de ma vie, où sans appui, sans pain assuré, sans
« instruction, je me rêvais un avenir, sans négliger
« les plaisirs du présent, mes yeux se mouillent de
« larmes involontaires. Oh! que la jeunesse est une
« belle chose, puisqu'elle peut répandre du charme
« jusque sur la vieillesse, cet âge si déshérité et si
« pauvre! Employez bien ce qui vous en reste, ma
« chère amie. Aimez et laissez-vous aimer. J'ai bien
« connu ce bonheur : c'est le plus grand de la vie, etc. »

Avec l'amour, ce qui préoccupait le plus Béranger à cet âge, c'était la gloire littéraire. Le patriotisme de son adolescence ne l'abandonna jamais; mais ses sentiments ne se tournaient qu'avec réserve vers l'homme de génie qui touchait déjà à l'empire. Au lieu de se précipiter à sa suite dans les camps, Béranger sut se faire oublier de lui dans sa vie infime. Il ne fut jamais conscrit ni jaloux de l'être, et il lui suffit de son obscurité, de son existence naturellement peu saisissable, et aussi de son air facile et non embarrassé, de ce *dos bon et rond* dont parle Diderot, dans les circonstances qui l'eussent pu trahir, pour gagner l'amnistie du mariage de Marie-Louise. C'est un rapprochement curieux à faire, parmi tant d'autres, entre Paul-Louis Courier et lui, que ce peu de goût pour les jeux désastreux du conquérant. *Le Roi d'Yvetot* exprima, dès 1813, cette pensée d'opposition pacifique. Horace, en présence de guerres insensées, ne sentit pas autrement.

L'influence des ouvrages de M. de Chateaubriand sur le jeune Béranger fut prompte et vive. Ils lui indiquaient, par leur sentier quelquefois laborieux, un retour au simple, à l'antique, aux beautés de la Bible et d'Homère. Aussi, quand le poëte, dans sa chanson adressée à l'auteur du *Génie du Christianisme,* s'écrie :

> Ta voix résonne, et soudain ma jeunesse
> Brille à tes chants d'une noble rougeur !
> J'offre aujourd'hui, pour prix de mon ivresse,
> Un peu d'eau pure au pauvre voyageur,

il ne fait que rendre témoignage sincère d'une impression éprouvée par lui à cet âge de rêves épiques, lorsque, attendant l'heure d'aborder son *Clovis*, l'auteur futur des *Clefs du Paradis* et du *Concordat de* 1817 traitait en dithyrambe *le Déluge, le Jugement dernier, le Rétablissement du Culte*. Nous avons sous les yeux une quarantaine de vers alexandrins intitulés *Méditation,* datés de 1802, et empreints d'une haute gravité religieuse ; Béranger les avait composés par contraste avec la manière factice de Delille dans son poëme de *la Pitié*. Ce goût du simple et du réel le conduisit à un genre d'idylle qu'il mit à exécution, et dans lequel il visait à reproduire les mœurs pastorales, modernes et chrétiennes, en les reportant vers le xvie siècle, et sans intervention de fausse mythologie. J'ai lu en grande partie un poëme idyllique de lui, en quatre chants, intitulé *le Pèlerinage,* et conçu dans cette pensée. Je n'affirmerai pas que le poëte ait réussi à faire un tout suffisamment intéressant et neuf; mais l'intention générale et parfois le bonheur des détails sont manifestes. *La Courtisane,* idylle d'environ cent trente vers, exprime avec sentiment, naïveté et élégance, les remords et les larmes d'une villageoise pervertie qui revient un moment visiter les campagnes natales et qui voit de loin fumer le toit de la chaumière maternelle. On pourrait donner toute cette *Courtisane* sans en changer un vers, et elle ne ferait pas honte à ses cadettes de haute renommée. Un académicien-poëte, à qui Béranger, encore inconnu, parlait un jour de ses idylles et du soin qu'il y prenait de nommer chaque objet par son nom sans le secours de la Fable, lui objectait : « Mais la *mer,* par exemple, la *mer,* comment direz-vous? — Je dirai tout simplement la mer. — Eh quoi! reprit l'académicien qui n'en revenait pas, Neptune, Thétis, Amphitrite, Nérée, de gaieté de cœur vous vous retranchez tout cela? — Effectivement, » ajouta Béranger (1).

(1) Rendant compte dans *le Publiciste* de l'*Almanach des Muses* de l'an XIV (1806), Mlle de Meulan (depuis Mme Guizot) distingue et cite au long une idylle intitulée *Glycère,* et signée *Béranger,* dont elle trouve le ton naturel et l'idée touchante. Il est piquant que le premier éloge donné au talent de Béranger (car ce ne peut être que lui) vienne de ce côté. Voici l'idylle citée dans l'article :

UN VIEILLARD.

Jeune fille au riant visage,

Vers la fin de 1803, Béranger ayant fait un paquet de ses meilleurs vers, idylles, méditations, dithyrambes, etc., etc., les adressa, en les accompagnant d'une lettre fort digne, à un personnage éminent d'alors. Le succès de sa missive dépassa son espérance. Lucien Bonaparte (car c'était lui) accueillit en ami des lettres le jeune poëte, écouta ses projets, lui recommanda la correction, lui déconseilla *Clovis* comme barbare; il eût préféré *César*. Il lui indiqua pour sujet à traiter *la Mort de Néron*, et Béranger exécuta cette tâche avec plus d'application que de réussite. Lucien ne borna pas sa protection à des conseils, il fit don au jeune homme de sa pension de l'Institut. Proscrit quelques mois après et ayant dû quitter la France, il en-

Que cherches-tu sous cet ombrage?

UNE JEUNE FILLE.

Des fleurs pour orner mes cheveux.
Je me rends au prochain village
Avec le printemps et les jeux.
Bergères, bergers amoureux,
Vont danser sur l'herbe nouvelle;
Glycère est sans doute avec eux,
De ce hameau c'est la plus belle;
Je veux l'effacer à leurs yeux.
Voyez ces fleurs, c'est un présage...

LE VIEILLARD.

Sais-tu quel est ce lieu sauvage?

LA JEUNE FILLE.

Non, et tout m'y paraît nouveau.

LE VIEILLARD.

Là repose, jeune étrangère,
La plus belle de ce hameau.
Ces fleurs pour effacer Glycère,
Tu les cueilles sur son tombeau.

voya de Rome sa procuration pour le payement de cette pension que Béranger toucha jusqu'en 1812. Il est piquant que celui qui ne veut pas être de l'Académie ait commencé par avoir part à des émoluments d'Académie (1). Recommandé à Landon, éditeur du *Musée*, notre poëte fut occupé un ou deux ans (1805-1806) à la rédaction du texte de cet ouvrage. En 1809, grâce à l'appui de M. Arnault, il entra dans les bureaux de l'Université, en qualité de commis-expéditionnaire (2). Durant les douze années qu'il passa à cet

(1) Béranger ne revit Lucien qu'une fois en 1815, précisément au moment où celui-ci sortait pour faire quelque lecture (d'une ode, je crois) à l'Institut. Lucien lui reprocha amicalement d'avoir négligé ses débuts sérieux pour la chanson; les chansons de Béranger à cette époque (à part *le Roi d'Yvetot*) n'étaient pas ce qu'elles devinrent. Le dernier recueil de 1833 est dédié à Lucien.

(2) Le hasard m'a procuré la lettre honorable et modeste par laquelle Béranger sollicita en cette occasion M. de Fontanes; la voici : c'est une pièce intéressante de plus à ajouter à toutes celles qui témoignent de ces luttes secrètes du talent et de la fortune :

« Monsieur,

« Mon nom vous est inconnu. La circonstance qui aurait pu lui donner une place dans votre mémoire est trop éloignée pour que vous puissiez vous le rappeler. Je crains même de retracer inutilement à votre souvenir cette circonstance qui seule me donne l'espoir de vous inspirer quelque intérêt.

« Il y a quatre ans que M. Lucien Bonaparte, mon protecteur, vous lut, Monsieur, deux poëmes, l'un du *Rétablissement du Culte*, et l'autre du *Déluge;* selon ce qu'il m'a dit, ces ouvrages, quoique chargés de fautes, obtinrent votre éloge. Apparemment que quelques-uns de ces traits que parfois le hasard fait rencontrer à la médiocrité vous portèrent à l'indulgence envers une muse novice. J'ai su, Monsieur, que votre suffrage ainsi que celui de M. Arnault, qui depuis m'honore de son amitié, contribua

emploi, ses appointements flottèrent de mille à deux mille francs. Ce qu'il y a de particulier, c'est que, content de si peu, il ne consentit jamais à avancer, malgré la facilité qu'il en eut et l'offre réitérée qu'on lui en fit. Gardant toutes ses pensées et son travail

dans le temps à me faire obtenir la protection de M. Lucien. La pension qu'il m'a accordée, des bienfaits particuliers, et les lettres aimables et flatteuses qu'il daigne m'adresser, me donnent la certitude qu'il n'a pas cessé de s'intéresser à moi. Malheureusement j'ai des charges qu'il n'est pas obligé de connaître, et l'état de gêne dans lequel je vis me fait hasarder de vous faire la demande, Monsieur, de quelque emploi dans l'Université; non dans le corps enseignant, je n'ai reçu aucune éducation, et c'est contre toute raison que je cultive les muses; mais dans l'administration de ce vaste établissement à la tête duquel vous êtes si dignement placé.

« Dans ce moment sans doute, Monsieur, un grand nombre de personnes de mérite s'adressent à vous pour le même objet; aussi n'est-ce pas une injustice que je sollicite; mais, lorsque vous aurez pourvu ceux qui ont des droits réels à votre bienveillance, j'espère, Monsieur, que vous voudrez bien songer à moi dont le plus grand regret, si mon espoir était trompé, serait d'avoir perdu l'occasion de connaître particulièrement l'un de nos poètes les plus distingués.

« Je suis, Monsieur, avec le plus profond respect, votre très-humble et très-obéissant serviteur,

« P.-J. DE BÉRANGER,
« Rue du Port-Mahon, n° 12.

« *P. S.* M. Arnault doit avoir la bonté de vous confirmer les détails que j'ai l'honneur de vous donner. »

On saisit bien, ce me semble, dans cette lettre digne, mesurée, touchante, le point de départ littéraire de Béranger, et comment il a dû suppléer à tout. Fontanes répondit à cet appel du jeune homme; mais nous voudrions savoir ce que dirait aujourd'hui quelqu'un de nos célèbres poëtes en s'entendant appeler tout simplement un *poëte distingué.*

intellectuel, il ne donnait que son temps et sa main, comme Jean-Jacques quand il copiait de la musique. Béranger ne perdit cette modique place qu'en 1821. Dès 1815, lors de la publication de son premier recueil, on l'avait prévenu, avec une sorte d'indulgence, qu'il prît garde de recommencer, parce qu'on serait, à regret, contraint de sacrifier une autre fois *Bacchantes, Gaudrioles, Frétillons* et *ces Demoiselles*, au décorum universitaire : on croyait jusque-là devoir quelque ménagement à l'auteur du *Roi d'Yvetot*. En 1821, quand Béranger récidiva, il se le tint pour dit, et du jour de la publication du second recueil, il ne remit pas les pieds à son bureau : on accepta cette absence comme une démission.

Dès qu'il s'était vu casé à l'Université, de 1809 à 1814, Béranger avait pu continuer avec lenteur ses essais silencieux. Il paraît, toutefois, qu'il songea encore au théâtre, mais ce n'était plus par goût comme d'abord. La chanson d'ailleurs le gagnait peu à peu, et empiétait chaque jour à petit bruit sur ses plus vastes desseins. Il avait de tout temps fait la chanson par amusement, avec une facilité, dit-il, qu'il n'a plus retrouvée depuis, en d'autres termes, selon moi, avec une négligence qu'il ne s'est plus permise. Mainte fois regardant passer dans la rue Desaugiers qu'il connaissait de vue sans être connu de lui, il avait murmuré tout bas : « Va, j'en ferais aussi bien que toi, « des chansons, si je voulais, n'étaient mes poëmes. » Lorsqu'il eut fait pourtant *les Gueux, les Infidélités de Lisette*, ces petits chefs-d'œuvre de rhythme et de verve qui datent des dernières années de l'Empire, les poëmes durent perdre de leur sel pour lui et les refrains redoubler de piquant et d'attrait. Reçu au Caveau en 1813, condamné à sa part d'écot en couplets, il ne put s'empêcher d'y porter sa curiosité et son imagination de style, sa science de versification, la richesse de son vocabulaire. Mais longtemps il n'osa confier au refrain que sa gaieté et ses sens. C'était comme un esquif trop frêle, une bulle trop volatile, pour qu'il osât y risquer ses autres sentiments plus précieux. Il ne différait des autres chansonniers, ses confrères, que par la perfection de la forme, l'invention colorée des détails et le jet de la veine. Bon convive avec eux, les suivant sur leur terrain en vrai enfant de la rue Montorgueil, hardiment camarade et vainqueur de l'excellent Desaugiers qui ne s'en inquiétait guère (1), il atteignait déjà au sublime des sens dans *la Bacchante,* au sublime de l'ivresse rabelaisienne dans *la Grande Orgie,* à la folie scintillante de la guinguette dans *les Gueux.* Mais le poëte tenait à part toutes ses arrière-pensées de patriotisme, de sensibilité et de religion, tant de germes tendrement couvés, qu'il refoulait bien avant. *Le Jour des Morts,* la plus grave erreur, et l'une des plus anciennes, de sa première manière, était une concession de faux respect humain à cette gaieté de

---

(1) Sur les rapports de Béranger et de Desaugiers, il faut voir, pour plus d'exactitude, l'article *Desaugiers,* inséré dans la *Revue des Deux Mondes* du 1er juillet 1845 (et dans l'un des tomes suivants de cette collection des *Portraits contemporains*). C'est le seul correctif que nous nous permettions d'apporter au présent article.

rigueur qui circule à la ronde, une désobéissance dérisoire et presque sacrilége à la voix de son cœur et de son génie. Béranger devait être le chantre consécrateur des vaincus et des morts : mais il fallut Waterloo pour qu'il osât. En janvier 1814, je le surprends qui fredonne encore à sa jeune maîtresse : *Autant de pris sur l'ennemi;* l'année suivante, en juillet 1815, la voix tout émue, et d'un ton qu'il s'efforce en vain d'égayer, il soupire : *Rassurez-vous, ma mie.* Sans s'abuser un seul instant sur les Bourbons qu'il avait eu de bonne heure occasion de connaître d'après des circonstances fort particulières (1); sans *donner* jamais *en plein* dans la Charte, comme Courier, Béranger attendit les excès de 1815 et 1816 pour se prononcer hautement contre la dynastie restaurée, et en cela il fit preuve de plus de sens que ceux qui lui ont reproché sa chanson du *Bon Français,* de mai 1814. Il avait refusé d'être censeur durant les Cent-Jours.

Dans les prisons, où l'on trompe souvent l'ennui des heures obscures par des chants en chœur, les prisonniers, interrompant d'ordinaire le coryphée qui leur entonne une gaie chanson, lui demandent autre chose; ils veulent *du triste,* une *romance,* comme ils disent. Béranger avait remarqué bien des fois cette disposition mélancolique des hommes assemblés, et en avait conçu l'idée de la chanson doucement sérieuse à l'usage du pauvre, de l'affligé, du peuple. Il fut long avant de céder à son

---

(1) Ceci se rattache à des détails de la jeunesse de Béranger, qui n'ont pas dû trouver place ici, et que nous avons touchés dans la note, p. 91.

propre désir. Il se sondait scrupuleusement, il hésitait et se trouvait timide ; ses succès dans la chanson, telle qu'il l'avait abordée, l'effrayaient pour sa tentative nouvelle. Il avait bien glissé çà et là au bout de quelque couplet un filet de tendresse grave, comme dans *Si j'étais petit oiseau ;* mais le coup décisif fut *le Dieu des Bonnes Gens.* Un jour qu'il dînait chez M. Étienne, en nombreuse et spirituelle compagnie, on le pressa au dessert de chanter, selon l'usage ; il commença cette fois d'une voix un peu tremblante, mais l'applaudissement fut immense, et le poëte sentit à cet instant-là, en tressaillant, qu'il pouvait rester simple chansonnier et devenir tout à fait lui-même.

Du moment en effet qu'il y avait jour pour Béranger de faire entrer sa pensée entière en chanson, que lui fallait-il de mieux ? Quel bonheur, quelle nouveauté qu'un tel genre ! C'était l'accomplissement de son rêve : le monde, la vie alentour et sous sa main dans leur infinie diversité ; pas d'étiquette apprise, pas de poétique, et tout le dictionnaire. D'un autre côté, Béranger comprit que plus l'espace s'élargissait devant lui, moins il avait à se relâcher des sévérités du rhythme. La chanson de Panard, de Collé, Gouffé, Desaugiers, et du Caveau, venait habituellement par le refrain ; un refrain semblait heureux, chantant : vite des couplets là-dessus. Ils arrivaient à la file, bon gré, mal gré, plus ou moins valides : le refrain couvrait tout. Ici au contraire, pour Béranger, la pensée, le sentiment inspirateur préexistait : le refrain n'en devait être que l'étincelle, mais étincelle à point nommé en quelque sorte, d'un intervalle et d'un jet déterminés à l'avance. Il faut que, toutes les deux ou trois secondes, la pensée revienne faire acte de présence à un coin marqué, jaillir à travers un nœud étroit et fixe, rebondir sur une espèce de raquette inflexible et sonore : elle est à cent lieues, au bout du monde, dans le ciel ; n'importe, il faut qu'elle revienne et qu'elle touche à point. C'est un inconvénient, une gêne sans doute, un coup de sonnette ou de cordon bien souvent, qui rattire à court l'essor, le saccade et le brusque. Mais Béranger vit à merveille que, dans une langue aussi peu rhythmique que la nôtre, le refrain était l'indispensable véhicule du chant, le frère de la rime, la rime de l'*air* comme l'autre l'est du *vers,* le seul anneau qui permît d'enchaîner quelque temps la poésie aux lèvres des hommes. Il vit de plus que pour être entendu du peuple, auquel de toute nécessité beaucoup de détails échappent, il fallait un cadre vivant, une image à la pensée dominante, un petit drame en un mot : de là tant de vives conceptions si artistement réalisées, de compositions exquises, non moins parlantes que les jolies fables de La Fontaine ; tant de tableaux si fins de nuances, et si compris de tous par leur ensemble. Car Béranger, ce qui semblerait inutile à rappeler ici, se chante dans les campagnes, au cabaret, à la guinguette, partout, quoi qu'en aient prétendu d'ingénieux contradicteurs, qui auraient voulu faire de *M. de Béranger* un bel esprit de salon et d'étude comme eux-mêmes. Qu'ils réservent cette chicane à *l'ancien Canonnier à cheval,* homme de style également, mais de style gaulois et archaïque; je le leur abandonne en partie. Quant à Béranger, il est bien l'homme de sa réputation, le chansonnier populaire de ces quinze années ; oui, messieurs, populaire à la lettre, bien autrement que Desaugiers, qu'on lui a opposé sans justice, et qui réussit peut-être mieux auprès des gastronomes; populaire exactement dans le même sens qu'Émile Debraux et autres que ni vous ni moi ne connaissons.

Cela est tellement vrai que, seul des poëtes contemporains, il aurait pu, à la rigueur, se passer de l'impression, du moins pour une bonne moitié de son œuvre. Quand on imprima son premier recueil, le public chantant n'y apprit rien qu'il ne sût à l'avance : c'eût été de même pour les suivants ; quelques copies distribuées de la main à la main auraient suffi ; la tradition vivante, l'harmonieuse clameur l'aurait soutenu et sauvé de toutes parts, comme on le rapporte des anciens poëtes. Je veux dire qu'il aurait traversé de la sorte trois générations, de cinq ans chacune ; longévité la plus homérique en notre âge. Cette prise heureuse sur la mémoire des hommes (la source d'inspiration d'ailleurs y poussant) est due au refrain pour les paroles, au cadre pour l'idée.

Un jour, au printemps de 1827, autant qu'il m'en souvient, Victor Hugo aperçut dans le jardin du Luxembourg M. de Chateaubriand, alors retiré des affaires. L'illustre promeneur était debout, arrêté et comme absorbé devant des enfants qui jouaient à tracer des figures sur le sable d'une allée. Victor Hugo respecta cette contemplation silencieuse et se contenta d'interpréter de loin tous les rapprochements qui devaient naître, dans cette âme orageuse de René, entre la vanité des grandeurs parcourues et ces jeux d'enfants sur la poussière. En rentrant, il me raconta ce qu'il venait de voir et ajouta : « Si j'étais Béranger, je ferais de cela une chanson. » Par ce seul mot, Victor Hugo définissait merveilleusement, sans y songer, le petit drame, le cadre indispensable que Béranger anime : qu'on se rappelle *Louis XI* et *l'Orage*.

Ce cadre voulu, cette forme essentielle et sensible, cette réalisation instantanée de sa chanson, cet éclair qui ne jaillit que quand l'idée, l'image et le refrain se rencontrent en un, Béranger l'obtient rarement du premier coup. Il a déjà son sujet abstrait, sa matière aveugle et enveloppée ; il tourne, il cherche, il attend : les ailes d'or ne sont pas venues. C'est après une incubation plus ou moins longue qu'au moment souvent où il n'y vise guère, la nuit surtout, dans quelque court réveil, un mot, inaperçu jusque-là, prend flamme et détermine la vie. Alors, suivant sa locution expressive, il *tient son affaire* et se rendort. Cette parcelle ignée en effet, cet esprit pur qui, à peine éclos, se loge dans une bulle hermétique de cristal que la reine Mab a soufflée, c'est toute sa chanson, c'en est le miroir en raccourci, la brillante *monade,* s'il est permis de parler ce langage philosophique dans l'explication d'un acte de l'âme, qui certes ne le cède à aucun en profondeur. Le poëte mettra ensuite autant de temps qu'il voudra à la confection extérieure, à la rime, à la lime, peu importe ; il y mettrait deux mois ou deux ans, que ce serait aussi vif que le premier jour : car, encore une fois, comme il le dit, il *tient son affaire.*

Béranger a publié jusqu'ici quatre recueils : le premier à la fin de 1815, le second à la fin de 1821, le troisième en 1825, le quatrième en 1828. Le premier, qui était plus égrillard et plus gai que politique, et le troisième, qui parut sous le ministère spirituellement machiavélique de M. de Villèle, n'encoururent pas de procès. Le recueil de 1821, incriminé par M. de Marchangy et défendu par M. Dupin aîné, valut à Béranger trois mois de prison ; celui de 1828 (sous le ministère Martignac), incriminé par M. de Champanhet et défendu par M. Barthe, le fit condamner à neuf mois. Outre ces deux principales affaires, Béranger en eut encore deux autres dans l'intervalle : l'une en mars 1822, à propos de la publication des pièces du premier procès, il fut acquitté ; et plus tard une légère chicane pour contrefaçon, qui n'eut pas de suite. Le cinquième et dernier recueil de Béranger doit paraître dans le courant de janvier prochain.

En tête de ce volume, Béranger portera sur lui-même, sur l'ensemble de son œuvre, sur la nature de son rôle et de son influence durant ces quinze années, un jugement qu'il nous serait téméraire de devancer ici pour notre compte. A partir du *Dieu des Bonnes Gens,* toutes ses facultés, toutes ses passions tendres ou généreuses, se versèrent dans ce genre unique, qui ne lui avait semblé d'abord qu'une diversion et presque une dérogation à son talent. Ces *Petits-Poucets de la littérature,* comme il les appelle, portèrent aussitôt par mille chemins les messages retentissants de sa grande âme. La *Sainte Alliance des Peuples,* composée dès 1818, est en quelque sorte un magnifique pavillon dressé au centre et au sommet de cette chaîne de collines, dont *le Dieu des Bonnes Gens* décore le ciel. Hymne humain, pacifique, inaltérable, il nous montre combien dès lors, dans la fumée de l'engagement *libéral,* l'horizon de Béranger était le même, aussi vaste et aussi à découvert que son regard l'embrasse aujourd'hui. Et autour, au-dessous de cette dominante pensée, combien d'autres d'une émotion plus circonscrite, mais non moins pénétrante ! la plainte du pays ; la douleur morne, l'espoir opiniâtre de la vieille armée ; l'espoir plus léger, l'impatience et les moqueries de la jeunesse ; la tristesse dans le plaisir ; de l'esprit tour à tour piquant, coloré, attendri, comme il ne s'en trouve que là depuis Voltaire ; de suaves et gracieuses enveloppes d'une pureté d'art antique, et qui par moments rappellent, ainsi qu'on l'a remarqué avec goût, Simonide, Asclépiade et les érotiques de l'Anthologie. *Les Bohémiens* et *les Souvenirs du Peuple,* publiés en 1828, ont manifesté chez Béranger un progrès encore imprévu de grandeur et de pathétique dans la simplicité, et aussi de poésie impartiale, généralisée, s'inspirant de mœurs franches, se prenant aux instincts natifs du prolétaire, et d'une portée non plus politique, mais sociale. *Le Juif errant, les Contrebandiers* continueront, on le verra, ce genre de ballade philosophique qui touche aux limites extrêmes de la chanson ; presque toujours Béranger a pris soin de rattacher ces excursions, assez vagabondes en apparence, à une prophétique pensée d'avenir. On a essayé dans les vers suivants, qui lui sont adressés, de faire saillir cette loi progressive de son génie, et de montrer en même temps combien toutes choses sur la scène du monde étaient disposées pour sa venue. Ce n'est jamais dans la période impétueuse, au début ni au milieu des commotions publiques, que chante le poëte dont l'époque saluera la voix; c'est plutôt au déclin, aux environs des dernières crises, quand la force sociale s'arrête de lassitude, fait trêve à son tumulte et s'entend gémir. L'air est vibrant au loin et embrasé, mille feux s'y croisent : ce qui flotte alors et pèse sur tous décharge son étincelle sur un seul; les derniers coups de l'orage allument une âme !

> L'être complet dans la nature immense,
> Le germe heureux, fils de l'onde ou des airs,
> Tout fruit parfait béni dans sa semence,
> Le gland du chêne, ou la perle des mers,
> Petit ou grand, est cher à l'univers.
> Pour qu'il surgisse et que son jour commence,
> La terre exprès tourne les éléments;
> Le temps n'est rien; lenteurs, avortements,
> Par où la vie à lui seul se prépare,
> Ne coûtent pas à la nature avare.
> L'Esprit caché dont elle suit les lois,
> Tout en marquant mille buts à la fois,
> Veut sur un point faire briller l'ouvrage.
> Souvent, souvent, au décours d'un orage,
> Le vœu qui rit à l'éternel dessein,
> C'est qu'emportant l'étamine volage
> Zéphire ému mène à bien son larcin;

C'est qu'un nid d'or éclose au vert feuillage,
Ou que la perle accordée à la plage,
Sombre Océan, jaillisse de ton sein !
En s'enfuyant, la tempête qui gronde,
Purifiée, attiédie et féconde,
Dépose un feu, crée un être en ce monde,
S'émaille en fleurs ou voltige en essaim !

Même ordre encor dans l'histoire vivante :
Cher Béranger, ne dis pas que j'invente.

La République, aux débuts immortels,
L'éclair au front, la main sur les autels,
Avait, d'un geste, embrasé la fournaise !
Pour chant de guerre, elle eut *la Marseillaise,*
Vrai talisman ! mais ses fils dévoués
A la chanter s'étaient vite enroués.
Vainqueur à temps de l'Europe enhardie,
Le Consulat réparait l'incendie.
De foudre alors et de fer couronné,
L'Empire, lui, toujours avait tonné :
Sans air joyeux, sans chanson applaudie,
Sous ce dur maître, on avait moissonné.
A rangs égaux, en lignes sourcilleuses,
Dès le matin des luttes fabuleuses,
Aux flancs des monts vaguement éclairés,
Les noirs soldats s'ébranlaient par degrés ;
Dès qu'un rayon aux collines prochaines
Montrait l'aurore, ils saluaient César ;
Puis, tout le jour, à son jeu de hasard,
Silencieux, ils épuisaient leurs veines ;
Tant qu'à la fin, dans l'excès des combats,
Noble immolée, ô France, tu tombas !
Or, des douleurs de la France épuisée,
De sa chère aigle aux mains des rois brisée,
Des morts d'hier, des mânes d'autrefois,

Il s'élevait une profonde voix,
Ame, soupir, émotion guerrière,
Regret aussi de nos antiques droits,
Le tout confus comme un gros de poussière
Que la déroute envoie en tourbillons,
Comme du sang fumant dans les sillons!
C'étaient des ris, des sifflets, juste outrage
Aux faux dévots, rentrés pour convertir,
Aux libertins, prêchant le Roi-martyr;
C'était la plainte, au milieu du naufrage,
Des gais amours, si longtemps caressés...
L'immense voix, au déclin de l'orage,
En rassemblait tous les sons dispersés.
Deuil tour à tour, et malice, et colère,
Elle planait, puissante et populaire.
Mais, sous ces bruits qui la venaient former,
On ne savait en masse où l'entamer :
Nuée errante, elle hésitait encore :
Nul point brillant; pas de foyer sonore!

Et jusque-là, jusqu'à ce grand moment,
Avant le soir d'héroïque disgrâce,
Du drame entier, dès le commencement,
Témoin caché dont je poursuis la trace,
D'un coup de foudre à douze ans désigné,
Que faisais-tu, Chantre prédestiné?
En quel réduit fleurissait ta jeunesse?
Quels bras aimés t'en sauvaient la rigueur?
Quels traits malins, t'aiguisant leur finesse,
Gardaient sa flamme à ton glorieux cœur!
Vaste en projets qui ne devaient pas naître,
Sans le savoir, ménageant tes retards,
Tu te crus fait pour la flûte champêtre,
Et ta houlette eut de naïfs écarts.
De Marengo pendait alors l'épée;
Un Charlemagne aspirait au parvis :

Cela, je crois, te rappela Clovis,
Et tu rêvas de classique épopée,
Toi, fils de l'hymne et de la Ménippée !
Ainsi, sans guide et vers des buts lointains,
Chemin faisant, accosté de Lisette,
Entre Clovis et les amours mutins,
Par complaisance égayant ta musette,
Génie heureux, facile aux contre-temps,
Tu te cherchais encore après trente ans ;
Tu te cherchais,... quand la France foulée
Te laissa voir deux fois dans la mêlée
Ce sein de feu que Thersite conquit !
Tout était mûr; les astres s'entendirent ;
Des cieux brûlants quelques pleurs descendirent,
Lente rosée,... et ta chanson naquit !

Elle naquit, abeille au fin corsage,
A l'aiguillon toujours gardien du miel ;
Des bruits épars composant un message,
Orgueil du pauvre et vengeance du sage :
Sots et méchants le trouvèrent cruel.
Près du drapeau que dans l'ombre on replie,
Au fond du verre où l'infortune oublie,
Autour du punch et des jeunes gaîtés,
Même au cou nu des folâtres beautés,
Oh ! oui, partout où l'aile bigarrée
De ta chanson diligente et sacrée
Se pose et luit, oh ! notre France est là...
France d'alors, chantant sous le tonnerre
Plus d'un refrain qui depuis s'envola,
Vive et rétive, assez peu doctrinaire,
Encore en sang des caresses des rois ;
Oui, cette France est toute dans ta voix.
Durant quinze ans, unis d'un même zèle,
Seul, vers la fin, pour sauver l'étincelle,
A chaque avril, aux champs, sous les barreaux,

Tu lui tressais les noms de ses héros,
Mêlant aux fleurs le chardon qui harcèle!
Si son oubli délaissait un vengeur (1),
Tu la couvrais d'une honnête rougeur :
Puis un couplet indulgent la déride...
Pourtant, tout bas, j'ose en glisser l'aveu,
Deux ou trois fois, sœur de la cantharide (2),
L'abeille ardente outre-passa le jeu.
Pardon, pardon pour sa courte folie;
Tant de tendresse ennoblit son retour!
La volupté, par la mélancolie,
Chez toi ramène à l'éternel amour.
Dans l'action que ton génie épouse,
Si, du champ clos sentinelle jalouse,
Prompt au clairon, et, pour trêve aux assauts
Ne t'égarant qu'aux plus voisins berceaux,
Tu hantais peu les ombres des vallées,
L'esprit lointain des cimes non foulées,
Silence! oracle! encens perpétuel!
Du moins plus haut que les luttes humaines,
Fixant tes yeux sur les places sereines,
L'âme invisible errait souvent au ciel!

Aujourd'hui donc qu'à la France étonnée
Par tant d'efforts la palme enfin gagnée
Ne laisse voir qu'un triste et maigre fruit;
Quand le combat recommence à grand bruit;
Toi, sans dégoût, à ton passé fidèle,
Sans repentir (car la cause était belle,
Elle était sainte, et dut nous enflammer),
Toi, désormais, tu sais où te calmer.

(1) Manuel.
(2) C'est bien moins de la chanson même intitulée *la Cantharide*, chaude et pure émeraude où l'idée est figurée à l'antique, qu'on entend ici parler, que de quelques chansons de la première manière.

Au seuil nouveau déposant ta piqûre
Et n'abjurant nulle ancienne amitié,
Du mal présent que tu prends en pitié
Tu vois le terme, et ton espoir s'épure.
Guéri des uns, tu comptes plus sur tous.
L'Humanité chemine au rendez-vous ;
Elle n'a plus de chaîne qui la noue ;
Tu vas devant, la regardant venir.
Si chaque jour entend crier la roue,
Une harmonie embrasse l'avenir.
Ainsi les ans, Poëte, te consolent,
Et tes chansons encore une fois volent,
Derniers essaims ; non plus du lourd frelon
Purgeant leur ruche à force d'aiguillon,
Non plus épris du sein pâmé des roses,
Des vins chantants dont tu savais les doses,
Des trois couleurs du siècle adolescent :
L'esprit d'un siècle a ses métempsycoses,
Cher Béranger, ta sagesse y consent.
Mais les chansons cette fois réunies,
Vierges essaims, paisibles colonies,
Loin des lambeaux dans la lutte expirant,
Cherchent l'air libre et l'espace plus grand,
L'orme sacré de la Cité future,
Des horizons que le dieu d'Épicure
Eût ignorés et que t'ouvrit le tien.
Telles déjà, selon l'oracle ancien,
Au fond d'un bois, les divines abeilles,
Gage choisi de clémentes merveilles,
Symbole heureux des jours renouvelés,
Naissaient aux flancs des taureaux immolés,
Montaient dans l'air,... et la grappe enchantée
Réjouissait le regard d'Aristée (1).

(1) On pourrait mettre à cette pièce de vers pour épigraphe :

Ingentes animos angusto in pectore versant.

La vie de Béranger, durant quinze ans, se lit tout entière dans ses chansons. Le fait intérieur et domestique que j'y remarque le plus, c'est son amitié avec Manuel. Il l'avait connu en 1815, et, dès lors, tous les deux s'unirent étroitement. Béranger appréciait surtout chez le *vétéran d'Arcole* l'intelligence ferme et lucide, les sentiments chauds et droits sans rien de factice, la vie naturelle ; l'homme du peuple au complet, dans une organisation perfectionnée. *Bras, tête et cœur, tout était peuple en lui,* a-t-il dit de son ami. Si quelque chose m'assure que Manuel, s'il avait vécu, serait resté *peuple,* et eût résisté à la contagion semi-aristocratique qui a infecté tant de nos tribuns parvenus, c'est que Béranger l'a jugé ainsi.

Depuis que Béranger a vu qu'il pouvait devenir poëte à sa guise, en demeurant chansonnier, il s'est noblement obstiné à n'être que cela : un goût fin, un tact chatouilleux, une probité haute, l'ont constamment dirigé dans ses nombreux et invincibles refus. Que ce soit une place dans les bureaux de M. Laffitte, un fauteuil à l'Académie, une invitation à ce qu'on appelle encore aujourd'hui la Cour, dont il s'excuse, le même sentiment de convenance et de dignité l'inspire. Il comprend son rôle de chantre populaire ; il s'y tient jusqu'au bout ; il a certes le droit d'y placer son orgueil, puisqu'il ne s'en fit jamais un marchepied vers le but des ambitions mesquines. Plein d'excellents conseils en tous genres, que viennent réclamer des clients bien divers, consolateur aimable, grâce à cette *gaieté,* nous dit-il, *qui n'offense pas la tristesse,* trouvant de crédit ce qu'il en faut pour les bonnes actions non bruyantes, il est peut-être, avec M. Laffitte, et par d'autres moyens, l'homme de France qui a rendu dans sa vie le plus de services efficaces. Pour tout dire, Béranger ne s'est dérobé au dedans à aucune des charges de sa publique renommée.

Sa conversation est prompte, discursive, abondante, également nourrie sur tous les sujets, initiée aux mœurs des métiers différents, suppléant au manque de voyages par la pratique assidue de la grande ville; on y reçoit mille traits qui pénètrent avant et se retiennent. On y sent réunis et mélangés le contemporain des conquêtes, le républicain de l'avenir, et le successeur du Parisien Villon. Sa littérature, très-étendue, très-fine, très-élaborée, surprend ceux même qui n'ignorent pas de quelles études secrètes l'artiste consommé a dû partir. Rien de plus mûri, de plus délicat, que la variété de ses jugements littéraires, tous individuels et de sa propre façon : c'est un rusé ignorant à la manière de Montaigne. Il ne sait pas le latin assurément; mais, à l'entendre parfois discourir du théâtre et remonter de Molière, Racine ou Shakspeare aux tragiques de l'antiquité, je suis tenté de croire qu'il sait le grec, qu'il *a été Grec,* comme il le dit dans *le Voyage imaginaire,* tant cet ordre de beauté et de noble harmonie lui est familier. Il pousse même la rancune contre ce pauvre latin qu'il n'entend pas, et que parlait son ancêtre Horace, jusqu'à reprocher avec assez d'irrévérence à notre langue, à notre poésie, d'avoir été élevée et d'avoir grandi dans le latin : témoin Malherbe et Boileau qui l'ont coup sur coup disciplinée en ce sens. Il ajoute méchamment que cet honnête latin a tout perdu ; que, sans les lisières de ce mentor, il nous resterait bien d'autres allures, plus libres et cadencées : Courier, en son style d'Amyot, ne marquerait pas mieux ses préférences. On ne s'étonnera point, d'après cela, si les questions agitées, il y a peu d'années, dans la poésie et dans l'art, tout en paraissant fort étrangères au genre et aux préoccupations politiques de Béranger, ne l'ont laissé au fond ni dédaigneux ni indifférent. Spectateur préparé, juge équitable, il a même consenti à se croire partie intéressée dans les débats. La guerre déclarée par l'école nouvelle à la classification des genres lui a paru devoir affranchir le sien de l'infériorité classique, d'où il ne l'avait tiré qu'à la faveur d'un privilége tout personnel. Sa chanson, en effet, à laquelle un mot de Benjamin Constant avait conféré le diplôme d'*Ode,* était sans doute accueillie avec complaisance et distinction par la littérature de l'Empire ; mais elle n'était pas avec elle sur le pied d'égalité entière et native. On lui faisait honneur, mais par entraînement tour à tour ou condescendance. Enfant gâté du dessert, on lui passait ses crudités, ses goguettes de langage, mille familiarités sans conséquence, à titre de chanson ; dès qu'on l'admirait, c'était d'un visage tout d'un coup sérieux, à titre d'ode. On l'eût reçue de grand cœur, je crois, dans la compagnie des Quarante ; mais on se fût armé pour cette grave exception, devant le public, du précédent de M. Laujon. Bref, la chanson de Béranger se sentait un peu la protégée des genres académiques; depuis la réforme littéraire, elle est devenue légitimement l'égale, la concitoyenne de toute poésie. Par ces raisons diverses qu'il sait lui-même fort agréablement déduire, Béranger est donc allé jusqu'à se croire redevable de quelque chose à la jeune école poétique. Quoi qu'il en soit, et voici le seul point où j'insiste, il a de bonne heure témoigné à ce qui s'annonçait d'heureux et de grand dans les groupes nouveaux une bienveillance sincère, intelligente, qui, de la part de tout écrivain célèbre, à l'égard des générations qui s'élèvent, n'est pas, j'ose le dire, la moindre marque d'une âme saine et d'un cœur justement satisfait.

Décembre 1832.

BÉRANGER.
1833.

Chansons nouvelles et dernières (1).

Il est dans l'histoire de l'humanité un premier âge où les poëtes ont exercé une fonction publique, sacrée, un sacerdoce populaire. La poésie alors, orale, vivante, forme naturelle et souveraine, support et enveloppe de tout, de la science, de l'histoire, de la morale, du culte, tenait au fond même de l'existence d'une race, et enserrait, comme en un tissu merveilleux, mœurs, exploits, souvenirs, les dieux et les héros d'une nation. C'était le règne du chant ; *le chant qui vole à l'oreille saisie,* en s'échappant de la bouche des hommes divins qu'avait doués la Muse, courait sur les masses assemblées, et tendait en mille sens une chaîne ailée, invisible, qui suspendait les âmes. Chaque génération savait et redisait par le chant la tradition du passé, l'augmentant, la variant sans cesse, ignorant l'auteur ou les auteurs de ces poëmes, et les attribuant à des

---

(1) A côté de la lente et impartiale appréciation qui précède, nous laissons subsister cet autre morceau dans sa vivacité de circonstance.

personnages fabuleux. En Grèce, en Arabie, dans l'Inde, ainsi se perpétuèrent et grossirent, durant des siècles, des trésors de récits et de chants qui sont le plus complet réservoir comme la plus pure essence de la vie de ces peuples aux époques primitives. Avec l'écriture, avec l'observation et l'analyse naissantes, commença un autre âge pour la société. La religion, désertant peu à peu son immense et vague domaine, se replia dans les cérémonies du culte ; la science fit effort, se détacha et subsista d'une vie propre ; la philosophie fonda ses écoles ; l'histoire établit des registres plus ou moins scrupuleux. Par suite de ce démembrement et de ce développement sur tous les points, le poëte cessa d'être un organe indispensable et permanent, un précepteur social, un guide ; son individualité dut se creuser une place à part et se restreindre à un emploi plus spécial du talent ; il aborda, la plupart du temps, des genres curieux et délicats, qui réussirent auprès des lettrés, des oisifs ou des princes. Au théâtre pourtant, il y eut encore pour lui une chance ouverte de popularité et d'action vaste, immédiate, dont plus d'un génie s'empara ; mais cette ressource même du théâtre paraîtra bien bornée pour le poëte, si on la compare à l'influence première.

Il est vrai que chez nous, nations modernes, nations d'Occident, les choses se passèrent, à l'origine, d'une façon moins simple et moins grandiose que dans l'antiquité ou dans l'Orient. L'empire du chant, de la poésie naïve et primitive, n'eut jamais l'étendue et l'importance que jadis il obtint là-bas ; la vieille société antérieure y mettait obstacle; la théologie, la grammaire, l'histoire, toute grossière qu'elle était, intervinrent au berceau, et entravèrent mainte fois les couplets de poésie par où s'essayaient les modernes instincts populaires. Dans notre France surtout, de ce côté-ci de la Loire, au sein des provinces centrales et passablement prosaïques de Picardie, Berry et Champagne, il n'y eut guère, à aucune époque, de poésie populaire proprement dite, de poésie vivante et chantée; seulement la malice des fabliaux circula; la moquerie, la jovialité de certains mystères, répondirent au bon sens railleur et matois des populations. Une disposition invincible à narguer et à chansonner les gens de loi, les gens d'église, les puissants, le beau sexe et les maris, devint un des traits persistants du caractère national. Rabelais, Molière, La Fontaine, Beaumarchais, puisèrent abondamment dans cette humeur indigène. Au-dessous d'eux, elle eut assez de quoi s'entretenir et s'égayer sur l'orgue de Barbarie, la vielle et l'épinette, aux parades de la foire Saint-Laurent, loin, bien loin du concert adouci et pompeux de la littérature plus noble, qui charmait l'écho des terrasses royales ou les salons des Mécènes.

Toutes les fois que cette littérature noble n'avait pas dédaigné l'autre source réelle et naturelle du fonds national, et qu'elle s'y était franchement trempée, elle y avait acquis une vie et comme une allégresse singulière, et s'était sauvée de l'affadissement. Les quatre grands noms que nous venons de citer sont une preuve de ce que le génie cultivé gagnait à cette alliance. Mais, jusqu'à nos jours, l'esprit national, en ce qu'il a de plus vif et de plus essentiellement poétique, n'avait pas fait irruption encore dans la littérature que j'appellerai d'étude et d'art, ou, si l'on veut, cette littérature, sur le point essentiel et le plus saillant, n'était pas descendue à lui ; elle n'avait pas atteint juste à l'endroit le plus sonore ; la disposition chantante, l'humeur chansonnière n'avait jamais été grandement ni délicatement mise en jeu ; on l'avait laissée fredonner au hasard, courir par les goguettes ou sous le balcon du Mazarin, et s'abandonner, satirique ou bachique, à une irrégularité et à une bassesse qui, littérairement, semblaient sans conséquence. Collé et Panard, tout au plus, avaient un peu relevé la chanson quant au rhythme, mais en la laissant, du reste, dans une sphère d'idées bien inférieure. Jean Passerat, l'un des auteurs de la *Satyre Ménippée,* était encore le seul, avant Béranger, qui eût imprimé au couplet, au quatrain politique, une véritable perfection littéraire.

Béranger est venu, et il a résolu la question pour les esprits cultivés d'une part, et pour le peuple de l'autre. Écrivain exquis et consommé, il s'est mêlé aux instincts, aux ironies, à la malice et aux émotions de tous, et, s'emparant de cette faculté chantante qui avait longtemps détonné, il en a tiré un parti plein d'à-propos, de finesse et de grandeur. En demeurant le plus individuel des poëtes, aussi bien que le plus accompli des artistes, le chansonnier a su devenir le plus populaire, le seul même qui réellement l'ait été en France, depuis des siècles, en ce sens que, durant quinze années, ses œuvres, partout retentissantes, auraient pu, à la lettre, vivre et se transmettre sans l'*impression*. L'état moral où il a trouvé la population française prêtait beaucoup, il est vrai, à cette inoculation soudaine d'une poésie qu'aiguiserait le chant. Ce n'était plus une aveugle exaspération suivie de lassitude et de repentir, comme sous la Ligue ; ce n'était plus l'étourderie émoustillée de la Fronde : de graves événements avaient illustré, mûri, moralisé ce peuple sur lequel Gargantua s'était permis autrefois de si inconcevables licences ; 89 et Napoléon avaient enseigné, inculqué à tout jamais au tiers état la dignité de l'homme, l'énergie civilisatrice, et lui avaient fait un besoin des plus mâles et inviolables sentiments. Mais en même temps, par un fonds d'ancienne humeur franche, ce bon peuple avait gardé ses facultés légères et pénétrantes, sa grâce amoureuse, son rire prompt et subtil, et ses retours épicuriens jusqu'au sein des publiques douleurs. *Jean de Paris,* en un mot, pour prendre le type le plus reconnaissable entre tant de figures picardes, beauceronnes ou champenoises, entre les autres Jean de Chartres, Reims ou Noyon, *Jean de Paris,* que Béranger a chansonné dans son dernier volume, est resté vrai après 89 comme devant, après Waterloo comme après les trois jours, du temps de Charlet comme du temps de Rabelais. Le grand art de Béranger, son coup de maître et à la fois de citoyen, a été de rallier tant de fines, d'éternelles observations, héritage de Molière et de La Fontaine, autour des sentiments actuels les plus enflammés, d'appeler les qualités permanentes de la nation au foyer des émotions nouvelles, de lier les unes et les autres en faisceau indissoluble, de grouper *les Gueux,* même *Frétillon,* ou *Madame Grégoire,* sous les plis du glorieux *Drapeau, la Sainte Alliance des Peuples* formant la chaîne aux collines d'alentour, et *le Dieu des Bonnes Gens* bénissant le tout.

Ce qui caractérise Béranger entre ceux de nos poëtes contemporains les plus justement célèbres, c'est d'avoir tous les traits purs du génie poétique français, de reproduire en plein ce génie dans tous les sens, d'y atteindre naturellement par tous les bouts : bon sens, esprit, âme, il réunit en lui ces qualités éminentes dans une mesure complète, auparavant inconnue, mais qui ne pouvait se rencontrer que chez nous. A lire nos autres poëtes vivants, on sent toujours, même chez les plus instinctifs, quelque chose qui transporte ailleurs, qui nous jette en d'autres contrées, en d'autres souvenirs, qui rappelle que Pétrarque et le Tasse ont gémi, que Goethe et Byron sont venus. Chez Béranger, rien de tel ; et toutefois il est autant contemporain du siècle, autant avancé dans l'avenir, qu'aucun. Il n'a guère fait dans sa vie, je crois, de plus long voyage que celui de la rue Montorgueil à Péronne ou peut-être à Dieppe, et en vérité il n'a pas eu besoin d'en voir davantage. La Fontaine n'en a pas plus fait ; Boileau était allé, au plus loin, jusqu'à Namur, et Racine jusqu'à Uzès. Béranger tient au terroir ; la nature qu'il peint à la dérobée et qu'il aime, ce sont nos cantons fleuris, notre joli paysage entrecoupé, des vignes, des bois, de petites maisons blanches, Passy, même Surène. Son amour inconstant et un peu sensuel dans sa tendresse en est resté à la bonne vieille mode de nos aïeux, à la mode de *ma Mie* et du *bon roi Henri,* avant la nouvelle Héloïse et Werther. Je reconnais, dans sa Lisette, la petite-fille de Manon, ou de cette Claudine que courtisa La Fontaine (1). Quant au dieu de Béranger, c'est un dieu indulgent, facile, laissant beaucoup dire, souriant

(1) *Lisette,* au reste, existait sous ce nom-là depuis bien au temps; elle figure chez Chaulieu à la fin des Stances sur Fontenay. Dans le *Mercure de France* de juin 1780, sous le titre de *Lisette ou les Amours des Bonnes gens,* par M. D..., avocat au parlement de Rennes, on lit une pièce légère qui, sauf la prolixité et le peu de rhythme, est toute voisine de la chanson de Béranger par le tour et les idées :

>   Sur la toilette
>   De ma Lisette
>   Vous trouverez
>   Simples fleurettes;
>   Point n'y verrez
>   De fard, d'aigrettes,
>   Léger jupon, etc.

Nos bons aïeux, les trouvères, ont fait maintes chansons qui, sauf le vieux langage, pourraient être de Béranger par le ton et aussi par la forme. J'en veux indiquer une qui me semble exactement dans ce cas (Man. de la Biblioth. du roi, n° 2719, La Vallière) :

>   L'autre jour en un jardin
>   M'en aloie esbano   ,
>   Uñ poi de fors un vergier
>   Trouvai Rousète séant
>   Si plésant
>   C'onques de biauté si grant, etc.

Cette *Rousète,* qui signifie un peu moins que *Lisette* ou même que *Frétillon,* est dans son genre un petit chef-d'œuvre, de ceux pourtant que je n'oserais transcrire. Elle pourrait entrer dans le recueil *à part* de Béranger, tout à la suite du *Grand Marcheur.*

aux treilles de l'abbaye de *Thélème* (1), n'excommuniant pas l'abbé Mathurin Regnier, pardonnant à l'auteur de *Joconde,* même avant son cilice ; c'est un dieu comme Franklin est venu s'en faire un en France, comme Voltaire le rêvait en ses meilleurs moments, lorsque, d'une âme émue, il écrivait : *Si vous voulez que j'aime encore.....* Théologie, sensibilité, peinture extérieure, on voit donc que chez Béranger tout est vraiment marqué au coin gaulois : qu'on ajoute à cela un bon sens aussi net, aussi sûr, mais plus délié que dans Boileau, et l'on sentira quel poëte de pure race nous possédons, dans un temps où nos plus beaux génies ont inévitablement, ce semble, quelque teinte germanique ou espagnole, quelque réminiscence byronienne ou dantesque.

Pour achever le contraste, tandis que les génies poétiques de ce temps trahissent, presque tous, en leurs vers une allure plus ou moins aristocratique, soit par culte de l'art, soit par prédilection du passé féodal, soit par mystérieuse chasteté d'idéal dans les sentiments du cœur, Béranger est le seul poëte qui, indépendamment même du choix des sujets, ait gardé la rondeur bourgeoise, l'accent familier, la tournure

---

(1) Dans la continuation du *Roman de la Rose,* par Jean de Meun, le sermon du grand prêtre *Genius* à l'armée qui assiége la Rose me semble un peu conforme à l'évangile du chantre de *Mon Ame* et du *Dieu des bonnes gens.* Tout ce discours, plein de verve *genialis,* serait digne à la fois de Lucrèce et de Rabelais ; le *Genius* de Jean de Meun est le premier fondateur et grand prieur de l'abbaye de Thélème.

d'idées ouverte et plébéienne; par où encore il semble descendre en droite ligne de cette forte lignée à tempérament républicain, qu'on suit, sans hésiter, dans les trois derniers siècles, et de laquelle étaient Étienne de La Boëtie, les auteurs de *la Ménippée*, Gassendi, Guy Patin, Alceste un peu je le crois, et beaucoup d'autres.

Le dernier volume que Béranger vient de publier comme adieux achève de nous dessiner le poëte. C'est une magnifique et inespérée terminaison d'une œuvre qui paraissait close. La circonstance la plus apparente dans la carrière du chansonnier, l'occasion politique, qui avait décidé du cours de sa verve, venait de manquer brusquement, après quinze ans d'escarmouches et de combats : il semblait qu'il fût désarmé par le triomphe. Le côté individuel de son talent, les sentiments capricieux ou tendres qu'il avait si heureusement entrelacés mainte fois, comme des myrtes autour de l'épée, lui restaient sans doute ; il pouvait s'y récréer à l'aise : mais s'en tenir là, après la vaste action publique qu'il avait exercée, c'était déchoir. Quant à continuer contre toutes sortes de survenants nouveaux la même guerre exactement qu'il avait faite à leurs devanciers, j'avoue que, quelque tentante à certains égards qu'eût été l'entreprise, il y avait des difficultés presque insurmontables, et que les chances de poésie et de succès populaire avaient un peu changé. La Restauration, en effet, provoquait haine, risée par contraste, indignation guerrière, accord passionné en vue d'un prochain espoir. La déception, dont de nobles vœux ont été récemment l'objet, provoque avant tout une épaisse amertume, un dégoût abattu qui ne laisse guère de place à l'alerte moquerie, un sentiment pensif et sérieux, qui se relèvera peut-être dans la patience, mais qui n'a pas pour la chanson l'entrain de la colère. Outre ces difficultés générales, qu'on pourrait indiquer plus au long, il y en avait de particulières à Béranger; pour mille raisons, ce qu'il avait fait la première fois n'était pas à recommencer de plus belle. On attendait pourtant de toutes parts, on réclamait de lui quelque accent de réveil. Qu'a-t-il donc imaginé, le poëte? par où s'est-il racheté? par quelle combinaison toute neuve de sujets et de chants a-t-il trouvé moyen de satisfaire aux convenances morales de l'âge, des rapports privés, à l'attente du pays et à sa propre gloire?

D'abord, bien que la couleur politique, à proprement parler, ne soit pas celle qui domine dans le volume, Béranger, en quatre ou cinq places mémorables, a fermement marqué sa pensée, sa sympathie et ses pressentiments prophétiques dans le duel qui se continue; par son éloge de Manuel, par son *Conseil aux Belges,* par *la Restauration de la Chanson,* et surtout par sa *Prédiction de Nostradamus,* il a fait acte de présence dans les rangs de la pure démocratie; il a d'avance (bien qu'à une date inconnue) signé de son nom imposant les registres de la Constitution future. Sans entamer une guerre de personnes aussi active et aussi acérée qu'autrefois, il a atteint les hommes sous les choses; aux environs d'*un trône noirci* qu'on *rebadi-*

geonne, parmi les affamés de ces miettes de *l'Ogre*, dont il nous faut *payer la carte*, plusieurs ont dû se sentir peu agréablement chatouillés. Ces quatre ou cinq pièces politiques, jointes à tant de délicieuses chansons personnelles, d'une inspiration et d'une fantaisie intimes, telles que *Mon Tombeau; Passez, jeunes Filles; le Bonheur; Laideur et Beauté; la Fille du Peuple*, et ce sémillant *Colibri,* qui est le lutin familier du maître et la personnification éthérée de sa muse comme est *la Cigale* pour Anacréon; toutes ces pièces ensemble auraient suffi à composer un charmant recueil final, digne assurément de ses aînés, et la dernière couronne eût brillé verdoyante encore, pour bien des saisons, au front du citoyen et du poëte. Mais, si le volume n'avait contenu que ces deux ordres de pièces, les plus neuves et originales beautés qui illustrent celui-ci y auraient manqué.

Béranger avait déjà tenté précédemment d'élever la chanson jusqu'à un genre de grande ballade historique ou philosophique dont on n'avait pas idée en France auparavant. *Les Souvenirs du Peuple* et *les Bohémiens* avaient fait entrevoir tout ce qui pourrait sortir de ce magnifique développement poussé à son terme. Il était seulement à craindre qu'un progrès si tardif, qui transportait et concentrait sur des sujets vastes, presque désintéressés, et dans une atmosphère plus calme, les facultés du poëte, n'allât pas assez loin en richesse abondante et en fertilité majestueuse. Béranger, dans ce dernier volume, en donnant le rôle principal aux chansons et ballades de cette espèce, a su triompher de toutes les difficultés nouvelles qu'il se créait. La variété, la couleur et l'émotion y circulent comme dans ses autres produits des saisons antérieures et des régions plus embrasées. Quelques-unes de ces pièces, telles que *le Juif errant*, sont purement poétiques, artistiques; l'inspiration de cette admirable ballade, en effet, c'est la perpétuité de la course maudite, la folle rage du tourbillon : la moralité n'y vient que d'une façon détournée et secondaire; on n'a pas le temps de l'entendre. Ailleurs, comme dans *Jeanne la Rousse*, la poésie, éludant le côté sévère et périlleux du sujet, c'est-à-dire le braconnier, tourne au sentiment, à la complainte gracieuse et touchante. Mais dans *les Contrebandiers*, le poëte n'élude rien; il accepte la question sociale dans son énormité, il la tranche avec audace; *l'air pur du sommet des monts* l'a enivré, et sa voix, que redit et renfle l'écho des hautes cimes, ne nous est jamais venue si sonore. *Les Contrebandiers* ne sont pas seulement, comme *les Bohémiens*, un délirant caprice de vie aventurière, de liberté sans frein et de migration sans but; *les Contrebandiers* ne sont pas les enfants perdus et incorrigibles des races dispersées; ce sont, comme Béranger le conçoit, les sentinelles avancées, les éclaireurs hasardeux d'une civilisation qui s'approche :

> Nos gouvernants, pris de vertige,
> Des biens du ciel triplant le taux,
> Font mourir le fruit sur sa tige,
> Du travail brisent les marteaux.
>   Pour qu'au loin il abreuve

> Le sol et l'habitant,
> Le bon Dieu crée un fleuve ;
> Ils en font un étang.

Et plus loin :

> A la frontière où l'oiseau vole,
> Rien ne lui dit : Suis d'autres lois.
> L'été vient tarir la rigole
> Qui sert de limite à deux rois.
> Prix du sang qu'ils répandent,
> Là, leurs droits sont perçus.
> Ces bornes qu'ils défendent,
> Nous sautons par-dessus.

Toute cette fantaisie rapide d'une allégresse indisciplinée, cette flamme voltigeante de poésie, qui, dans *les Bohémiens,* s'évapore en quelque sorte à travers l'air et n'aboutit pas, vient donc, dans *les Contrebandiers,* se rejoindre à un fonds de pensées lointaines, mais réalisables, auxquelles elle jette un merveilleux éclair. C'est à ce même fonds social, humain, d'une civilisation plus équitable et vraiment universelle, opposée aux misères de la nôtre, que sont puisées les inspirations si amèrement belles du *Pauvre Jacques* et du *Vieux Vagabond.* On ferait preuve d'un esprit bien superficiel en n'y voyant que des accidents particuliers auxquels se serait pris le poëte : Béranger a dramatisé, sous ces figures populaires, toute une économie politique impuissante, tout un système d'impôts écrasants ; il a touché en plein la question d'égalité réelle, du droit de chacun à travailler, à posséder, à vivre, la question, en un mot, du prolétaire. *Les Quatre Ages* abordent le même sujet sous forme directe, sur un ton de lyrisme grave et didactique : c'est l'hymne auguste du philosophe, ce sont les *vers dorés* de la science nouvelle.

Nous voilà, en apparence, bien loin de la chanson, et réellement nous avons atteint et passé les dernières limites; le champ est parcouru dans tous les sens, toutes les collines à l'horizon sont gravies. Une fois à cette hauteur, on peut tirer l'échelle; il n'y a plus un coin de chanson vacante où mettre le pied. Et, en effet, il est à remarquer que, tandis que d'autres éminents poëtes de nos jours, MM. de Lamartine et Hugo, par exemple, ont engendré de si nombreux imitateurs, Béranger n'en a eu, à vrai dire, aucun, quoiqu'il soit le plus populaire. Il a clos, après lui, le genre qu'il avait ouvert le premier. En sa spirituelle préface, le chansonnier semble regretter qu'aucun de nos jeunes talents ne se soit essayé dans une voie qu'il croit fertile encore ; ce conseil et ce regret, j'ose le dire, tombent à faux. Sans doute on chante, on chantera longtemps et toujours en France. L'esprit gaulois, nous l'avons remarqué déjà, est imprescriptible, et il se perpétue par une veine facile, même sous les nouvelles qualités sérieuses qu'il a acquises. Aussi comptons-nous bien que quelque grand poëte succédera assez tôt pour ne pas laisser s'interrompre la postérité directe et si française de Rabelais, Regnier, Molière, La Fontaine et Béranger. Mais sous la forme particulière dont Béranger a fait usage, la mise en œuvre de cet esprit national nous semble pour longtemps interdite. Un tel à-propos et un tel bonheur, exploités par un génie qui a su si complétement s'en rendre compte, sont un coup unique dans une littérature (1).

J'ai peu à dire de la préface dont tout le monde aura admiré le ton simple, l'aisance délicate, et cette clarté vive et continue qui caractérise la prose de Voltaire. Mais il est deux autres prosateurs que cette

---

(1) On n'a pas abordé, dans cet article ni dans le précédent, la question du style, à proprement parler, chez Béranger. Ce style est en général clair, pur, vif, aiguisé de traits justes et imprévus, ennobli d'images. On y relèverait pourtant quelques défauts. On y sent à de certains moments que l'espace manque; il y a trop de densité, en quelque sorte. Le couplet trop tendu crie à force de pensée, comme une malle trop pleine. Quelquefois le poëte est resté trop fidèle à d'anciens mots du vocabulaire poétique, *alarmes*, *courroux* : ainsi, dans la chanson de *La Fayette* : *Il a des rois allumé le courroux*. Quelquefois il est obscur à force de malice, ou par gêne de la rime : ainsi, par exemple, *point d'Albanèse*, et tout ce couplet, dans la chanson de *Margot*. Quelquefois il y a de la manière et du raffinement mythologique :

> Sur ma prison vienne au moins Philomèle,
> *Jadis un roi causa tous ses malheurs.*

Quelquefois on sent la concision pénible et un peu trop marquée, comme dans le refrain de *la Cantharide* :

> Rends à l'Amour tous les feux que tes ailes
> Ont *à ce dieu* dérobés dans les airs,

et dans le refrain d'*Octavie* :

> Viens sous l'ombrage, où, *libre avec ivresse*,
> *La Volupté seule* a versé des pleurs.

Toutes nos critiques rentreraient dans quelqu'une de celles-là. — Quant à ce que nous disions de l'absence de disciple, Hégésippe Moreau a pourtant montré à certains égards qu'il en était un, et des plus dignes.

préface de Béranger m'a fortement rappelés par la multitude de traits fins, de pensées sous forme d'images sensibles, et de comparaisons brèves dont elle est comme tissue. J'ai noté un petit paragraphe, à la page 32, qui, à l'archaïsme près, est écrit tout à fait dans le procédé de métaphores courantes de Montaigne. Quand Béranger dit que « le pouvoir est une cloche qui empêche ceux qui la mettent en branle d'entendre aucun son; » et ailleurs « qu'il est des instants, pour une nation, où la meilleure musique est celle du tambour qui bat la charge; » et encore, lorsqu'il compare les prétendus faiseurs de la révolution de Juillet à ces « greffiers de mairie qui se croiraient les pères des enfants dont ils n'ont que dressé l'acte de naissance; » cela me paraît étonnamment rentrer dans le goût des locutions familières à Franklin. Ainsi, pour exprimer que trop souvent la pauvreté ôte à l'homme le sentiment de fierté et de dignité personnelle, Franklin disait : « Il est difficile à un sac vide de se tenir debout; » ainsi, dans *le Bonhomme Richard :* « Un laboureur sur ses pieds est plus haut qu'un gentilhomme à genoux. » Comme Franklin, dont jeune il apprenait le métier à Péronne, dont plus vieux il renouvelle l'ermitage à Passy, Béranger a l'imagination du bon sens (1). — Un art ingénieux et délicat règne insensiblement dans

---

(1) Il n'est pas jusqu'à ce coup de tonnerre avec lequel Béranger eut quelque chose à démêler, enfant, qui ne le rapproche du sage également aux prises avec la foudre, de ce Franklin dont il a le cou volontiers penché, le front tout chauve et les longs cheveux, de celui qui, dans sa gloire, se rappelait sans rougir avoir

la distribution du recueil, dans l'ordonnance et le mélange des matières, dans ces petits couplets personnels jetés comme des sonnets entre des pièces d'un autre ton, et surtout dans ce soin scrupuleux de faire revenir tous les noms des amis et anciens bienfaiteurs comme on ramène les noms des héros au dernier chant d'un poëme. Il y a là une noble recherche d'égards, et aussi une douce science de composer, d'assortir son œuvre et sa vie comme un bouquet odorant, non moins suave qu'impérissable.

4 mars 1833.

Je ne me dissimule pas, en les relisant, que ces articles sur Béranger peuvent aujourd'hui paraître un peu disproportionnés. Il y avait en moi, dans ces années, un trop-plein de sensibilité et d'enthousiasme, un besoin d'admirer et de pousser à l'idéal chaque objet de mon culte, tellement qu'il n'aurait pas été inutile, pour continuer de paraître vrai, que l'objet disparût presque aussitôt, et moi-même peu après. Mais au lieu de cela nous vécûmes, et la réalité, comme toujours, amena avec elle ses diminutions et ses mécomptes. Je ne saurais mieux définir le sentiment de profonde affection et comme de piété que je portais alors jusque dans la critique littéraire, qu'en rappelant un passage de mon roman de *Volupté,* où Amaury s'écrie (chap. XXI) : « ... Dans les Lettres mêmes, il est ainsi des âmes tendres, des âmes

---

traîné la brouette, en veste, dans les rues de Philadelphie. — Et Franklin mettait même un peu de coquetterie à rappeler ce souvenir.

secondes, qui épousent une âme illustre et s'asservissent à une gloire : Wolff, a dit quelqu'un, fut le prêtre de Leibnitz. Dans les Lettres sacrées, Fontaine suivait Saci, et le bon Camus M. de Genève. Oh! quand il m'arrivait d'entrer pas à pas en ces confidences pieusement domestiques, comme ma nature admiratrice et compréhensive se dilatait! comme j'aurais voulu avoir connu de près les auteurs, les inspirateurs de ces récits! Comme j'enviais à mon tour d'être le secrétaire et le serviteur des grands hommes!... » On se figure aisément combien j'eus à rabattre de cette sensibilité excessive dans le commerce habituel et prolongé des amours-propres. Presque chacune de ces biographies fournirait matière à un petit appendice à l'appui de La Rochefoucauld et aurait ainsi son revers. L'Étude sur Béranger ne fut pas sans amener ses incidents. On peut voir dans la Correspondance, publiée par M. Paul Boiteau, les lettres du célèbre chansonnier qui se rapportent à ces articles (7 octobre, 24 novembre, 3 décembre 1832, et 5 mars 1833). L'amitié resta entière entre nous jusqu'à la publication de mon roman de *Volupté,* qui, je ne sais pourquoi, déplut fort à Béranger par son esprit, et même lui porta ombrage en quelques endroits. La même Correspondance renferme une lettre de Béranger (9 décembre 1834) en réponse à l'une des miennes, par laquelle je m'étais plaint à lui de ses soupçons. Pour mieux fixer cette première altération dans nos rapports, je ne crois pouvoir rien faire de mieux que de mettre ici deux de mes lettres adressées à Béranger en 1834 et 1835, et qui m'ont été rendues par MM. Perrotin et Boiteau. Autant vaut qu'elles soient publiées par moi qu'après moi.

Voici la première, qui exprimait mes plaintes pour certains propos qui me revenaient de Passy :

« Mon cher Béranger,

« Bien que j'eusse bien pris la résolution de me taire vis-à-vis de vous jusqu'à ce que le hasard me fît vous rencontrer, je crois pourtant sentir qu'il est mieux de vous demander franchement en quoi et comment j'ai pu avoir tort envers une personne que j'ai toujours fait profession d'honorer autant que vous. Il me revient encore récemment que vous avez fait dire à un tiers que vous n'avez pas pris parti contre lui dans l'*affaire de M. Sainte-Beuve* (1), et que même vous aviez à vous plaindre de moi. Si ce tiers n'a su de quoi il était question, comme cela a dû lui paraître, je ne le sais pas davantage; et, en général, ce qui m'a été le plus clair depuis plusieurs mois, c'est que vous pensiez avoir quelque sujet de plainte sur mon compte et le disiez assez volontiers à beaucoup de personnes. On ajoutait que vous vous étiez reconnu dans un portrait du livre que je vous ai porté, la dernière fois que je vous ai vu. Cela d'abord m'a paru difficile, car je puis vous assurer en toute bonne foi que vous n'êtes pour rien dans aucun de ces portraits. Il y en a deux (à l'endroit qu'on m'indiquait) (2) de fort clairs, et si j'eusse voulu vous mettre dans le troisième, il ne m'eût pas été difficile de le faire plus reconnaissable. Mais vous n'êtes pas ce troisième, et même, à vrai dire, personne ne l'est, puisque les traits sont assez généraux pour convenir à deux ou trois personnes dont aucune ne serait *vous*. Quant au paragraphe qui suit ces trois portraits, et où vous auriez, m'a-t-on dit, trouvé quelque trait offensant, une lecture un peu moins prévenue vous aurait fait voir qu'il ne s'agissait plus des trois portraits précédents, mais de traits nouveaux s'adressant à d'autres caractères qui ne sont qu'à peine indiqués, et auxquels on ne pourrait, à moins d'être bien devin, rattacher aucun nom propre. Je rougis presque d'avoir à entrer

---

. (1) Une sotte affaire, qui me fut suscitée par M. Coessin soutenu (chose étrange!) par les chefs du parti républicain, MM. Jules Bastide et Raspail, pour mon article de la *Revue des Deux Mondes* sur Ballanche. Cet article avait déplu aux uns et aux autres pour des motifs différents. Les Thibaudeau, père et fils, je m'en souviens, étaient courroucés. Carrel, qui était alors en prison ou du moins dans une maison de santé, entendit durant des semaines toutes ces sottises et ces colères que soulevait un portrait littéraire impartial et ressemblant, le portrait du doux Ballanche! Il se garda bien de dire un mot de bon sens et d'équité, qui eût coupé court aux déclamations et qui eût mis fin aux tracasseries. J'étais encore rédacteur du *National;* je cessai, à partir de ce moment, de l'être; je n'y remis plus les pieds, même pour solde d'articles qui m'étaient dus, et j'appris par expérience comment les partis entendent la liberté de la presse, même littéraire. La leçon me profita.

(2) Au chapitre XXI de *Volupté.*

dans ces détails, s'il y avait à rougir de demander un éclaircissement d'amitié à une personne comme vous. Hors ce point, je ne sais en quoi vous me faites des reproches. Pour moi, je vous l'avoue, je me croirais plutôt en droit de vous en adresser pour avoir cru aisément à une offense, sans vous en éclaircir auprès de moi, et pour avoir dit d'abord à beaucoup ce que j'aurais dû savoir de vous l'un des premiers. Si vous vous rappelez les circonstances, trop rares pour moi, d'une liaison que j'ai tant désirée et que j'ai bien moins cultivée que je n'aurais voulu, il doit vous paraître qu'elle a été de ma part toute de respect, et, j'ose dire, de déférence empressée, et fort peu exigeante en retour pour toutes choses, hormis un sentiment sûrement bienveillant de votre côté. Si dans cette dernière année je vous ai vu moins souvent que je ne le désirais, c'est que mes occupations étaient grandes, mes matinées prises ; ce n'est pas que je changeasse si volontiers d'amis, d'opinions, de principes, que sais-je? car beaucoup de mes meilleurs amis ne se sont pas fait faute de s'inquiéter de moi, au point d'avoir et de manifester toutes ces craintes. Lorsque, dans l'isolement assez grand et dans l'étude où je vis de plus en plus, il m'est arrivé un peu tard quelque bruit de ces dires de mes amis, j'en ai plus été affligé qu'étonné, quoique j'en aie été étonné un peu, surtout de la part de certaines personnes : on a beau se croire une grande expérience des hommes, on persiste à se faire et à rêver des exceptions exprès pour soi tout seul. — C'en est assez, mon cher Béranger, pour vous poser fort incomplétement une question que vous saurez mieux préciser que moi : « Que me reprochez-vous à votre égard? » Il est une chose à laquelle je tiens beaucoup, même dans l'éloignement entre amis et dans le relâchement des liens, c'est qu'il y ait et qu'il reste bienveillance réelle et souvenir affectueux, et sans amertume. C'est parce que j'ai senti ce besoin que je vous ai écrit le mot que voici, en vous priant de l'excuser pour l'intention, s'il avait le tort de vous déplaire.

« Votre respectueux et dévoué,

« Sainte-Beuve.

« Ce 7 décembre 1834. »

Les explications données par Béranger réparèrent un peu les effets de la médisance et maintinrent de bons rapports entre nous, comme le prouve la lettre suivante, postérieure de quelques mois; il y est question de bien des choses qui ne sont pas hors de propos dans ces volumes de contemporains :

« Mon cher Béranger,

« Une petite circonstance que je vous dirai (à la fin de ma lettre) me fournissant le prétexte de vous écrire, je le saisis avec une sorte d'empressement, bien justifié par le regret de ne vous avoir pas dit adieu et par l'incertitude où je suis du temps où je vous reverrai. J'avais toujours espéré, comme plusieurs de vos amis, que ce projet de Fontainebleau était une combinaison d'avenir, une retraite à l'horizon. On dit que Diderot, ayant un jour entendu vanter la campagne, se hâta d'aller vers le gouverneur de Meudon, qu'il connaissait, et retint une chambre au château; mais voilà tout ce qu'il en fit; il laissait passer les étés sans y aller, et comme Delille, sachant cela, lui demanda le logement pour quelques semaines : « Mon cher abbé, lui répondit Diderot, nous avons tous
« notre chimère, que nous plaçons loin de nous et que nous pro-
« menons à notre horizon; si nous y mettons la main, elle se porte
« ailleurs; je ne vais pas à Meudon, mais je me dis chaque jour :
« J'irai demain. Cela me suffit. Si je ne pouvais plus me le dire,
« j'en serais malheureux. » Je pensais donc qu'en ne vous contrariant pas et en disant *oui* à votre projet, vos amis vous garderaient encore longtemps à votre Passy, et que Fontainebleau vous serait le *Meudon* de l'autre. Mais voilà, par malheur, que vous n'avez du poëte que l'admirable talent de poésie, du reste exact, calculant vos termes et vous tenant parole à vous-même. Étant allé une fois à Passy, votre hôtesse, qui m'a reçu très-obligeamment, m'a donné de vos nouvelles : mais vous voudrez bien m'en donner vous-même, n'est-ce pas? Un des avantages de votre retraite moins envahie sera du moins le travail, des vers que peut-être vous ne garderez pas tous en cage, de la prose qui aura sans doute aussi des ailes pour nous arriver. Dans les divers projets dont vous m'avez autrefois entretenu, celui du *roman* populaire, d'un *Gil Blas* moral, m'a souvent souri, comme allant à merveille à votre rôle et devant compléter votre œuvre. — Il se prépare ici une saison assez littéraire, assez poétique même : nous allons avoir dans une quinzaine un volume lyrique de Hugo; il y aura des vers d'*amour;* malgré toutes les hésitations, il se décide à son coup de tête, et bien que ce soit

une unité de plus qu'il brise dans sa vie poétique (l'unité *domestique* après la *politique* et la *religieuse*), peu importe à nous autres frondeurs des unités et au public qui ne s'en soucie plus guère : les beaux vers, comme seront les siens, je n'en doute pas, couvriront et glorifieront le péché. Lamartine aussi prépare deux volumes de vers pour janvier. Quinet, à qui un jour vous avez conseillé le *vers* comme devant clarifier sa pensée, a profité du conseil : il a fait un poëme de *Napoléon;* ce qui a été mis dans la *Revue* a été supprimé et n'en donnerait qu'une idée peu juste. Ce poëme, que plusieurs ont lu tout entier manuscrit (5,000 vers, s'il vous plaît, auparavant 8,000, — 3,000 supprimés), ce poëme est beau, il renferme quatre ou cinq grands morceaux qui classeront Quinet parmi les poëtes; son style, comme vous le pensiez, y a gagné. Après cela, ce n'est guère de cette poésie dont moi, en mon particulier, j'use; ce n'est pas non plus la vôtre, c'est celle des générations tumultueuses, enivrées, qui n'y regardent pas de si près. L'Ombre de Napoléon projetée sur les nuages grossissants de l'horizon de l'avenir, voilà pour la réalité historique; une inspiration orientale nous arrivant à travers les *Nibelungen,* et faisant pour la première fois invasion dans notre poésie, c'en est assez le caractère littéraire. Poésie de vin du Rhin, mais neuve, abondante et souvent incontestable de beauté. — M. de Chateaubriand est en plein dans son *Milton.* — Mais je vous ennuie de mes nouvelles : pour moi, puisque je sais que vous êtes assez bon pour y prendre intérêt, je travaille; mais le labeur s'allonge, et j'en sortirai lentement. J'ai à écrire pour M. Guizot un mémoire sur l'étude qu'on a faite aux xvie, xviie et xviiie siècles de la littérature des xiie, xiiie, xive et xve siècles : c'est un travail minutieux, mais assez joli, qui me fait voir du pays et qui m'est utile (1). *Port-Royal,* un moment ralenti ou distrait par les jongleurs et les trouvères, reprendra ensuite pour moi cette démarche lente qu'il ne faut pas trop hâter. — J'ai fait assez de vers durant cette saison, de manière à m'assurer que mes doigts ne sont pas encore trop rouillés. Il me fau-

---

(1) Ce travail est resté en préparation et n'a point paru. Je l'avais entrepris comme secrétaire du Comité des travaux historiques institué au ministère de l'Instruction publique. Il en est question quelque part dans les *Mémoires* de M. Guizot (tome III, p. 414); mais je me dégoûtai avant la fin; je donnai ma démission de l'emploi de secrétaire, et j'allai à Lausanne faire un cours sur *Port-Royal.*

drait deux ou trois mois pour mettre à fin des pièces commencées ou projetées qui, avec ce que j'ai déjà, seraient un troisième volume à ajouter à *Joseph Delorme* et aux *Consolations,* volume que je ne publierai pas quand il sera achevé, mais qui alors me laissera libre pour quelque autre essai poétique. Au fond, voyez-vous, c'est là ma prédilection secrète, mon courant caché ; et quand toutes mes digressions dans les bouquins me fournissent jour à un sonnet neuf, à un mot à bien encadrer, à un trait heureux dont j'accompagne un sentiment intime, je m'estime assez payé de ma peine ; et, en refermant mon tiroir à *élégies,* je me dis que cela vaut mieux après tout que tous les gros livres d'érudition, lesquels je veux pourtant faire de plus en plus profession d'estimer. — Mais, il faut en venir, mon cher Béranger, à l'objet de cette lettre. Un de mes bons amis, M. Piccolos, Grec de mérite, avec qui j'ai été vous visiter à la Force en 1829, a traduit grand nombre de vos chansons en grec moderne (il est à Bucharest actuellement, où il a rendu de grands services comme médecin et dans l'instruction publique) ; il voudrait publier son recueil de traductions avec toutes les notes d'un érudit minutieux. A propos de l'ode à Chateaubriand, il désirerait avoir la traduction en vers latins qu'en a faite un jeune homme dans le temps, la lettre du père de ce jeune homme à vous, et votre réponse. Tout à Bucharest qu'il est, il tient à ces détails comme un commentateur du Bas-Empire, et avec cela c'est un patriote grec de la Renaissance. Vous seul pouvez le satisfaire, s'il y a lieu. Si vous m'envoyez ces vers, je les copierai et vous renverrai le texte ; quant aux lettres, n'ont-elles pas été imprimées ? Et où, et quand ? — Adieu, mon cher Béranger, croyez à mes sentiments de profond et inviolable attachement et respect,

« SAINTE-BEUVE.

« Ce 3 septembre 1835. »

« P. S. Leroux, que j'ai rencontré l'autre jour, est dans une situation toujours bien grevée : de son travail, vous en pouvez juger par les excellents articles de l'*Encyclopédie,* mais sa situation personnelle empire plutôt. Reynaud voyage en Bretagne. »

Mes relations avec Béranger avaient, quoi qu'il en soit, reçu une atteinte. Elles se ralentirent peu à peu. J'y mis tous les intervalles et toutes les quarantaines convenables ; mais, quinze ans après, le 15 juillet 1850, je me crus en droit de revenir à neuf et comme si de rien n'était sur les Chansons de Béranger (voir *Causeries du Lundi,* tome II). Je n'ai cessé, au reste, de rendre justice à ses hautes qualités. Dans l'article du *Moniteur* qu'on me demanda pour ses funérailles, je n'ai rien dit que je ne pensasse (voir *Causeries du Lundi,* tome XV). Des amis tardifs de Béranger ont prétendu que j'avais prêté au poëte des sentiments qu'il n'avait pas. Je ne lui ai rien prêté. Béranger, qui était homme d'un bon esprit, eut celui de comprendre qu'ayant tout fait pour exalter et populariser l'Empire, il eût été ridicule à lui d'attaquer l'Empire revenu. Je ne dis pas qu'il y mit de l'enthousiasme, mais il eut le bon sens d'accepter ou de subir sans trop d'humeur le régime qu'il avait tout fait pour rappeler. L'Empire lui en a su gré; c'est tout simple. Tout cela s'est passé officiellement; c'était dans l'ordre. Le malheur de Béranger est d'avoir toujours eu autour de lui des écoliers qui ne le comprenaient pas. Lui mort, il y a eu entre eux des assauts d'orthodoxie sur son compte. Ç'a été, parmi les derniers venus, à qui se poserait en défenseur et en avocat d'office. Chacun tenait à accaparer sa mémoire. Il y a eu les grossiers parmi les zélés, il y a eu les pédants; on m'a pris à partie, cela va sans dire; on m'a fort découpé, sinon mis en pièces. Chicanes, ergoteries et misères! J'ai rendu une dernière justice à cet homme excellent et supérieur malgré ses défauts, à propos de sa *Correspondance* (voir les *Nouveaux Lundis,* tome I). Ainsi je puis dire qu'avec Béranger, comme avec plus d'un personnage célèbre de nos jours, j'ai fait le tour de mon sujet, — et plutôt deux fois qu'une.

M. DE SÉNANCOUR.

1832.

Nous vivons dans un temps où la publicité met un tel empressement à s'emparer de toutes choses, où la curiosité est si indiscrète, la raillerie si vigilante, et l'éloge si turbulent, qu'il semble à peu près impossible que rien de grand ou de remarquable passe désormais dans l'oubli. Chaque matin une infinité de filets sont jetés en tous sens à travers les issues du courant, et remplacent ceux de la veille, qu'on retire humides et chargés. C'est, à une certaine heure de réveil, un bruit confus, un mouvement universel de ces filets qu'on retire à l'envi, et de ces filets qui tombent. Pas un instant d'intervalle, pas une ligne d'interstice, pas une maille brisée dans ce réseau : tout s'y prend, tout y reste, le gros, le médiocre, et jusqu'au plus menu ; tout est saisi à la fois ou tour à tour, et comparaît à la surface. On peut trouver à redire au pêle-mêle, désirer plus de discernement dans cette pêche miraculeuse de chaque matin, demander trêve pour les plus jeunes, qui ont besoin d'attendre et de grandir, pour les plus mûrs, dont cette impatience puérile interrompt souvent la lenteur fécondante ; mais enfin il semble qu'au prix de quelques inconvénients on obtient au moins cet avantage de ne rien laisser échapper qui mérite le regard..Cela est assez vrai et le sera de plus en plus, j'espère; pourtant, jusqu'ici, il y aurait lieu de soutenir, sans trop d'injustice, que cette fièvre de publicité, cette divulgation étourdissante, a eu surtout pour effet de fatiguer le talent, en l'exposant à l'aveugle curée des admirateurs, en le sollicitant à créer hors de saison, et qu'elle a multiplié, en les hâtant, l'essaim des médiocrités éphémères, tandis qu'on n'y a pas gagné toujours de découvrir et d'admirer sous leur aspect favorable certains génies méconnus.

Le mal, au reste, n'est pas bien grand pour ces sortes de génies, s'ils savent de bonne heure, abjurant l'apparence, se placer au point de vue du vrai, et il conviendrait de les féliciter, plutôt que de les plaindre, de cette obscurité prolongée où ils demeurent. Il existe une sorte de douceur sévère et très-profitable pour l'âme à être méconnu : *ama nesciri ;* c'est le contraire du *digito monstrari, et dicier Hic est ;* c'est quelque chose d'aussi réel et de plus profond, de moins poétique, de moins oratoire et de plus sage, un sentiment continu, une mesure intérieure et silencieusement présente du poids des circonstances, de la difficulté des choses, de l'aide infidèle des hommes, et de notre propre énergie au sein de tant d'infirmité, une appréciation déterminée, durable, réduite à elle-même, dégagée des échos imaginaires et des lueurs de l'ivresse, et qui nous inculque dans sa monotonie de rares et mémorables pensées. Si on ignore ainsi l'épanouissement varié auquel se livrent les natures heureuses ; si, sous ce vent aride, les couleurs sèchent plus vite dans les jeux de la séve, et bien avant que les combinaisons riantes soient épuisées ; si, par cette oppression qui nous arrête d'abord et nous refoule, quelque portion de nous-même se stérilise dans sa fleur, et si les plus riches ramures de l'arbre ne doivent rien donner ; — quand l'arbre est fort, quand les racines plongent au loin, quand la séve continue de se nourrir et monte ardemment ; — qu'importe ? — les pertes seront compensées par de solides avantages, le tronc s'épaissira, l'aubier sera plus dur, les rameaux plus fixes se noueront. Ainsi pour les génies vigoureux atteints du froid oubli dès leur virilité. J'aime qu'ils ne s'irritent pas de cet oubli, qu'ils ne se détériorent pas et qu'ils tournent à bien. Qu'ont-ils à faire ? Ils s'asseyent, ils s'affermissent, ils se tassent en quelque sorte ; leur vie se réfugie au centre ; ils donnent moins parce qu'ils n'y sont pas excités, mais ils ne donnent rien contre leur désir, ni contre leur secrète loi. Ils s'élèvent et se constituent définitivement à partir d'eux seuls, sur leur propre base, sans déviation au dehors, par un développement restreint, laborieux, mais nécessaire. Tout dévoués au réel, à l'effectif, au vrai, ils ne sont pas privés pour cela d'une manière de beauté et de bonheur ; beauté nue, rigide, sentencieuse, expressive sans mobilité, assez pareille au front vénérable qui réunit les traits sereins du calme et les traits profonds des souffrances ; bonheur rudement gagné, composé d'élévation et d'abstinence, inviolable à l'opinion, inaccessible aux penchants, porté longtemps comme un fardeau, pratiqué assidûment comme un devoir, et tenant presque en entier dans l'origine à cette âpre et douloureuse circoncision du cœur, dont on reste blessé pour la vie.

L'homme dont nous avons à parler est un grand exemple. Ce contemporain, dont le nom n'étonnera que ceux qui n'ont lu aucun de ses trois ouvrages caractéristiques, et qu'un instinct heureux de fureteur ou quelque indication bienveillante n'a pas mis sur la voie des *Rêveries,* d'*Oberman* et des *Libres Méditations;* l'éloquent et haut moraliste qui débuta en 1799 par un livre d'athéisme mélancolique, que Rousseau aurait pu écrire comme talent, que Boulanger et Condorcet auraient ratifié comme penseurs; qui bientôt, sous le titre d'*Oberman,* individualisa davantage ses doutes, son aversion sauvage de la société, sa contemplation fixe, opiniâtre, passionnément sinistre de la nature, et prodigua, dans les espaces lucides de ses rêves, mille paysages naturels et domestiques, d'où s'exhale une inexprimable émotion, et que cerne alentour une philosophie glacée; qui, après cet effort, longtemps silencieux et comme stérilisé, mûrissant à l'ombre, perdant en éclat, n'aspirant plus qu'à cette chaleur modérée qui émane sans rayons de la vérité lointaine et de l'immuable justice, s'est élevé, dans les *Libres Méditations,* à une sorte de théosophie morale, toute purgée de cette âcreté chagrine qu'il avait sucée avec son siècle contre le christianisme, et toute pleine, au contraire, de confiance, de prière et de douce conciliation; fruit bon, fruit aimable d'un automne qui n'en promettait pas de si savoureux; cet homme éminent que le chevalier de Boufflers a loué, à qui Nodier empruntait des épigraphes vers 1804 ; que M. Jay estime, que les anciens rédacteurs du *Constitutionnel* et du *Mercure* ont connu ; que plusieurs littérateurs de cinquante ans regardent comme aussi ingénieux que modeste; dont les femmes ont lu le livre *de l'Amour,* un peu sur la foi du titre, et que les jeunes gens de notre âge se rappellent peut-être avoir vu figurer dans quelque réquisitoire sous la Restauration; — M. de Sénancour a eu, à tous égards, une de ces destinées fatigantes, malencontreuses, entravées, qui, pour être venues ingratement et s'être heurtées en chemin, se tiennent pourtant debout à force de vertu, et se construisent à elles-mêmes leur inflexible harmonie, leur convenance majestueuse. Si l'on cherche la raison de cet oubli bizarre, de cette inadvertance ironique de la renommée, on la trouvera en partie dans le caractère des débuts de M. de Sénancour, dans cette pensée trop continue à celle du xviiie siècle, quand tout poussait à une brusque réaction, dans ce style trop franc, trop réel, d'un pittoresque simple et prématuré, à une époque encore académique de descriptions et de périphrases ; de sorte que, pour le fond comme pour la forme, la mode et lui ne se rencontrèrent jamais; — on la trouvera dans la censure impériale qui étouffa dès lors sa parole indépendante et suspecte d'idéologie, dans l'absence d'un public jeune, viril, enthousiaste; ce public était occupé sur les champs de bataille, et, en fait de jeunesse, il n'y avait que les valétudinaires ré-

formés, ou les fils de famille à quatre remplaçants, qui vécussent de régime littéraire. Marie-Joseph Chénier, de la postérité du dix-huitième siècle comme M. de Sénancour, l'a ignoré complétement, puisqu'il ne l'a pas mentionné dans son *Tableau de la Littérature depuis 89*, où figurent tant de noms. L'Empire écroulé, l'auteur d'*Oberman* ne fit rien pour se remettre en évidence et attirer l'attention des autres sur des ouvrages déjà loin de lui. Il persévéra dans ses habitudes solitaires, dans les travaux parfois fastidieux imposés à son honorable pauvreté. Il s'ensevelit sous la religion du silence, à l'exemple des gymnosophistes et de Pythagore; il médita dans le mystère, et s'attacha par principes à demeurer inconnu, comme avait fait l'excellent Saint-Martin. « Les prétentions des moralistes, comme celles
« des théosophes, dit-il en tête des *Libres Méditations*,
« ont quelque chose de silencieux ; c'est une réserve
« conforme peut-être à la dignité du sujet. » Désabusé des succès bruyants, réfugié en une région inaltérable dont l'atmosphère tranquillise, il s'est convaincu que cette gloire qu'il n'avait pas eue ne le satisferait pas s'il la possédait, et s'il n'avait travaillé qu'en vue de l'obtenir : « Car, remarque-t-il, la gloire obtenue
« passe en quelque sorte derrière nous, et n'a plus
« d'éclat ; nous en aimions surtout ce qu'elle offrait
« dans l'avenir, ce que nous ne pouvions connaître
« que sous un point de vue favorable aux illusions. »
Il n'est pas étonnant qu'avec cette manière de penser, le nom de M. de Sénancour soit resté à l'écart dans cette cohue journalière de candidatures à la gloire, et

que, n'ayant pas revendiqué son indemnité d'écrivain, personne n'ait songé à la lui faire compter. Il eut pourtant, du milieu de l'oubli qu'il cultive, le pouvoir d'exciter çà et là quelques admirations vives, secrètes, isolées, dont plusieurs sont venues vibrer jusqu'à lui, mais dont le plus grand nombre, sans doute, ne se sont jamais révélées à leur auteur. Nodier, avons-nous dit, le connut et le comprit dès l'origine; Ballanche, qui, parti d'une philosophie tout opposée, a tant de conformités morales avec lui, l'apprécie dignement. Il y a quelques années, une petite société philosophique, dont MM. Victor Cousin, J.-J. Ampère, A. Stapfer, Franck Carré, Sautelet, Bastide, faisaient partie, et qui, durant le silence public de l'éloquent professeur, se nourrissait de sérieuses discussions familières, en vit naître de très-passionnées au sujet d'*Oberman,* qui était tombé entre les mains de l'un des jeunes métaphysiciens : M. Cousin se montrait fort sévère contre. *Oberman,* en effet, quand on le lit à un certain âge et dans une certaine disposition d'âme, doit provoquer un enthousiasme du genre de celui que Young, Ossian et Werther inspirèrent en leur temps. Beaucoup d'hommes du Nord (car Oberman a un sentiment admirable de la nature, de celle du Nord en particulier) ont répondu avec transport à la lecture du livre de M. de Sénancour; Oberman vit dans les Alpes, et la nature alpestre, comme l'a dit M. Ampère, est en relief ce qu'est la nature de Norvége en développement. L'auteur de cet article a rencontré pour la première fois les deux volumes d'*Oberman* à une époque où il achevait lui-même d'écrire un ouvrage de rêverie individuelle qui rentre dans l'inspiration générale de son aîné ; il ne saurait rendre quelle étonnante impression il en reçut, et combien furent senties son émotion, sa reconnaissance envers le devancier obscur qui avait si à fond sondé le scepticisme funèbre de la sensibilité et de l'entendement. La réflexion et une plus fréquente lecture l'ont tout à fait confirmé dans cette admiration première ; il voudrait la faire partager. Pour mieux s'expliquer M. de Sénancour, dont une sorte de circonspection respectueuse l'a tenu jusqu'à présent éloigné, et qu'il n'a jamais eu l'honneur d'entrevoir, il a cherché et trouvé des renseignements précis auprès d'un ami commun, M. de Boisjolin, qui a voué au philosophe vénérable un culte d'affection et d'intelligence.

Étienne Pivert de Sénancour, né à Paris, en novembre 1770, d'un père contrôleur des rentes (1), semble avoir eu une enfance maladive, casanière, ennuyée. « Une prudence étroite et pusillanime dans ceux de qui « le sort m'a fait dépendre a perdu mes premières « années, et je crois bien qu'elle m'a nui pour tou- « jours. » Et ailleurs : « Vous le savez, j'ai le malheur « de ne pouvoir être jeune. Les longs ennuis de mes « premiers ans ont apparemment détruit la séduction. « Les dehors fleuris ne m'en imposent pas, et mes « yeux, demi-fermés, ne sont jamais éblouis ; trop

---

(1) C'est par erreur qu'il a été dit dans les précédentes éditions que le père de M. de Sénancour était conseiller au parlement ; il était de la compagnie des contrôleurs généraux, lesquels avaient titre de conseillers du roi.

« fixes, ils ne sont point surpris. » Il étudia avec une ardeur précoce : à sept ans il savait la géographie et les voyages d'une manière qui surprit beaucoup le bon et savant Mentelle. L'enfant s'inquiétait déjà de *la jeunesse des îles heureuses,* des *îles faciles de la Pacifique,* d'Otaïti, de Tinian. On le mit d'abord en pension chez un curé, à une lieue d'Ermenonville ; les souvenirs de Rousseau l'environnèrent. En 1785, il entra au collège de la Marche, où il demeura quatre ans à faire ses humanités, jusqu'en juillet 89, studieux écolier, incapable d'un bon vers latin, mais remportant d'autres prix, et surtout dévorant Malebranche, Helvétius et les livres philosophiques du siècle ; ses croyances religieuses étaient, dès cet âge, anéanties. Il y avait eu longtemps désaccord en lui entre cette pensée hâtive et une puberté arriérée. Tendrement aimé de sa mère, près de laquelle il dut trouver un asile contre l'exigence d'un père absolu (1), il a rappelé souvent avec la vivacité des premiers prestiges les promenades faites en sa compagnie (aux vacances probablement) dans la forêt de Fontainebleau. Il s'y exaltait aux délices de la vie sauvage, et entretenait cette mère indulgente du projet d'aller s'établir seul dans une île ignorée.

(1) On verra dans l'appendice à la suite de ces articles, que M. de Sénancour tenait à réfuter cette supposition erronée, disait-il, qu'il avait été mal avec son père ; c'est d'un sentiment filial honorable ; mais il ne nous a pas transmis les détails qu'il promettait ni donné les éclaircissements qui eussent permis d'établir pour cette période de sa jeunesse une narration certaine et positive.

Aux heures propices de liberté, il s'essayait dès lors à ce roman de son cœur. « Plusieurs fois j'étais dans les « bois avant que le soleil parût ; je gravissais les som- « mets encore dans l'ombre, je me mouillais dans la « bruyère pleine de rosée ; et, quand le soleil parais- « sait, je regrettais la clarté incertaine qui précède « l'aurore ; j'aimais les fondrières, les vallons obscurs, « les bois épais ; j'aimais les collines couvertes de « bruyère ; j'aimais beaucoup les grès renversés, les « rocs ruineux ; j'aimais bien plus ces sables vastes et « mobiles dont nul pas d'homme ne marquait l'aride « surface sillonnée çà et là par la trace inquiète de la « biche ou du lièvre en fuite. » Si l'on a le droit de conclure d'Oberman à M. de Sénancour, genre de conjecture que je crois fort légitime pour les livres de cette sorte, en ne s'attachant qu'au fond du personnage et à certains détails caractéristiques, il paraît que, dans une de ses courses à travers la forêt, le jeune rêveur fut conduit, à la suite d'un chien, vers une carrière abandonnée, où un ouvrier, qui avait pendant plus de trente ans taillé des pavés près de là, n'ayant ni bien ni famille, s'était retiré, pour y vivre d'eau, de pain et de liberté, loin de l'aumône et des hôpitaux. Cette rencontre, si elle est réelle, comme on a tout lieu de le penser, dut faire une impression très-forte sur l'âme résolue de l'élève de Jean-Jacques, et l'enfoncer plus que jamais dans ses projets. On en retrouve le souvenir à beaucoup d'endroits des écrits de M. de Sénancour. Il revient longuement là-dessus en tête des *Libres Méditations*, et suppose que le manuscrit de ce dernier ouvrage a été trouvé dans l'espèce de grotte où vécut cet ouvrier, nommé Lallemant, et qu'il a été écrit par un autre solitaire plus lettré, son successeur. Il est probable qu'à une certaine époque de sa vie le véritable Oberman a essayé réellement de devenir ce solitaire. Immédiatement après le collége, en juillet 89, le père de M. de Sénancour, sans prétendre engager l'avenir de son fils, exigeait impérieusement qu'il passât deux années au séminaire de Saint-Sulpice. L'instant était mal choisi; les convictions du philosophe de dix-neuf ans se révoltèrent. En cette crise décisive, il prit, d'accord avec sa mère, un parti extrême, et quitta Paris le 14 août 89, roulant un dessein qu'il n'a jamais confié, et que des obstacles rompirent. Dans ce même temps environ, partait aussi vers des plages immenses, et possédé d'immenses pensées, poussé également au songe de la vie solitaire, un autre élève de Jean-Jacques, celui qui sera le grand René. Oberman et René! entre vous quelle conformité secrète à l'origine, quelle distance inouïe au terme! Que le résultat de la vie vous a été contradictoire à tous deux! Combien les orages vous ont réussi diversement dans vos moissons! et pourquoi, pauvres grands hommes, ces lots, hélas! presque toujours inconciliables, de la gloire et de la sagesse? Notre fugitif s'arrêta vers le lac de Genève, et passa plusieurs mois à Charrières, près Saint-Maurice. On lit tout cela confusément sous le voile un peu ténébreux qu'y jette Oberman. Ce qui n'est ni obscur ni incertain, c'est l'effet que lui causa cette nature des Alpes et les peintures

9.

expressives qu'il en a tracées depuis (1). M. de Sénancour n'écrivait guère encore à cette époque; il se plaisait plutôt à *peindre* le paysage dans le sens littéral du mot : en arrivant à un instrument plus général d'expression, il a négligé ce premier talent. Il ne faudrait pas se laisser plus loin guider par Oberman pour les faits matériels qui suivent dans la vie de notre philosophe ; mais les faits matériels connus peuvent au contraire diriger le lecteur dans l'intelligence d'Oberman. Une maladie nerveuse singulière, bizarre, qui se déclara en lui après l'usage du petit vin blanc de Saint-Maurice, et le projet de sa mère de le venir rejoindre, décidèrent M. de Sénancour à demeurer en Suisse; seulement il quitta le Valais pour le canton de Fribourg, et s'y mit en pension à la campagne, dans une famille patricienne du pays (2). Une demoiselle de la maison, qui s'y trouvait peu heureuse, connut le jeune étranger, s'attacha à lui ; des confidences et quelque intimité s'ensuivirent. Un mariage qu'on avait arrangé pour cette personne et qu'elle refusa donna matière

---

(1) Les lettres de William Coxe sur la Suisse avaient paru en France dès 1781, traduites et enrichies d'observations et de descriptions nouvelles par M. Ramond. Celui-ci, comme peintre de la nature alpestre, a sa place entre Jean-Jacques et Oberman. Il est à croire que le jeune Sénancour s'était nourri de cette lecture. M. Ramond, trop peu connu comme littérateur, appartenait à ce même mouvement d'innovation d'où est sorti M. de Sénancour. Je remarque qu'il emprunte l'épigraphe des *Lettres sur la Suisse* au chevalier de Méhégan, dont l'imagination tout irlandaise avait déjà beaucoup de la tournure *romantique* au XVIIIe siècle.

(2) Chez les de Jouffroy.

aux conjectures de la famille, qui pria son hôte de s'expliquer à ce sujet. Austère, scrupuleux en morale, dépourvu d'une jeunesse entraînante, dévoré d'une sensibilité vague qu'il désespérait de fixer sur un choix enchanté, désireux avant tout de s'asseoir dans une existence indépendante et rurale, M. de Sénancour se laissa dire, et se crut délicatement engagé : on peut saisir quelques traits de ces circonstances personnelles sous l'histoire de Fonsalbe, au tome second d'*Oberman*. Il se maria donc en septembre 90, à l'âge de vingt ans ; et, dès ce jour, les devoirs nouveaux, qu'il acceptait par des motifs louables, ne cessèrent d'une manière ou d'une autre, quoique toujours noblement, de peser sur sa condition. D'opulents héritages, auxquels il était naturellement appelé, lui manquèrent. La Révolution française, le trouvant absent, le suspecta comme émigré ; la révolution suisse le priva, du côté de sa femme, des ressources qui mainte fois lui auraient été précieuses. Il s'exposa, à diverses reprises, en passant les frontières pour venir visiter sa mère, restée à Paris. Il la perdit, ainsi que son père, vers 1796. Deux enfants nés de son mariage, sa femme atteinte d'une lente et mortelle maladie, les difficultés politiques et sociales d'alors, l'assujettirent, autant qu'il semble, à diverses nécessités qui contrariaient ses penchants. Nous n'insisterons pas davantage sur cette longue trace d'ennuis, de gênes, de désappointements monotones qui composent l'intérieur mystérieux de cette grave destinée ; nous n'en voulons plus montrer que les fruits.

Les *Rêveries sur la nature primitive de l'Homme* parurent en 1799 (1). L'auteur les avait composées deux ans auparavant, tout en se promenant chaque jour dans le parc d'un château où il passait quelques mois. Il ne les donne que comme des fragments d'un grand ouvrage qu'il médite et auquel il doit avoir renoncé depuis. Chose étrange! la Révolution française, en grondant autour de lui, n'avait apporté aucune perturbation notable, aucun exemple de circonstance, à travers la suite de ses pensées. Le bruit grandiose des sapins et des torrents, le bruit de ses propres sensations et de sa séve bouillonnante, avaient couvert pour lui cette éruption de volcan dont il ne paraît pas s'être directement ressenti ni éclairé dans la déduction de ses rêves. Il continue donc, sans faire la moindre allusion à l'expérience flagrante, de poursuivre le *Discours sur l'Inégalité des Conditions* et l'*Émile,* de vouloir ramener l'homme au centre primitif des affections simples et naturelles. Ce qui domine dans les *Rêveries,* c'est le dogme absorbant de la nécessité, c'est le précepte uniforme de la moindre action. Le jeune sage avait débuté par le stoïcisme, il le déclare; il avait voulu nier fièrement les maux, combattre absolument les choses; il s'y est brisé. Sa science consiste désormais à discerner ce qui est proche et permanent, ce qui est facile et inévitable, à s'y ranger, à s'y retrancher comme à un

(1) Un ami de M. de Sénancour, à qui le manuscrit avait été communiqué, avait eu l'idée de les publier par livraisons, et il en parut en germinal an vi (1798) un *premier cahier* contenant les deux premières Rêveries. Cet essai de publication par livraisons n'eut pas de suite.

centre vrai, juste, essentiel, et à l'indiquer au monde. Plein d'aversion pour une société factice où tout, suivant lui, s'est exagéré et corrompu ; en perpétuelle défiance contre cette force active qui projette l'homme inconsidérément dans les sciences, l'industrie et les arts ; ne croyant plus, d'autre part, à la libre et hautaine suprématie de la volonté, il tend à faire rétrograder le sage vers la simple sensation de l'être, vers l'instinct végétatif, au gré des climats, au couchant des saisons; pour une plus égale oscillation de l'âme, les données qu'il exige sont un climat fixe, des saisons régulières ; il choisit de la sorte, il compose un milieu automnal, éthéré, élyséen, selon la molle convenance d'un cœur désabusé, ou selon la mâle âpreté d'une âme plus fière, l'île fortunée de Jean-Jacques ou une haute vallée des Alpes; il y pose le sage, il l'y assimile aux lieux, il lui dit d'aller, de cheminer à pas lents, prenant garde aux agitations trop confuses, et se maintenant par effort de philosophie à la sensation aveugle et toujours semblable. « Je ne m'assoirai point auprès du
« fracas des cataractes ou sur un tertre qui domine
« une plaine illimitée; mais je choisirai, dans un site
« bien circonscrit, la pierre mouillée par une onde qui
« roule seule dans le silence du vallon, ou bien un
« tronc vieilli, couché dans la profondeur des forêts,
« sous le frémissement du feuillage et le murmure des
« hêtres que le vent fatigue pour les briser un jour
« comme lui. Je marcherai doucement, allant et reve-
« nant le long d'un sentier obscur et abandonné; je
« n'y veux voir que l'herbe qui pare sa solitude, la

« ronce qui se traîne sur ses bords, et la caverne où se
« réfugièrent les proscrits, dont sa trace ancienne est
« le dernier monument. Souvent au sein des montagnes,
« quand les vents engouffrés dans leurs gorges pres-
« saient les vagues de leurs lacs solitaires, je recevais
« du perpétuel roulement des ondes expirantes le sen-
« timent profond de l'instabilité des choses et de l'éter-
« nel renouvellement du monde. Ainsi livrés à tout ce
« qui s'agite et se succède autour de nous, affectés par
« l'oiseau qui passe, la pierre qui tombe, le vent qui
« mugit, le nuage qui s'avance, modifiés accidentelle-
« ment dans cette sphère toujours mobile, nous sommes
« ce que nous font le calme, l'ombre, le bruit d'un in-
« secte, l'odeur émanée d'une herbe, tout cet univers
« animé qui végète ou se minéralise sous nos pieds;
« nous changeons selon ses formes instantanées, nous
« sommes mus de son mouvement, nous vivons de sa
« vie. » Cette abdication de la volonté au sein de la
nature, cette lenteur habituelle d'une sensation primor-
diale et continue, il la trouve si nécessaire au calme
du sage en ces temps de vertige, qu'il va jusqu'à dire
quelque part que, plutôt que de s'en passer, on la devrait demander aux spiritueux, si la philosophie ne la
donnait pas. Son type regretté, auquel il rapporte constamment la société présente, c'est un certain état antérieur de l'homme, état patriarcal, nomade, partici-
pant de la vie des laboureurs et des pasteurs, sans
professions déterminées, sans classement de travaux,
sans héritages exclusifs, où chaque individu possédait
en lui les éléments communs des premiers arts, la gé-

néralité des premières notions, la jouissance assidue des pâturages et des montagnes. A partir de là, tout lui paraît déviation et chute, désastre et abîme. Il a devant les yeux, comme un fantôme, les funérailles de Palmyre et le linceul de Persépolis. Il voit, par les progrès de l'industrie et l'usage immodéré du feu, le globe lui-même altéré dans son essence chimique et se hâtant vers une morte stérilité. Le genre humain en masse est perdu sans retour; il se rue en délire selon une pente de plus en plus croulante; il n'y a plus de possible que des protestations isolées, des fuites individuelles au vrai : « Hommes forts, hâtez-vous, le sort « vous a servis en vous faisant vivre tandis qu'il en est « temps encore dans plusieurs contrées; hâtez-vous, « les jours se préparent rapidement où cette nature « robuste n'existera plus, où tout sol sera façonné, où « tout homme sera énervé par l'industrie humaine. » L'athéisme, le *naturisme* de ce Spinosa moins géométrique que l'autre, et poétiquement rêveur, nous rappelle toutefois le raisonneur enthousiaste dans sa sobriété chauve et nue, de même que cela nous rappelle, par l'effet des peintures, par l'inexprimable mélancolie qui les couvre et l'effroi désolé qui y circule, Lucrèce, Boulanger, Pascal et l'*Alastor* du moderne Shelley. — Shelley! Godwin! Génie ardent, erroné, intercepté si jeune avant le retour et englouti par le gouffre! Vieillard austère qui, après un chef-d'œuvre de ta jeunesse, t'es arrêté on ne sait pourquoi, qui t'es heurté à faux depuis ce temps sur d'ingrats labeurs, et qui, sans rien perdre assurément de ta valeur intrinsèque, n'as plus su aboutir d'une manière récréante, fructueuse et féconde! hommes illustres et frappés! Sénancour a plus d'un trait fraternel qui l'unit à vous, génie dévié avec l'un, génie entravé avec l'autre, exemple pareil d'un inexplicable naufrage, d'un achoppement boiteux de la destinée (1).

(1) On lit dans son traité *de l'Amour* cette page bien digne de réflexion : « En vous rappelant sans cesse que les vrais biens sont
« très-supérieurs à tout l'amusement offert par l'opulence même,
« sachez pourtant compter pour quelque chose cet argent qui
« tant de fois aussi procure ce que ne peut rejeter un homme sage.
« Pour dédaigner les richesses, attendez que vous ayez connu les
« journées du malheur, que de longues privations aient diminué
« vos forces, et que vous ayez vu, dans la pauvreté, le génie même
« devenir stérile, à cause de la perpétuelle résistance des choses,
« ou de la faible droiture des hommes. Il vous sera permis de dire
« alors que rien d'incompatible avec le plus scrupuleux sentiment
« de notre dignité ne trouverait une excuse dans l'or reçu en
« échange; mais vous saurez aussi que des richesses légalement
« acquises seraient d'un grand prix, et vous laisserez la préten-
« tion de mépriser les biens à ceux qui, ne pouvant s'en détacher,
« s'irritent contre une sorte d'ennemi toujours victorieux. » L'antique bon sens d'Hésiode avait déjà parlé en son temps de la *honte* mauvaise et ruineuse de l'homme pauvre : « car une honte qui n'est pas bonne tient l'homme nécessiteux, la honte qui tantôt sert et tantôt nuit si fort aux hommes. » En regard de ces tristes peintures, il faut mettre une page de l'heureux Goethe dans *Wilhelm Meister :* « Trois fois heureux ceux que leur naissance place
« aussitôt sur les hauteurs de l'humanité, qui n'ont jamais ha-
« bité, jamais traversé, comme simples voyageurs, l'humble vallée
« où tant d'honnêtes gens agitent misérablement leur existence!
« Dès leur naissance, ils montent dans le vaisseau pour faire la
« traversée commune, et profitent des vents favorables, tandis
« que les autres, réduits à se porter eux-mêmes, nagent pénible-
« ment, profitent peu de la faveur des vents et périssent, après
« avoir bientôt épuisé leurs forces, dans l'horreur du naufrage.
« Que la démarche de l'homme est libre et légère quand il est né

Au moment où se publiaient obscurément les *Rêveries*, paraissaient aussi les premiers essais d'un talent plus jeune de dix ans que M. de Sénancour, d'un talent analogue au sien en inspirations, sujet à des vicissitudes non moindres, méconnu, oublié par le même public, et qui a finalement tourné, pour le succès comme pour la direction, d'une manière bien diverse. Charles Nodier a débuté par des romans passionnés et déchirants, lambeaux arrachés d'un cœur tout vulnérable; mais, à la différence d'Oberman, l'auteur du *Peintre de Saltzbourg* ne s'est pas replié obstinément dans la vie intérieure. Ce surcroît d'activité que son contemporain plus mûr s'est interdit avec une économie sévère, il l'a subi, il l'a exagéré, il l'a recherché et entretenu comme une ivresse bienfaisante. La distraction, l'apparence, le phénomène, les entraînements littéraires et politiques, le prestige épanoui des arts, l'érudition spéciale et même ingénieusement futile, une succession, un mélange diversifié de passions brûlantes, de manies exquises, de dilettantismes consommés, il a tout tra-

« riche! Qui peut mieux connaître ce que les choses humaines
« valent et ne valent point, que celui qui, dès ses premières an-
« nées, en a connu la jouissance? et qui peut diriger plutôt son
« esprit vers le vrai, l'utile et le nécessaire, que celui qui doit
« déjà se corriger d'une foule d'erreurs dans un âge où les forces
« encore complètes lui permettent de recommencer une vie nou-
« velle? » — C'est ce renouvellement qui a lieu plusieurs fois dans l'existence des grands individus, dont a manqué M. de Sénancour. — (Pour les curieux, j'indiquerai encore une pensée de Jean-Paul sur la richesse et la pauvreté, sur la richesse mauvaise à vingt ans, sur la pauvreté mauvaise à cinquante. — *Revue germanique*, du 31 octobre 1858, page 88.)

versé, et s'est pris à chaque attrait sans s'arrêter à aucun. De cette souplesse, de cette facilité dans la vie, ont dû ressortir pour le talent une expansion croissante, une capricieuse dextérité, des replis sinueux sur une circonférence infinie, toutes les modulations murmurantes des roseaux, toutes les changeantes nuances du prisme, l'émail des prairies inclinées ou les reflets des ailes des coléoptères. Son plein automne aujourd'hui est riche à tous les yeux, séduisant à voir, et chacun l'aime. L'auteur d'*Oberman* s'est de bonne heure fermé et fixé; immobile devant l'ensemble des choses, les embrassant dans leur étendue sans jamais les entamer par leurs détails, incapable de s'ingénier, de s'orienter dans la cohue, exigeant avant tout, et pour user de ses moyens, qu'on l'isole et qu'on le pose, nature essentiellement méditative, il a surtout visé au juste et au vrai; renonçant au point de vue habituel, il a dépouillé l'astre, pour le mieux observer, de ses rayons et de sa splendeur; il s'est consacré avec une rigueur presque ascétique à la recherche du solide et du *permanent*. Chaque écrivain a son mot de prédilection, qui revient fréquemment dans le discours et qui trahit par mégarde, chez celui qui l'emploie, un vœu secret ou un faible. On a remarqué que madame de Staël prodiguait la *vie*; elle-même a remarqué que M. de Guibert, dans son discours de réception à l'Académie, répéta, je ne sais combien de fois, le mot de *gloire*. Tel grand poëte épanche sans relâche l'*harmonie* et les *flots*; tel autre, à l'étroit dans cette civilisation étouffante, ne peut s'empêcher de remonter à une scène héroïque et au monde des *géants*. Un éloquent professeur de psychologie morale exprime volontiers par une plainte *mélancolique* l'insuffisance de cette contemplation familière. L'improvisation *brillante* du plus *ingénieux* de nos critiques se redisait, sans y songer, sa propre louange à elle-même. Je sais un journaliste courageux chez qui le mot de *colère* signait presque à chaque fois l'article; je sais un romancier anonyme chez qui le mot de *fiel* revient plus souvent qu'il ne faudrait (1). La devise de Nodier, que je n'ai pas vérifiée, pourrait être *Grâce, fantaisie, multiplicité*; celle de Sénancour est assurément *Permanence*. Cette expression résume sa nature. L'élévation dans la permanence, c'est la maxime favorite qui domine et abrite en quelque sorte sa vie. Il en résulte que dans sa manière, particulièrement dans celle de ses derniers ouvrages, il devient en plusieurs endroits obscur et d'une lecture difficile, parce qu'il évite de spécialiser sa pensée en la revêtant d'exemples vifs, de citations ostensibles, en l'illustrant de détails et de rapprochements historiques. On dirait que, dans son scrupule de véracité excessive, il s'abstient du récit, de l'anecdote, du nom propre, comme d'une partie variable et à demi mensongère. Son idée se traduit constamment sous la forme morale; c'est tout au plus si de loin en loin il la couronne de quelque grande image naturelle.

(1) Si l'on cherchait des noms derrière ces signalements, qui doivent aujourd'hui paraître un peu vagues, je crois qu'on ne se tromperait guère en lisant Lamartine, Hugo, Jouffroy, Villemain, Dubois (du *Globe*), et Delatouche. J'ai dû faire moi-même un léger effort de souvenir pour m'y retrouver.

Oberman, qui parut en 1804, n'en était pas venu encore à cette simplification du moraliste. C'est à la fois un psychologiste ardent, un lamentable élégiaque des douleurs humaines et un peintre magnifique de la réalité. Il n'y a pas de roman ni de nœud dans ce livre; Oberman voyage dans le Valais, vient à Fontainebleau, retourne en Suisse, et, durant ces courses errantes et ces divers séjours, il écrit les sentiments et les réflexions de son âme à un ami. L'athéisme et le fatalisme dogmatique des *Rêveries* ont fait place à un doute universel non moins accablant, à une initiative de liberté qui met en nous-même la cause principale du bonheur ou du malheur, mais de telle sorte que nous ayons besoin encore d'être appuyés de tous les points par les choses existantes. A la conception profonde et à la stricte pratique de l'ordre, à cette fermeté voluptueuse que préconise l'individu en harmonie avec le monde, on croirait par moments entendre un disciple d'Épictète et de Marc-Aurèle; mais néanmoins Épicure, l'Épicure de Lucrèce et de Gassendi, le *Grajus homo*, est le grand précédent qui règne. Dans son pèlerinage à la Dent du Midi, assis sur le plateau de granit, au-dessus de la région des sapins, au niveau des neiges éternelles, plongeant du milieu des glacières rayonnantes au sein de l'*éther indiscernable*, vers le ciel des fixes, vers l'*univers nocturne,* Oberman me figure exactement ce sage de Lucrèce, qui habite

Edita doctrina sapientum templa serena;

temple, en effet, tout serein et glacé, éblouissant de

blancheur et semblable à un sommet neigeux que la
lumière embrase sans jamais le fondre ni l'échauffer.
S'il s'élançait, s'il disparaissait alors, ce serait presque
en Dieu, comme Empédocle à l'Etna. Pas d'amour dans
Oberman, ou du moins à peine un ressouvenir mourant
d'une voix aimée, à peine une rencontre fortuite et
inexpliquée près du Rhône; puis rien, — rien, hormis
les torrents de vague volupté qui débordent comme les
émanations végétales des déserts. Certes l'invocation
de Lucrèce ne surpasse pas ce que je veux citer :
« L'amour doit gouverner la terre que l'ambition fa-
« tigue. L'amour est ce feu paisible et fécond, cette
« chaleur des cieux qui anime et renouvelle, qui fait
« naître et fleurir, qui donne les couleurs, la grâce,
« l'espérance et la vie... Lorsqu'une agitation nouvelle
« étend les rapports de l'homme qui essaye la vie, il
« se livre avidement, il demande à toute la nature, il
« s'abandonne, il s'exalte lui-même, il place son exis-
« tence dans l'amour, et dans tout il ne voit que l'a-
« mour seul. Tout autre sentiment se perd dans ce sen-
« timent profond; toute pensée y ramène, tout espoir
« y repose. Tout est douleur, vide, abandon, si l'amour
« s'éloigne; s'il s'approche, tout est joie, espoir, féli-
« cité. Une voix lointaine, un son dans les airs, l'agita-
« tion des branches, le frémissement des eaux, tout
« l'annonce, tout l'exprime, tout imite ses accents et
« augmente les désirs. La grâce de la nature est dans
« le mouvement d'un bras; l'harmonie du monde est
« dans l'expression d'un regard. C'est pour l'amour que
« la lumière du matin vient éveiller les êtres et colorer

« les cieux; pour lui les feux de midi font fermenter
« la terre humide sous la mousse des forêts; c'est à lui
« que le soir destine l'aimable mélancolie de ses
« lueurs mystérieuses. Cette fontaine est celle de Vau-
« cluse, ces rochers ceux de Meillerie, cette avenue
« celle des Pamplemousses. Le silence protége les rêves
« de l'amour; le mouvement des eaux pénètre de sa
« douce agitation; la fureur des vagues inspire ses
« efforts orageux, et tout commandera ses plaisirs
« quand la nuit sera douce, quand la lune embellira la
« nuit, quand la volupté sera dans les ombres et la lu-
« mière, dans la solitude, dans les airs et les eaux et
« la nuit... Heureux délire! seul moment resté à
« l'homme!... Heureux celui qui possède ce que l'homme
« doit chercher, et qui jouit de tout ce que l'homme
« doit sentir!... Celui qui est homme sait aimer l'amour,
« sans oublier que l'amour n'est qu'un accident de la
« vie; et, quand il aura ses illusions, il en jouira, il
« les possédera, mais sans oublier que les vérités les
« plus sévères sont encore avant les illusions les plus
« heureuses. Celui qui est homme sait choisir ou atten-
« dre avec prudence, aimer avec continuité, se donner
« sans faiblesse comme sans réserve. L'activité d'une
« passion profonde est pour lui l'ardeur du bien, le
« feu du génie : il trouve dans l'amour l'énergie volup-
« tueuse, la mâle jouissance du cœur juste, sensible et
« grand; il atteint le bonheur, et sait s'en nourrir...
« Je ne condamnerai point celui qui n'a pas aimé,
« mais celui qui ne peut pas aimer. Les circonstances
« déterminent nos affections ; mais les sentiments

« expansifs sont naturels à l'homme dont l'organisation
« morale est parfaite. Celui qui est incapable d'aimer
« est nécessairement incapable d'un sentiment magna-
« nime, d'une affection sublime. Il peut être probe,
« bon, industrieux, prudent ; il peut avoir des qualités
« douces et même des vertus par réflexion ; mais il
« n'est pas homme ; il n'a ni âme ni génie. Je veux
« bien le connaître ; il aura ma confiance et jusqu'à
« mon estime : mais il ne sera pas mon ami. Cœurs
« vraiment sensibles, qu'une destinée sinistre a com-
« primés dès le printemps, qui vous blâmera de n'a-
« voir point aimé ? Tout sentiment généreux vous était
« naturel ; tout le feu des passions était dans votre
« mâle intelligence ; l'amour lui était nécessaire, il
« devait l'alimenter ; il eût achevé de la former pour de
« grandes choses ; mais rien ne vous a été donné, et le
« silence de l'amour a commencé le néant où s'éteint
« votre vie. »

Le génie du paysage se révèle à chaque pas dans les récits d'Oberman. C'est un don fortifié d'étude, une peinture originale et grave, qui ne se rapporte à aucun maître, quelque chose d'intermédiaire entre les prés verdoyants de Ruysdaël et les blanchâtres escarpements de Salvator Rosa. Nous avons indiqué *la Dent du Midi :* qu'on lise, par comparaison, *Charrières*. Dans le nombre des pages admirables qu'il nous plaît de nommer de grandes élégies, nous noterons celles des *Deux Pères,* celles de *la Brouette,* de *la Bibliothèque,* du *Goûter de Fraises,* de *la Femme qui chante vers quatre heures,* etc., etc. Ces signalements de notre façon suffiraient pour les faire reconnaître : mais tout lecteur digne d'*Oberman* n'aura besoin de guide autre que lui-même, dès qu'il s'y sera plongé.

Dans la seconde partie de l'ouvrage, qui semble séparée de la première par un intervalle de plusieurs années, Oberman, âgé de vingt-sept ans, traverse la crise antérieure à toute maturité, et double, pour ainsi dire, le cap périlleux de la vie. Les idées de suicide lui reviennent en ce moment et l'obsèdent sous un aspect plus froid mais non moins sinistre, non plus avec la frénésie d'un désespoir aigu, mais sous le déguisement de l'indifférence : il en triomphe pourtant; il devient plus calme, plus capable de cette régulière stabilité qui n'est pas le bonheur au fond, mais qui le simule à la longue, même à nos propres yeux. L'amitié l'apprivoise; le désir d'une estime honorable parmi les hommes le trouve accessible à ses justes douceurs. Son regard sur les choses est moins navrant; il tolère la destinée et ressent désormais de la satisfaction à consigner par écrit les pensées qu'elle lui suggère. L'inquiétude gronde encore sans doute dans son cœur, mais elle diminue, mais elle s'endormira; on comprend qu'Oberman doit vivre et que son front surgira à la sereine lumière.

L'auteur des *Libres Méditations* y touche en effet, et si, comme nous aimons à le croire, il a dit là son dernier mot, le progrès philosophique le plus avancé qui se pût déduire des *Rêveries* et d'*Oberman* est visiblement accompli. L'identité de l'œuvre subsiste sous cet achèvement harmonieux; la chaîne a tenu jusqu'au bout sans se rompre; mais elle s'est par degrés convertie en un métal plus pur, et, après avoir longtemps traîné à terre avec un bruit de rouille et de monotone pesanteur, elle brille enfin suspendue à la voûte indestructible. Dans les autres écrits de M. de Sénancour, soit ceux qui précèdent, soit ceux que j'omets (le livre essentiel et ingénieux *de l'Amour,* les réfutations de MM. de Chateaubriand et de Bonald, le *Résumé des traditions morales et religieuses chez tous les peuples,* etc.), presque toujours on rencontre à l'occasion une sorte d'aigreur sardonique contre le christianisme tel que les âges l'ont constitué et transmis ; car, pour son essence prétendue primitive et le caractère purement moral de son fondateur, M. de Sénancour serait disposé à lui rendre hommage. Mais jugeant que la raison et la foi sont chez l'homme inconciliables et sans rapport réel, lisant dans l'histoire que la tradition révélée anathématise le reste, il oppose d'ordinaire une aversion un peu rancuneuse à la foi et à la tradition. Que les sages de tous les temps et de tous les lieux, Bouddha, Zoroastre, Confucius, Pythagore, même Jésus, se soient rencontrés dans l'unité de quelques lois métaphysiques, dans l'enseignement de quelques hautes maximes, cela lui suffit pour déterminer son adhésion. Que les Parsis, les Hindous, les races d'Orient, se soient rencontrés dans certaines croyances, diversement produites, de chute et de réparation, de sacrifice et d'attente, de baptêmes, de confessions, de nativités singulières, cela lui suffit encore, mais cette fois pour rejeter ; de sorte que la conformité d'opinion de quelques sages lui paraît une preuve déterminante en morale, et que la convergence universelle des peuples vers certaines croyances ou pratiques lui paraît une objection victorieuse contre toute religion. Préoccupé du christianisme atrabilaire de Nicole, de Pascal et du xviiie siècle, qui range le très-petit nombre d'élus sur un pont étroit et dévoue le reste du monde à l'abîme du feu, il commet lui-même quelque chose d'analogue, sans y prendre garde; il sépare le très-petit nombre de sages et de vérités, qu'il enferme dans l'arche de sa théosophie, délaissant l'humanité entière sur un océan d'erreurs, de rites bizarres et de vertiges : c'est moins cruel qu'une damnation, mais presque aussi contristant. M. de Sénancour n'a donc pas abordé la doctrine vraiment catholique, depuis quinze ans surtout remise en lumière, à savoir que le christianisme n'est que la rectitude de toutes les croyances universelles, l'axe central qui fixe le sens de toutes les déviations (1). Mais disons-

(1) Ceci se ressent du voisinage de l'abbé de La Mennais et de l'abbé Gerbet, dont les systèmes n'étaient pas sans exercer alors sur mon esprit une sensible influence. Ma jeune imagination, en ces années 1830-1834, caressa indifféremment bien des systèmes. J'avais le cœur malade, le cœur souffrant, en proie à la passion, et, pour me distraire ou m'étourdir, je jouais à tous les jeux de l'esprit. Je m'y portais ardemment, très-sincèrement sur l'heure, et sans arrière-pensée ni calcul; mais c'était ainsi. On trouverait à un endroit de *Volupté* (chap. xi et xii) une image de la même disposition morale, avec transposition de noms selon les dates, lorsque Amaury, pour donner le change à la passion qui le possède, se livre à toutes les curiosités de l'esprit et se prend tour à tour et presque à la fois aux systèmes de La Marck, de Saint-Martin, etc.

le, si notre reproche sincère tombe en plein sur plusieurs écrits du respectable philosophe, les *Libres Méditations,* quoique rentrant dans sa même vue générale, échappent tout à fait au blâme, grâce à l'esprit de condescendance infinie et de mansuétude évangélique qui les a pénétrées. C'est une sorte de vestibule hospitalier, un peu nu, fort vaste, où aboutissent les diverses entrées du temple, et dans lequel sont assis ou prosternés les antiques Orientaux, les anachorètes du Gange, Thamyris et Confucius, Pythagore et Salomon, Marc-Aurèle et Nathan le Sage, et même l'auteur voilé de l'*Imitation ;* leur parole rare se distingue lentement sous l'orgue lointain des sanctuaires. Notre contemporain a raison de se donner après eux comme un nouvel interprète des maximes de la loi perpétuelle : les vérités, en passant par sa bouche, empruntent une autorité bien persuasive; on apprécie mieux la suavité de ce baume, connaissant les amertumes anciennes d'où il l'a su tirer; le solitaire des *Rêveries,* m'élevant avec lui vers Dieu, me transporte plus puissamment que Necker n'y réussirait tout d'abord. Il y a un chapitre *sur l'Immortalité* qui expose des conjectures dignes de Lessing dans la langue de Bernardin de Saint-Pierre. La forme littéraire et toute classique du développement, la lenteur égale de chaque paragraphe, se rapprochent beaucoup de la manière du moraliste Du Guet dans le traité si bien écrit et si peu lu *de la Prière*. Les retours indirects de l'auteur sur lui-même sont attachants et pleins d'inductions à tirer pour le lecteur averti. Je recommande ce qu'il dit de sa mère au chapitre *des Fautes irréparables,* et, dans celui *de la Vanité des Succès,* ce qu'il dit des conquérants, allusion sans doute éloignée à Napoléon, que Sénancour, pour plus brève sentence, n'a peut-être jamais nommé (1). Je recommande tout ce livre, qui est une belle fin consolante à méditer; aliment rassis qui apaise, breuvage indispensable après le philtre, rosée du soir après un jour ténébreux, délicieuse à sentir, en vérité, quand elle tombe sur un front brûlant qui fut atteint du mal d'Oberman.

(1) J'ignorais, quand je disais cela, deux petites brochures publiées en 1814 par M. de Sénancour sous le titre de *Simples observations soumises au Congrès de Vienne par un habitant des Vosges*, et de *Lettre d'un habitant des Vosges sur MM. Buonaparte, de Chateaubriand, Grégoire*, etc. Les vœux honorables et sages exposés dans ces opuscules demeurèrent stériles comme les *Vœux d'un Solitaire* par Bernardin de Saint-Pierre en 90, et l'*Essai sur les Institutions* de Ballanche en 1818, et en général comme tous les vœux des philosophes et sages en temps de révolution.

Janvier 1832.

M. DE SÉNANCOUR.
1833.

Oberman (1).

Oberman fut publié pour la première fois au printemps de 1804, dans les derniers mois du Consulat; il avait été composé en Suisse durant les années 1802 et 1803. Quand M. de Sénancour écrivait *Oberman,* il ne se considérait pas comme un homme de lettres; ce n'était pas un ouvrage littéraire qu'il tâchait de produire dans le goût de ses contemporains. Sorti de Paris à dix-neuf ans, dès les premiers jours de la Révolution; retenu par les circonstances et la maladie en Suisse, au lieu des longs voyages qu'il méditait; marié là et proscrit en France à titre d'émigré, M. de Sénancour n'était rentré que furtivement, à diverses reprises, pour visiter sa mère, et s'il s'était hasardé à séjourner à Paris, sans papiers, de 1799 à 1802, ç'avait été dans un isolement absolu : il avait profité toutefois de ce sé-

---

(1) Ces pages, qui complètent ce que j'avais précédemment écrit sur les ouvrages de M. de Sénancour, ont servi de préface à la seconde édition d'*Oberman* (1833).

jour pour publier, dès 1799, ses *Rêveries sur la nature primitive de l'Homme*. Élève de Jean-Jacques pour l'impulsion première et le style, comme madame de Staël et M. de Chateaubriand, mais, comme eux, élève original et transformé, quoique demeuré plus fidèle, l'auteur des *Rêveries*, alors qu'il composait *Oberman*, ignorait que des collatéraux si brillants, et si marqués par la gloire, lui fussent déjà suscités; il n'avait lu ni l'*Influence des Passions sur le Bonheur*, ni *René*; il suivait sa ligne intérieure; il s'absorbait dans ses pensées d'amertume, de désappointement aride, de destinée manquée et brisée, de petitesse et de stupeur en présence de la nature infinie. *Oberman* creusait et exprimait tout cela; l'auteur n'y retraçait aucunement sa biographie exacte, comme quelques-uns l'ont cru; au contraire, il altérait à dessein les conditions extérieures, il transposait les scènes, il dépaysait autant que possible. Mais si *Oberman* ne répondait que vaguement à la biographie de l'auteur, il répondait en plein à sa psychologie, à sa disposition mélancolique et souffrante, à l'effort fatigué de ses facultés sans but, à son étreinte de l'impossible, à son *ennui*. Ce mot d'*ennui*, pris dans l'acception la plus générale et la plus philosophique, est le trait distinctif et le mal d'*Oberman*; ç'a été en partie le mal du siècle, et *Oberman* se trouve ainsi l'un des livres les plus vrais de ce siècle, l'un des plus sincères témoignages, dans lequel bien des âmes peuvent se reconnaître.

Il y avait deux ou trois apparitions essentielles vers ce temps de 1800. Et d'abord, dans l'ordre de l'action, il y avait le Premier Consul, celui qui disait un matin, en mettant la main sur sa poitrine : *Je sens en moi l'infini;* et qui, durant quinze années encore, entraînant le jeune siècle à sa suite, allait réaliser presque cet *infini* de sa pensée et de toutes les pensées, par ses conquêtes, par ses monuments, par son Empire. Vers ce même temps, et non plus dans l'ordre de l'action, mais dans celui du sentiment, de la méditation et du rêve, il y avait deux génies, alors naissants, et longuement depuis combattus et refoulés, admirateurs à la fois et adversaires de ce développement gigantesque qu'ils avaient sous les yeux; sentant aussi en eux l'*infini,* mais par des aspects tout différents du premier, le sentant dans la poésie, dans l'histoire, dans les beautés des arts ou de la nature, dans le culte ressuscité du passé, dans les aspirations sympathiques vers l'avenir; nobles et vagues puissances, lumineux précurseurs, représentants des idées, des enthousiasmes, des réminiscences illusoires ou des espérances prophétiques qui devaient triompher de l'Empire et régner durant les quinze années qui succédèrent; il y avait Corinne et René.

Mais, vers ce temps, il y eut aussi, sans qu'on le sût, ni durant tout l'Empire, ni durant les quinze années suivantes, il y eut un autre type, non moins profond, non moins admirable et sacré, de la sensation de l'*infini* en nous, de l'*infini* envisagé et senti hors de l'action, hors de l'histoire, hors des religions du passé ou des vues progressives, de l'*infini* en lui-même face à face avec nous-même. Il y eut un type grave, obscur, appesanti, de l'infirmité humaine en présence des choses plus grandes et plus fortes, en présence de l'accablante nature ou de la société qui écrase. Il y eut *Oberman,* le type de ces sourds génies qui avortent, de ces sensibilités abondantes qui s'égarent dans le désert, de ces moissons grêlées qui ne se dorent pas, des facultés affamées à vide, et non discernées et non appliquées, de ce qui, en un mot, ne triomphe et ne surgit jamais; le type de la majorité des tristes et souffrantes âmes en ce siècle, de tous les génies à faux et des existences retranchées.

Oh! qu'on ne me dise pas qu'*Oberman* et *René* ne sont que deux formes inégalement belles d'une identité fondamentale; que l'un n'est qu'un développement en deux volumes, tandis que l'autre est une expression plus illustre et plus concise; qu'on ne me dise pas cela! René est grand, et je l'admire; mais René est autre qu'Oberman. René est beau, il est brillant jusque dans la brume et sous l'aquilon; l'éclair d'un orage se joue à son front pâle et noblement foudroyé. C'est une individualité moderne chevaleresque, taillée presque à l'antique; il y a du Sophocle dans cette statue de jeune homme. Laissez-le grandir et sortir de là, le Périclès rêveur; il est volage, il est bruyant et glorieux, il est capable de mille entreprises enviables, il remplira le monde de son nom.

Oberman est sourd, immobile, étouffé, replié sur lui, foudroyé sans éclair, profond plutôt que beau; il ne se guérit pas, il ne finit pas; il se prolonge et se traîne vers ses dernières années, plus calme, plus résigné, mais sans péripétie ni revanche éclatante; cherchant quelque repos dans l'abstinence du sage, dans le silence, l'oubli et la haute sérénité des cieux. *Oberman* est bien le livre de la majorité souffrante des âmes; c'en est l'histoire désolante, le poëme mystérieux et inachevé. J'en appelle à vous tous, qui l'avez déterré solitairement, depuis ces trente années, dans la poussière où il gisait, qui l'avez conquis comme votre bien, qui l'avez souvent visité comme une source, à vous seuls connue, où vous vous abreuviez de vos propres douleurs, hommes sensibles et enthousiastes, ou méconnus et ulcérés! génies gauches, malencontreux, amers; poëtes sans nom; amants sans amour ou défigurés; toi, Rabbe, qu'une ode sublime, faite pour te consoler, irrita (1); toi, Sautelet, qui méditais depuis si longtemps de mourir; et ceux qui vivent encore, et dont je veux citer quelques-uns!

Car la destinée d'*Oberman*, comme livre, fut parfaitement conforme à la destinée d'*Oberman* comme homme. Point de gloire, point d'éclat, point d'injustice vive et criante, rien qu'une injustice muette, pesante et durable; puis, avec cela, une sorte d'effet lent, caché, maladif, qui allait s'adresser de loin en loin à

---

(1) C'est l'ode de Victor Hugo :

> Ami, j'ai compris ton sourire
> Semblable au ris du condamné...

Cette ode, d'abord adressée à R. (Rabbe), fut si mal accueillie que le poëte en changea la suscription et mit *A Ramon, duc de Benav....*

quelques âmes rares et y produire des agitations singulières. Le livre, dans sa destinée matérielle, sembla lui-même atteint de cette espèce de malheur qu'il décrit. Ce ne fut pas pourtant, qu'on le sache bien, une œuvre sans influence. Nodier l'invoquait dans sa préface des *Tristes,* et regrettait qu'*Oberman* se passât de Dieu. Ballanche, inconnu alors, et loin de cette renommée douce et sereine qui le couronne aujourd'hui, lisait *Oberman,* et y saisissait peut-être des affinités douloureuses. Latouche, qui a donné sa mesure comme homme d'esprit, mais qui ne l'a pas donnée pour d'autres facultés bien supérieures qu'il a et qui lui pèsent, a lu *Oberman* avec anxiété, en fils de la même famille, et il en a visité l'auteur dans ce modeste jardin de la Cérisaye, sous ce beau lilas dont le sage est surtout fier. Rabbe, je l'ai déjà dit, connaissait *Oberman;* il le sentait passionnément; il croyait y lire toute la biographie de M. de Sénancour, et il s'en était ouvert plusieurs fois avec lui : un livre qu'il avait terminé, assure-t-on, et auquel il tenait beaucoup, un roman dont le manuscrit fut dérobé ou perdu, n'était autre probablement que la psychologie de Rabbe lui-même, sa psychologie ardente et ulcérée, son *Oberman.* Tout récemment, dans les feuilles d'un roman non encore publié, qu'une bienveillance précieuse m'autorisait à parcourir, dans les feuilles de *Lélia,* nom idéal qui sera bientôt un type célèbre, il m'est arrivé de lire cette phrase qui m'a fait tressaillir de joie : « Sténio,
« Sténio, prends ta harpe et chante-moi les vers de
« Faust, ou bien ouvre tes livres et redis-moi les souf-

« frances d'Oberman, les transports de Saint-Preux.
« Voyons, poëte, si tu comprends encore la douleur ;
« voyons, jeune homme, si tu crois encore à l'amour. »
Eh quoi! me suis-je dit, *Oberman* a passé familièrement ici ; il y a passé aussi familièrement que Saint-Preux ; il a touché la main de *Lélia*.

Mais voici l'épisode le plus frappant sans doute de l'influence bizarre et secrète d'*Oberman*. Vers 1818, plusieurs jeunes gens s'étaient rencontrés après le collége et unis entre eux par une amitié vive, comme on en contracte d'ordinaire dans la première jeunesse. C'était Auguste Sautelet, Jules Bastide, J.-J. Ampère, Albert Stapfer ; dans une correspondance curieuse et touchante que j'ai sous les yeux, et qui, entre les mains de l'ami qui me la confie, pourra devenir un jour la matière d'un beau livre de souvenirs, je lis d'autres noms encore de cette jeune intimité ; j'en lis un que j'efface, parce que l'oubli lui vaut mieux (1) ; j'en lis deux inséparables, qui me sont chers comme si je les avais connus, parce qu'un grand charme de pureté les enveloppe, *Edmond* et *Lydia,* amants et fiancés. Tous vivent aujourd'hui, excepté Sautelet, qui est mort de sa main ; bien peu se souviennent encore de ces années, ou du moins s'y reportent avec regret et amour, excepté *Lydia,* qui est demeurée, me dit-on, fidèle aux pensées de cette époque, et les a gardées

---

(1) On perdrait sa peine à chercher quel pouvait être ce nom qui me paraissait indigne de souvenir : le puritanisme de la jeunesse me faisait plus sévère qu'il ne fallait et me rendait injuste.

présentes et vives dans son cœur. La philosophie de M. Cousin, alors dans sa nouveauté, occupait ces jeunes esprits; les grands problèmes de la destinée humaine étaient leur passion; Ossian, Byron, le songe de Jean-Paul, les partageaient tumultueusement. Ils suivaient les cours à Paris durant l'hiver; puis l'été les dispersait aux champs, et ils s'écrivaient. La lecture d'*Oberman,* quand ce livre leur tomba par hasard dans les mains, fit sur eux l'impression qu'on peut croire; cette mélancolie austère et désabusée devint un moment comme la base de leur vie; la philosophie platonicienne eut tort; Jules Bastide fut celui peut-être qui se pénétra le plus profondément de cette âpre et stoïque nourriture. Ses lettres, pleines d'éloquence et de vertueuse tristesse, ont souvent des pages dignes d'*Oberman;* l'inspiration grandiose est la même, et il le cite à tout moment. Lorsque Ampère va en Suisse, Bastide, resté au Limodin en Brie, lui écrit en ces termes: « Mon
« ami, tu es donc à Vevay. Tu as vu Clarens, Meillerie,
« Chillon. Tout cela doit te paraître un songe. *Tu as*
« *vu la lune monter sur le Velan!* » Et ailleurs : « Je
« dois aller faire un petit voyage à Fontainebleau.
« Ainsi nous aurons parcouru à nous deux tous les
« lieux visités par Oberman. Si alors tu étais encore
« en Suisse, j'aurais du plaisir à contempler la lune à
« travers les clairières de Valvin, pendant que tu la
« verrais sur les glaciers. Nous nous réunirons tous
« ensuite au Limodin, et nous nous raconterons nos
« voyages et nos plaisirs... Pourquoi faut-il que nous
« soyons si éloignés? que les jours sont longs ! que les

« nuits sont tristes! Je ne devrais pourtant pas me
« plaindre : j'ai eu quelques instants de calme, quel-
« ques moments bien courts d'une joie pure. Il y avait
« eu de l'orage ; les feuilles étaient humides et l'air
« était doux ; un rayon de soleil vint à percer, et il
« m'arriva d'être content : je me sentis en possession
« de mon existence. Ce sentiment paisible, je n'irai
« point le chercher dans les Alpes ; ce n'est qu'ici que
« je puis le trouver : il y a quelque chose de délicieux
« pour moi dans la vue du bois de Champ-Rose au
« loin, dans l'aspect de certains arbres, dans l'étendue
« de nos plaines. » Et encore, car, si je m'écoutais, je
ne pourrais me lasser de citer : « Que tes lettres m'ont
« causé de plaisir! Je les conserve toutes avec soin
« pour les joindre aux sublimes tableaux d'Oberman.
« Je me suis fait dans notre bois une place favorite, où
« je vais m'asseoir pour songer à mes amis : c'est là
« que je porte Werther, Ossian, et les lettres qui me
« viennent de toi. J'y ai encore lu ce matin la dernière
« que tu m'as écrite de Berne. Tu as bien compris la
« manière dont je voudrais vivre. Une existence agitée
« est un suicide, si elle fait perdre le souvenir du
« monde meilleur ; et, quand on a conscience de sa
« dignité, il me semble que c'est une profanation
« d'employer son énergie et de ne pas lui laisser toute
« la sublimité des possibles... J'aime à vivre retiré, à
« faire les mêmes choses, à passer par les mêmes che-
« mins : il me semble qu'ainsi je me mêle moins à la
« terre, et que je conserve toute ma pureté. J'aime à
« écouter, dans le silence de la vie d'habitude, le

« mouvement sourd de l'existence intérieure. Ah !
« jouissons du seul plaisir qui nous reste ; regardons
« couler nos jours rapides, savourons l'amère volupté
« de nous comprendre et de nous sentir tous entraîner
« pêle-mêle : du moins nous nous perdons ensemble,
« nous n'allons pas seuls vers la fin terrible! » Si le
patriote réfugié (1) lit par hasard ces pages, s'il s'étonne et s'il souffre de les retrouver, qu'il nous pardonne une divulgation indiscrète qui vient d'une sympathie cordiale et sincère! qu'il nous pardonne en mémoire du livre que tous les deux nous avons aimé!

Sautelet aussi vivait alors dans ces idées : inquiet, mélancolique et fervent, il hésitait entre l'action et la contemplation ; je lis dans une lettre de lui que j'ai sous les yeux : « On ne peut guère faire une vie double,
« agir et contempler ; je sens, comme je te le disais
« cet été, que l'homme est placé sur la terre pour
« l'action, et je ne puis cependant laisser l'autre. Tu
« ne sais pas la mauvaise pensée qui me vient à l'in-
« stant! c'est que je voudrais me brûler la cervelle
« pour terminer mes doutes. Si, dans une année ou
« deux, la vie ne me paraît pas claire, j'y mettrai fin.
« J'exécuterai cette idée que j'ai eue de mon *Werther*
« *de la Vérité* (ouvrage qu'il méditait). Peut-être serait-

(1) M. Bastide était alors en Angleterre. — Le politique chagrin ne m'a jamais pardonné (le croirait-on?) ce témoignage public de sympathie que je lui donnais dans son passé littéraire. Il fut, dans le temps, très-contrarié de ce souvenir, et il trouva depuis l'occasion de me marquer son peu de bon vouloir. Il y a des âmes qui ne croient jamais mieux montrer leur force qu'en se revêtant de rudesse. C'est grâce perdue que de leur sourire.

« ce une folie; ce serait peut-être une grande action.
« Je te laisse juger. »

Combien d'épisodes semblables à celui que nous venons d'esquisser, combien de poëmes obscurs, inconnus, mêlés d'une fatalité étrange, s'accomplissent à tout instant, autour de nous, dans de nobles existences! *Oberman* est le résumé de tous ces poëmes.

18 mai 1833.

(Depuis l'espèce de résurrection que nous avons tentée d'*Oberman*, les admirateurs n'ont pas manqué à ce morne et triste génie; il faut mettre en tête George Sand, qui a honoré la troisième édition d'une préface. En Suisse, on a lu le livre en présence des lieux, et cette lecture est d'un grand effet. (Voir *le Semeur* du 10 juillet 1834.) — Un ami qui voyageait aux bords du Léman m'écrivait en un style figuré, mais plein de sentiment : « N'est-ce pas que c'est d'Oberman que l'on rêve le plus le long du lac tout bleu et les yeux tournés vers le *Môle?* Cet homme eut l'oppression des montagnes sur le cœur; il en eut la noble infirmité et le chaos dans les hasards de ses délirants systèmes; il en eut les contours et la virginité dans le galbe sans soleil de son style blanc et terne. » Mais c'est en entrant dans le Valais seulement que l'on comprend bien certaines descriptions désolées d'Oberman et ces contrées d'un *amer abandon;* le pays et le livre s'expliquent l'un par l'autre, et je me suis dit tout d'abord à cette vue :

Et l'ombre des hauts monts l'a durement frappé!

Les expressions, les réminiscences d'Oberman s'appliquent à chaque pas. — Nous obéissons à une intention du vénérable auteur en rappelant formellement ici qu'il n'en est pas resté au système oppressé d'Oberman; il s'est appliqué à s'en dégager sans relâche, à perfectionner, à mûrir ses *Libres Méditations*, et à y considérer la pensée religieuse indépendamment de tout dogme téméraire; il ne vit depuis des années que dans ce haut espoir.)

Ces premiers portraits sont des compositions plutôt que des biographies. Dans tout ce qu'on vient de lire sur Sénancour, il y a l'étude du génie de l'homme, de son talent d'écrivain, et presque rien sur les faits particuliers de sa vie. J'ai souvent désiré depuis pouvoir suppléer à ce manque de renseignements positifs. M. de Sénancour, deux ou trois fois, sembla vouloir me donner des éclaircissements et m'indiquer des rectifications auxquelles il tenait ; mais il était de sa nature si timide, si discret et circonspect, que ses explications même disaient très-peu. Depuis sa mort (10 janvier 1846), j'avais espéré qu'on trouverait dans ses papiers quelques notes à mon intention et à mon usage. Je vois, en effet, dans l'un des petits papiers, qui me sont communiqués par sa fille, un feuillet de dossier avec cette indication :

« — Notes pour les années 14 août 1789-31 décembre 1809. — Donc vingt ans quatre mois et demi. (Pour ce qui précède août 1789, voir le cahier intitulé *Dates,* etc.)

« Ces notes rappellent seulement les dates, les circonstances, en attendant plus d'explication. »

Et, encore, sur un papier attaché au bas de la page :

« Ces notes n'ont pas été rassemblées dans le dessein d'en faire des mémoires, mais comme souvenirs à mon usage surtout.

« Elles devenaient longues, j'en supprime la plus grande partie.

« J'y ajoute des remarques pour éviter de certaines erreurs biographiques, telles que, par exemple, cette supposition entièrement fausse que j'ai été mal avec mon père. »

Par malheur, le dossier ne renfermait aucune des notes indiquées, mais seulement quelques pensées ou remarques étrangères à l'intérêt biographique. En revanche, j'ai sous les yeux une suite de réflexions et de retours de Sénancour sur lui-même, qui, tout en laissant à désirer pour la précision du détail, ne sont autre chose qu'une autobiographie morale. Déjà, en 1848, lorsque je fis à Liége mon cours sur Chateaubriand, j'avais pu citer quelques pensées inédites, tirées de ce morceau, qui m'avaient été transcrites par Mlle de Sénancour ; mais aujourd'hui que cette respectable dame, solitairement vouée à la mémoire de son père, a bien voulu mettre sous mes yeux le morceau même en son entier, je ne craindrai pas de l'insérer ici. Les deux ou trois passages qui ont été donnés dans mon ouvrage de *Chateaubriand et son Groupe littéraire*, 14ᵉ leçon, tome I, pages 351-353, se retrouveront ici à leur place et avec plus d'exactitude :

« Note commencée au printemps de 1810, continuée en 1817 ou 1818, etc.

« Sur ma vie jusqu'à présent, et autres considérations analogues.

« La vie morale même d'un homme dépend du sort, etc.

« Sur amitié désirée et obtenue presque en vain.

« Me voici parvenu à trente-neuf ans et demi; il y a plus de vingt ans que je suis sorti du collége : dans cette moitié de la vie (car la durée de l'homme n'est que de quarante ou quarante-huit ans entre l'une et l'autre débilité), dans cette moitié de la vie, je cherche vainement une saison heureuse, et je ne trouve que deux semaines passables, une de distraction en 1790 et une de résignation en 1797.

« J'ai erré toujours inquiet, toujours surchargé d'embarras sans avoir jamais eu, avec quelque apparence de durée, ni le cabinet commode et solitaire qui m'aurait été indispensable, ni la terre sauvage où je me serais plu, ni la vie frugale qui m'aurait contenté. J'ai vu tomber père, mère, femme et fortune. J'ai été séparé de mes amis; je n'ai pu conduire les premières années de mes enfants; et, aujourd'hui, dans le vingt et unième de ces tristes printemps, j'ignore quelle région j'habiterai dans quelques mois et dans quelle autre peut-être sera ma fille. Son sort n'est point commencé, le mien n'est pas plus avancé qu'il ne l'était il y a vingt ans; il est même beaucoup plus inquiétant qu'il ne paraissait alors devoir l'être.

« Avec une santé généralement bonne en un sens et constante, mais un corps fatigué de tant d'ennuis et de tant de manières de vivre diverses et le plus souvent contraires, je suis découragé par cette incurable faiblesse des membres (1) qui, en m'ôtant les ressources qu'un autre homme trouverait dans le malheur, me prive de cette résignation, de cette heureuse sécurité que je trouverais dans mes

---

(1) M. de Sénancour était affligé d'une faiblesse singulière des bras qui, dans un homme d'une constitution primitivement assez forte, étaient comme ceux d'un enfant.

dispositions naturelles, dans les résultats de ma pensée, dans l'habitude d'être ou de me maintenir exempt de passions, de prestiges.

« Me croirai-je pour tout cela *le plus malheureux* des hommes? Nullement. Je crois au contraire que, dans une certaine classe surtout, il en est si peu d'heureux, que s'il m'était proposé de changer mon sort pour le sort de celui qu'après un mûr examen je croirais le plus heureux d'entre dix hommes pris au hasard dans le nombre de ceux qui ont l'avantage, inappréciable parmi nous, de réfléchir, je refuserais sans hésiter cet échange : et je ne sais si j'accepterais cette proposition, ayant le choix dans vingt, dans cinquante. Les peines cachées sont innombrables. Beaucoup d'hommes paraissent assez heureux; mais ce qu'ils se disent à eux-mêmes est fort différent de ce qu'ils disent aux autres : et s'il ne fallait que changer de misères, celles dont on a quelque habitude doivent être les moins pesantes. Mes enfants, du moins, sont bien constitués, et leurs dispositions paraissent bonnes. Mon fils est dans un état qui ne me plaît point à moi (1), et pour d'autres raisons, mais qui peut lui convenir, et dans lequel, au fond, l'on n'a que les misères pour lesquelles les hommes sont faits. Quant à moi, n'est-ce rien que d'avoir été sauvé des dernières extrémités et d'être parvenu jusqu'à ce jour sans flatteries, sans bassesses, sans dépendance, même en général, et sans dettes, ayant reçu des services, mais en ayant rendu, ayant des amis (et choisis) et n'ayant eu ni chefs ni maîtres; n'ayant pu, il est vrai, remplir ma destination, mais enfin n'ayant rien fait qui en soit précisément indigne; connu d'un très-petit nombre (ce qui est fort selon mes goûts), mais un peu aimé ou estimé, un peu triste sur la terre et humilié de mes faiblesses, mais sans remords et sans déshonneur, très-mécontent de moi et déplorant le cours rapide d'une vie si mal employée, mais n'ayant point à la maudire?

« Quiconque a tous ses sens et ses membres et possède des amis, quiconque n'est pas jeté pour jamais sur une terre étrangère, ni détenu dans les repaires de l'oppression, et n'a pas dans l'âme des causes de trouble irréparable, ne doit jamais se dire tout à fait malheureux. Il doit même se féliciter de ne l'être pas davantage chez des peuples qui se courbent devant l'or et qui choisissent pour leurs ébats la lueur des lampions. Le défaut de force dans les membres, l'impossibilité de dire : « Je vivrai dans toutes les situa-

---

(1) L'état militaire.

« tions où un homme peut vivre ; » cet assujettissement joint à l'immense difficulté de soutenir une femme, des enfants, sans revenus fixes, sans autres moyens que des débris à recueillir à des époques inconnues, sans état (même très-longtemps sans papiers et sans droits de citoyen) (1), sans dettes, sans aucune intrigue, surtout aussi avec le sort contre soi, avec ce qu'on appelle du malheur (excepté la faveur marquée du sort en 1798 et en quelques autres circonstances rares), tout cela a rendu ma vie morale laborieuse et triste. Dès l'enfance, d'ailleurs, j'étais inaccessible à cet enchantement qui déguise la valeur des choses, et très-sensible, mais non passionné. J'étais destiné de toutes manières à voir la vie sans prestige, mais non sans goût et sans entraînement. Mais l'ordre m'eût suffi pour être content de mon sort.

« S'il m'était resté huit à dix mille livres de rente, assez faible portion du revenu que je devais attendre ; s'il m'en était même resté la moitié ou que ces quatre à cinq mille livres me fussent survenues après bien des embarras, mais tandis que j'étais jeune encore, j'aurais pu jouir de la vie et en faire jouir les miens : cela est possible avec peu. J'aurais aussi rempli moins mal la destination à laquelle le concours des événements et de mes penchants a borné mes projets.

« Mais ce n'est pas, écrivais-je dernièrement (en mai 1810) à
« M. Jay, ce n'est pas dans cette vie agitée que j'entreprendrai
« quelque chose de sérieux. Si jadis j'avais pu croire ne faire guère
« que ce que j'ai fait (comme cela devient à craindre), je n'aurais
« jamais écrit. A quoi sert un auteur de plus, s'il ne fait pas ce
« qui n'a pas été fait avant lui ? Dira-t-on même : « *Dans ceci il*
« *ne faisait que préparer... les malheurs l'ont empêché...* » Excepté
« quelques amis, qui se souciera d'être juste ? et quand on le serait,
« est-ce là l'essentiel ? »

« Celui qui ne verrait dans la pauvreté, dans la ruine, que l'effet direct de la privation d'argent et ne ferait, par exemple, que comparer le dîner que l'on fait avec seize sous au dîner que l'on fait avec seize francs, n'aurait aucune idée du malheur ; car la non-dépense est le moindre mal de la pauvreté (2). Il en est ainsi de

---

(1) Cette phrase est très-raturée et surchargée dans le manuscrit ; elle est claire, mais elle n'est pas nette.

(2) A propos de l'étroitesse de condition où fut toujours confiné et comme écrasé Sénancour, j'ai cité ailleurs ce que Pindare et ce que Gœthe ont dit

la privation des bras; cette faiblesse a bien d'autres effets que d'empêcher de faire certains mouvements et de rendre difficiles ou embarrassantes les moindres actions de la vie commune, ce qui serait déjà un mal bien triste par sa continuité; cette faiblesse ôte toute confiance dans l'avenir, entrave la vie entière, borne toute perspective, assujettit à cent besoins qu'on eût méprisés et, à la place d'un rôle d'homme, vous jette dans une dépendance aussi grande que celle des femmes. Que différente eût été ma vie sans cette faiblesse des membres!

« Que je serais autre si des bras d'homme me permettaient d'entreprendre indifféremment tout ce qu'un homme de bien peut faire, et dès lors me laissaient quelque choix jusque dans les circonstances extrêmes! Il eût été impossible alors que je traînasse une vie ridicule. Mon mariage n'eût pas eu lieu ; et même à toute époque j'eusse pu changer les choses. J'eusse été, je suppose, en Égypte, et là, à moins que je n'eusse été intime avec le général en chef, autrement (*sic*) je me fusse jeté parmi les Arabes, dans le Saïd. Si, d'autre côté, il m'était resté une faible portion de la fortune que le cours des choses me destinait, ne fût-ce que le nécessaire (source assez féconde d'indépendance), j'aurais soutenu noblement le rôle d'écrivain. Je n'ai jamais écrit pour un intérêt de parti, mais j'aurais voulu faire plus...

« ... Si les circonstances m'avaient été favorables et que, *par impossible,* j'eusse pourtant habité Paris, il est une fantaisie que j'aurais aimé à satisfaire. J'aurais entrepris à mes frais un écrit périodique destiné à relever toute erreur funeste par ses conséquences dans les livres nouveaux et dans les journaux, ainsi que toute injustice dans les critiques. Mon espèce de *journal* aurait été libre : je ne me serais pas assujetti à *satisfaire* le public. Il aurait été réparti gratuitement dans les établissements publics, il n'aurait coûté aux *abonnés* qu'un pourboire à donner volontairement aux colporteurs, en sorte que je n'aurais pas été astreint à le *remplir* régulièrement. Tous les dix jours, par exemple, il au-

---

de la richesse; et Bossuet lui-même, dans une lettre au maréchal de Bellefonds, a dit : « Je n'ai, que je sache, aucun attachement aux richesses; néanmoins, si je n'avais que le nécessaire, si j'étais à l'étroit, *je perdrais plus de la moitié de mon esprit.* » — Qu'on veuille un peu songer à la différence qu'il y a pour le point de départ et pour l'emploi des facultés entre un duc de Luynes et un Sénancour.

rait paru en une feuille ou en dix, selon les circonstances. Le temps et l'extrême impartialité de la rédaction auraient été les seuls moyens de lui donner du succès.

« En plus d'un sens la destinée fait les hommes. On peut juger jusqu'à un certain point un homme par ce qu'il fait dans des circonstances où il agit visiblement par choix ; mais, pour le connaître vraiment, il faudrait connaître ce qu'il désirait de faire : on peut blâmer ou approuver ce qu'un homme a fait, on peut décider quelquefois d'après ses actions, mais pour apprécier sa personne et en porter avec justesse un jugement favorable ou défavorable, il faudrait savoir ce qu'il eût fait dans un sort favorable à ses desseins. Ainsi, quand on dit que c'est dans l'adversité qu'on connaît les hommes, c'est une sentence trop vague. L'adversité sert à détromper sur le mérite apparent, sur ce petit mérite commun qu'il est très-facile de paraître avoir, sur cette élévation qu'on affecte en vérité sans peine, quand le sort fait tout pour nous soutenir. Ainsi, dans l'adversité, les hommes laissent apercevoir leurs faiblesses ; mais il faut les voir dans la prospérité pour connaître leur mérite. Celui que le sort ne place point dans les circonstances analogues à son caractère et propres à l'exécution de ses desseins est comme un architecte dont les conceptions hardies restent inconnues de la postérité, parce qu'aucun grand monument n'est construit de son temps, comme un statuaire qui pourrait faire l'Apollon, mais qui n'a pas de quoi acheter un bloc de marbre.

« Il y a, dira-t-on, des hommes qui savent créer les circonstances. « Ainsi c'est toujours par une sorte d'incapacité que les autres « restent enchaînés, ils ne savent pas secouer les entraves. » Cela se peut : leur talent n'est pas celui-là, et remarquez que celui qui sait, selon vous, lutter contre le sort, pourrait être plus justement regardé comme bien servi par le sort, puisque la difficulté des premiers pas à faire était justement ce qui convenait à ses moyens.

« Il ne faut pas dire : « Il n'y a pas eu d'hommes d'État dans tel « pays, car s'il s'y en était trouvé, ils se seraient élevés comme Crom- « well, lequel a prouvé, ainsi que d'autres, qu'il n'était pas néces- « saire d'être né sur le trône. » Cela n'était pas nécessaire pour lui, mais l'était pour d'autres qui, moins en état de s'élever comme lui, ou plus scrupuleux sur le choix des moyens, sont restés simples particuliers. Si cependant ceux-ci et Cromwell fussent également nés puissants, ceux-ci eussent peut-être mieux gouverné que ce politique hardi et rusé. Cromwell, né sur le trône en temps de paix, n'eût été qu'un prince assez peu remarquable, et Marc-Aurèle, né dans l'obscurité, y fût resté.

« *Si licet magnis obscura componere...* Quelqu'un de puissant alors (un prince) eut de son propre mouvement (1) une intention dont je n'aurais presque sûrement voulu tirer aucun autre avantage que celui de recevoir par cette voie une de ces sortes de places que les gouvernements donnent, et qui, laissant l'indépendance, ne sont qu'un prétexte pour y joindre un revenu qui prolonge cette indépendance. J'aurais eu de la sécurité, j'aurais eu un plan de vie suivi ; mes enfants auraient été plus tôt entre mes mains, etc. J'aurais entrepris un ouvrage très-différent de ceux que j'ai faits jusqu'à ce jour, car j'aurais eu l'espoir de le finir, etc. Que serait-il arrivé? Qu'aurait-on dit? « Il a su arranger ses affaires. L'ordre le « plus parfait a régné de bonne heure chez lui. — Il s'est sagement « confiné dans une retraite bien choisie, pour y travailler plus à « loisir. Son économie lui permet de se conduire avec ses amis « selon sa manière de voir en cela, quand les circonstances le « demandent; et ses simples connaissances le trouvent prompt à « rendre... » (Ici une lacune.)

« Sans doute nous ne pouvons juger que d'après les apparences ceux que nous connaissons très-peu, mais méfions-nous du moins de nos conclusions. Il est rare, je le répète, qu'un homme puisse être bien jugé même par ce qu'il fait. Il faudrait distinguer scrupuleusement ce qui vient du sort et ce qui vient de son âme.

« A peine on peut se juger soi-même, comment jugerait-on les autres? Quand je jette un coup d'œil sur le passé, sur tout le non-succès de mes desseins, sur la perte de tant d'années, je me condamne, je me dis : « Il fallait prendre tel parti; » puis je trouve qu'il a été si mal à propos de ne pas prendre ce parti que je me mets à examiner mieux les circonstances pour voir ce qui a pu faire obstacle : alors je me rappelle des choses qui me prouvent qu'en effet cette conduite qui eût été la plus sage n'a pas été praticable. Si à peine je puis voir dans un autre temps les motifs qui

---

(1) Ce passage est obscur. Sénancour, après avoir écrit *un prince*, a effacé le mot pour mettre *quelqu'un de puissant alors*. Il ressort de ce passage qu'à un instant donné il y eut chance pour Sénancour d'obtenir, par la bonne grâce spontanée d'un personnage puissant, ce qu'on appelle une position ou une sinécure. Mais où? mais quand?... Il n'a eu garde de s'expliquer davantage.

m'ont décidé alors, comment savons-nous les vrais motifs des actions des autres? Et si celui qui est de bonne foi se voit toujours près de juger trop sévèrement sa propre conduite, parce qu'il ne voit que confusément une circonstance passée et qu'il oublie presque toujours une partie des obstacles qu'il a rencontrés jadis, comment ne serions-nous pas injustes lorsque nous condamnons les autres d'après un aperçu encore moins distinct et sans savoir ce qui les arrête ou les détermine?

« Je sais bien toutefois que, si je n'ai pu faire mieux dans les circonstances où je me suis trouvé, j'ai manqué de l'art d'en faire naître de plus fécondes. Peut-être n'ai-je pas mal cultivé mon champ si étroit, mais d'autres eussent su l'agrandir.

« Je n'ai à me reprocher que des imperfections personnelles et de grandes imperfections, mais nulle faute volontaire qui ait fait le malheur de qui que ce fût, soit qu'en général le mal m'ait été odieux, soit que le sort m'ait favorisé en cela.

« Je connais combien je suis loin de ce que l'homme peut atteindre, et de ce que moi-même j'eusse désiré dans ces moments d'énergie où l'on ne sent que l'élévation du beau sans songer aux entraves terrestres. L'imagination voit un ciel d'une pureté parfaite; mais quand l'œil veut en faire l'épreuve en quelque sorte, on découvre par degrés dans toutes ses parties ces vapeurs plus ou moins épaisses qui affaiblissent et décolorent les plus beaux jours, et qui les décolorent précisément afin que l'œil puisse trouver quelque repos.

« Il est bon d'être au milieu de la vie : les regrets et les reproches ont une place arrêtée dans nos souvenirs; nous connaissons nos négligences, nos inadvertances, nos tiédeurs, toutes nos faiblesses. La joie nous paraît un peu ridicule, mais non le contentement. — La paix est dans notre âme, et l'indulgence dans notre cœur.

« Je sens que mes écrits auraient pu être utiles, si je les avais fait connaître davantage ; mais faire beaucoup de pas pour le succès me paraît peu digne des arts mêmes, à plus forte raison de l'art par excellence, celui d'écrire pour le bonheur des hommes.

« Vitruve dit dans sa préface (du moins cela est dans le chapitre VI, du livre II, du *Selectæ e profanis scriptoribus historiæ*) : « Cœteri « architecti rogant et ambiunt, ut architectentur, mihi autem a « præceptoribus est traditum, oportere eum qui curam alicujus rei « suscipit rogari, non vero rogare. »

« On peut voir en dix endroits du *Journal de l'Empire* même et, entre autres, le 27 juillet 1812, combien l'intrigue est nécessaire aux succès dans la littérature même (1). A plus forte raison des livres dont le sujet et la manière conviennent très-peu au XIXᵉ siècle français ne peuvent-ils *faire sensation* dans le public...|

« S'il me survient assez tôt des circonstances qui me mettent en état de vivre, je me féliciterai fort d'être resté étranger au commérage du monde; de n'avoir point eu de rapport en général avec ceux pour qui vivre, c'est être en place; de n'avoir vu que de loin les *meneurs;* de n'avoir pas ajouté à mes misères leurs vaines passions et de n'avoir pas mis la main à leur petit feu d'artifice... (Ici une lacune.)

« Cette incertitude universelle nous importune et nous accable. Tout ce qui compose ce monde impénétrable semble peser sur nous. En vain on cherche le vrai, on veut faire le bien, on renonce à d'autres désirs, et on se dévouerait pour lutter contre l'erreur, contre le désordre; en vain on demande à la nature ce qu'on doit être, ce qu'on doit faire; en vain on dit : *Sagesse, ne te connaîtrai-je point?* tout est muet : ce silence nous oppresse; les nobles désirs et les grandes pensées nous semblent inutiles; on ne voit que doute et impuissance, et on sent déjà qu'on va s'éteindre dans les ténèbres où ce qui est reste inexplicable, et ce qui doit être, inaccessible.

« La grandeur humaine est extrêmement vantée, mais je n'ai pas vu que l'homme pût être très-grand, en sorte que j'ai renoncé sans peine à être grand; mais j'ai vu que l'homme pouvait être très-bon, et il faut tâcher d'être bon : je crois que j'eusse pu l'être si j'avais eu des jours moins asservis.

« De bonne heure j'ai demandé aux hommes quelle loi il fallait suivre; quelle félicité on pouvait attendre au milieu d'eux, et à quelle perfection les avaient conduits quarante siècles de travaux : ce qu'ils me répondirent me parut étrange; ne sachant que penser de tout le mouvement qu'ils se donnent, j'aime mieux livrer mes jours au silence et achever dans une retraite ignorée le songe incompréhensible.

---

(1) Dans un article du *Journal de l'Empire* sur le *Génie de l'Homme*, par Chênedollé, Dussault se demandait pourquoi cet ouvrage distingué n'avait pas fait plus de sensation dans le public, et il en attribuait en partie la cause au peu d'intrigue de l'auteur : « Malheur aujourd'hui, disait-il, à l'écrivain qui n'a que du talent et qui ne connaît que l'art poétique! »

« Le lieu de la retraite paraîtrait fort difficile à choisir; n'ayant pu *vivre avec un ami,* j'ai des amis, ils sont épars : près de qui se fixer? où espérer de rassembler presque ces amis qui sont en petit nombre, mais qui enfin sont plusieurs? Faudrait-il donc vivre à Paris? — Mais l'embarras est moins grand, plusieurs de mes amis ayant pris assez tôt, dans le temps de mes malheurs, le soin de m'apprendre que je pourrais les quitter sans scrupule lorsque je serais heureux. »

« Décembre 1812.

« Après avoir passé une partie de la vie d'une manière indécise, ne devient-il pas plus difficile de sortir de ce vague?

« Dès le commencement j'ai désiré être fixé, non pas pour ne plus voir Paris où j'avais alors mes parents, mais pour avoir un point fixe, des habitudes constantes, des connaissances ou peut-être des amis pour toujours.

« Mais maintenant, s'il me venait enfin quelque moyen d'acquérir un coin de terre, où le chercherais-je? — Aurais-je assez pour sacrifier deux mille écus à un voyage?

« Épinal, Plombières, Besançon, Chambéry, lac du Bourget et lac d'Annecy, Grande-Chartreuse, Bas-Valais, Simplon, Dauphiné, côtes entre Nice et Gênes, Monaco et Hyères, ou même Cassis ou vers Collioure.

« Et dois-je chercher avec tant de soin pour quelques années rapides qui me restent d'ici à la vieillesse?

« Préférerai-je la proximité de Paris, les facilités de tout genre qui en résultent, et l'avantage d'avoir ses premières connaissances auprès de soi?

« Ou enfin mettrai-je au-dessus de tout la douce température, le beau ciel, l'aspect de la mer immense, et y aura-t-il quelque chose de solennel dans la paix de mes derniers jours? Verrai-je enfin la terre du midi pour laquelle j'étais fait? (J'ai vu depuis Marseille, mais en vain; et d'ailleurs, qu'est-ce que Marseille?) Serai-je ainsi isolé, et ces plus douces perceptions de l'infini me suffiront-elles dans ma faiblesse? ou bien parviendrai-je à oublier près des boues de Paris, en jasant intimement, cette nature imposante et facile qui m'était nécessaire?

« Aurai-je un jour à moi, ou dois-je finir comme j'ai vécu jusqu'à présent, comprimé, ignoré de ceux qui m'ont vu le plus souvent et ne sachant qu'imparfaitement moi-même ce que j'eusse été? Quel joug a pesé sur moi! Quelle froide destinée! De mois en mois comme la vie s'écoule! Il y a dix-sept ans, je voulais m'endormir à jamais; depuis ce jour j'attends, et peut-être il se trouvera enfin que j'eusse bien fait de quitter alors cette terre sur laquelle je suis inutile, sans fortune, chargé du sort des autres et privé de bras vigoureux propres à tout. Je suis à la merci du sort, et peut-être ne trouverai-je d'autre repos que celui que je voulais alors chercher sur les neiges où l'on s'endort paisiblement (1). On est effrayé de cette inutile consommation des jours, et on voit avec peine s'approcher le moment qui doit confirmer cette contradiction dans la vie, de devenir vieux sans avoir vu que l'on fût jeune.

« Malgré le vague qu'il y eut presque toujours dans mes projets à cause de ma position, tout se rattacha à peu près à deux idées dominantes. Celle que je n'abandonnai point, celle qui peut-être convenait le plus à mon caractère, et qui bientôt s'accorda seule avec des parties irrévocables de ma destinée, ce fut l'idée d'une retraite profonde, mais commode.

« Je n'imagine rien de plus doux sur la terre humaine telle qu'elle est que de se confiner avec une femme tranquille et aimable dans une cabane heureusement située. Voilà peu de chose en un sens, mais je ne l'aurai jamais (2).

« Qu'on me donne cette demeure que j'imagine, que pour ainsi

---

(1) L'idée de suicide a dû traverser souvent la pensée d'Oberman, et même lui être habituelle dans un temps; je trouve encore sur un papier cette pensée : « La vie n'est bonne que quand nous agissons autant sur le monde que le monde sur nous; mais quand les choses nous heurtent, nous harcèlent sans que nous puissions réagir puissamment, quand nous n'avons plus que la défensive, il serait temps de se retirer. »

(2) Je trouve deux pensées isolées, qui se rapportent bien à ce rêve de retraite heureuse : « Mai. — Quand on a fatigué ses yeux de merveilles inutiles et son cœur de leur triste silence, on sent profondément que tous les chefs-d'œuvre de l'art ne valent pas un accident de la nature, ni des années consumées dans la capitale du monde une heure heureuse sous les pins sauvages auprès de celle qui nous aime. » Et encore : « Quand le vent soufflant par intervalles dans cet espace désert, couvert de rocs immobiles, fait résonner les touffes des genêts et les branches des jeunes pins épars, il me semble entendre les amers soupirs d'un captif sous les voûtes muettes. »

dire je vois tous les jours ; et qu'ensuite on entreprenne de me décider à la quitter.

« La maison est à quatre cents pas du lac sur un sol incliné faiblement, et couvert d'une herbe courte que paissent les bestiaux. La grève où s'étendent tous les jours les ondulations de l'eau est interrompue en quelques endroits par des rocs qui ne sont jamais submergés et contre lesquels se brisent les vagues, dès que le vent du sud a régné durant quelques heures.

« La vallée paraît fermée de toutes parts, mais les collines s'abaissent vers le couchant. Au nord-est, on voit des cimes couvertes d'une neige éternelle, mais de hauts sapins ombragent tous les rochers qui entourent le vallon. Les sources se réunissent en un torrent qu'au milieu même de l'hiver nous pouvons entendre durant la nuit et qui, pendant la saison où le soleil pénètre jusque dans les ravins des glaciers, se précipite avec violence et agite au loin, malgré le calme de l'air, le vaste bassin où il s'engloutit.

« Le vallon est salubre, mais solitaire ; il n'est point stérile, mais il n'est pas fécond. Peu de culture, peu d'industrie ; un seul village à un quart de lieue derrière un promontoire. Du point où nous sommes, on n'aperçoit que deux vacheries au-dessus des bois, et plus près de nous une seule maison de paysans. La tranquille et nombreuse famille qui l'habite s'occupe uniquement d'élever des abeilles et d'entretenir les filets avec lesquels elle fournit de poissons l'auberge du village et une autre qui est à demi-lieue de là sur une route très-fréquentée. Il y a dans ce village un château, une grande manufacture et un pasteur estimable ; nous pourrons donc avoir des connaissances un jour, quand le bonheur ne nous suffira plus. En attendant, nous ne voyons que cet ecclésiastique ; nous le voyons parce qu'il s'est présenté, parce qu'il est tel que nous eussions pu désirer un voisin, et parce qu'il paraît avoir besoin de ces distractions auxquelles, nous, nous ne songions pas.

« Derrière la maison est un enclos où sont rassemblés des légumes et des fruits. Un ruisseau, qui ne tarit point, le traverse dans sa longueur, et un bois de châtaigniers le couronne. Le produit annuel de ces châtaigniers suffit à nos besoins : je n'ai pas d'autre domaine.

« Des chèvres, des canards, des poules et des paons forment à peu près tout le peuple de nos serviteurs : ou plutôt ils exigent des soins ; et des soins assidus, mais exempts d'inquiétude, s'accordent très-bien avec le paisible mouvement de nos journées.

« Pour moi, je ne manque point d'occupations importantes ; tantôt je dirige l'eau dans le potager, tantôt j'écarte la neige qui embarrasserait les sentiers. Une fois même, par un travail assez considérable, je me suis emparé d'une eau qui se perdait à plus de cinq cents toises d'élévation et qui, en formant un marécage, aurait causé un jour quelque dangereux éboulement. Elle forme maintenant une cascade à l'endroit où commence... » (Ici la page est déchirée et l'on n'a pas la fin du morceau.)

J'épuiserai enfin le petit trésor manuscrit qui a été mis à ma disposition, en indiquant quelques vers de la jeunesse de Sénancour, une romance sur le rossignol, une espèce d'épître intitulée : *J'ai vu,* dans la forme, sinon dans le genre de la pièce attribuée à Voltaire, et qui fut composée à vingt-six ans. J'aime mieux compléter mes citations par la page suivante, qui est de l'entière maturité de l'auteur et qui consomme son propre jugement sur lui-même :

« Il y a, dit-on, dans mes écrits trop de vague et trop de doute.

« Je pense que ce reproche tombera et que c'est précisément par cette sorte de tendance que peut-être mes écrits devancent les temps. C'est par le vague qu'on s'approche de l'universalité, c'est par le doute qu'on s'éloigne moins de la vérité.

« Mes écrits paraîtront sombres, et l'on ne manquera pas d'y voir un effet du malheur qui m'a poursuivi. Je crois que l'on se trompera. D'ailleurs le malheur devrait à la longue influer bien plus sur mon humeur que sur mes opinions : or, j'aime extrêmement la gaieté de l'intimité, et je rirais comme un autre, quoique je sente le poids de cette main de fer qui reste appuyée sur moi ; mais je *pense* que c'est dans ce qu'on appelle (bien ou mal) *mélancolie* que nous trouverons les lumières désormais utiles.

« Dans ces siècles d'affectation et d'apparence, il aurait pu arriver que je fusse le seul qui entendît, qui voulût entendre ces regrets profonds que l'étude des choses inspire, seule voie sans doute qui puisse ramener les hommes au bonheur. Cependant il s'est trouvé que bientôt après M. de Chateaubriand, qui avait vu l'Amérique, a écrit éloquemment dans ce genre ; Mme de Staël paraît avoir aussi senti l'étendue de nos pertes, mais la *société* a détourné ses idées ; l'intention de jouer un rôle absorbe toutes celles de M. de Chateaubriand : le dénûment rendra les miennes inutiles.

« C'est ainsi que dans tous les genres tout reste à recommencer sur la terre. »

Une partie de ces remarques a pu être imprimée déjà, mais on a ici la pensée au complet et dans toute sa sincérité.

Un dernier mot sur le seul acte public de la vie de Sénancour. — Dans le procès qui lui fut intenté au mois d'août 1827 à cause de son livre, le *Résumé de l'Histoire des Traditions morales et religieuses*, où l'avocat du roi, Levavasseur, croyait trouver à chaque phrase l'intention manifeste de détruire la croyance à la divinité de Jésus, M. de Sénancour, défendu par Mᵉ Berville, voulut présenter lui-même au tribunal quelques explications. Il fit observer que nulle part dans son ouvrage on ne trouvait l'empreinte de la passion : « Je n'ai jamais, disait-il, attendu des temps de trouble aucun avantage personnel... Ce livre n'avait pas pour objet d'être orthodoxe, mais on y demande la tolérance en faveur des cultes, comme entre les cultes,... et je n'approuverais pas plus l'exigence, au nom de la philosophie, que l'intolérance sous le prétexte du dogme... En 1798, j'ai été arrêté dans le Jura, parce que je n'avais pu obtenir un passe-port. Les gendarmes, qui venaient de saisir mon contrat de mariage, me conduisirent à Besançon, comme jeune prêtre déporté, mais rentré pour *fanatiser* les campagnes. Aujourd'hui, je serai l'apôtre de l'irréligion : ce sera avec autant de justesse... » — Condamné en police correctionnelle, le 14 août 1827, M. de Sénancour fut acquitté en appel devant la Cour royale de Paris, dans une audience présidée par le premier président Séguier (22 janvier 1828). Cet acquittement, qui ne manqua pas de solennité, fut une satisfaction donnée à l'opinion publique.

L'ABBÉ DE LA MENNAIS.

1832 (1).

« Vous êtes à l'âge où l'on se décide; plus tard on
« subit le joug de la destinée qu'on s'est faite, on gé-
« mit dans le tombeau qu'on s'est creusé, sans pouvoir
« en soulever la pierre. *Ce qui s'use le plus vite en nous,
« c'est la volonté.* Sachez donc vouloir une fois, vouloir
« fortement; fixez votre vie flottante, et ne la laissez
« plus emporter à tous les souffles comme le brin
« d'herbe séchée. » Ce conseil donné quelque part à
une âme malade par le prêtre illustre dont nous avons

---

(1) Sans doute ce portrait, écrit il y a quelques années, ne paraîtra déjà plus ressembler à l'illustre modèle, et pour nous-même nous avouerons qu'il ne nous satisfait que très-imparfaitement. Serait-ce changement inopiné dans le modèle? n'était-ce pas plutôt illusion et précipitation dans le peintre? Quoi qu'il en soit, M. de La Mennais, à nos yeux, n'est plus l'homme qui se distinguait entre tous ceux du siècle par un caractère singulier d'autorité et de foi; il est beaucoup plus du siècle, beaucoup moins prêtre, et beaucoup plus *écrivain* et *poëte* que nous n'avions cru le voir. Mais si le trait principal que nous lui avions attribué s'est trouvé imaginaire, tant d'autres traits de vertu, d'ingénuité, de talent, nous paraissent et nous paraîtront toujours les mêmes dans cette respectable figure. Nous maintenons donc, ne serait-ce que comme point de comparaison, ce portrait qui a ressemblé un moment et dont bien des détails se vérifient encore. (Note de 1836.)

à nous occuper pourrait s'adresser à presque toutes les âmes en ce siècle où le spectacle le plus rare est assurément l'énergie morale de la volonté. Le XVIIIe siècle, lui, en avait une, et bien puissante, au milieu de ses incohérences; il la déploya dans des voies de révolte, il l'épuisa à des œuvres de destruction. Notre siècle, à nous, en débutant par la volonté gigantesque de l'homme dans lequel il s'identifia, semble avoir dépensé tout d'un coup sa faculté de vouloir, l'avoir usée dans ce premier excès de force matérielle, et depuis lors il ne l'a plus retrouvée. Son intelligence s'est élargie, sa science s'est accrue; il a étudié, appris, compris beaucoup de choses et de beaucoup de façons; mais il n'a plus osé ni pu ni *voulu* vouloir. Parmi les hommes qui se consacrent aux travaux de la pensée et dont les sciences morales et philosophiques sont le domaine, rien de plus difficile à rencontrer aujourd'hui qu'une volonté au sein d'une intelligence, une conviction, une *foi*. Ce sont des combinaisons infinies, des impartialités sans limites, de vagues et inconstants assemblages, c'est-à-dire, sauf la dispute du moment, une indifférence radicale. Ce sont, en les prenant au mieux, de vastes âmes déployées à tous les vents, mais sans une ancre quand elles s'arrêtent, sans boussole quand elles marchent. Cette excroissance démesurée de la faculté compréhensive constitue une véritable maladie de la volonté, et va jusqu'à la dépraver ou à l'abolir. Elle l'abolit dans le sein même de l'intelligence qui se glace en s'éclaircissant, qui s'efface, s'étale au delà des justes bornes, et n'a plus ainsi de centre lumineux, de puissance fixe et rayonnante. On veut comprendre sans croire, recevoir les idées ainsi que le ferait un miroir limpide, sans être déterminé pour cela, je ne dis pas à des actes, mais même à des conclusions. Les plus vifs, les plus passionnés tirent de cette succession mobile une sorte de plaisir passager, enivrant, qui réduit sur eux l'impression de chaque idée nouvelle au charme d'une sensation; ils s'éprennent et se détachent tour à tour, ils épousent presque un système nouveau comme Aristippe une courtisane, sachant qu'ils s'en lasseront bientôt : c'est une manière d'épicuréisme sensuel et raffiné de l'intelligence. On ne s'y livre pas d'abord de propos délibéré; on se dit qu'il faut tout connaître et qu'il sera toujours temps de choisir : mais, l'âge venant, cette vertu du choix, cette énergie de volonté qui, se confondant intimement avec la sensibilité, compose l'amour, et avec l'intelligence n'est autre chose que la foi, dépérit, s'épuise, et un matin, après la trop longue suite d'essais et de libertinage de jeunesse, elle a disparu de l'esprit comme du cœur. On dirait que la quantité de volonté vive, fluide et non réalisée jusque-là, n'étant plus tenue en suspension par la chaleur naturelle à l'âge et la fermentation ignée de la vie, se précipite et s'infiltre plus bas en s'égarant. Déchue en effet des régions supérieures où une prévoyance féconde ne l'a pas su fixer, la volonté trop souvent, dans sa dispersion vers cet âge, se met misérablement au service de mille passions, de mille caprices de vanité ou de volupté, de mille habitudes vicieuses, inaperçues longtemps, et qui se démasquent soudainement dans notre être avec une autorité acquise. On voit alors, spectacle douloureux! de vastes et hautes intelligences se souiller : l'amour des places, de l'or, de la table, des sens, les saisit ou se prolonge en elles. Le népotisme les envahit, l'intrigue les attire et les morcèle, la jalousie les ulcère; leur vœu secret et leur but habituel ne se peuvent plus avouer désormais sans honte. Chez les plus nobles, c'est encore l'amour de leur renommée qui domine, et on les voit en cheveux gris s'acharner juqu'au bout à cette guirlande puérile. Grands hommes à tant d'égards, ils ne sont plus des hommes dans le sens intime de l'antique sagesse; ils ne nous offrent plus des intelligences servies par des organes, mais des intelligences qui mentent à des organes qui les trahissent. Qu'ils sont rares ceux qui, dans l'ordre de la pensée, se fixent à temps et adhèrent sans réserve à la vérité reconnue par eux perpétuelle, universelle et sainte; qui, non contents de la reconnaître, s'y emploient tout entiers, y versent leurs facultés, leurs dons naturels : riches leur or, pauvres leur denier, passionnés leurs passions; orgueilleux s'y prosternent, voluptueux s'y sèvrent, nonchalants s'y aiguillonnent, artistes s'y disciplinent et s'y oublient; qui deviennent ici-bas une volonté humble et forte, croyante et active, aussi libre qu'il est possible dans nos entraves, une volonté animant de son unité souveraine la doctrine, les affections et les mœurs; véritables hommes selon l'esprit; sublimes et encourageants modèles!

Je sais qu'en parlant à dessein de celui des hommes de notre temps qui offre peut-être le plus magnifique exemple de cette union consubstantielle et sacrée de la volonté avec l'intelligence sous le sceau de la foi, de celui dont l'esprit et la pratique, toute la pensée et toute la vie, se sont si docilement soumises, si ardemment employées aux conséquences efficaces de doctrines en apparence délaissées, et aussi compromises qu'elles pouvaient l'être; — je sais que nous avons à nous garder nous-même de cette étude inféconde, et de cette admiration curieuse sans résultat, dont nous venons de signaler la plaie. La meilleure façon de donner à connaître de telles activités morales, ce n'est pas en effet de les interpréter ni de les peindre, c'est surtout d'acquiescer à l'ensemble des vérités qu'elles restaurent, et de rendre témoignage au principe fondamental dont elles se déclarent les simples organes. Mais ces sortes d'adhésions, pour être valables et sincères, ne doivent se manifester que dans leur temps, et, jusqu'à cet invincible éclat intérieur, on n'y saurait mettre en paroles trop de mesure, je dirai même trop de pudeur. Il y a, nous l'avons éprouvé, dans beaucoup d'esprits jeunes et ouverts, une facilité périlleuse à adopter, à professer prématurément des doctrines qu'on conçoit, qu'on aime, mais dont certaines parties laissent encore du trouble. C'est une aberration intellectuelle qui mène également, et par une pente rapide, à l'indifférence, une autre forme plus spécieuse qu'elle revêt, une autre injure au caractère sérieux et trois fois saint de la Vérité.

L'abbé de La Mennais, avec cette éloquente énergie de conviction qui ne s'est pas relâchée un seul instant depuis, apparut tout d'un coup au siècle en 1817, par son premier volume de l'*Essai sur l'Indifférence;* les deux ou trois écrits qu'il avait publiés auparavant l'avaient laissé à peu près inconnu. Une grande confusion, à cette époque, couvrait l'état réel des doctrines; l'émotion tumultueuse des partis pouvait donner le change sur le fond même de la société. M. de La Mennais ne s'y méprit pas : il pénétra plus avant, et, sous les haines politiques déchaînées, il vit indifférence religieuse dans la masse, indifférence dans le pouvoir, indifférence même dans toute cette portion considérable du clergé et du royalisme qui mettait le temporel en première ligne. Du milieu de cette immense langueur, de cette espèce d'atonie à nombreuses nuances, il séparait, en se l'exagérant, la *faction* philosophique issue du xviiie siècle, la *Révolution* antagoniste, selon lui, du Christianisme, et endoctrinant contre Dieu le peuple. En ceci, les suites l'ont bien prouvé, M. de La Mennais se trompait de plusieurs façons. Outre qu'il ne discernait pas alors le côté sensé, pur et légitime de l'opposition libérale, et lui faisait injure sur ce point, il lui faisait trop d'honneur sur un autre, en lui imputant une portée philosophique, une conception analogue à celle du dernier siècle; chez elle encore, il aurait pu apercevoir justement, même à travers les quolibets antijésuitiques (malheureusement utiles) du plus populaire de ses journaux (1), une nuance un peu crue, parfois un peu sale, une variété épaisse et grossière de l'indifférence. Quoi

---

(1) *Le Constitutionnel.*

qu'il en soit, cette indifférence du siècle se révéla comme fait capital à M. de La Mennais, et il résolut de la contrarier par toutes les faces, de secouer de terre sa lâcheté assoupie, de l'insulter dans l'arène, comme on fait au buffle stupide, de la toucher au flanc de la pointe de cette lance trempée au sang du Christ. C'était mieux présumer d'elle qu'elle ne méritait : le succès ne fut pas ce qu'il devait être. Il y eut pourtant une vive *sensation*, comme on dit, mais stérile chez la plupart, et le nom de M. de La Mennais est resté pour eux un épouvantail ou une énigme. Le clergé, du sein duquel il sortait, se laissa aller unanimement d'abord au sentiment de l'admiration; il eut l'air de comprendre; il salua, il exalta d'un long cri d'espérance son athlète et son vengeur. Tandis que pour cette tâche, en effet, M. de Bonald était trop purement métaphysicien, M. de Chateaubriand trop distrait et profane, M. de Maistre d'une lecture peu accessible et alors presque inconnu, voilà que s'élevait un théologien ardent, unissant la hauteur des vues au caractère pratique, écrivain, raisonneur et prêtre, empruntant à Port-Royal, aux gallicans et à Jean-Jacques les formes claires, droites et françaises de leur logique et de leur style, les emplissant par endroits d'une invective de missionnaire, catholique d'ailleurs en doctrine comme Du Perron et Bellarmin. Le surnom de *Bossuet nouveau* circula donc en un instant sur les lèvres du clergé. Au dehors ce fut surtout de l'étonnement; on n'admettait pas qu'un prêtre parlât sur ce ton aux puissances et qu'il se posât plus haut qu'elles avec cette audace d'aveu. Les uns le prenaient pour un converti effervescent qui voulait faire du bruit; les plus ingénieux et les plus subtils interprétaient son livre comme un retour fougueux après une jeunesse orageuse. Tel fut le premier effet. Mais lorsque, deux ans après, parut le tome second de l'*Indifférence,* et que l'auteur développa sa théorie de la certitude, puis les applications successives de cette théorie au paganisme, au mosaïsme et à l'Église, l'attention publique, détournée ailleurs, ne revint aucunement; sur ce terrain il n'y eut plus guère que le clergé, les théologiens gallicans et les personnes faites aux controverses philosophiques, qui le suivirent. Encore la masse scolastique du clergé et la coterie intrigante, ce qui tenait à la Sorbonne défunte ou à l'antichambre, se mit à s'effrayer, et, par intérêt ou routine, mitigea singulièrement ses précédents éloges, s'acheminant peu à peu à les rétracter. M. de La Mennais, abandonné à mesure qu'il avançait, dut conquérir en apôtre, un à un, et dans les rangs jeunes et obscurs, ses véritables disciples. Il en rencontrait plus aisément peut-être, et de mieux préparés, hors de France, chez les autres nations catholiques, où les mêmes petites embûches n'existaient pas. Quant aux philosophes qui s'inquiétaient des théories nouvelles, M. de La Mennais ne réussit qu'avec peine à conduire leur orgueil cartésien au delà de son second volume; ils se prêtèrent difficilement à rien entendre davantage : cette infaillible certitude, appuyée au témoignage universel, leur semblait une énormité trop inouïe. D'ailleurs le christianisme antérieur, qui s'en déduisait, renversait tous leurs préjugés sur le dogme catholique, dont, en effet, la plus large idée à nous, fils du siècle, nous était venue la veille par les conférences de Saint-Sulpice (1). Ils envisagèrent donc M. de La Mennais comme un novateur audacieux en religion, un hérétique sans le savoir; et, au point de vue philosophique, comme ruinant toute certitude individuelle sous prétexte de fonder celle du genre humain. Mais, au moins, ces personnes l'avaient étudié et l'appréciaient à beaucoup d'égards. Dans le reste du public distingué, faut-il le dire? on n'ignorait pas que l'auteur de l'*Indifférence* était un prêtre de talent, ultramontain. La plupart, et des plus spirituels (j'en ai entendu), se demandaient : « Croit-il réellement? Est-ce tactique ou conviction? » et dans leur bouche facile, habituée aux feintes, ce doute n'exprimait pas une trop violente injure. On était fait à le voir de l'opposition ; mais on le confondait avec l'extrême droite dévote, avec les légitimistes absolus, desquels, au contraire, son principe fondamental le séparait. Son beau livre des *Rapports de la Religion avec l'Ordre civil et politique,* celui des *Progrès de la Révolution,* ses *Lettres à l'Archevêque de Paris,* ne détrompaient qu'imparfaitement, parce qu'il n'y avait que les personnes déjà au fait de l'homme qui les lussent avec réflexion et avidité. Aussi, quand *l'Avenir* parut après Juillet, beaucoup d'honnêtes gens s'étonnèrent, comme d'une volte-face, de ce qui n'était que la conséquence naturelle d'une doctrine déjà manifeste, une évolution conforme aux circonstances

---

1) C'est-à-dire par M. Frayssinous.

nouvelles qu'avait dès longtemps prévues l'œil du génie.

M. de La Mennais n'est pas et n'a jamais été homme du jour; on peut même dire qu'il n'est pas homme de ce siècle, en mesurant le siècle au compas rétréci de nos habiles, qui en ont fait quelque chose qui contient, tantôt six mois, tantôt cinq ans, au plus quinze. Il vit, il a toujours vécu à la fois en deçà et au delà, enjambant dans l'intervalle ces taupinières. C'est un des esprits les plus avancés en même temps et les plus antiques, antique en certaines places, le dirai-je? jusqu'à sembler suranné avec charme, progressif jusqu'à devenir alors téméraire, si l'humilité ne le rappelait. Par sa naissance, par son éducation et sa première vie dans une province la plus fidèle de toutes à la tradition et à l'ordre ancien, par le genre de ses relations ecclésiastiques et royalistes dans le monde lorsqu'il s'y lança, par la nature de son scepticisme lorsqu'il fut atteint de ce mal, par la forme soumise et régulière de son retour à la foi, par tout ce qui constitue enfin les mœurs, l'habitude pratique, l'union de la personne et de la pensée, l'allure intérieure ou apparente, la qualité saine du langage et l'accent même de la voix (1), M. de La Mennais, à aucune époque, n'a trempé dans le siècle récent, ne s'y est fondu en aucun point; il a demeuré jusqu'en ses écarts sur des portions plus éloignées du centre et moins entamées; dans toute sa période de

---

(1) L'accent de M. de La Mennais est resté purement breton en certains endroits très-prononcés : il ne dit pas *secrète*, mais *segrète*, par exemple.

formation et de jeunesse pieuse ou rebelle, il a fait le grand tour, pour ainsi dire, de notre Babylone éphémère, et si plus tard il est entré dans l'enceinte, ç'a été avec un cri d'assaut, muni d'armes sacrées, se hâtant aux régions d'avenir et perçant ce qui s'offrait à l'encontre au fil de son inflexible esprit. Et qu'on ne dise pas qu'il doit mal connaître notre foyer actuel de civilisation, pour l'avoir traversé sur une ligne si droite, dans une irruption si rapide! Il l'avait conclu à l'avance, il l'avait déterminé du dehors, pour les points essentiels, avec cette géométrie transcendante d'une doctrine sainte aux mains du génie; il en avait induit les diversités d'erreurs et de vices avec les propres données de son cœur, moyennant cette double corruption qui se remue ici-bas en tout esprit et en toute chair, orgueil et volupté. Il n'eut donc qu'à vérifier d'un coup d'œil la cité du jour, et s'il perdit, en y marchant, quelques préjugés de détail, si très-souvent il eut à rabattre en ce sens qu'il lui avait attribué d'abord plus qu'elle n'avait, sa direction prescrite n'en fut pas déviée; il ne fit plutôt que s'affermir. Et certes, il la connaît mieux cette cité de transition qu'il a laissée en arrière, et qu'il ne voit aujourd'hui que comme un amas de tentes mal dressées, il la connaît mieux que nos myopes turbulents qui, logés dans quelque pli, s'y cramponnent et s'y agitent; qui, du sein des coteries intestines de leurs petits hôtels, s'imaginent qu'ils administrent ou qu'ils observent, savent le nom de chaque rue, l'étiquette de chaque coin, font chaque soir aux lumières une multitude de bruits contradictoires, et avec l'infinie quantité de leurs infiniment petits mouvements n'arriveront jamais à introduire la moindre résultante appréciable dans la loi des destinées sociales et humaines (1).

C'est en Bretagne, à Saint-Malo, au mois de juin 1782, que naquit, d'une famille d'armateurs et de négociants, Félicité-Robert de La Mennais : cette famille Robert venait d'être anoblie (sous Louis XVI, je crois) pour avoir nourri à grands frais la population dans une disette. Sa première enfance jusqu'à huit ans fut extrêmement vive et pétulante. Il mettait en émoi tous ses camarades du même âge par ses malices, ses saillies et ses jeux. Ses maîtres à l'école ne savaient comment le maintenir tranquille sur son banc, et on ne trouva un jour d'autre moyen que de lui attacher avec une corde à la ceinture un poids de tournebroche. Vers huit ou neuf ans, cette perpétuelle activité se tourna en entier du côté de l'étude, de la lecture et de la piété. Il commença de s'appliquer au latin, mais bientôt les événements de la Révolution le privèrent de maîtres; il était à peine capable de sixième; son frère, un peu plus avancé que lui, le guida pendant quelques mois et le mit presque tout de suite aux *Annales* de Tive-Live. Après quoi le jeune Félicité ou *Féli,* comme on disait par abréviation (2), livré à lui-même et altéré de savoir, lut, tra-

(1) « Oui, de petits mérites qui se promènent dans de grandes vanités, » me disait-il un jour en causant de ces hommes.

(2) Ses disciples entre eux l'appellent encore maintenant M. Féli. — (Voir au tome XXXIV, page 370, du *Correspondant,* recueil périodique, à la date du 25 juin 1854, un article intéressant sur ces premières années de M. de La Mennais.)

vailla sans relâche, et se forma seul. C'était à la campagne pendant les étés, chez un oncle qui avait une belle bibliothèque ; l'enfant s'y introduisait, enlevait les livres et les dévorait ; il ne se couchait qu'avec son volume. Pièces de théâtre, romans, histoire, voyages, philosophie et sciences, tout y passait, tout l'intéressait ; mais il goûtait les *Essais de Morale* de Nicole plus que le reste ; à dix ans, il avait lu Jean-Jacques, mais sans trop en rien conclure contre la religion. On voit d'où lui viennent les habitudes solides et anciennes de son style. Il s'essayait dès lors à de petites compositions, sur le *Bonheur de la Vie champêtre,* par exemple. Vers douze ans, il apprit le grec et parvint à le savoir assez bien sans autre secours que les livres, car il ne rentra plus jamais dans aucune école. Sa dévotion, malgré tant de lectures mélangées, continuait d'être pure et avait des accès de vivacité ; il allait souvent en secret adorer le Saint Sacrement dans des chapelles d'alentour. Mais, ayant été placé chez un curé du pays vers l'âge ordinaire de la première communion, les développements qu'il entendit éveillèrent sa contradiction sur quelques points ; l'amour-propre se mit en jeu ; les arguments philosophiques qu'il avait lus lui revenaient en mémoire. Déjà, plus jeune, il s'était amusé souvent, par pur instinct de controverse, à présenter des objections qu'il tirait de Rousseau ou même du *Dictionnaire philosophique,* et il voulait quelquefois qu'on lui répondît par écrit. Ceci devint plus sérieux alors ; sa première communion en fut retardée, et il ne la fit qu'après son entier retour à la foi, c'est-à-dire à vingt-deux ans environ. Pourtant, en 1796 ou 97, il envoyait au concours de je ne sais quelle académie de province un discours dans lequel il combattait avec beaucoup de chaleur la moderne philosophie, et qu'il terminait par un tableau animé de la Terreur. L'âge des emportements et des passions survint ; il le passa, à ce qu'il paraît, dans un état, non pas d'irréligion (ceci est essentiel à remarquer), mais de conviction rationnelle sans pratique. Le christianisme était devenu pour le bouillant jeune homme une opinion très-probable qu'il défendait dans le monde, qu'il produisait en conversation, mais qui ne gouvernait plus son cœur ni sa vie. Ce retour imparfait n'eut lieu toutefois qu'après un premier chaos et au sortir des doutes tumultueux qui avaient pour un temps prévalu. Quant à ce qui touche le genre d'émotions auquel dut échapper difficilement une âme si ardente, et ceux qui la connaissent peuvent ajouter si tendre, je dirai seulement que, sous le voile épais de pudeur et de silence qui recouvre aux yeux même de ses plus proches ces années ensevelies, on entreverrait de loin, en le voulant bien, de grandes douleurs, comme quelque chose d'unique et de profond, puis un malheur décisif, qui du même coup brisa cette âme et la rejeta dans la vive pratique chrétienne d'où elle n'est plus sortie. Toutes conjectures d'un ordre inférieur doivent tomber comme grossières et dénuées de fondement (1).

(1) Il serait même possible que notre soupçon sur une passion unique et profonde qu'il aurait ressentie fût excessif et au delà du vrai. On s'expliquerait peut-être encore mieux par cette absence d'emploi en son temps la jeunesse perpétuellement recrudescente

Pour ceux qui cherchent dans les moindres détails des traits de caractère, ajoutons que M. de La Mennais, quand il était dans le monde, avait une passion extrême pour faire des armes, et qu'il donnait souvent à l'escrime des journées entières : ce sera un symbole de polémique future, si l'on veut. On dit même qu'un duel qu'il fut près d'avoir (ou qu'il eut) eut une grande influence sur sa conversion. De plus, il nageait avec excès et jusqu'à l'épuisement, ainsi que Byron ; il aimait les violentes courses à cheval dans le goût d'Alfieri, de même qu'aux champs il grimpait à l'arbre comme un écureuil. Plus enfant, m'a-t-on dit, à Saint-Malo, dans sa petite chambre haute (contraste charmant de goûts qui le peint d'avance), il avait aimé à faire de la dentelle. Dans le temps qu'il demeurait à Saint-Malo, chez sa sœur, il lisait beaucoup toutes sortes de livres, des romans en quantité, et puis on en causait comme en un bureau d'esprit avec passion ; il y mêlait une gaieté très-active. Entre son retour complet à la religion et la tonsure, entre la tonsure et son entrée définitive dans les ordres, plusieurs années se passèrent pour M. de La Mennais ; il ne fut tonsuré en effet qu'en 1809, et ordonné prêtre qu'en 1816. Dès 1807, nous voyons paraître de lui une traduction exquise du *Guide spirituel,* petit livre ascétique du bienheureux Louis de Blois (1) ; la préface, aussi parfaite de style que tout ce que l'auteur

---

de son âme, ses naïves et fougueuses échappées dans les choses, n'ayant pas été attendri ni réduit dans l'âge par l'humaine passion.

(1) Quérard met cette publication en 1809. Mes notes ont pu me tromper.

a écrit plus tard, respire un parfum de grâce céleste, une ravissante fraîcheur de spiritualité. Les *Réflexions sur l'État de l'Église,* qui furent imprimées un an après, en 1808, mais que la police de Bonaparte (1) arrêta aussitôt, appartiennent au contraire à la lutte hardie de l'apôtre avec le siècle, et en sont comme le premier défi. M. de La Mennais s'y élève déjà contre l'indifférence glacée qui ne prend plus même à la religion assez d'intérêt pour la combattre : « Aujourd'hui, » dit-il, « il en est des vérités les plus importantes comme « de ces bruits de ville, dont on ne daigne même pas « s'informer. » C'est au matérialisme philosophique qu'il rapporte particulièrement ces effets, et il en poursuit la source chez *M. de Voltaire,* chez *M. de Condillac* et jusque chez *M. Locke.* Le style s'y montre en beaucoup d'endroits ce qu'il sera plus tard ; mais les idées théoriques, trop peu dégagées, ne le soutiennent pas encore ; il y a excès de crudité dans les formes. L'auteur, dès ce temps, n'espère rien que d'un nouveau clergé ; il propose des synodes provinciaux, des conférences fréquentes, de libres communautés entre les prêtres de chaque paroisse, en un mot l'association sous diverses formes et tous les moyens de renaissance. La réforme pratique que le prêtre Bourdoise opéra dans les mœurs de son Ordre, après les désastres de la Ligue,

(1) Dans cette première édition cependant, M. de La Mennais avait, assure-t-on, risqué un éloge fort enthousiaste de Bonaparte : cet enthousiasme, que partagèrent au début bien des membres du clergé et des auteurs de la réaction religieuse, n'aurait rien qui pût surprendre et serait même un trait de plus bien d'accord avec la physionomie entière de cette âme empressée.

excite son émulation; il se croirait heureux, après des désastres pareils, d'en provoquer une du même genre et d'en inspirer le besoin : « O Bourdoise, s'écrie-t-il, « où êtes-vous? » La *Tradition de l'Église sur l'Institution des Évêques,* publiée en 1814, aux premiers jours de la Restauration, avait été commencée, dès 1809, au petit séminaire de Saint-Malo, où M. de La Mennais était entré en prenant la tonsure. Il y enseignait les mathématiques, et c'est à ses heures de loisir, sur les cahiers de son frère, fondateur et supérieur du séminaire, qu'il rédigeait cet ouvrage de théologie; il l'avait depuis achevé, de concert avec lui, dans la solitude de La Chênaie. Il n'en fut donc pas le seul, l'essentiel auteur, et on peut expliquer ainsi, s'il en est besoin, l'espèce de contradiction, d'ailleurs fort légère, qu'on s'est plu à faire remarquer entre certaines opinions énoncées par lui dans la suite, et un ou deux passages du discours préliminaire de ce livre. Dès cette époque, ses principes étaient fermement assis sur les questions vitales de liberté. Il écrivait à un ami, au sujet d'un des premiers mensonges de la Restauration (1) : « Je viens de lire le projet « de loi *napoléonienne* sur la liberté de la presse; cela « passe tout ce qu'on a jamais vu. Buonaparte oppri- « mait la pensée par des mesures de police arbitraires, « mais une sorte de pudeur l'empêcha toujours de

(1) Cette lettre, qu'on retrouve dans les *OEuvres inédites* de La Mennais, publiées par M. Blaize (1866), est adressée, à la date du 7 juillet 1814, à l'abbé Jean, qui m'avait lui-même, dans le temps, communiqué cet extrait ainsi que des notes pour mon article.

« transformer en ordre légal le système de tyrannie
« qu'il avait adopté. Voyons ce qui en résulte pour moi.
« Premièrement Girard (*l'imprimeur*) sera obligé de
« déclarer qu'il se propose d'imprimer un livre sur
« l'institution des évêques, lequel formera tant de
« feuilles d'impression. 2° L'impression finie, et avant
« de commencer la vente, il faudra qu'il remette un
« exemplaire au directeur de la librairie. 3° Le premier
« venu, Tabaraud par exemple, peut former plainte
« devant un tribunal, et déférer le livre comme un
« *libelle diffamatoire,* auquel cas l'édition sera saisie
« en attendant jugement. Il n'est pas même bien clair
« que la saisie ne puisse pas avoir lieu, malgré le pri-
« vilége de nos soixante-six feuilles, sous le prétexte
« que je remue des questions qui peuvent troubler la
« *tranquillité publique.* Ce serait bien pis, si je n'avais
« qu'un petit pamphlet de quatre cent quatre-vingts
« pages in-8°; il n'y aurait pas moyen de se tirer d'af-
« faire. Heureux celui qui vit de ses revenus, qui n'é-
« prouve d'autre besoin que celui de digérer et de dor-
« mir, et savoure toute vérité dans le pâté de Reims
« que nul n'oserait censurer en sa présence! J'ai bien
« peur que l'heureuse révolution ne se borne à l'é-
« change d'un despotisme fort contre un despotisme
« faible. Si mes craintes se réalisent, mon parti est
« pris, et je quitte la France en secouant la poussière
« de mes pieds. » Le lendemain, il écrivait encore au
même : « Je regrette bien de ne pouvoir savoir, avant
« de partir, ce que tu penses du projet, qui me paraît
« renfermer la plus vexatoire, la plus sotte, la plus

« impolitique et la plus odieuse de toutes les lois. N'as-
« tu pas admiré dans le discours de M. de Montesquiou
« comme quoi les Français ont trop d'esprit pour avoir
« besoin de dire ce qu'ils pensent? Quelle ineptie et
« quelle impudence ! »

En 1815, pendant les Cent-Jours, M. de La Mennais se réfugia en Angleterre. Jusqu'à l'âge de vingt-sept ans, il n'avait jamais voyagé, sauf quelques semaines qu'il passa à Paris, vers l'âge de quinze ans ; il y avait fait de plus longs séjours dans les dernières années. Parti pour l'Angleterre au dépourvu, il y manqua de ressources, et, sans l'aide de l'abbé Carron, également réfugié, avec lequel il lia connaissance, il n'aurait pu réussir à entrer comme maître d'étude dans une institution où il se présenta.

C'en est assez, je pense, pour bien marquer le point de départ et la continuité toute logique de la carrière chrétienne de M. de La Mennais, pour expliquer en lui certaines préoccupations qui choquent et le peu de ménagement de quelques sorties. Il n'a jamais vécu en effet de cette vie qui fut la nôtre, de cette atmosphère habituelle de philosophie et de révolution où plongea le siècle. Jamais la lecture de Diderot ne le mit en larmes et ne se lia dans sa jeune tête avec des rêves de vertu ; jamais les préceptes de d'Alembert sur la bienfaisance ne remplacèrent pour son cœur avide de charité l'Épître divine de saint Paul ; Brissot, Roland, les Girondins, ne lui parlèrent à aucune époque comme des frères aînés et des martyrs. Ses passions profanes eurent sans doute elles-mêmes un caractère d'autrefois; il les combattit, il les balança longtemps, il les cicatrisa enfin par des croyances. Prêtre après des années d'épreuves et d'acheminement, son fameux *Essai sur l'Indifférence,* qui fit l'effet au monde d'une brusque explosion, ne fut pour lui qu'un épanchemeut nourri, retardé et nécessaire. L'auteur s'y place sans concessions, et aussi haut que possible, au point de vue unique de l'autorité et de la foi : c'était en effet par où il fallait ouvrir la restauration catholique. Au milieu d'imperfections nombreuses, et dont M. de La Mennais est le premier à convenir aujourd'hui, telles que des jugements trop acerbes, d'impraticables conseils de subordination spirituelle de l'État à l'Église, et une érudition incomplète, quoique bien vaste, et arriérée ou sans critique en quelques parties, ce grand ouvrage constitue la base monumentale, le corps résistant d'où s'élèveront et s'élèvent déjà les travaux plus avancés de la science chrétienne. Tout ce qui est de l'ordre purement théologique et moral y présente une texture de vérité absolue, une immuable consistance qui ne vieillira pas. Cette fameuse théorie de la certitude contre laquelle on s'est tant récrié, et que nous n'avons pas la prétention d'approfondir ici, n'a rien de choquant que pour l'orgueil, si on la considère sincèrement et qu'on la sépare de quelques hardiesses tranchantes qui n'y sont pas essentielles. M. de La Mennais ne nie pas la raison de l'individu et la certitude relative des sensations, du sentiment et des connaissances qui s'y rapportent. Il ne dit pas le moins du monde, comme le suppose l'auteur d'ailleurs si impartial et si sagace d'une Histoire de la

philosophie française contemporaine (1) : « Voilà des per-
« sonnes dignes de foi, croyez-les ; cependant n'oubliez
« pas que ni vous ni ces personnes n'avez la faculté de
« savoir certainement quoi que ce soit. » Mais il dit :
« En vous isolant comme Descartes l'a voulu faire, en
« vous dépouillant, par une supposition chimérique, de
« toutes vos connaissances acquises pour les recon-
« struire ensuite plus certainement à l'aide d'un reploie-
« ment solitaire sur vous-même, vous vous abusez ;
« vous vous privez de légitimes et naturels secours ;
« vous rompez avec la société dont vous êtes membre,
« avec la tradition dont vous êtes nourri ; vous voulez
« éluder l'acte de foi qui se retrouve invinciblement à
« l'origine de la plus simple pensée, vous demandez à
« votre raison sa propre raison qu'elle ne sait pas ; vous
« lui demandez de se démontrer elle-même à elle-
« même, tandis qu'il ne s'agirait que d'y croire préala-
« blement, de la laisser jouer en liberté, de l'appliquer
« avec toutes ses ressources et son expansion native aux
« vérités qui la sollicitent, et dans lesquelles, bon gré,
« mal gré, elle s'inquiète, pour s'y appuyer, du témoi-
« gnage des autres, de telle sorte qu'il n'y a de véri-
« table repos pour elle et de certitude suprême que
« orsque sa propre opinion s'est unie au sentiment
« universel. » Or, ce sentiment universel, en dehors
duquel il n'y a de tout à fait logique que le pyrrho-
nisme, et de sensé que l'empirisme, existe-t-il, et que
dit-il ? Est-il saisissable et manifeste ? Commença-t-il

---

(1) M. Damiron.

avec le commencement? s'est-il perpétué dans les âges, et savons-nous où l'interroger aujourd'hui? Ce sont des questions immenses dans lesquelles M. de La Mennais procède par voie d'information historique et de témoignage. Les temps antérieurs à Moïse et les formes nombreuses de la gentilité, la révélation spéciale du législateur hébreu, la révélation sans limite de Jésus et l'Église romaine qui en est la permanente dépositaire, se déroulent tour à tour devant lui et composent les pièces principales de ce merveilleux enseignement : tout le programme de la future science catholique est là. M. de La Mennais n'a fait qu'en ébaucher vigoureusement les grandes masses, et, comme ce n'est pas une perfection apparente qu'il cherche, il y a des côtés de ce beau livre qu'il n'achèvera jamais. D'autres le feront; l'Orient pour cela, l'époque pélasgique et le haut paganisme sont à mieux connaître. Mais ce qu'il y a d'incomplet dans l'exposition de l'auteur, ce qu'il y aura toujours d'inconnu dans la science historique future, n'est pas un motif, on le sent, pour que l'adhésion individuelle demeure indéfiniment suspendue. Car ce n'est pas avec une raison lucide seulement qu'il convient de se livrer à cette investigation, trop variable selon les lumières; c'est avec des qualités religieuses de l'esprit et du cœur, qui soutiennent dans le chemin, le devinent aux places douteuses, et en dispensent là où il ne conduit plus. Dieu aidant, il n'est pas indispensable d'avoir marché jusqu'au bout pour être arrivé, et même on ne mériterait pas d'arriver du tout si, après un certain terme, on avait besoin de marcher toujours.

Le style de l'*Essai sur l'Indifférence,* qui s'est épuré, affermi encore, s'il se peut, dans les deux écrits subséquents de l'auteur (*la Religion considérée dans ses rapports,* etc., et les *Progrès de la Révolution*), possède au plus haut degré la beauté propre, je dirai presque la vertu inhérente au sujet; grave et nerveux, régulier et véhément, sans fausse parure ni grâce mondaine; style sérieux, convaincu, pressant, s'oubliant lui-même, qui n'obéit qu'à la pensée, y mesure paroles et couleurs, ne retentit que de l'enchaînement de son objet, ne reluit que d'une chaleur intérieure et sans cesse active. Il y a nombre de chapitres qui nous semblent l'idéal de la beauté théologique telle qu'elle resplendit en plusieurs pages de la *Cité de Dieu* ou de l'*Histoire universelle,* mais ici plus frugale en goût que chez saint Augustin, plus enhardie en doctrine que chez Bossuet, et aussi, il faut le dire, moins souverainement assise que chez l'un, moins prodigieusement ingénieuse que chez l'autre. Quant à ceux qui répètent que le style de M. de La Mennais manque d'onction, ils n'ont pas prononcé avec lui ces belles, ces humbles prières dont il interrompt par instants et confirme sa recherche ardente; ils n'ont pas tenu compte de cette intime connaissance morale qui, sous l'austérité du précepte ou du blâme, décèle encore la tendresse secrète d'un cœur.

En étudiant la politique de M. de La Mennais, M. Ballanche a remarqué qu'elle donne la clef de celle de Fénelon, et qu'elle explique, qu'elle justifie par un développement logique évident cet ultramontanisme vaguement défini, à la fois si libéral à la Cour de France et si difficilement agréé à celle de Rome. C'est un rapport de plus de M. de La Mennais avec Fénelon. Tous les deux, hommes d'avenir, prêtres selon l'esprit, sentant à leur face le souffle nouveau du catholicisme, ils ont, conformément à l'ordre de leur venue et à la tournure particulière de leur génie, exprimé diversement les mêmes vœux, les mêmes remontrances touchant la conduite temporelle des peuples. Si M. de La Mennais explique et précise Fénelon, s'il est en ce moment l'aurore manifeste, bien que laborieuse, du jour dont Fénelon était comme l'aube blanchissante, Fénelon aussi, par ses signes précurseurs et la bienfaisance de son étoile catholique sous le despotisme de Louis XIV, garantit, absout, recommande à l'avance M. de La Mennais, et doit disposer les plus soupçonneux à le dignement comprendre. Sous la Restauration comme sous Louis XIV, le dogme politique en vogue, la prétention formelle des gouvernants était la légitimité, c'est-à-dire l'inamissibilité du pouvoir en vertu de certains droits de naissance, et nonobstant toute manière d'user ou d'abuser. Cette doctrine servile, vraiment idolâtre et charnelle, avait pris corps à partir du protestantisme, anglicane avec Henri VIII et Jacques Ier, gallicane avec Louis XIV, et elle avait engendré collatéralement le dogme de la souveraineté du peuple, qui n'est qu'une réponse utile à coups de force positive et de majorité numérique. Dans le moyen âge, il n'en allait pas ainsi : la puissance spirituelle régnait; les princes, fils de l'Église, tuteurs au temporel, administraient les peuples robustes, encore en enfance; s'ils faisaient sentir trop pesamment le sceptre, au cri que poussaient les peuples le Saint-Siége s'émouvait et portait sentence. Mais au moment où commença de se prononcer l'émancipation des peuples, le Saint-Siége devint inhabile, les princes et les sujets se montrèrent récalcitrants; ces derniers s'entendirent pour ne plus recourir à l'autre, sauf à vider bientôt leurs différends réciproques sans arbitre et dans un duel irréconciliable. Tout cela se fit par degrés, selon les temps et les pays; il y eut chez nous une ère transitoire qui eut sa splendeur sous Louis XIV, sa mourante lueur sous la Restauration, et durant laquelle, tout en reconnaissant la puissance spirituelle, en lui rendant hommage en mille points, en se signant *ses fils aînés,* on se posa en face d'elle comme pouvoir indépendant, à jamais légitime de père en fils sur la terre. La plupart des théologiens prêtèrent leurs subtilités à ce système bâtard; quelques autres par ressouvenir du passé, deux ou trois par sentiment d'avenir, s'élevèrent pour le combattre : tels Fénelon et M. de La Mennais. Je m'attache à celui-ci. La difficulté pour lui était grande : il comprit assez vite, dans son essor progressif, qu'après une révolution comme la nôtre l'émancipation des peuples était signifiée hautement, et que la paternité tutélaire des Boniface VIII et des Grégoire VII ne pouvait se rétablir, même en supposant acquise la docilité des rois. Il sentit que, dans l'âge futur régénéré, l'union de l'ordre de justice et de vérité avec l'ordre matériel n'aurait plus lieu que par un mode libre et nouveau, convenable à la virilité des peuples; il avait hâte d'ailleurs de voir tomber ces liens adultères qui, enchaînant un timide ou cupide clergé à un pouvoir enivré de lui-même, retardaient l'éducation spirituelle si arriérée et le ravivement du christianisme. Mais ayant en face de lui un pouvoir temporel qui se disait à tout propos très-chrétien, et un parti libéral, révolutionnaire, à qui il supposait au contraire des intentions très-antichrétiennes, il n'eut d'autre marche à suivre que d'opposer d'un côté aux champions de la souveraineté du peuple *quand même* la souveraineté de l'ordre d'esprit et de justice, et, d'un autre côté, de parler aux défenseurs soi-disant chrétiens de l'obéissance passive le langage catholique sur l'amissibilité des pouvoirs et la suprématie d'une seule loi. Mais, on le sent, la position restait toujours un peu fausse : s'il était victorieux séparément contre les légitimistes purs et les purs disciples du Contrat social, on avait droit de lui demander, à lui, où il plaçait le siége de cette loi suprême, et comme c'était à Rome, on pouvait lui demander encore par quel mode efficace il la faisait intervenir dans le temporel; car alors elle intervenait nécessairement, le roi de France étant le fils aîné de l'Église et la confusion des deux ordres s'accroissant de jour en jour par les efforts de sa piété égarée. M. de La Mennais ne prétendait certes pas que le temps des dépositions de rois dût revenir, et s'il citait la bulle de Boniface VIII, c'était comme *memento* du dogme à des absolutistes qui se disaient chrétiens; toujours y avait-il en ceci quelque difficulté à embrasser, je ne dis pas la droiture, mais le fond et le but de sa tendance politique. La révolution de Juillet, en brisant,

du moins en droit, le système insoluble de la Restauration, a permis à M. de La Mennais de se produire enfin politiquement dans une pleine lumière : après sa mémorable série dans *l'Avenir* sur la réorganisation catholique et sociale, il n'est plus possible à un lecteur de sens et de bonne foi de garder l'ombre d'un doute aujourd'hui. Je trouve dans son livre des *Progrès de la Révolution* ces lignes écrites en 1829, et dont il est piquant de se souvenir : « Les ministres, depuis quatorze
« ans, n'ont eu à tâche que de fixer ce qui existait,
« quel qu'il fût, en résistant aux exigences des libéraux
« et des royalistes. Un *statu quo* universel a été toute
« leur politique. Ils semblent avoir ignoré que le monde
« aujourd'hui est travaillé de l'insurmontable besoin
« d'un ordre nouveau qu'il s'efforce de réaliser sans
« le connaître ; qu'on n'arrête point le mouvement
« progressif de la société, qu'on le dirige tout au plus,
« et que dès lors il faut, sous peine de mort, que le
« Gouvernement se décide entre les principes qui s'ex-
« cluent. Les systèmes mitoyens n'ont d'autre effet que
« de tourner contre lui tout ce qui dans l'État est doué
« de quelque action... Trouverait-on, quelle que soit
« d'ailleurs la nature de ses opinions, un homme, un
« seul homme qui veuille ce qui est, et ne veuille que
« ce qui est? Jamais au contraire on n'aspira avec une
« si vive ardeur à un nouvel ordre de choses : tout le
« monde l'appelle, c'est-à-dire appelle, sans se l'avouer
« et s'en rendre compte, une révolution... Oui, elle
« viendra, parce qu'il faut que les peuples soient tout
« ensemble instruits et châtiés ; parce qu'elle est indis-

« pensable, selon les lois générales de la Providence,
« pour préparer une vraie régénération sociale. La
« France n'en sera pas l'unique théâtre; elle s'étendra
« partout où domine le libéralisme, soit comme doc-
« trine, soit comme sentiment, et sous cette dernière
« forme il est universel. Mais, après la crise dont nous
« approchons, on ne remontera pas immédiatement à
« l'état chrétien : le despotisme et l'anarchie continue-
« ront longtemps encore de se disputer l'empire, et la
« société restera soumise à l'influence de ces deux forces
« également aveugles, également funestes, jusqu'à ce
« que d'une part elles aient achevé la destruction de
« tout ce que le temps, les passions, l'erreur, ont altéré
« au point de n'être plus qu'un obstacle au renouvelle-
« ment nécessaire; et, de l'autre, que les vérités d'où
« dépend le salut du monde aient pénétré dans les es-
« prits et disposé toutes choses pour la fin voulue de
« Dieu. »

Vers le même temps où l'esprit de M. de La Mennais acceptait si largement l'union du catholicisme avec l'État par la liberté, il tendait aussi à se déployer dans l'ordre de science et à le remettre en harmonie avec la foi. Pendant les intervalles de la controverse vigoureuse à laquelle on l'aurait cru tout employé, serein et libre, retiré de ce monde politique actif où *le Conservateur* l'avait vu un instant mêlé et d'où tant d'intrigues hideuses l'avaient fait fuir, entouré de quelques pieux disciples, sous les chênes druidiques de La Chênaie, seul débris d'une fortune en ruine, il composait les premières parties d'un grand ouvrage de philosophie religieuse qui n'est pas fini, mais qui promet d'embrasser par une méthode toute rationnelle l'ordre entier des connaissances humaines, à partir de la plus simple notion de l'être : le but dernier de l'auteur, dans cette conception encyclopédique, est de rejoindre d'aussi près que possible les vérités primordiales d'ailleurs imposées, et de prouver à l'orgueilleuse raison elle-même qu'en poussant avec ses seules ressources elle n'a rien de mieux à faire que d'y aboutir. La logique la plus exacte, jointe à un fond d'orthodoxie rigoureuse, s'y fraye une place entre Saint-Martin et Baader. Nous avons été assez favorisé pour entendre, durant plusieurs jours de suite, les premiers développements de cette forte recherche : ce n'était pas à La Chênaie, mais plus récemment à Juilly, dans une de ces anciennes chambres d'oratoriens où bien des hôtes s'étaient assis sans doute depuis Malebranche jusqu'à Fouché : je ne me souvenais que de Malebranche. Pendant que lisait l'auteur, bien souvent distrait des paroles, n'écoutant que sa voix, occupé à son accent insolite et à sa face qui s'éclairait du dedans, j'ai subi sur l'intimité de son être des révélations d'âme à âme qui m'ont fait voir clair en une bien pure essence. Si quelques enchaînements du livre m'ont ainsi échappé, j'y ai gagné d'emporter avec moi le plus vif de l'homme (1).

(1) Un des traits les plus remarquables de l'esprit de M. de La Mennais, et ce qui en fait véritablement un aigle d'intelligence (quoique cet aigle eût besoin quelquefois de son saint Jean pour le ramener et le conduire), c'est la faculté qu'il a, à tout instant,

Entre les disciples les plus chers de M. de La Mennais, il en est deux surtout dont la destinée se lie à la sienne, et qu'on ne peut s'empêcher de nommer à côté de lui. Tous les deux en effet complètent, couronnent leur illustre maître, et, par une sorte de dédoublement heureux, nous présentent chacun une de ses moitiés agrandie et plus en lumière. L'abbé Gerbet a la logique aussi certaine, mais moins armée d'armes étrangères, une lucidité posée et réfléchie, persuasive avec onction et rayonnante d'un doux amour : l'abbé Lacordaire exprime plutôt le côté oratoire militant avec de la nouveauté et du jeune éclat; il a l'hymne sonore toujours prêt à s'élancer de sa lèvre, et la parole étincelante comme le glaive du lévite.

L'imagination de l'abbé de La Mennais est restée ardente jusqu'à quarante ans : il eût aimé s'en laisser conduire dans le choix et la forme de ses écrits. Le genre du roman s'est offert à lui maintes fois avec un inconcevable attrait. Son vœu à l'origine, son faible secret ne fut autre, assure-t-il, que celui des poëtes, une solitude profonde, un loisir semé de fantaisie comme

---

d'entrer avec impétuosité, puissance, intérêt, et pour des heures entières, dans n'importe quel sujet élevé, métaphysique, mathématiques, musique, etc., etc.; et là, sans parler des hommes ni des livres, mais ne s'adonnant qu'aux seules idées, d'en produire, d'en susciter de fortes, de justes, de charmantes, d'originales, capables d'édifier et d'étonner ceux même qui ont fait de la question soulevée leur sujet d'étude le plus habituel; — et tout cela d'ordinaire, en se promenant de long en large d'un pas rapide, et en marquant, pendant les longs monologues, une agitation sans pareille des membres (*trepidatio*).

l'ont imaginé Horace et Montaigne, ou encore le vague des passions indéfinies, ou l'entretien mélancolique des souvenirs. Il y eut un temps de sa vie où il chérissait la rêverie et la fuite du monde, au point de sauter par-dessus un mur à la campagne pour ne pas rencontrer un domestique de la maison qui venait par le sentier ordinaire. Mais l'action lui parut un devoir, il se l'imposa, et il attribue à l'effort violent qu'elle exige de lui l'espèce d'irritation, d'emportement involontaire, qu'on a remarqué en plusieurs endroits de ses ouvrages, et qu'il est le premier à reconnaître avec candeur. Pour plus de garantie contre le relâchement et par une sorte de sainte inquiétude, il s'est voué à un exercice infatigable dans la rude voie où la Grâce l'a glorifié; c'est un trappiste de l'intelligence : l'application opiniâtre de la pensée catholique aux diverses portions du domaine scientifique et social, tel est le champ qu'il laboure chaque matin dès avant l'aurore. Ainsi les inclinations flatteuses et les langueurs si chères s'en sont allées dans un perpétuel sacrifice. Il reste pourtant des saisons et des heures où revient sur les cœurs mortels un souffle inexprimable du passé qui fait crier les cicatrices et menace de les rompre. Nulle ressource, même pour le fort, n'est de trop en de tels moments; ce qu'il y a de plus haut et ce qu'il y a de plus humble : composer la Théodicée et lire son bréviaire. — M. de La Mennais n'a rien écrit en fait de pure imagination ou de poésie que de petits fragments, des espèces d'Hymnes ou de Proses, qui sommeillent dans ses papiers. L'un de ces morceaux est, je crois, sur la

Lune. En voici un autre qu'il composa durant une insomnie la veille de la Toussaint : nous ne pouvons mieux finir.

« LES MORTS.

« Ils ont aussi passé sur cette terre, ils ont descendu le fleuve du Temps; on entendit leurs voix sur ses bords, et puis l'on n'entendit plus rien. Où sont-ils? qui nous le dira? *Heureux les morts qui meurent dans le Seigneur!*

« Pendant qu'ils passaient, mille ombres vaines se présentèrent à leurs regards : le monde que le Christ a maudit leur montra ses grandeurs, ses richesses, ses voluptés; ils les virent, et soudain ils ne virent plus que l'éternité. Où sont-ils? qui nous le dira? *Heureux, etc., etc.*

« Semblable à un rayon d'en haut, une Croix dans le lointain apparaissait pour guider leur course, mais tous ne la regardaient pas! Où sont-ils? etc., etc.

« Il y en avait qui disaient : « Qu'est-ce que ces flots « qui nous emportent? Y a-t-il quelque chose après ce « voyage rapide? Nous ne le savons pas, nul ne le sait. » Et, comme ils disaient cela, les rives s'évanouissaient. Où sont-ils? qui nous le dira? *Heureux, etc., etc.*

« Il y en avait aussi qui semblaient, dans un recueillement profond, écouter une parole secrète, et puis, l'œil fixé sur le couchant, tout à coup ils chantaient une aurore invisible et un jour qui ne finit jamais. Où sont-ils? etc., etc.

« Entraînés pêle-mêle, jeunes, vieux, tous disparaissaient, tels que le vaisseau que chasse la tempête; on compterait plutôt les sables de la mer que le nombre de ceux qui se hâtaient de passer. Où sont-ils? etc., etc.

« Ceux qui les virent ont raconté qu'une grande tristesse était dans leur cœur; l'angoisse soulevait leur poitrine, et comme fatigués du travail de vivre (1), levant les yeux au ciel, ils pleuraient. Où sont-ils? etc., etc.

« Des lieux inconnus où le fleuve se perd, deux voix s'élèvent incessamment.

« L'une dit : « *Du fond de l'abîme, j'ai crié vers vous,*
« *Seigneur; Seigneur, écoutez mes gémissements, prêtez*
« *l'oreille à ma prière. Si vous scrutez nos iniquités,*
« *qui soutiendra vos regards? Mais près de vous est la*
« *miséricorde et une rédemption immense!* »

« Et l'autre : « *Nous vous louons, ô Dieu! nous vous*
« *bénissons : Saint, Saint, Saint, le Seigneur Dieu des*
« *armées! la terre et les cieux sont remplis de votre*
« *gloire!* »

« Et nous aussi, bientôt nous irons là d'où partent ces plaintes ou ces chants de triomphe. Où serons-nous? qui nous le dira? *Heureux les morts qui meurent dans le Seigneur!*

« Février 1832. »

---

(1) Les Anciens, dans leur langue voisine des choses, disaient pour désigner les morts, οἱ καμόντες, *les fatigués.*

L'ABBÉ DE LA MENNAIS.
1834.

— Paroles d'un Croyant (1). —

Un jour Nicole, fatigué des tracasseries et des luttes, invitait avec sa douceur ordinaire le grand Arnauld à déposer la plume ; et celui-ci lui répondait vivement : « N'avons-nous pas l'éternité pour nous reposer ? » C'est ce que répondrait aussi à un semblable conseil l'ardent et vertueux prêtre qui lance en ce moment un nouveau manifeste de ralliement et de foi, qui pousse, après un silence pénible, un nouveau cri de guerre et d'espérance. Il y a un an environ, abreuvé de tous les dégoûts,

(1) Dans la réimpression de 1836 on lisait cette note que nous reproduisons : « Depuis que nous avons tracé le précédent portrait de M. de La Mennais, de sensibles changements se sont manifestés dans le caractère et la position de l'illustre écrivain. Nous avons tâché de le suivre, en l'admirant hautement, aussi loin qu'il nous a été possible. Le fait même de la publication des *Paroles d'un Croyant* ne nous semblait pas détruire le rôle de prêtre à la fois catholique et populaire qu'avait revêtu l'abbé de La Mennais. On peut voir, mêlée à l'éloge du livre, l'interprétation que nous en donnions et qui, sous cette forme même d'éloge, pouvait être en partie une humble insinuation adressée à l'auteur. C'est

renonçant par convenance et soumission au journal dont il avait cru l'action salutaire, voyant se disperser et se détacher même entièrement de lui des disciples si regrettables, il se mit, un matin d'été à la campagne, à vouloir déposer quelque part, pour lui seul, sa secrète pensée, son jugement amer sur le présent, son vœu et son coup d'œil d'apôtre touchant l'avenir. Il choisit pour cela une manière d'hymne et de poésie, comme étant la plus harmonieuse et la plus consolante ; il écrivit dans une prose rhythmique, dans des versets semblables à ceux de la Bible, et sous des formes tantôt directes et tantôt de paraboles, les inspirations de sa prophétie. Ce fut l'affaire d'une semaine à travers les bois et le long des haies de La Chênaie. Un de ces chapitres ou plutôt une de ces *proses* composée, il rentrait l'écrire, et puis il sortait de nouveau, murmurant déjà la suivante. Il appela ce volume de prédilection : *Paroles d'un Croyant,* et, ayant ainsi achevé sa

depuis cette publication, en acceptant purement et simplement les conséquences démocratiques de la popularité conquise, que l'Illustre écrivain nous paraît plutôt avoir compromis à quelque degré l'unité et l'autorité de sa vie. Mais le nouveau silence dans lequel il est entré, et que nous respectons, peut devenir fécond en éclaircissements, en réparations lentes, et nous attendrons. En abordant avec jeunesse et avec culte les caractères les plus dignes d'être admirés, on se fait d'eux un idéal un peu prompt, on leur trace en lettres d'or dans son esprit un programme qu'ils ne consultent pas toujours et qu'ils oublient de suivre. Puis vient le mécompte, et on leur en veut alors un peu de ne pas vérifier notre prédiction, de ne pas couronner notre désir. La faute en est-elle entièrement à eux? Et d'ailleurs, si les modèles ont quelquefois varié pendant que nous les suivions, nous-même, pendant cette poursuite, n'avons-nous pas sensiblement varié aussi? » (Note de 1836.)

pensée devant Dieu, il se sentit un peu calmé (1); son grand travail de philosophie le retrouva plus dispos et plus persévérant. Mais d'assez récentes tracasseries ecclésiastiques l'ayant ramené à Paris, il y vit de près cette tiédeur et ce relâchement publics qui enhardissent un pouvoir sans morale à tous les envahissements rusés ou grossiers; il y vit, sous cette couche corrompue d'une société en décadence, une masse jeune et populaire, impétueuse, frémissante, au sang chaud et vierge, mais mal éclairée, mal dirigée, obéissant à des intérêts aussi et à des passions qui, certes, courraient risque de bientôt corrompre la victoire, si un souffle religieux et un esprit fraternel n'y pénétraient d'avance à quelque degré. Il a jugé bon dès lors d'adresser à tous ce qu'il n'avait d'abord écrit que pour lui seul. Il se serait cru coupable de se contenir dans un plus long silence, de laisser passer ces jours mauvais et insolents sans leur

(1) Ce calme n'était pourtant pas exempt de grandes tristesses et de découragements sinistres. Voici quelques phrases d'une lettre écrite à un ami vers cette époque, 15 mai 1833. Citer les lettres de M. de La Mennais, c'est quelquefois montrer à nu les contradictions rapides de son âme, mais c'est toujours les faire comprendre, et surtout les faire pardonner et aimer : « J'ai bien de la peine à me
« résigner à la pensée de ne vous revoir que dans un an, dans deux
« peut-être; que sait-on? Je suis comme la société, je chemine dans
« l'ombre, incertain de l'avenir, et ne pouvant rien m'en pro-
« mettre... Notre pauvre France, elle, croupit dans un marais, et,
« au sein de ce marais, je vois se remuer, comme ces énormes
« reptiles primitifs retrouvés par Cuvier, une race menaçante qui
« foisonne et grandit chaque jour. Personne presque ne comprend,
« personne ne veut réellement la liberté : tous aspirent à la tyran-
« nie, et le disent hautement, et en sont fiers. Ce spectacle jette
« parfois dans l'âme un profond dégoût et une amère tristesse... »

jeter à la face son accent de conscience, son mot de vérité. Cette *persécution du silence* est la plus dure de toutes à porter, dit Pascal; notre brûlant apôtre ne l'a pu jusqu'au bout subir. Nous n'avons pas à nous inquiéter ici du retentissement que doit avoir cet éclat de M. de La Mennais dans l'ordre purement ecclésiastique. Nous regretterions que les *Paroles d'un Croyant* n'y fussent pas acceptées ou tolérées, comme une de ces paroles libres de prêtre, qui ont toujours eu le droit de s'élever en sens contradictoire dans les crises sociales et politiques aux diverses époques. Sans rien espérer actuellement de Rome et de ce qui y règne, nous sommes trop chrétien et catholique, sinon de foi, du moins d'affinité et de désir, pour ne pas déplorer tout ce qui augmenterait l'anarchie apparente dans ce grand corps, déjà si compromis humainement. Mais en songeant à quelles intentions patriotiques et évangéliques a cédé M. de La Mennais, en considérant l'influence rapide que son livre va obtenir, influence à coup sûr moralisante en somme plutôt qu'irritante auprès des violents, nous ne pouvons que nous réjouir de son imprudence généreuse, si imprudence il y a, et l'en féliciter. Il est des entraînements dévoués, des témérités oublieuses d'elles-mêmes, qui enlèvent les cœurs. Quelque chose de martial et de chevaleresque sied aussi au prêtre chrétien. La belle âme, l'âme virginale de Pellico a pu tout pardonner, tout excuser, et bénir encore; il s'en est revenu, après dix années de captivité féroce, comme un agneau tondu qui ne redemande pas sa laine. Je l'en admire et l'en révère; mais il y a manière pourtant d'être chrétien, en l'étant un peu différemment et en gardant dans sa veine un reste du sang des Machabées.

La vie polémique et doctrinale de M. de La Mennais se peut diviser déjà en deux parties tranchées durant lesquelles il a poursuivi le même but, mais par deux procédés contraires. Il a été frappé, avant tout, de l'état d'indifférence en matière de religion, de la tiédeur égoïste et de la corruption matérielle de la société; tout son effort a tendu à rendre la vie et le souffle à ce qu'il voyait comme un cadavre. Il s'est mis, dès le premier jour, à vouloir ressusciter moralement et *spiritualiser* de nouveau ce grand corps. Telle est la vraie unité de la vie et de l'œuvre de M. de La Mennais; seulement il a employé à cet effet deux méthodes bien opposées. Frappé d'abord de l'indifférence religieuse et de l'inertie froide où croupissaient les premières couches de la société, il a désespéré de toute cette masse, si on n'y faisait descendre l'esprit et la purification par en haut, c'est-à-dire par les gouvernements, et, au delà des gouvernements, par le Saint-Siége. Il n'a jamais eu pour les gouvernements une estime bien décidée; il ne les a considérés à son premier point de vue que comme un canal possible de transmission, et, dans le cas où ils se refuseraient à transmettre la doctrine supérieure, il les a dénoncés comme un obstacle : on se rappelle les belles invectives du premier tome de l'*Indifférence*. Mais, avec le temps, M. de La Mennais est venu à comprendre que non-seulement les gouvernements se refusaient à transmettre la doctrine antique à la fois et régénératrice, mais que le Saint-Siége se refusait à la verser présentement, et qu'il demeurait plus sourd que le rocher, quoique le peuple eût soif dans le désert. En observant plus attentivement, d'ailleurs, la masse confuse de cette société où il n'avait d'abord vu que froideur et mort, il a découvert sous les premières couches croupissantes un grand travail de fermentation et de courants, et il s'est dit que c'était de ce côté plutôt qu'il fallait agir pour renouveler. On voit que le but est resté le même : spiritualiser, guérir, moraliser chrétiennement une société passée du matérialisme à l'indifférence; mais dans le second procédé, auquel M. de La Mennais a recours depuis cinq ans environ, c'est à la société elle-même, c'est à ses éléments vierges et profonds, c'est au peuple en un mot qu'il s'adresse pour le régénérer par la parole et l'épurer. La méthode de liberté a remplacé chez lui ou du moins tempéré la méthode d'autorité. Cela sera sensible dans son développement philosophique, comme cela l'est déjà dans sa prédication politique. Vis-à-vis du Saint-Siége, M. de La Mennais peut rester soumis, docile et pleinement adhérent en matière de foi; mais il a cessé de l'invoquer directement pour l'œuvre temporelle; on sent qu'il n'en espère plus une effusion prochaine de doctrine qui descende sur le siècle. En face des gouvernements, il est resté moins pénétré d'estime que jamais; il a mesuré plus à nu leur égoïsme borné et leur absolue résistance à l'esprit. A cet aspect repoussant, les paroles de Samuel ont redoublé sur ses lèvres, mais les paroles d'un Samuel qui se sent pour le reste des hommes les entrailles de Jean le bien-aimé.

Nous parcourrons rapidement l'ouvrage où le nouvel essor de cette âme ardente et violemment aimante se trahit tout entier :

« Prêtez l'oreille et dites-moi d'où vient ce bruit con-
« fus, vague, étrange, que l'on entend de tous côtés.

« Posez la main sur la terre, et dites-moi pourquoi
« elle a tressailli.

« Quelque chose que nous ne savons pas se remue
« dans le monde : il y a là un travail de Dieu.

« Est-ce que chacun n'est pas dans l'attente? est-ce
« qu'il y a un cœur qui ne batte pas?

« Fils de l'homme, monte sur les hauteurs et annonce
« ce que tu vois ! »

Et viennent alors les signes évidents, les bouleversements d'hier et ceux de demain qui se devinent, les peuples héroïques qui succombent, mais qui renaîtront ; l'agitation sourde, universelle, du vieux monde et les apprêts sombres et irrécusables d'un dernier grand combat. Mais écoutons encore le poëte-apôtre.

« Tout ce qui arrive dans le monde a son signe qui
« le précède.

« Lorsque le soleil est près de se lever, l'horizon se
« colore de mille nuances, et l'Orient paraît tout en feu.

« Lorsque la tempête vient, on entend sur le rivage
« un sourd bruissement, et les flots s'agitent comme
« d'eux-mêmes.

« Les innombrables pensées diverses, qui se croisent
« et se mêlent à l'horizon du monde spirituel, sont le
« signe qui annonce le lever du soleil des intelligences.

« Le murmure confus et le mouvement intérieur des

« peuples en émoi sont le signe précurseur de la tem-
« pête qui passera bientôt sur les nations tremblantes.

« Tenez-vous prêts, car les temps approchent.

« En ce jour-là, il y aura de grandes terreurs et des
« cris tels qu'on n'en a point entendu depuis les jours
« du déluge.

« Les rois hurleront sur leurs trônes ; ils chercheront
« à retenir avec les deux mains leurs couronnes em-
« portées par les vents, et ils seront balayés avec elles.

« Les riches et les puissants sortiront nus de leurs
« palais, de peur d'être ensevelis sous les ruines.

« On les verra, errant sur les chemins, demander aux
« passants quelques haillons pour couvrir leur nudité,
« un peu de pain noir pour apaiser leur faim, et je ne
« sais s'ils l'obtiendront.

« Et il y aura des hommes qui seront saisis de la soif
« du sang et qui adoreront la mort, et qui voudront la
« faire adorer.

« Et la mort étendra sa main de squelette comme
« pour les bénir, et cette bénédiction descendra sur
« leur cœur, et il cessera de battre.

« Et les savants se troubleront dans leur science, elle
« leur apparaîtra comme un petit point noir quand se
« lèvera le soleil des intelligences.

« Et à mesure qu'il montera, sa chaleur fondra les
« nuages amoncelés par la tempête ; et ils ne seront
« plus qu'une légère vapeur qu'un vent doux chassera
« vers le couchant.

« Jamais le ciel n'aura été aussi serein, ni la terre
« aussi verte et aussi féconde.

« Et au lieu du faible crépuscule que nous appelons
« jour, une lumière vive et pure rayonnera d'en haut,
« comme un reflet de la face de Dieu.

« Et les hommes se regarderont à cette lumière, et
« ils diront : « Nous ne connaissions ni nous ni les
« autres, nous ne savions pas ce que c'est que l'homme :
« à présent nous le savons. »

« Et chacun s'aimera dans son frère, et se tiendra
« heureux de le servir ; et il n'y aura ni petits ni grands,
« à cause de l'amour qui égale tout, et toutes les fa-
« milles ne seront qu'une famille, et toutes les nations
« qu'une nation.

« Ceci est le sens des lettres mystérieuses que les
« Juifs aveugles attachèrent à la croix du Christ. »

Le sentiment populaire respire dans chacune de ces pages. La liberté n'y revient pas comme un mot sonore et creux ; il y a une intelligence précise des misères du pauvre et des iniquités qu'il subit. Quelques droites paroles mettent au défi tous les sophismes des législateurs :

« Les oiseaux du ciel et les insectes mêmes s'as-
« semblent pour faire en commun ce qu'aucun d'eux
« ne pourrait faire seul. Pouvez-vous vous assembler
« pour traiter ensemble de vos intérêts, pour défendre
« vos droits, pour obtenir quelque soulagement à vos
« maux? et si vous ne le pouvez pas, comment êtes-
« vous libres?

« Pouvez-vous aller d'un lieu à un autre si on ne vous
« le permet, user des fruits de la terre et des productions
« de votre travail, tremper votre doigt dans l'eau de la

« mer et en laisser tomber une goutte dans le pauvre
« vase de terre où cuisent vos aliments, sans vous ex-
« poser à payer l'amende et à être traînés en prison? et
« si vous ne le pouvez pas, comment êtes-vous libres? »

Ce sont en tout endroit des conseils d'union et d'association qui offrent le sens juste du *Bonhomme Richard* dans un ton élevé de pathétique et de poésie. Le dernier verset cité rappelle le *Pauvre Jacques,* de Béranger. Mais l'esprit chrétien, qui court dans ces pages comme un vent fécond et violent, enlève la pensée jusqu'à des extrémités sublimes et ne connaît pas d'horizon :

« Au printemps, lorsque tout se ranime, il sort de
« l'herbe un bruit qui s'élève comme un long murmure.

« Ce bruit, formé de tant de bruits qu'on ne les pour-
« rait compter, est la voix d'un nombre innombrable
« de pauvres petites créatures imperceptibles.

« Seule, aucune d'elles ne serait entendue : toutes
« ensemble elles se font entendre.

« Vous êtes aussi cachés sous l'herbe, pourquoi n'en
« sort-il aucune voix?

« Quand on veut passer une rivière rapide, on se
« forme en une longue file sur deux rangs, et, rappro-
« chés de la sorte, ceux qui n'auraient pu, isolés des
« autres, résister à la force des eaux, la surmontent
« sans peine.

« Faites ainsi, et vous romprez le cours de l'iniquité
« qui vous emporte lorsque vous êtes seuls, et vous
« jette brisés sur la rive.

« Que vos résolutions soient lentes, mais fermes. Ne

« vous laissez aller ni à un premier, ni à un second
« mouvement.

« Mais si l'on a commis contre vous quelque injus-
« tice, commencez par bannir tout sentiment de haine
« de votre cœur, et puis, levant les mains et les yeux
« en haut, dites à votre Père qui est dans les cieux :

« O Père! vous êtes le protecteur de l'innocent et de
« l'opprimé, car c'est votre amour qui a créé le monde,
« et c'est votre justice qui le gouverne.

« Vous voulez qu'elle règne sur la terre, et le mé-
« chant y oppose sa volonté mauvaise.

« C'est pourquoi nous avons résolu de combattre le
« méchant.

« O Père, donnez le conseil à notre esprit et la force
« à nos bras. »

« Quand vous aurez ainsi prié du fond de votre âme,
« combattez et ne craignez rien.

« Si d'abord la victoire paraît s'éloigner de vous, ce
« n'est qu'une épreuve, elle reviendra ; car votre sang
« sera comme le sang d'Abel égorgé par Caïn, et votre
« mort comme celle des martyrs. »

Au chapitre VIII, je recommande la parabole de l'homme qui trouve moyen d'augmenter successivement le travail du peuple tout en diminuant progressivement les salaires. Quand le Saint-Simonisme, dans sa brusque apparition, n'aurait eu d'autre effet que d'inspirer à des intelligences chrétiennes cette émulation d'inquiétude et de recherche à l'article des souffrances profondes, nées de l'excès industriel, il n'aurait point passé sans fruit pour le monde.

Les chapitres xii et xiii contiennent la parabole des *sept hommes couronnés*. J'y trouverais à reprendre une teinte un peu trop apocalyptique, un abus d'*enfer,* de *Satan,* et un excès d'horreur que les sept hommes couronnés ne méritent pas seuls, et qui s'affaiblirait nécessairement si on la répartissait, comme ce serait justice de le faire, sur toute cette classe supérieure ou moyenne qui les approuve et les soutient. Je sais que les propositions que l'auteur prête aux sept hommes, et qui peuvent paraître le plus exagérées : *Abolissons la science; tuons la concorde; le bourreau est le premier ministre d'un bon prince,* etc., sont textuellement extraites d'un livre italien assez récemment imprimé à Modène. Mais le Machiavel de Modène ne devait pas être pris si à la lettre, la vérité ici passe la vraisemblance ; et comme goût d'abord, et un peu comme justice, j'aurais voulu qu'il fût tenu compte des autres coupables dans la société, des coupables par assentiment et par égoïsme inerte, des coupables aussi par passions haineuses et brutalité, comme en offrent sans doute les rangs populaires (1).

A la suite de ces chapitres sombres, il en vient un qui les corrige, tout enchanteur de mansuétude et d'amour des hommes; on croirait lire des pages retrouvées de l'*Imitation.* C'est cette alternative d'ardeur et de douceur, de violence et de tendresse, qui fait le fond

(1) Luther, en son temps, pris pour arbitre par les paysans révoltés contre leurs seigneurs, a tâché de faire la part plus égale dans ses doubles reproches; mais il est tombé dans l'autre excès et a été dur pour le peuple.

du caractère de l'abbé de La Mennais, et qui compose une des variétés les plus attachantes du caractère chrétien lui-même. Il croit au bien, et il croit au mal; il s'indigne ingénument, et il aime avec transport; il maudissait tout à l'heure les ennemis des hommes, et voilà qu'il tombe en pleurs entre vos bras (1).

A propos des suggestions inspirées par l'*enfer* aux oppresseurs du monde, le poëte-prophète signale sur-

---

(1) Le passage le plus significatif peut-être en ce sens est au chapitre précédemment cité, où on lisait : « Si l'on a commis « contre vous une injustice, commencez par bannir tout sentiment « de haine de votre cœur, et puis, levant les mains et les yeux en « haut, dites à votre Père qui est dans les cieux : O Père, etc., etc... « — Quand vous aurez ainsi prié du fond de votre âme, combattez, « et ne craignez rien. » — Ainsi, combattre en pardonnant, combattre à toute outrance et sans haine, c'est bien là, prise sur le fait, la contradiction heureuse et, en quelque sorte, chrétienne, de M. de La Mennais. Saint Ambroise ne marque-t-il pas, dans son traité *des Devoirs*, qu'il ne haïssait point une certaine colère? Saint Paul n'a-t-il pas dit aux Éphésiens : « Si vous vous mettez en « colère, gardez-vous de pécher : *irascimini et nolite peccare,* » admettant la possibilité d'une certaine colère sans péché? Il est vrai qu'il ajoute à l'instant : « Que le soleil ne se couche pas sur « votre colère. » Mais on peut dire des colères de M. de La Mennais, et de ses haines qui s'adressent à des idées surtout, que, s'il voyait en personne la plupart de ceux qu'il croit abhorrer, le soleil ne se coucherait jamais sur sa colère : de même aussi que leur grande irritation à eux, en le voyant dans sa fièvre naïve de cœur, s'évanouirait en étonnement, tournerait en estime presque tendre. — « Ce que j'aime surtout de lui, » me disait un grand et affectueux poëte, son ami (Lamartine), « c'est qu'il est né martyr. » Oui, malgré toute sa vigueur d'intelligence, *martyr* bien plus que *docteur;* oui, malgré toutes ses lumières de chaque moment, dévoué encore plus qu'éclairé! Cette vocation de martyr le rend même continuellement empressé à apostropher du plus loin les persécuteurs, et à se chercher, comme Polyeucte, des bourreaux.

tout la grande déception de l'*obéissance passive*. Dans ces pages, écrites il y a plus d'un an, on retrouve à chaque ligne l'événement sanglant d'hier (1). Satan dit aux princes :

« Voici ce qu'il faut faire. Prenez dans chaque fa-
« mille les jeunes gens les plus robustes et donnez-leur
« des armes, et exercez-les à les manier, et ils combat-
« tront pour vous contre leurs pères et leurs frères ;
« car je leur persuaderai que c'est une action glorieuse.

« Je leur ferai deux idoles, qui s'appelleront Hon-
« neur et Fidélité, et une loi qui s'appellera Obéissance
« passive.

« Et ils adoreront ces idoles, et ils se soumettront à
« cette loi aveuglément, parce que je séduirai leur es-
« prit, et vous n'aurez plus rien à craindre.

« Et les oppresseurs des nations firent ce que Satan
« leur avait dit, et Satan aussi accomplit ce qu'il avait
« promis aux oppresseurs des nations.

« Et l'on vit les enfants du peuple lever le bras
« contre le peuple, égorger leurs frères, enchaîner
« leurs pères, et oublier jusqu'aux entrailles qui les
« avaient portés.

« Quand on leur disait : « Au nom de tout ce qui est
« sacré, pensez à l'injustice, à l'atrocité de ce qu'on

(1) Les insurrections d'avril 1834, à Lyon et à Paris. — Les années n'ont pas modifié mon sentiment. Le régime de Louis-Philippe, dès l'origine, tendit à faire avorter un élément puissant et généreux qui avait fait explosion en juillet 1830, et qui, ne trouvant pas satisfaction le lendemain dans une grande politique nationale extérieure, mais refoulé au contraire, brusquement répercuté et rentré, eut forcément son éruption par des émeutes.

« vous ordonne, » ils répondaient : « Nous ne pensons
« point, nous obéissons. »

« Et quand on leur disait : « N'y a-t-il plus en vous
« aucun amour pour vos pères, vos mères, vos frères
« et vos sœurs? » ils répondaient : « Nous n'aimons
« point, nous obéissons. »

« Et quand on leur montrait les autels du Dieu qui
« a créé l'homme et du Christ qui l'a sauvé, ils s'é-
« criaient : « Ce sont là les dieux de la patrie ; nos dieux
« à nous sont les dieux de ses maîtres, la Fidélité et
« l'Honneur. »

« Je vous le dis en vérité, depuis la séduction de la
« première femme par le serpent, il n'y a point eu de
« séduction plus effrayante que celle-là.

« Mais elle touche à sa fin. Lorsque l'esprit mauvais
« fascine des âmes droites, ce n'est que pour un temps.
« Elles passent comme à travers un rêve affreux, et au
« réveil elles bénissent Dieu qui les a délivrées de ce
« tourment. »

Et suit alors l'hymne de départ du jeune soldat de
l'avenir, du soldat qui s'en ira combattre une dernière
fois pour la justice, pour la cause du genre humain,
pour l'affranchissement de ses frères : « Que tes armes
« soient bénies, jeune soldat! » Il y a dans ce chant, et
dans celui de l'*Exilé* qui vient après, un retentissement profond des *Pèlerins polonais*, par le poëte Mickiewicz (1) ; mais ce qui, chez Mickiewicz, était de-

---

(1) C'est de ce livre des *Pèlerins*, si remarquablement traduit
par M. de Montalembert, qu'est empruntée la forme rhythmique
des *Paroles d'un Croyant.*

meuré restreint à une acception trop nationale et trop exclusive, se trouve généralisé selon un esprit plus évangélique par M. de La Mennais, et rapporté à la vraie patrie, à la patrie universelle.

Littérairement, par cette œuvre, M. de La Mennais conquiert, à bon droit, le titre de poëte. Le ton général, le mouvement est rhythmique à la fois et inspiré. L'imprévu se rencontre plutôt dans l'allure de la pensée que dans le détail de l'expression. Celle-ci est toujours correcte, propre, énergique, quelquefois un peu crue; il y manque un certain éclat nouveau, et, si j'ose ainsi parler, une sorte de *flagrance*. *Ardet plus quam lucet;* cela brûle plutôt que cela ne luit. En comparant le style des *Paroles d'un Croyant* avec celui de la *Vision d'Hébal*, on comprendra mieux la double nuance que je distingue. A la rigueur, et à ne s'en tenir qu'au détail de l'expression et à l'ensemble du vocabulaire employé, quelqu'un de Port-Royal aurait pu écrire en cette manière et peindre avec ces images. Il y a même, si l'on peut dire, quelque *lieu commun*, presque de la déclamation dans le dehors. Mais la jeunesse, la nouveauté vive triomphe à tout moment par la pensée même; la franchise du sentiment crée la beauté : ainsi, dans le chapitre de l'*Exilé :* « J'ai vu « des jeunes hommes, poitrine contre poitrine, s'é- « treindre comme s'ils avaient voulu de deux vies ne « faire qu'une vie, mais pas un ne m'a serré la main : « l'Exilé partout est seul. » Le chapitre de *la mère* et de *la fille* n'offre pas une seule couleur nouvelle; mais *Celui qui donne aux fleurs leur aimable peinture,* et qui inspira la simplicité de Ruth et de Noémi, a envoyé son sourire sur ces pages.

Socialement, la signification de semblables œuvres est grande, et tant pis pour qui la méconnaît! Nous donnions, il y a quinze jours (1), un mémorable fragment de M. de Chateaubriand sur l'*Avenir du monde,* où tous les mêmes importants problèmes sont soulevés, et où la solution s'entrevoit assez clairement dans un sens très-analogue. M. de Lamartine a publié, il y a deux ans à peu près, une brochure sur la *Politique rationnelle*, dans laquelle des perspectives approchantes sont assignées à l'âge futur de l'humanité, et, bien qu'il semble y apporter, pour le détail, une moins impatiente ardeur, ce n'est que dans le plus ou moins de hâte, et non dans le but, que ce noble esprit diffère d'avec M. de La Mennais. Béranger est, dès longtemps, l'homme de cette cause et des populaires promesses. Ainsi, symptôme remarquable! tous les vrais cœurs de poëtes, tous les esprits rapides et de haut vol, de quelque côté de l'horizon qu'ils arrivent, se rencontrent dans une prophétique pensée, et signalent aux yeux l'approche inévitable des rivages. Ne sont-ce pas là aussi des augures? — Mais nos grands hommes d'État régnants vivent en esprits forts; ils tiennent et dévorent le présent : à d'autres, à d'autres qu'eux les augures et l'avenir!

Mai 1834.

(1) Dans la *Revue des Deux Mondes.*

M. DE LA MENNAIS.

1836.

— Affaires de Rome. —

« ... Je regarde donc et je désire qu'on regarde ce
« court écrit comme destiné à clore la série de ceux
« que j'ai publiés depuis vingt-cinq ans. J'ai désormais
« des devoirs plus simples et plus clairs; le reste de
« ma vie sera, je l'espère, consacré à les remplir, se-
« lon la mesure de mes forces... Qu'on ne s'y trompe
« pas, le monde a changé : il est las des querelles dog-
« matiques. » Telle est la déclaration formelle que
M. de La Mennais exprime aux dernières pages de ce
livre; les termes seuls dans lesquels elle est conçue
montrent assez que, si le nouvel écrit est destiné à
clore la série de ceux que l'auteur a publiés à partir des
Réflexions sur l'État de l'Église, datant de 1808, il ne
leur ressemble ni par les principes ni par le ton, et que,
sinon pour le sujet et la matière, du moins dans les
pensées et les conclusions, il se rattache déjà à cette
série d'écrits futurs que nous promet l'illustre auteur.
Singulière énergie, révolution individuelle à jamais

étonnante, que celle qui raye d'un trait de plume et renvoie comme à néant tout le passé d'une telle vie, et qui fait qu'à plus de cinquante-trois ans on en recommence une nouvelle, — à beaucoup d'égards une contraire, — avec toute la ferveur de la jeunesse, avec tout le dégagé et tout l'absolu d'une première entreprise !

En examinant ce livre, nous sommes dans une position particulière, c'est-à-dire que nous avons lu autrefois tous les livres de M. de La Mennais et que nous nous en souvenons. Cette remarque est nécessaire pour expliquer et motiver, au premier coup d'œil, certaines parties de notre jugement auprès des personnes nombreuses qui ne connaissent M. de La Mennais que par ses plus récents écrits et qui même commenceront à le connaître par celui-ci tout d'abord. L'illustre auteur, dans sa marche infatigable, peut se comparer à une comète ardente qui a successivement apparu à l'horizon de plusieurs mondes d'esprits, salué d'eux avec transport à cause de son éclat, à mesure qu'il se découvrait pour la première fois dans leur ciel. L'ayant suivi dans ses phases précédentes, avec étonnement de bonne heure, avec admiration bien longtemps, et en y joignant sympathie plus tard, selon qu'il nous semblait se plus rapprocher, pour les illuminer, de certaines idées de notre sphère, nous avons été en ces moments jusqu'à dire qu'il y avait dans son entier développement une courbe aussi vaste que réelle et régulière. Mais l'astre voyageur continuant d'aller, et notre zénith à nous-même étant brusquement dépassé, nous avons cessé de croire à une évolution continue, réglée par un secret compas. Nous ne le perdons pourtant point de vue encore; mais, à travers cette vue, il est simple que le souvenir du passé tienne une grande place.

Jusqu'en juillet 1830 l'abbé de La Mennais avait eu un rôle qui offrait cela d'unique, de se tenir, entre tant de rôles mobiles, par une inflexibilité entière, et de se dessiner sans aucune variation. En y regardant de près pourtant, on y verrait bien quelque différence d'opinion aux diverses époques. Ainsi, dans les *Réflexions sur l'État de l'Église,* de 1808, la puissance spirituelle n'est pas présentée encore comme la supérieure et la régente du pouvoir temporel : ce sont plutôt aux yeux de l'auteur deux alliés qui s'entr'aident. Il fait remarquer le rapport constant qui s'est établi entre le déclin et le retour des vrais principes politiques et des principes religieux pendant le cours de la Révolution française; le Concordat n'est pas maudit. Dans ce livre et dans celui de l'*Institution des Évêques* que M. de La Mennais composa de concert avec son frère, on verrait l'épiscopat aussi considéré et invoqué que plus tard il fut rabaissé et rudoyé par le défenseur de l'omnipotence romaine. Mais, à part ces modifications assez secondaires et d'ailleurs antérieures en date, la principale ligne de doctrine de l'abbé de La Mennais, surtout depuis son *Essai sur l'Indifférence,* n'avait pas fléchi. Son but était grand : c'était de ramener la société indifférente ou matérialiste au vrai spiritualisme, au vrai christianisme comme il l'entendait, c'est-à-dire au catholicisme romain. Il y a dans sa conduite d'alors et dans sa tendance d'aujourd'hui cette véritable, cette seule ressemblance, à savoir qu'il ne s'est jamais borné et même qu'il n'a guère jamais aimé à envisager le christianisme, comme tant de grands saints l'ont fait, par le côté purement intérieur et individuel, par le point de vue du salut de l'âme et des âmes prises une à une, mais qui l'a embrassé toujours de préférence (et en exceptant, si l'on veut, son *Commentaire sur l'Imitation* et sa traduction de Louis de Blois) par le côté social, par son influence sur la masse et sur l'organisation de la société ; et c'est ainsi qu'il se portait avant tout pour la défense des grands papes et des institutions catholiques. « Jésus-Christ, disait-il en 1826 (1), ne changea ni la religion, ni les droits, ni les devoirs ; mais, en développant la loi primitive, en l'accomplissant, il éleva la société religieuse à l'état public, il la constitua extérieurement par l'institution d'une merveilleuse police, etc. » Toutefois les moyens que M. de La Mennais proposait et exaltait jusqu'à la veille de juillet 1830 étaient, il faut le dire, séparés du temps actuel et de sa manière de penser présente par un abîme. Si l'on relit ses mélanges extraits du *Conservateur* et du *Mémorial catholique*, ses beaux pamphlets, de *la Religion considérée dans ses rapports avec l'Ordre politique et civil* (1826), des *Progrès de la Révolution* (1829), ses deux *Lettres à l'Archevêque de Paris* (mars et avril 1829), on l'y voit ne jamais séparer dans son anathème les doctrines libérales ou démocratiques

---

(1) *De la Religion considérée dans ses rapports avec l'Ordre politique et civil.*

d'avec les doctrines hérétiques et impies, subordonner le prince au Pape, l'épiscopat à Rome, soutenir en tout et partout l'intervention et la prédominance légitime du pur catholicisme. Si M. Odilon Barrot défend un citoyen qui n'a pas voulu tapisser sa maison un jour de Fête-Dieu, l'abbé de La Mennais accuse l'avocat de prêcher une loi athée. Si un écrivain, dans un livre intitulé *Manifestation de l'Esprit de Vérité,* s'arme de l'Évangile et du nom de Jésus-Christ contre les riches et les puissants, l'abbé de La Mennais le renvoie à Diderot et à Babeuf, et termine ainsi : « Les passions les plus
« exaltées se joignant à tant de causes de désordre,
« personne ne peut dire quels destins Dieu réserve à
« la société. Les doctrines religieuses, morales et po-
« litiques, les lois et les institutions qu'elles avaient
« consacrées, formaient comme un vaste édifice, de-
« meure commune de la grande famille européenne.
« On a mis le feu à cet édifice. Les peuples s'entre-
« regardent à la lueur de l'incendie, et, agités d'un
« sentiment inconnu, attendent avec anxiété un avenir
« plus inconnu encore. » Il combat tour à tour et en toute occasion *le Globe,* les éclectiques, les doctrinaires ; il réfute et malmène les gallicans, M. Frayssinous, l'archevêque de Paris lui-même à qui il cite De Maistre ; il met en groupe tous ceux qu'il appelle les hommes *d'entre-deux* et qu'il a depuis enjambés. S'il déclare en 1829 une révolution imminente, usant de termes presque prophétiques, ce n'est pas du tout qu'il accuse la tendance jésuitique de la Cour et cette faveur impopulaire accordée au Clergé, c'est au contraire parce que

le ministère Martignac est venu et que M. Feutrier a fait contre les Jésuites les Ordonnances du 21 avril et du 16 juin; c'est parce que M. de Vatimesnil poursuit ses persécutions contre l'Église. La Ligue, *cette époque trop peu connue,* est au long célébrée. Si l'on poussait aux conclusions rigoureuses de ce beau pamphlet de 1829, on irait droit à des Ordonnances un peu différentes de celles de M. de Polignac, mais à des Ordonnances. Voilà ce qui, avec une admirable force de logique, une grande chaleur d'imagination et une pratique continuelle et courageuse de liberté que s'arrogeait l'écrivain à titre de prêtre, voilà ce qui, pour toute mémoire qui n'est pas oblitérée, marque le rôle de M. de La Mennais jusqu'en juillet 1830.

Juillet éclate, et l'abîme est franchi. Le grand cœur de M. de La Mennais redouble de flammes, mais il semble que son esprit s'est éclairé dans l'orage. Prêtre austère, âme de génie, il a gardé sous ses cheveux gris tous ses trésors de foi et de jeunesse; il a dépouillé d'un coup ses préjugés politiques, non inhérents à la vraie foi. Sincèrement il conçoit l'idée d'une régénération spirituelle et religieuse moyennant la liberté, et, las de crier aux puissants, il lui paraît que c'est avec une autre prédication qu'il faut désormais réveiller, spiritualiser et *christianiser* le monde. Il y avait donc en un sens, et malgré l'extrême contrariété des moyens, lien étroit et, en quelque sorte, unité de but, entre la fondation de *l'Avenir* et la brochure des *Progrès de la Révolution.* Seulement l'auteur de *l'Avenir* répudiait dès l'abord un certain nombre d'erreurs violentes contre le régime de liberté, et, en tenant toujours au Clergé un langage d'exhortation, en le provoquant encore à une sainte ligue, il abjurait net toute espérance d'ordre temporel théocratique, dont cette soudaine révolution l'avait désabusé. Ce rôle, ainsi transformé, devait rester quelque temps suspect aux anciens libéraux et démocrates qui disaient: « Est-il sincère? » Mais à ceux qui connaissaient la personne de M. de La Mennais, et son ingénuité franche, et son ressort d'intelligence et de zèle, cette transformation paraissait simple et digne de lui. Il n'y avait pas là encore de *solution de continuité* à proprement parler; la rupture n'était que dans l'ordre humain et secondaire : la foi faisait pont sur l'abîme. La ruine était aux pieds, le *labarum* au ciel brillait toujours. Que cette nuance, chez l'abbé de La Mennais, nous parut belle! C'est alors que nous l'avons connu et aimé.

Pourtant ce rôle impliquait de nombreuses inconséquences qui tendaient à sortir, et qui rendaient la tenue prolongée de la position, scabreuse et à peu près impossible. Le Pape, invoqué sans cesse, pouvait parler, et force était alors d'obéir ou de n'être plus du tout le même. Et puis, seulement en se taisant, Rome imposait à ces démocrates catholiques plus d'une discordance évidente : ainsi, pour prendre un point de détail, en fait d'insurrection, dans l'*Avenir,* on défendait les Polonais, on inculpait les Bolonais. Ce rôle donc, surtout eu égard à la tournure générale des affaires en Europe et au rétablissement de l'*ordre,* ne pouvait durer. Il fallait ou en sortir et tomber à la démocratie pure

et à un christianisme librement interprété, ou bientôt être réduit à se taire en vertu de défense supérieure. Ce dernier résultat ne me paraissait pas, je l'avoue, aussi déplorable et aussi nécessairement infertile que l'a jugé l'illustre auteur. Il était beau après tout, et de grand exemple, tant qu'il l'avait pu, lui prêtre, d'avoir tenté un réveil, d'avoir jeté à poignées des semences. Que si Rome intervenait et lui commandait de cesser, il me semble (autant qu'on a droit de raisonner sur les desseins providentiels) qu'il n'était pas si déraisonnable à un *catholique* resté croyant à la liberté et en même temps soumis au Saint-Siége, de juger ainsi :
« Il a été bon que M. de La Mennais et ses amis, du-
« rant deux années, jetassent ces germes dans le
« monde : il peut être bon que pour le moment ces
« germes en restent là, et, puisque Rome le décide,
« agissant en ce point aveuglément si l'on veut, et par
« des ressorts intermédiaires humains, mais d'après
« une direction divine cachée, il faut bien qu'il y ait
« utilité dans ce retard. Malgré la première apparence
« qui semble contraire, plusieurs raisons en effet,
« même humaines, peuvent faire entrevoir cette uti-
« lité. Il importe que ces germes, en se hâtant trop,
« ne se mêlent pas avec d'autres moins purs et qui
« font partout ivraie; et d'ailleurs le bon blé ne reste-
« t-il pas assoupi tout un hiver dans son sillon? » Je ne propose pas ce raisonnement comme modèle aux philosophes et politiques, aux gens du monde, aux littérateurs et artistes; mais je le trouvais tout naturel et facile dans l'esprit d'un catholique croyant comme l'é-

tait l'abbé de La Mennais. En attendant, il y avait émotion, et pour moi complicité irrésistible, je l'avoue, à suivre jusque dans ses infractions partielles ce Savonarole de nos jours, ainsi que l'a appelé M. d'Eckstein, à écouter ses menaces pleines de prières et ses invectives mêlées d'un zèle tendre. Les *Paroles d'un Croyant*, non plus que le chapitre des *Maux de l'Église*, inséré à la fin du présent volume et assez anciennement composé, ne me semblent point, dans leur violence, sortir de ce rôle de foi, de cette inspiration d'un prêtre, non pas absolument sage, mais généreux et presque héroïque, et toujours le crucifix en main. M. Du Fossé, voulant peindre dans le grand Arnauld cette colère de lion pour la vérité qui s'unissait en son cœur avec la douceur de l'agneau, nous dit naïvement : « L'exemple
« seul de Moïse, que Dieu appelle *le plus doux de tous*
« *les hommes,* quoiqu'il eût tué un Égyptien pour dé-
« fendre un de ses frères, brisé par une juste colère
« les Tables de la Loi, et fait passer au fil de l'épée
« vingt-trois mille hommes pour punir l'idolâtrie de
« son peuple, fait bien voir qu'on peut allier ensemble
« la douceur d'une charité sincère envers le prochain
« avec un zèle plein d'ardeur pour les intérêts de
« Dieu. » En ne prenant les vingt-trois mille hommes et l'Égyptien *tués* qu'en manière de figure, comme il convient dans ce qui est de l'ancienne Loi, et en rapportant à l'abbé de La Mennais cette phrase de Du Fossé sur le grand Arnauld, je me rappelais bien que lui-même avait condamné ce dernier, et qu'il avait écrit de lui en le comparant à Tertullien : « Et Tertullien

« aussi avait des vertus ; il se perdit néanmoins parce
« qu'il manqua de la plus nécessaire de toutes, d'hu-
« milité. Je cite de préférence Tertullien parce qu'il y
« a de singuliers rapports entre lui et l'oracle du Jan-
« sénisme, M. Arnauld : tous deux d'un caractère ar-
« dent, présomptueux, opiniâtre, tous deux pleins de
« génie, tous deux ayant rendu à la religion d'éminents
« services, ils se laissèrent entraîner (qui le croirait
« dans de si grands hommes?) à la fougue d'une ima-
« gination qui outrait tout (1)... » Mais au pis, et
malgré l'inconséquence reprochable, et malgré le danger
de la pente rapide, ce rôle d'un Arnauld, d'un Savonarole, offrait encore de grandes parties continues et en
harmonie avec cette nature invincible de prêtre : il y
avait la foi.

Chose singulière et à jamais digne de méditation
pour ceux qui en ont été témoins ! tandis que M. de
La Mennais luttait ainsi et se croyait sûr et ne doutait
pas, il dériva sans s'en apercevoir d'abord, et ne se
tint plus. Y eut-il pour lui un moment où le vase sacré
se brisa dans ses mains, et où la divinité de ce qu'il
avait cru s'évanouit avec fracas comme dans un orage?
Y eut-il déclin et descente insensible jusqu'au bout,
comme pour ces villages au penchant des montagnes,
qui glissent peu à peu du rocher sans secousse, avec
leur fonds de terrain tout entier, et se réveillent
un matin dans la plaine? Lui seul pourrait nous le
dire, si sa mémoire parlait. Ce qu'il faut reconnaître,

(1) *Réflexions sur l'État de l'Église.*

c'est l'influence comme atmosphérique du siècle, qui, en deux ou trois années, a rongé et pénétré cette trempe si forte, et l'a *oxydée* si profondément. Dans cette volonté de fer, dans cette chaîne logique d'airain, dans cette vie constamment austère et intègre, il y a eu un moment où tout s'est brisé... oui, tout!... il y a eu une paille qui a fait défaut, et les mille anneaux du métal ont jonché la terre; et cela, pour que l'esprit du siècle à la longue eût raison, pour que sa provocation incessante et flatteuse ne restât pas vaine, pour que cette parole de M. Lerminier fût accomplie : « Il a le goût du schisme! qu'il en ait le courage! »

Il faut convenir qu'il y a des hommes par le monde qui ont le droit d'être fiers de ce qu'on appelle intelligence humaine et raison. Ce sont les écrivains qui, sous la Restauration, formaient le monde philosophique, dit éclectique. Attaqués, apostrophés violemment alors par le prêtre éloquent qui, d'une logique inflexible et sans leur laisser d'autre issue, les refoulait, les réduisait à *Satan,* à l'*athéisme,* à l'*idiotisme,* que sais-je encore? et les traitait en un mot comme des alliés peu conséquents de la démocratie extrême et de l'incrédulité, les voilà outre-passés tout d'un bond, *enjambés* en quelque sorte, sans avoir été traversés par lui; les voilà apostrophés peut-être des mêmes termes énergiques, mais en sens contraire, s'ils hésitent ou se replient. La trompette éclatante et digne de Jéricho, qui sonnait contre eux au couchant, la voilà qui résonne de plus belle à l'Orient sur le même ton et dans un camp tout différent du premier. Il y a là, convenons-en, de quoi fortifier des hommes, assez disposés déjà à bien augurer de leur raison, dans cette persuasion qu'elle ne les a pas trop égarés, et de quoi les faire sourire entre eux d'un sourire de satisfaction, ce semble, assez légitime.

Dans l'avertissement de la quatrième édition des *Réflexions sur l'État de l'Église,* l'abbé de La Mennais disait : « Qu'on remonte en arrière seulement de « quatre à cinq ans, on sera, nous le pensons, très-« frappé d'un développement rapide. Les maximes « qu'on rejetait avec horreur ou avec dégoût s'établis-« sent sans contradiction, et comme les vérités les plus « simples ; elles sont défendues par ceux même qui « se montraient les plus ardents à les attaquer. Ce « qu'on appelait *bien,* on l'appelle *mal,* et réciproque-« ment. Ce qu'on représentait comme la mort des peu-« ples, on assure à présent que c'est leur santé, leur « vie. » Les hommes dont nous parlons pourront donc sourire en relisant ce passage de M. de La Mennais ; mais lui-même aussi ne peut-il pas le leur redire en face à la plupart, le leur rétorquer à bout portant ? C'est le cas de répéter avec M. de Maistre : Il n'y a rien de si difficile que de *n'être qu'un.*

Hâtons-nous de le dire : la supériorité que garde M. de La Mennais sur la plupart de ces hommes est grande encore : elle réside, non plus dans la foi, non plus dans l'ascendant de la position ; il est désormais en plaine comme nous tous ; mais (talent à part) il a l'ardeur du cœur, les trésors du dévouement, l'orgueil peut-être, mais un orgueil qui s'ignore lui-même et qui ne s'embarrasse jamais dans les ombrages de la vanité ni dans les réticences de l'égoïsme : il n'a jamais sacrifié une idée ni un sentiment à un intérêt. Il y a, en un mot, dans les débris du La Mennais chrétien, de quoi faire encore le plus vertueux, le plus fervent, le plus désintéressé des glorieux modernes, de même qu'il y a, dans les ruines de son autorité vraie, de quoi faire une popularité immense.

Le talent, ce don, cet instrument un peu particulier et qui ne suit pas nécessairement la loi de la vérité intérieure, a gagné chez M. de La Mennais en souplesse, en variété, en grâce et en coloris, sans perdre en force, à mesure que sa rigueur de foi a été davantage ébranlée. Nous en signalerons bientôt plus d'une trace, véritablement charmante, dans l'écrit dont nous avons à parler. Le météore est souvent plus riche et plus plaisant aux regards que l'astre.

Dès les premières lignes du livre, M. de La Mennais remarque que « le temps fuit de nos jours avec une telle rapidité, qu'en quelques années l'on voit s'accomplir ce qui jadis eût été l'œuvre d'un siècle ou même de plusieurs. » Cette idée sur la rapidité du temps et la multiplicité de ce qui s'y passe, qui est juste et même banale à un certain degré, devient propre à M. de La Mennais par la singulière préoccupation qu'elle a toujours formée dans son esprit. Dès ses premiers ouvrages, on le voit toujours en hâte au début et comme craignant d'arriver trop tard. J'ouvre les *Mélanges* de 1825 : « On ne lit plus,... on n'en a plus le temps... Cette accélération de mouvement qui ne permet de rien enchaîner, de rien méditer, suffirait seule pour affaiblir et, à la longue, pour détruire entièrement la raison humaine. » Et en tête du livre de *la Religion considérée dans ses rapports*, etc. (1826) : « On ne lit plus aujourd'hui les longs ouvrages; ils fatiguent, ils ennuient; l'esprit humain est las de lui-même, et le loisir manque aussi... Dans le mouvement rapide qui emporte le monde, on n'écoute qu'en marchant... » On peut observer en règle générale que, de même que les livres de M. de La Mennais commencent tous par une parole empressée sur la vitesse des choses et la hâte qu'il faut y mettre, ils finissent tous également par une espèce de prophétie absolue. Cette pensée ardente ne mesure pas le temps à la manière des autres hommes; elle a son rhythme presque fébrile : l'horloge intérieure, qui dans cette tête n'obéit qu'à la mécanique rationnelle, n'est pas d'accord avec l'horloge extérieure du monde, qui, bien qu'il aille vite, a pourtant ses frottements et ses retards. De là nombre de mécomptes et beaucoup de rendez-vous solennels assignés en vain à la société et au genre humain dans chaque conclusion : la société, qui n'avait pas la même heure à son cadran, a fait défaut et n'est pas venue.

Le récit que M. de La Mennais donne de son voyage à Rome se rapporte à l'année 1832; mais la rédaction en est bien postérieure et toute récente. Dès les premières pages, le désaccord du but d'alors avec le ton d'aujourd'hui nous a frappé. La vive et séduisante relation que fait l'auteur à partir de la descente du Rhône sent plutôt le poëte amoureux de la nature et des mo-

numents, je dirai presque le *touriste* de génie qui, après tant d'autres illustres voyageurs, sait rajeunir l'immortelle peinture, et non point le pèlerin véritablement inquiet, le persécuté soucieux, qui va consulter l'oracle des fidèles. Sur son passage à Avignon, par exemple, croirait-on qu'un pèlerin croyant eût dit : « Ce passé triste, mais non sans grandeur, remplit d'une émotion profonde l'âme de celui qui traverse ces silencieux débris, pour aller au loin chercher *d'autres débris, encore palpitants,* de la même puissance? » Il y a là anachronisme, si l'on peut dire, entre le moment du voyage et le ton récent de la rédaction. J'ose affirmer que, si l'un des deux compagnons de voyage de l'illustre auteur (1) abordait le même récit, il le ferait dans une impression toute différente. Au reste, ces pages de M. de La Mennais sont merveilleuses de jeunesse d'imagination, de transparence de couleur et, par moments, de philosophique tristesse : « D'Antibes à Gênes,
« la route côtoie presque toujours la mer, au sein de
« laquelle ses bords charmants découpent leurs formes
« sinueuses et variées, comme nos vies d'un instant
« dessinent leurs fragiles contours dans la durée im-
« mense, éternelle. » Et plus loin, en Toscane, il nous montre çà et là, « à demi caché sous des ronces et des
« herbes sèches, le squelette de quelque village, sem-
« blable à un mort que ses compagnons, dans leur
« fuite, n'auraient pu achever d'ensevelir. » Mais à

---

(1) Ces deux compagnons de voyage étaient l'abbé Lacordaire et le comte de Montalembert.

peine avons-nous le pied dans les États romains, quelques prisonniers conduits par les *sbires* du pape, comme il dit, font contraste avec cette *simplicité naïve de foi* que l'auteur s'attribue encore par oubli, ou qui du moins ne devait pas tarder à s'évanouir. Cette contradiction, dans le courant du livre, est continuelle et frappante, je ne dis pas seulement pour un croyant, mais pour un lecteur exercé. A tout moment l'auteur se suppose le même, et il ne l'est pas. Il s'étonne que le cardinal Lambruschini, autrefois approbateur de ses actes et de ses doctrines, ne le soit plus, comme si *l'Avenir* et *le Conservateur* étaient la même chose. Il explique l'animosité des Jésuites contre lui par un passage du livre des *Progrès de la Révolution* (1829), et il ajoute après avoir cité ce passage : « On conçoit donc pourquoi leur institut ne nous paraissait pas suffisamment approprié aux besoins d'une époque de lutte entre le pouvoir absolu des princes et la liberté des peuples, dont le triomphe à nos yeux *est assuré,* » et il oublie que, pour l'accord logique, il faudrait *était assuré,* ce qui serait inexact en fait, et même entièrement faux, puisqu'en 1829 ce n'était point par ce côté, mais par l'autre bout, qu'il remuait les questions sociales. Au milieu de ces oublis, de ces absences, où pourtant ne manquent jamais la bonne foi et la candeur, notez comme très-présent un portrait de feu le cardinal-duc de Rohan, qui est le plus joli, le plus vrai et le plus malin du monde.

On sent bien que je n'ai pas ici à défendre Rome contre M. de La Mennais, ni à chicaner M. de La Mennais sur sa rupture avec Rome. Ce que je ne puis m'empêcher de relever, c'est ce qui tient à la logique même, à la série d'idées et de doctrines du grand écrivain. Or, je trouve que, dans ses griefs contre Rome, il n'y a rien dont l'abbé de La Mennais l'ancien, celui d'autrefois, celui même de *l'Avenir,* pour nous en tenir là, n'eût eu de quoi se jouer si on lui en avait fait matière à objection. Car, que le Pape lui témoignât plus ou moins de bon vouloir, plus ou moins de *gratitude* pour ses services passés ou bien seulement *sévérité silencieuse* et *sèche indifférence,* c'était affaire de politesse et de manières, ce n'est pas de cela qu'il s'agissait avec lui fidèle et croyant. « Il n'existe, dit M. de La Mennais, pour chaque chose qu'un moment dans les affaires humaines, » et, selon lui, 1831 était ce moment. Or, la Papauté, en manquant l'à-propos, et en proclamant alors certains principes politiques serviles, s'engageait dans une voie d'où elle ne pourrait plus revenir en aucun temps. Forcé donc d'opter entre la Papauté, qui s'enchaînait à tout jamais à des principes faux, et l'indépendance absolue, il dut réfléchir beaucoup, dit-il, et aujourd'hui il se déclare émancipé. M. de La Mennais, en raisonnant ici comme le public, comme les philosophes et comme le sens commun, en se faisant lui-même juge du moment décisif pour l'humanité, est devenu semblable à presque tous, à part la supériorité du génie. Aussi, de tous côtés, les Volsques joyeux ont-ils reçu et choyé et poussé à leur tête Coriolan. Puisque l'auteur de *l'Indifférence* et le comte Joseph de Maistre sont morts, nous ne voyons pas qui le foudroiera.

Tout ce récit, au reste, du catholique détrompé, est fait avec modération (1), et, comme il le dit plusieurs fois, avec candeur. « Chacun, ajoute-t-il, en tirera les conséquences qu'il croira devoir en tirer; je n'ai ni la prétention ni le désir d'exercer aucune influence sur l'opinion d'autrui. » Mais quoi? de l'oubli encore? quoi? vous, apôtre par excellence, vous, l'homme de la certitude, prêtre fervent qui ne cessiez de nous exhorter, vous n'avez nul désir d'exercer influence sur autrui! Est-ce bien possible d'abdiquer brusquement de la sorte, et cela vous était-il permis? Rien n'est pire, sachez-le bien, que de provoquer à la *foi* les âmes et de les laisser là à l'improviste en délogeant. Rien ne les jette autant dans ce scepticisme qui vous est encore si en horreur, quoique vous n'ayez plus que du vague à y opposer. Combien j'ai su d'âmes espérantes que vous teniez et portiez avec vous dans votre besace de pèlerin, et qui, le sac jeté à terre, sont demeurées gisantes le long des fossés! L'opinion et le bruit flatteur, et de nouvelles âmes plus fraîches comme il s'en prend toujours au génie, font beaucoup oublier sans doute et consolent : mais je vous dénonce cet oubli, dût mon cri paraître une plainte!

A défaut de la *foi,* et après un désabusement aussi avoué sur des points importants crus vrais durant de

---

(1) Les croyants catholiques, je dois le dire, en ont jugé autrement; cette modération inaccoutumée dans les termes ne leur a paru qu'une arme de plus et qu'une rancune ironique mieux couverte, qui pourtant éclate dans l'implacable dilemme de la fin : « Il « est au fond si implacable contre l'Église, » me disait Mme Swetchine, « qu'il lui ôte même la chance du repentir! »

longues années et prêchés avec certitude, ce qu'on a droit d'exiger du nouveau croyant pour son rôle futur de charité et d'éloquence, c'est, ce me semble, un léger doute parfois dans l'attaque ou dans la promesse : en un mot quelque chose de ce qu'on appelle expérience humaine, tempérant et guidant la fougue du génie. « Il y a, — lui-même le confesse excellemment, — une « certaine simplicité d'âme qui empêche de comprendre « beaucoup de choses, et principalement celles dont se « compose le monde réel. Sans s'attendre à le trouver « parfait, ce qui ne serait pas seulement de la simpli- « cité, mais de la folie, on se figure qu'entre lui et le « type idéal qu'on s'en est formé d'après les maximes « spéculativement admises, il existe au moins quelque « analogie. Rien de plus trompeur que cette pensée.... » Esprit *élevé* et *candide,* mais ainsi prévenu par ce qu'il appelle une longue erreur, il se doit, il doit à tous, en ses assertions d'aujourd'hui, de ne pas recommencer la même simplicité de cœur, la même crédulité aux hommes, la même enfance. Dans les conclusions du présent livre sur le *vrai* christianisme qui doit désormais régir le monde, je remarque avec peine la même intrépidité de prédiction que quand l'auteur des *Réflexions sur l'Etat de l'Eglise* (1808) s'écriait en terminant : « Non, ce n'est pas à l'Église à craindre... Les « siècles s'évanouiront, le temps lui-même passera, « mais l'Église ne passera jamais. Immuablement fixées « par le Très-Haut, ses destinées s'accompliront malgré « les hommes, malgré les haines, les fureurs, les persé- « cutions, ET LES PORTES DE L'ENFER NE PRÉVAUDRONT POINT

« CONTRE ELLE; » — ou bien quand il écrivait, en 1826, à la fin de *la Religion considérée*, etc. : « S'il est dans les « desseins de Dieu que ce monde renaisse, alors voici ce « qui arrivera. Après d'affreux désordres, des boulever- « sements prodigieux, des maux tels que la terre n'en « a point connu encore, les peuples, épuisés de souf- « frances, regarderont le Ciel. Ils lui demanderont de les « sauver, etc., etc. Si, au contraire, ceci est la fin, et « que le monde soit condamné, au lieu de rassembler « ces débris, ces ossements des peuples, et de les rani- « mer, l'Église passera dessus et s'élèvera au séjour qui « lui est promis, en chantant l'hymne de l'Eternité; » — ou bien quand, à la fin des *Progrès de la Révolution*, en 1829, il écrivait : « Vient le temps où il sera dit *à* « *ceux qui sont dans les ténèbres : Voyez la lumière!* et « ils se lèveront, et, le regard fixé sur cette divine « splendeur, dans le repentir et dans l'étonnement, ils « adoreront, pleins de joie, Celui qui répare tout dés- « ordre, révèle toute vérité, éclaire toute intelligence : « ORIENS EX ALTO. » Il peut paraître piquant, il est sur- tout triste d'embrasser dans un même tableau la suite de ces prophéties diverses et toujours aussi cer- taines.

Je trouve aux dernières pages du présent volume deux phrases sévères, l'une contre le Protestantisme appelé *système bâtard,* etc., l'autre contre *ces tentatives non moins vaines qu'ardentes*, etc.; c'est du Saint-Simo- nisme qu'il s'agit. Il me semble qu'il y a injustice à venir accuser le Protestantisme, au moment où soi- même on ne fait autre chose que protester contre Rome et rentrer dans l'interprétation individuelle. Il y a de plus, envers le Saint-Simonisme, qui, à un certain moment, s'est appelé le *nouveau christianisme,* une sorte d'ingratitude à lui reprocher sa tentative qu'on imite : car c'est bien à lui qu'appartient cette pensée, mise en œuvre depuis, que *le salaire n'est que l'esclavage prolongé.* Au reste, M. de La Mennais est tenu de nous donner, sur ce point du *vrai* christianisme qu'il professe aujourd'hui, des explications plus précises. Croit-il au mal? Croit-il à la réhabilitation de la matière, comme on dit? Son principe de liberté, qui est tout protestant, l'empêche d'être du christianisme organique, comme l'entend M. Buchez. Sa manière de *philosophiser* le christianisme est-elle tout simplement, avec plus de ferveur et d'impulsion, un pur déisme avec morale évangélique, comme par exemple la religion de MM. Jouffroy et Damiron, et, si l'on veut aller au plus loin dans ce sens, est-elle un *socinianisme humanitaire?* En vérité, jusqu'à nouvel ordre, jusqu'à ce que M. de La Mennais ait articulé expressément l'ingrédient caractéristique de son véritable christianisme, je penche pour cette dernière supposition. En tout cas, on a droit de réclamer là-dessus d'autre parole que celle-ci (page 179) : « Des sentiments nouveaux, de « nouvelles pensées annoncent une ère nouvelle. » Ces derniers temps ont un peu trop usé le vague du symbole.

On prendrait, d'après notre sèche discussion, une idée bien inexacte du dernier livre de M. de La Mennais, si l'on ne s'attendait pas cependant à y trouver

un vrai charme de récit, et, sauf le deuil de la foi perdue, auquel peu de lecteurs seront sensibles, bien des richesses d'une grande âme restée naïve. La gaieté elle-même n'en est pas absente : je n'en veux pour preuve que cette page légère où se jouent toutes les grâces d'ironie d'une plume laïque et mondaine. Les voyageurs, las d'attendre l'*Encyclique* qui ne devait les joindre qu'en route, quittèrent Rome en frétant un voiturin : « Cette manière de voyager, lorsque rien ne
« vous presse, dit l'auteur, est la plus agréable que
« puissent choisir ceux qui doivent rechercher une
« stricte économie. On séjourne, on voit mieux le pays
« que dans les voitures publiques. Notre bon Pasquale,
« toujours d'humeur égale, abrégeait nos longues
« heures de marche par sa conversation spirituelle-
« ment naïve. Représentez-vous une large figure pleine
« et ronde, empreinte d'un singulier mélange de sim-
« plicité et de finesse malicieuse, voilà Pasquale. Il
« fallait l'entendre raconter comment, retenu au lit
« pendant quarante jours par une jambe cassée, il re-
« vint à Rome juste à temps pour ne pas trouver sa
« femme remariée : ce n'est pas que sa douleur eût été
« inconsolable, si le second mariage avait rompu le
« premier; car, libre alors, peut-être serait-il devenu
« cardinal, peut-être pape, qui sait? on avait vu des
« choses plus extraordinaires. Pourquoi pas lui autant
« qu'un autre? Ne valait-il pas bien celui-ci, celui-là?
« Un peu de bonheur, un peu de faveur, on arrive à
« tout avec cela. Et quelle douce vie pour Pasquale!
« que de loisir, que de repos! que de *far niente!* Je

« supprime le reste : j'ai voulu seulement donner une « idée du genre d'esprit qui caractérise le peuple ro- « main, et de sa mordante verve. » — Le président de Brosses eût-il mieux conté? Jean-Jacques en belle humeur eût-il mieux dit?

Quoi qu'il en soit du charme et de la souplesse de l'expression dans ce remarquable écrit, c'est autrement qu'il me frappe, et plus profondément. Si je voulais donner à un jeune homme de vingt ans, enthousiaste, enorgueilli de doctrines absolues, la plus haute leçon de philosophie pratique (soit philosophie chrétienne, soit philosophie humaine), je le lui ferais lire, et aussitôt le volume achevé, je lui mettrais entre les mains le livre de *la Religion considérée dans ses Rapports,* etc., par le même auteur. Ces Russes qui, dit-on, au sortir d'un bal, courent se plonger nus dans la neige, n'éprouvent certes pas une impression plus violemment contradictoire que n'en ressentirait ce jeune homme tout ému de sa première lecture, et venant se heurter contre des assertions si opposées, également logiques, également éloquentes, également sincères! Et alors, si tant est que les leçons servent et qu'on devance l'âge, je croirais avoir beaucoup fait pour ce jeune homme, soit que la foi et la soumission chrétienne dussent résulter pour lui de son étonnement, soit qu'un scepticisme sagement méfiant dût désormais se mêler à ses impressions les plus vives, et hâter la maturité de sa raison d'homme aux dépens des faux enthousiasmes du disciple. — Il est un chapitre bien essentiel à ajouter au livre connu de Huet; on pourrait l'intituler : *De la faiblesse de l'esprit humain,* AU MOMENT DU PLUS GRAND TALENT, *dans les grands hommes* (1).

15 novembre 1836.

Cette suite d'articles sur La Mennais exprime et accuse plus nettement qu'aucune autre l'espèce de difficulté où je me suis trouvé plus d'une fois engagé vis-à-vis de mes modèles contemporains. Je m'étais mis à leur appliquer tout d'abord une forme de critique singulièrement délicate et chatouilleuse ; je me faisais l'introducteur, l'interprète et jusqu'à un certain point le panégyriste de grands écrivains qui allaient se modifiant eux-mêmes pendant que je les peignais, et qui, souvent, par leur prompte métamorphose, déjouaient mes louanges les plus sincères et les plus méritées. — Je dirai tout de suite que pour avoir sous les yeux tout ce que j'ai écrit *ex professo* sur La Mennais, il faudrait y joindre l'article sur la *Correspondance publiée par M. Forgues* au tome I des *Nouveaux Lundis*, et les articles sur la *Correspondance publiée par M. Blaize* insérés dans le *Moniteur* des 7, 14 et 15 septembre 1868, et qui feront partie du tome XI de ces mêmes *Nouveaux Lundis* : on aurait ainsi tout l'ensemble

---

(1) *Grand homme,* en cette prose un peu flottante encore du XVIIe siècle, c'est-à-dire *grand esprit, grand écrivain.* — M. de Cazalès, qui faisait en cette année 1836 un cours à l'Université de Louvain, m'écrivait, à l'occasion de cet article sur les *Affaires de Rome,* qu'il en avait été fort content : « Vous avez dit tout ce qu'il y a de bon à dire aux lecteurs auxquels vous vous adressez et du point de vue où vous vous êtes placé pour vos diverses études littéraires. Vous avez jeté çà et là des traits excellents et d'utiles moralités. Laissez-moi vous répéter la phrase de je ne sais quel satrape persan à je ne sais quel héros grec : *Cum talis sis, utinam noster esses!* »

de mon jugement. — En ce qui est des précédents articles, ils s'expliquent assez d'eux-mêmes. Je m'étais prêté volontiers à La Mennais, je ne m'étais point donné, et quand il outre-passa la ligne, d'ailleurs assez élastique et mobile, jusqu'où je croyais pouvoir l'accompagner et le suivre, je m'arrêtai et je ne craignis pas de le marquer nettement. Il m'est arrivé d'exprimer d'un mot cette situation en disant: « M. de La Mennais est, à lui seul, toute une révolution dont je suis resté le girondin. » Après tout, et le premier enthousiasme exhalé, les concessions ensuite et même les complaisances épuisées à leur tour, je redevenais ce que je suis au fond, un critique. Quel effet produisirent sur M. de La Mennais ces articles d'abord tout favorables, puis terminés par un temps d'arrêt et une sorte de holà? Je le sais trop bien, et, si je l'avais ignoré, M. le pasteur Napoléon Peyrat, dans un livre de *Souvenirs* intitulé *Béranger et La Mennais* (1864), aurait pris soin de me l'apprendre. Voici le passage :

« Depuis que M. de La Mennais donnait dans la démagogie, M. Sainte-Beuve, par une évolution contraire, se retournait vers le pouvoir. Le tribun breton fut très-sensible à l'abandon du critique normand, dont les premières hostilités éclatèrent, je crois, contre les *Affaires de Rome*. « Je l'ai rencontré depuis, disait-il, « dans le quartier de l'Odéon, il a d'abord balbutié je ne sais quoi, « puis, tout interloqué, il a baissé la tête. Sa critique n'est que du « marivaudage. »

Je pourrais répondre à M. Peyrat que d'abord je ne suis pas *normand* et que la demi-épigramme porte à faux. Il n'est pas exact non plus de dire que je fis en ce temps-là une évolution vers le pouvoir. Quoique ma retraite du *National* date à peu près de ce moment, je me gardai bien de me rapprocher de la politique dominante ni d'y tremper en rien ; je me tenais en dehors : c'est à tel point que lorsque M. de Salvandy, à quelques années de là, jugea à propos, à l'époque du mariage du duc d'Orléans, de me faire nommer, sans me consulter, pour la Légion d'honneur et de mettre mon nom au *Moniteur* dans la même promotion qu'Ampère et Tocqueville, je lui écrivis, en le remerciant de sa bonne grâce, que j'avais le regret de ne pouvoir accepter. L'explication de M. Peyrat n'est donc pas la véritable; mais un critique ne peut, sans s'abdiquer tout à fait lui-même, se prêter du jour au lendemain à des renversements de rôles tels que ceux dont La Mennais nous rendait témoins, et dont il ne lui aurait pas déplu de nous rendre complices. Je crois me rappeler qu'en effet, après l'article sur les *Affaires de Rome*, je rencontrai un jour sur la place de l'Odéon, au bras de je-ne sais plus qui, M. de La Mennais que depuis quelque temps j'avais cessé de voir; je ne me souviens pas de la mine que je pus faire, car on ne se voit point soi-même. Si réellement je parus embarrassé, comme cela est très-possible, ce dut être pour lui et non pour moi. De quoi pouvais-je avoir à rougir en sa présence? Je n'avais pas été le premier à le rechercher au début de notre liaison; lui-même m'avait fait, par Victor Hugo, des avances dès le temps des *Consolations*; je l'avais connu prêtre et disant encore la messe, ultramontain et pur romain de doctrine : je l'avais pris avec vivacité et sympathie par tous les points desquels je pouvais me rapprocher et qui m'offraient un moyen de correspondre; je m'étais efforcé de multiplier ces « points d'attouchement, » comme les appelle Lavater dans son manuel de l'amitié; je n'avais eu, dès son premier pas dans le libéralisme, que d'excellents et chauds procédés envers lui et lui avais hautement rendu, je puis dire, de bons offices littéraires. De son côté, il n'avait cessé de m'exhorter directement ou indirectement à me fixer, à *croire*... Mais, je le demande, que pouvais-je faire lorsque, tout d'un coup, je le vis passer du blanc au noir ou au rouge, et dans sa pétulance sauter par-dessus ma tête, m'enjamber comme au jeu du *cheval fondu* pour aller tomber tout d'un bond du catholicisme dans l'extrême démagogie? Il y avait de quoi être embarrassé vraiment et de quoi baisser la tête. La vérité aussi, c'est que M. de La Mennais, avec ses jugements absolus, devait assez peu goûter ma forme de critique d'alors et même celle où, de tout temps, ma curiosité n'a cessé de se complaire. Tant qu'il me put croire à lui ou avec lui, il m'appelait dans ses lettres « le bon Sainte-Beuve, » et trouvait ma plume à son gré. Quand je me séparai et que je me hasardai à le contredire (sans y mettre jamais de l'hostilité), il ne vit plus dans ma critique que du « marivaudage. » C'était encore, de sa part, de l'indulgence (1). J'ai eu depuis occasion de le revoir. Je le rencontrai chez l'excellent d'Ortigue qui était resté, bien que catholique, son disciple fidèle; on me fit dîner avec lui; il m'engagea à le visiter, et je le retrouvai rue Tronchet à son quatrième, tout à fait le même que je l'avais connu autrefois, naturel et affectueux. Je le dis à son éloge, il m'avait tout à fait pardonné mes libertés de plume. Mais les événements de 1848 l'assombrirent de nouveau; les colères le ressaisirent; je ne cherchai plus à le rencontrer, le hasard n'y aida pas, et je ne l'ai pas revu jusqu'à sa mort. Il est resté pour moi un grand écrivain, un grand et surtout un vigoureux esprit dominé par une imagination forte, et plus que tout encore une âme de douleur, d'angoisse et de tourment.

(1) J'aime à rapprocher et à opposer ces témoignages, ces *dits et contredits* de contemporains se contre-jugeant les uns les autres. Dans une lettre inédite de La Mennais à Mlle Clément, je trouve encore ce passage, au sujet d'un mien article sur *Mme de Krudener* (1837) : « Je ne comprends rien à ce que Sainte-Beuve dit d'elle, non plus qu'au bizarre rapprochement des noms qu'il fait arriver à ce propos. En général, il recherche plus la singularité que la justesse. » Je n'ai jamais recherché la singularité, mais je conviens qu'à force de chercher la ressemblance et de poursuivre les moindres nuances de chaque physionomie, il a bien pu m'arriver quelquefois de tirer les choses d'un peu loin et de subtiliser. La Mennais, lui, y mettait moins de façons et était plus expéditif.

LAMARTINE.

1832.

De tout temps et même dans les âges les plus troublés, les moins assujettis à une discipline et à une croyance, il y a eu des âmes tendres, pénétrées, ferventes, ravies d'infinis désirs et ramenées par un naturel essor aux régions absolues du Vrai, de la Beauté et de l'Amour. Ce monde spirituel des vérités et des essences, dont Platon a figuré l'idée sublime aux sages de notre Occident, et dont le Christ a fait quelque chose de bon, de vivant et d'accessible à tous, ne s'est jamais depuis lors éclipsé sur notre terre : toujours, et jusque dans les tumultueux déchirements, dans la poussière des luttes humaines, quelques témoins fidèles en ont entendu l'harmonie, en ont glorifié la lumière et ont vécu en s'efforçant de le gagner. Le plus haut type, parmi ceux qui ont produit leur pensée sur ces matières divines, est assurément Dante, comme le plus édifiant parmi ceux qui ont agi d'après les divines prescriptions est saint Vincent de Paul. Pour ne parler ici que des premiers, de ceux qui ont écrit, des théologiens, théosophes, philosophes et poëtes

(Dante était tout cela), on vit par malheur, dans les siècles qui suivirent, un démembrement successif, un isolement des facultés et fonctions que le grand homme avait réunies en lui : et ce démembrement ne fut autre que celui du catholicisme même. La théologie cessa de tout comprendre et de plonger dans le sol immense qui la nourrissait : elle se dessécha peu à peu, et ne poussa plus que des ronces. La philosophie, se séparant d'elle, s'irrita et devint un instrument ennemi, une hache de révolte contre l'arbre révéré. Les poëtes et artistes, s'inspirant moins à la source de toute vie et de toute création, déchurent du premier rang où ils siégeaient dans la personne de Dante, et la plupart finirent par retomber à ce sixième degré où Platon les avait relégués au bas de l'échelle des âmes, un peu au-dessus des ouvriers et des laboureurs. La théosophie, c'est-à-dire l'esprit intelligent et intime des religions, s'égara, tarit comme une eau hors de son calice, ou bien se réfugia dans quelques cœurs et s'y vaporisa en mystiques nuées. C'est là que les choses en étaient venues au xviiie siècle, principalement en France. Et pourtant les âmes tendres, élevées, croyant à l'exil de la vie et à la réalité de l'invisible, n'avaient pas disparu : la religion, sous ses formes rétrécies, en abritait encore beaucoup; la philosophie dominante en détournait quelques-unes, sans les opprimer entièrement; mais toutes manquaient d'organe général et harmonieux, d'interprète à leurs vœux et à leurs soupirs, de poëte selon le sens animé du mot. Racine, dans quelques portions de son œuvre, dans les chœurs de ses tragédies bibliques, dans le trop petit nombre de ses hymnes imités de saint Paul et d'ailleurs, avait laissé échapper d'adorables accents, empreints de signes profonds sous leur mélodieuse faiblesse. En essayant de les continuer, d'en faire entendre de semblables, non point parce qu'il sentait de même, mais parce qu'il visait à un genre littéraire, Jean-Baptiste égarait toute spiritualité dans les échos de ses rimes sonores : Racine fils, bien débile sans doute, était plus voisin de son noble père, plus vraiment touché d'un des pâles rayons. Mais où trouver l'âme sacrée qui chante? Fénelon n'avait pas de successeur pour la tendresse insinuante et fleurie, pas plus que Malebranche pour l'ordre majestueux et lucide. En même temps que l'esprit grave, mélancolique, de Vauvenargues, retardé par le scepticisme, s'éteint avant d'avoir pu s'appliquer à la philosophie religieuse où il aspire, des natures sensibles, délicates, fragiles et repentantes, comme mademoiselle Aïssé, l'abbé Prévost, Gresset, se font entrevoir et se trahissent par de vagues plaintes; mais une voix expressive manque à leurs émotions; leur monde intérieur ne se figure ni ne se module en aucun endroit. Plus tard, Diderot et Rousseau, puissances incohérentes, eurent en eux de grandes et belles parties d'inspiration; ils ouvrent des jours magnifiques sur la nature extérieure et sur l'âme; mais ils se plaisent aussi à déchaîner les ténèbres. C'est une pâture mêlée et qui n'est pas saine que la leur. La raison s'y gonfle, le cœur s'y dérange, et ils n'indiquent aucune guérison. Ils n'ont rien de soumis ni de constamment simple :

la colère en eux contrarie l'amour. Cela est encore plus vrai de Voltaire, qui toutefois dans certains passages de *Zaïre,* surtout dans quelques-unes de ses poésies diverses, a effleuré des cordes touchantes, deviné de secrets soupirs, mais ne l'a fait qu'à la traverse et par caprices rapides. Il y a de la rage et trop d'insulte dans les cris étouffés de Gilbert. Un homme, un homme seul au xviiie siècle, nous semble recueillir en lui, amonceler dans son sein et n'exhaler qu'avec mystère tout ce qui tarissait ailleurs de pieux, de lucide et de doux, tout ce qui s'aigrissait au souffle du siècle dans de bien nobles âmes; humilité, sincérité parfaite, goût de silence et de solitude, inextinguibles élancements de prière et de désir, encens perpétuel, harpe voilée, lampe du sanctuaire, c'était là le secret de son être, à lui; cette nature mystique, ornée des dons les plus subtils, éveille l'idée des plus saints emblèmes. Au milieu d'une philosophie matérialiste envahissante et d'un christianisme de plus en plus appesanti, la quintessence religieuse s'était réfugiée en sa pensée comme en un vase symbolique, soustrait aux regards vulgaires. Ce personnage, alors inconnu et bien oublié de nos jours, qui s'appelait lui-même à travers le désert bruyant de son époque le *Robinson de la spiritualité,* que M. de Maistre a nommé le plus aimable et le plus élégant des théosophes, créature de prédilection véritablement faite pour aimer, pour croire et pour prier, Saint-Martin s'écriait, en s'adressant de bien loin aux hommes de son temps, dans ce langage fluide et comme imprégné d'ambroisie, qui est le sien :

« Non, homme, objet cher et sacré pour mon cœur, je
« ne craindrai point de t'avoir abusé en te peignant
« ta destinée sous des couleurs si consolantes. Re-
« garde-toi au milieu de ces secrètes et intérieures in-
« sinuations qui stimulent si souvent ton âme, au
« milieu de toutes les pensées pures et lumineuses qui
« dardent si souvent sur ton esprit, au milieu de tous
« les faits et de tous les tableaux des êtres pensants,
« visibles et invisibles, au milieu de tous les merveil-
« leux phénomènes de la nature physique, au milieu
« de tes propres œuvres et de tes propres productions ;
« regarde-toi comme au milieu d'autant de *religions*
« ou au milieu d'autant d'objets qui tendent à se ral-
« lier à l'immuable vérité. Pense avec un religieux
« transport que toutes ces religions ne cherchent qu'à
« ouvrir tes organes et tes facultés aux sources de l'ad-
« miration dont tu as besoin... Marchons donc ensemble
« avec vénération dans ces temples nombreux que
« nous rencontrons à tous les pas, et ne cessons pas un
« instant de nous croire dans les avenues du Saint des
« Saints. » N'est-ce pas un prélude des *Harmonies*
qu'on entend? Un bon nombre des psaumes ou cantiques, qui composent *l'Homme de Désir,* pourraient
passer pour de larges et mouvants canevas, jetés par
notre illustre contemporain, dans un de ces moments
d'ineffable ébriété où il chante :

> Encore un hymne, ô ma lyre!
> Un hymne pour le Seigneur!
> Un hymne dans mon délire,
> Un hymne dans mon bonheur!

Aux soi-disant poëtes de son époque qui dépensaie.t leurs rimes sur des descriptions, des tragédies ou des épopées, toutes de convention et d'artifice, Saint-Martin fait honte de ce matérialisme de l'art :

> Mais voyez à quel point va votre inconséquence!
> Vous vous dites sans cesse inspirés par les cieux,
> Et vous ne frappez plus notre oreille, nos yeux,
> Que par le seul tableau des choses de la terre;
> Quelques traits copiés de l'ordre élémentaire,
> Les erreurs des mortels, leurs fausses passions,
> Les récits du passé, quelques prédictions
> Que vous ne recevez que de votre mémoire,
> Et qu'il vous faut suspendre où s'arrête l'histoire :
> Voilà tous vos moyens, voilà tous les trésors
> Dont vous fassent jouir vos plus ardents efforts!

Par malheur, Saint-Martin lui-même, ce réservoir immense d'onction et d'amour, n'avait qu'un instrument incomplet pour se répandre; le peu de poésie qu'il a essayée, et dont nous venons de donner un échantillon, est à peine tolérable; bien plus, il n'eut jamais l'intention d'être pleinement compris. Lié à des doctrines occultes, s'environnant d'obscurités volontaires, tourné en dedans et en haut, il n'est là, en quelque sorte, que pour perpétuer la tradition spiritualiste dans une vivacité sans mélange, pour protester devant Dieu par sa présence inaperçue, pour prier angéliquement derrière la montagne durant la victoire passagère des géants. J'ignore s'il a gagné aux voies trop détournées, où il s'est tenu, beaucoup d'âmes de mystère; mais il n'a en rien touché le grand nombre des âmes accessibles d'ailleurs aux belles et bonnes paroles, et dignes de consolation. Il faut, en effet, pour arriver à elles, pour prétendre à les ravir et à être nommé d'elles leur bienfaiteur, joindre à un fonds aussi précieux, aussi excellent que celui de *l'Homme de Désir*, une expression peinte aux yeux sans énigme, la forme à la fois intelligente et enchanteresse, la beauté rayonnante, idéale, mais suffisamment humaine, l'image simple et parlante comme l'employaient Virgile et Fénelon, de ces images dont la nature est semée, et qui répondent à nos secrètes empreintes; il faut être un homme du milieu de ce monde, avoir peut-être moins purement vécu que le théosophe, sans que pourtant le sentiment du Saint se soit jamais affaibli au cœur; il faut enfin croire en soi et oser, ne pas être humble de l'humilité contrite des solitaires, et aimer un peu la gloire comme l'aimaient ces poëtes chrétiens qu'on couronnait au Capitole.

Rousseau, disions-nous, avait eu de grandes parties d'inspiration ; il avait prêté un admirable langage à une foule de mouvements obscurs de l'âme et d'harmonies éparses dans la nature. La misanthropie et l'orgueil qui venaient à la traverse, les perpétuelles discussions qui entrecoupent ses rêveries, le recours aux hypothèses hasardées, et, pour parler juste, un génie politique et logique, qui ne se pouvait contraindre, firent de lui autre chose qu'un poëte qui charme, inonde et apaise. Et puis c'était de la prose ; or, la prose, si belle, si grave, si rhythmique qu'on la fasse (et quelle prose que celle de Jean-Jacques!), n'est jamais un chant. A Rousseau, par une filiation plus ou moins soutenue, mais étroite et certaine à l'origine, se rattachent Bernardin de Saint-Pierre, madame de Staël et M. de Chateaubriand. Tous les trois se prirent de préférence au côté spiritualiste, rêveur, enthousiaste, de leur auteur, et le fécondèrent selon leur propre génie. Madame de Staël se lança dans une philosophie vague sans doute et qui, après quelque velléité de stoïcisme, devint bientôt abandonnée, sentimentale, mais resta toujours adoratrice et bienveillante. Bernardin de Saint-Pierre répandit sur tous ses écrits la teinte évangélique du Vicaire savoyard. M. de Chateaubriand, sorti d'une première incertitude, remonta jusqu'aux autels catholiques dont il fêta la dédicace nouvelle. Ces deux derniers qui, sous l'appareil de la philanthropie ou de l'orthodoxie, couvraient des portions de tristesse chagrine et de préoccupation assez amère, dont il n'y a pas trace chez leur rivale expansive, avaient le mérite de sentir, de peindre bien autrement qu'elle cette nature solitaire qui, tant de fois, les avait consolés des hommes; ils étaient vraiment religieux par là, tandis qu'elle, elle était plutôt religieuse en vertu de ses sympathies humaines. Chez tous les trois, ce développement plein de grandeur auquel, dans l'espace de vingt-cinq années, on dut les *Études* et les *Harmonies de la Nature, Delphine* et *Corinne,* le *Génie du Christianisme* et *les Martyrs,* s'accomplissait au moyen d'une prose riche, épanouie, cadencée, souvent métaphysique chez madame de Staël, purement poétique dans les deux autres, et d'autant plus désespérante, en somme, qu'elle n'avait pour pendant et vis-à-vis que les jolis miracles de la versification delillienne. Mais Lamartine était né.

Ce n'est plus de Jean-Jacques qu'émane directement Lamartine ; c'est de Bernardin de Saint-Pierre, de M. de Chateaubriand et de lui-même. La lecture de Bernardin de Saint-Pierre produit une délicieuse impression dans la première jeunesse. Il a peu d'idées, des systèmes importuns, une modestie fausse, une prétention à l'ignorance, qui revient toujours et impatiente un peu ; mais il sent la nature, il l'adore, il l'embrasse sous ses aspects magiques, par masses confuses, au sein des clairs de lune où elle est baignée; il a des mots d'un effet musical et qu'il place dans son style comme des harpes éoliennes, pour nous ravir en rêverie. Que de fois, enfant, le soir, le long des routes, je me suis surpris répétant avec des pleurs son invocation aux forêts et à leurs *résonnantes clairières!* Lamartine, vers 1808, devait beaucoup lire les *Études* de Bernardin ; il devait dès lors s'initier par lui au secret de ces voluptueuses couleurs dont plus tard il a peint dans *le Lac* son souvenir le plus chéri :

> Qu'il soit dans le zéphyr qui frémit et qui passe,
> Dans les bruits de tes bords par tes bords répétés,
> Dans l'astre au front d'argent qui blanchit ta surface
>   De ses molles clartés!

Le génie pittoresque du prosateur a passé tout entier en cette muse : il s'y est éclipsé et s'est détruit lui-même en la nourrissant. Aussi, à part *Paul et Virginie,* que rien ne saurait atteindre, Lamartine dispense à peu près aujourd'hui de la lecture de Bernardin de Saint-Pierre; quand on nommera les *Harmonies*, c'est uniquement de celles du poëte que la postérité entendra parler. Lamartine, vers le même temps, aima et lut sans doute beaucoup le *Génie du Christianisme*, *René* : si sa simplicité, ses instincts de goût sans labeur ne s'accommodaient qu'imparfaitement de quelques traits de ces ouvrages, son éducation religieuse, non moins que son anxiété intérieure, le disposait à en saisir les beautés sans nombre. Quand il s'écrie à la fin de *l'Isolement*, dans la première des premières *Méditations* :

> Et moi je suis semblable à la feuille flétrie...
> Emportez-moi comme elle, orageux aquilons!

il n'est que l'écho un peu affaibli de cette autre voix impétueuse : *Levez-vous, orages désirés, qui devez emporter René*, etc. Rousseau, je le sais, agit aussi très-puissamment sur Lamartine; mais ce fut surtout à travers Bernardin de Saint-Pierre et M. de Chateaubriand qu'il le sentit. Il n'eut rien de Werther, il ne connut guère Byron de bonne heure, et même il en savait peu de chose au delà du renom fantastique qui circulait, quand il lui adressa sa magnifique remontrance. Son génie préexistait à toute influence lointaine. André Chénier, dont la publication tardive (1819) a donné l'éveil à de bien nobles muses, particulièrement à celle de M. Alfred de Vigny, resta, jusqu'à ces derniers temps, inaperçu et, disons-le, méconnu de Lamartine, qui n'avait rien, il est vrai, à tirer de ce mode d'inspiration antique, et dont le style était déjà né de lui-même à la source de ses pensées. J'oserai affirmer, sans crainte de démenti, que, si les poésies fugitives de Ducis sont tombées aux mains de Lamartine, elles l'ont plus ému dans leur douce cordialité et plus animé à produire, que ne l'eussent fait les poésies d'André, quand elles auraient paru dix ans plus tôt. Il ne goûte, il ne vénère que depuis assez peu d'années Pétrarque, le grand élégiaque chrétien, et son plus illustre ancêtre. Saint-Martin, que j'ai nommé, n'aura jamais été probablement de sa bien étroite connaissance. Lamartine n'est pas un homme qui élabore et qui cherche; il ramasse, il sème, il moissonne sur sa route; il passe à côté, il néglige ou laisse tomber de ses mains; sa ressource surabondante est en lui; il ne veut que ce qui lui demeure facile et toujours présent. Simple et immense, paisiblement irrésistible, il lui a été donné d'unir la profusion des peintures naturelles, l'esprit d'élévation des spiritualistes fervents, et l'ensemble des vérités en dépôt au fond des moindres cœurs. C'est une sensibilité reposée, méditative, avec le goût des mouvements et des spectacles de la vie, le génie de la solitude avec l'amour des hommes, une ravissante volupté sous les dogmes de la morale universelle. Sa plus haute poésie traduit toujours le plus familier christianisme et s'interprète à son tour par lui. Son âme est comme l'idéal accompli de la généralité des âmes que l'ironie n'a pas desséchées, que la nouveauté n'enivre pas immodérément, que les agitations mondaines laissent encore délicates et libres. Et en même temps, sa forme, la moins circonscrite, la moins matérielle, la plus diffusible des formes dont jamais langage humain ait revêtu une pensée de poëte, est d'un symbole constant, partout lucide et immédiatement perceptible (1).

(1) Dans un article inséré au *Globe,* le 20 juin 1830, lors de la publication des *Harmonies*, on lit : « ..... M. de Lamartine, par cela même qu'il range humblement sa poésie aux vérités de la tradition, qu'il voit et juge le monde et la vie suivant qu'on nous a appris dès l'enfance à les juger et à les voir, répond merveilleusement à la pensée de tous ceux qui ont gardé ces premières impressions, ou qui, les ayant rejetées plus tard, s'en souviennent encore avec un regret mêlé d'attendrissement. Il se trompe lorsqu'il dit dans sa préface que ses vers ne s'adressent qu'à un petit nombre. De toutes les poésies de nos jours, aucune n'est autant que la sienne selon le cœur des femmes, des jeunes filles, des hommes accessibles aux émotions pieuses et tendres. Sa morale est celle que nous savons : il nous répète avec un charme nouveau ce qu'on nous a dit mille fois, nous fait repasser avec de douces larmes ce que nous avons senti, et l'on est tout surpris en l'écoutant de s'entendre soi-même chanter ou gémir par la voix sublime d'un poëte. C'est une aimable beauté de cœur et de génie qui nous ravit et nous touche par toutes les images connues, par tous les sentiments éprouvés, par toutes les vérités lumineuses et éternelles. Cette manière de comprendre les diverses heures du jour, l'aube, le matin, le crépuscule, d'interpréter la couleur des nuages, le murmure des eaux, le bruissement des bois, nous était déjà obscurément familière avant que le poëte nous la rendît vivante par le souffle harmonieux de sa parole. Il dégage en nous, il ravive, il divinise ces empreintes chères à nos sens, et dont tant de fois s'est peinte notre prunelle, ces comparaisons presque innées, les premières qui se soient gravées dans le miroir de nos âmes. Nul effort, nulle réflexion pénible pour arriver où sa philosophie nous porte. Il nous prend où nous sommes, chemine quelque temps avec les plus simples, et ne s'élève que par les côtés où le cœur surtout peut s'élever. Ses idées sur l'Amour et la Beauté, sur la mort et l'autre vie, sont telles que chacun les pressent, les rêve

Alphonse de Lamartine est né à Mâcon, en octobre 1791, c'est-à-dire en pleine Révolution. Son grand-père maternel avait exercé autrefois une charge dans la maison d'Orléans, et s'était ensuite retiré en province.

et les aime. Sans doute, et nous nous plaisons à le dire, il est aujourd'hui sur ces points d'autres interprétations non moins hautes, d'autres solutions non moins poétiques, qui, plus détournées de la route commune, plus à part de toute tradition, dénotent, chez les poëtes qui y atteignent, une singulière vigueur de génie, une portée immense d'originalité individuelle. Mais c'est aussi une espèce d'originalité bien rare et désirable que celle qui s'accommode si aisément des idées reçues, des sentiments consacrés, des préjugés de jeunes filles et de vieillards; qui parle de la mort comme en pense l'humble femme qui prie, comme il en est parlé depuis un temps immémorial dans l'église ou dans la famille, et qui trouve en répétant ces doctrines de tous les jours une sublimité sans efforts, et pourtant inouïe jusqu'à présent, etc... » — J'ajouterai un trait encore qui reproduit et termine la même idée sous forme d'image sensible : « Comment M. de Lamartine est-il si populaire en même temps qu'il est si élevé? » me demandait un jour un homme que ce problème intéresse à bon droit (*Ballanche*), parce que la popularité du succès n'a point jusqu'ici répondu pour lui à l'élévation de la pensée et du talent. — « C'est que M. de Lamartine, lui dis-je, part toujours d'un sentiment commun, moral, et d'une morale dont tous ont le germe au cœur, et presque l'expression sur les lèvres. D'autres s'élèvent aussi haut, mais ne le font pas dans la même ligne d'idées et de sentiments communs à tous. Il est comme un cygne s'enlevant du milieu de la foule qui l'a vu et aimé, pendant qu'il marchait et nageait à côté d'elle; elle le suit jusque dans le ciel où il plane, comme l'un des siens, ayant seulement de plus le don du chant et des ailes; tandis que d'autres sont plutôt des cygnes sauvages, des aigles inabordables, qui prennent leur essor aussi sublime du haut des forêts désertes et des cimes infréquentées : la foule les voit de loin, mais sans trop comprendre d'où ils sont partis, et ne les suit pas avec le même intérêt sympathique, intelligent. »

La Révolution frappa sa famille comme toutes celles qui tenaient à l'ordre ancien par leur naissance et leurs opinions : les plus reculés souvenirs de Lamartine le reportent à la maison d'arrêt où on le menait visiter son père. Au sortir de la Terreur, et pour traverser les années encore difficiles qui suivirent, ses parents vécurent confinés dans cette terre obscure de Milly, que le poëte a si pieusement illustrée, comme M. de Chateaubriand a fait pour Combourg, comme Victor Hugo pour les Feuillantines. Il passa là, avec ses sœurs, une longue et innocente enfance, libre, rustique, errant à la manière du ménestrel de Beattie, formé pourtant à l'excellence morale et à cette perfection de cœur qui le caractérise, par les soins d'une admirable mère (1),

---

(1) « Ma mère avait reçu de sa mère au lit de mort une belle
« Bible de Royaumont, dans laquelle elle m'apprenait à lire quand
« j'étais petit enfant. Elle était douée par la nature d'une âme
« aussi pieuse que tendre, et de l'imagination la plus sensible et
« la plus colorée : toutes ses pensées étaient sentiments, tous ses
« sentiments étaient images. Sa belle et noble et suave figure ré-
« fléchissait dans sa physionomie rayonnante tout ce qui brûlait
« dans son cœur, tout ce qui se peignait dans sa pensée, et le son
« argentin, affectueux, solennel et passionné de sa voix ajoutait à
« tout ce qu'elle disait un accent de force, de charme et d'amour
« qui retentit encore en ce moment dans mon oreille, hélas! après
« six ans de silence! etc. » (*Voyage en Orient.*) Et ailleurs : « Ma
« mère m'avait fait chrétien, j'avais quelquefois cessé de l'être
« dans les jours les moins bons et les moins purs de ma première
« jeunesse. Le malheur et l'amour, l'amour complet qui purifie
« tout ce qu'il brûle, m'avait également repoussé plus tard dans
« ce premier asile de mes pensées. » Et encore : « Les versets, les
« lambeaux de psaumes que j'ai si souvent entendu murmurer à
« voix basse à ma mère en se promenant le soir dans l'allée du
« jardin de Milly, me reviennent en mémoire. » — Toute cette

dont il est, assure-t-on, toute l'image. Une personne grave et peu habituée aux comparaisons poétiques, qui avait en ce temps l'occasion de le voir avec ses sœurs sous l'aile de la mère, ne pouvait s'empêcher de comparer cette jeune famille aimable et d'un essor si naturel à une couvée de colombes. Quand tout n'était que bouleversement et tempête, comment ce doux nid était-il venu à éclore sur la colline pierreuse ? Demandez à Celui qui voulut vêtir le lis du vallon et qui fait fleurir le désert ! — Le jeune Lamartine ne laissa cette vie domestique que pour aller à Belley, au collége des Pères de la Foi ; moins heureux qu'à Milly, il y trouva cependant du charme, des amis qu'il garda toujours, des guides indulgents et faciles, auxquels il disait en les quittant :

>Aimables sectateurs d'une aimable sagesse,
>Bientôt je ne vous verrai plus !

Sans parler de tout ce qu'il y avait de primitivement affable dans la belle âme de Lamartine, on doit peut-être à cette éducation paternelle de Belley de n'y avoir rien déposé de timide et de farouche, comme il est arrivé trop souvent chez d'autres natures sensibles de

biographie de Lamartine dans laquelle je m'aventurais le premier, sans documents particuliers et bien précis, ne peut être considérée que comme un à peu près, aujourd'hui surtout que l'auteur, dans les commentaires ajoutés à ses poésies et dans d'innombrables pages de confidences, a tout raconté de lui et des siens. Il suffisait alors à ce premier portrait que le fond et les accessoires fussent d'une justesse approchante, largement posés et en harmonie de ton.

notre âge. Après le collége, vers 1809, Lamartine vécut à Lyon, et fit, je crois, dès ce temps, un premier voyage et séjour en Italie (1). Il fut ensuite à Paris, s'y laissa aller, bien qu'avec décence, à l'entraînement des amitiés et de la jeunesse, distrait de ses principes, obscurci dans ses croyances, jamais impie ni raisonneur systématique ; versifiant beaucoup dès lors, jusque dans ses lettres familières, songeant à la gloire poétique, à celle du théâtre en particulier; d'ailleurs assez mécontent du sort et trouvant mal de quoi satisfaire à ses goûts innés de noble aisance et de grandeur. La fortune, en effet, qu'il obtint plus tard de son chef par héritage d'un oncle, n'était pas près de lui venir, et, comme tous les fils de famille, il sentait quelque gêne de sa dépendance. En 1813, sa santé s'étant altérée, il revit l'Italie ; un certain nombre de vers des *Méditations* et beaucoup de souvenirs dont le poëte a fait usage par la suite datent de ce voyage : *le Premier Regret* des *Harmonies* s'y rapporte probablement. La chute de l'Empire et la Restauration apportèrent de notables changements dans la destinée de Lamartine. Il était né et avait grandi dans des sentiments opposés à la Révolution : il n'avait jamais adopté l'Empire et ne l'avait pas servi. En 1814, il entra dans une compagnie

(1) Il visita en effet l'Italie en 1810 et 1811, il dut y relire *Corinne*, et lui-même (dans ses *Destinées de la Poésie*) a confessé et proclamé cette influence de madame de Staël. — Il faut dire que les confidences biographiques données depuis par Lamartine laissent encore à désirer pour les époques précises ; il n'est pas l'homme des dates.

des gardes du corps. Son royalisme pourtant se conciliait déjà avec des idées libérales et constitutionnelles : il avait même composé une brochure politique dans ce sens, qui ne fut pas publiée, faute de libraire. Après les Cent-Jours, Lamartine ne reprit point de service : une passion partagée, dont il a éternisé le céleste objet sous le nom d'Elvire, semble l'avoir occupé tout entier à cette époque. Nous nous garderons de soulever le plus léger coin du voile étincelant et sacré dont brille de loin aux yeux cette mystérieuse figure. Nous nous bornerons à remarquer qu'Elvire n'a point fait avec son poëte le voyage d'Italie, et que le lac célébré n'est autre que celui du Bourget. Toutes les scènes qui ont pour cadre l'Italie, principalement dans les secondes *Méditations*, ne se rapportent donc pas originairement à l'idée d'Elvire, à laquelle je les crois antérieures (1); ou bien elles auront été combinées, transposées sur son souvenir par une fiction ordinaire aux poëtes. La mort d'Elvire, une maladie mortelle de l'amant (2), son retour à Dieu, le sacrifice qu'il fait, durant sa ma-

---

(1) Toutes ne sont pas antérieures. Je conjecture que l'élégie intitulée *Tristesse : Ramenez-moi, disais-je, etc., etc.*, peut remonter jusqu'à 1813. Mais *Ischia*, le *Chant d'Amour*, la première partie des *Préludes*, comme aussi la dédicace de *Childe-Harold*, eurent pour objet d'inspiration la personne si rare qui est devenue la compagne des destinées de M. de Lamartine.

(2) On lit vers le début du *Voyage en Orient* : « J'emmène avec « moi M. Amédée de Parseval ; nous avons été liés dès notre plus « tendre jeunesse par une affection qu'aucune époque de notre vie « n'a trouvée en défaut... Quand j'étais, il y a quinze ans, à Paris, « seul, malade, ruiné, désespéré, mourant, il passait les nuits à « veiller auprès de ma lampe d'agonie. »

ladie, de poésies anciennes et moins graves, quoique assurément avouables devant les hommes, tels sont les événements qui précèdent l'apparition des *Méditations poétiques,* laquelle eut lieu dans les premiers mois de 1820. Le succès soudain qu'elles obtinrent fut le plus éclatant du siècle depuis le *Génie du Christianisme;* il n'y eut qu'une voix pour s'écrier et applaudir. Le nom de l'auteur, qui ne se trouvait pas sur la première édition, devint instantanément glorieux : mille fables, mille conjectures empressées s'y mêlèrent. Docile aux désirs de sa famille, Lamartine profita de sa réussite pour mettre un pied dans la carrière diplomatique, et il fut attaché à la légation de Florence. La renommée, un héritage opulent, un mariage conforme à ses goûts et où il devait rencontrer un dévouement de chaque jour, tout lui arriva presque à la fois; sa vie depuis ce temps est trop connue, trop positive, pour que nous y insistions. Dans le peu que nous avons essayé d'en dire, relativement aux années antérieures, on trouvera que nous avons été bien sobre et bien vague; mais nous croyons n'avoir rien présenté sous un faux jour. Lamartine est de tous les poëtes célèbres celui qui se prête le moins à une biographie exacte, à une chronologie minutieuse, aux petits faits et aux anecdotes choisies. Son existence large, simple, négligemment tracée, s'idéalise à distance et se compose en massifs lointains, à la façon des vastes paysages qu'il nous a prodigués. Dans sa vie comme dans ses tableaux, ce qui domine, c'est l'aspect verdoyant, la brise végétale; c'est la lumière aux flancs des monts, c'est le souffle aux ombrages des cimes. Il est permis, en parlant d'un tel homme, de s'attacher à l'esprit des temps plutôt qu'aux détails vulgaires qui, chez d'autres, pourraient être caractéristiques. Tout lyrique qu'il est, il a peu de retours, peu de ces regards profonds en arrière qui décèlent toujours une certaine lassitude et le vide du moment. Il décore çà et là quelques endroits de son passé; il rallume de loin en loin, au soir, ses feux mourants sur quelque colline, puis les abandonne; l'espérance et l'avenir l'appellent incessamment; il se dit :

> Mais loin de moi ces temps! que l'oubli les dévore!
> Ce qui n'est plus pour l'homme a-t-il jamais été?

A l'ami qui l'interroge avec une curieuse tendresse, il répond :

> Et tu veux aujourd'hui qu'ouvrant mon cœur au tien,
> Je renoue en ces vers notre intime entretien;
> Tu demandes de moi les haltes de ma vie?
> Le compte de mes jours?... Ces jours, je les oublie;
> Comme le voyageur quand il a dénoué
> Sa ceinture de cuir, etc.

A une distance plus rapprochée des premières *Méditations,* il pouvait sembler du moins que l'image d'Elvire dominait sa vie, qu'elle en était l'accident essentiel, la romanesque et poétique inspiration, et qu'à mesure qu'il s'éloignerait d'elle tout en lui pâlirait. Le public qui aime assez les belles choses, à condition qu'elles passeront vite, se l'était si fort imaginé ainsi, que, durant plusieurs années, à chaque nouvelle publication de Lamartine, c'était un murmure peu flatteur où l'étourderie entrait de concert avec l'envie et la bêtise : on avait l'air de vouloir dire que l'astre baissait. Mais en avançant encore davantage, en contemplant surtout ce dernier et incomparable développement des *Harmonies,* il a bien fallu se rendre à l'évidence. Le poëte chez Lamartine était né avant Elvire et lui a survécu ; le poëte chez Lamartine n'était subordonné à rien, à personne, pas même à l'amant. D'autres sont plus amants que poëtes : un amour particulier les inspire, les arrache de terre, les élève à la poésie ; cet amour mort en eux, il convient qu'ils s'ensevelissent aussi et qu'ils se taisent. Lamartine, lui, était poëte encore plus qu'amant : sa blessure d'amour une fois fermée, sa source vive de poésie a continué de jaillir par plus d'endroits de sa poitrine, et plus abondante. Il existait avant sa passion, il s'est retrouvé après, avec ses grandes facultés inoccupées, irrassasiables, qui s'élançaient vers la suprême poésie, c'est-à-dire vers l'Amour non déterminé, vers la Beauté *qui n'a ni séjour, ni symbole, ni nom :*

> Mon âme a l'œil de l'aigle, et mes fortes pensées,
> Au but de leurs désirs volant comme des traits,
> Chaque fois que mon sein respire, plus pressées
>   Que les colombes des forêts,
> Montent, montent toujours, par d'autres remplacées,
>   Et ne redescendent jamais !

On a dit que Lamartine s'adressait à l'âme encore plus qu'au cœur : cela est vrai, si par l'âme on entend, en quelque sorte, le cœur plus étendu et universalisé. Dans les femmes qu'il a aimées, même dans Elvire,

Lamartine a aimé un constant idéal, un être angélique qu'il rêvait, l'immortelle Beauté en un mot, l'Harmonie, la Muse. Qu'importent donc quelques détails de sa vie! Dans sa vocation invincible, cette vie n'était pas à la merci d'un heureux hasard : il ne pouvait manquer un jour ou l'autre de conquérir lui-même en plein et de faire retentir par le monde son divin organe. La nuée de colombes pressées, dont il parle, devait tôt ou tard échapper bruyamment de son sein.

Cependant l'absence habituelle où Lamartine vécut loin de Paris et souvent hors de France, durant les dernières années de la Restauration, le silence prolongé qu'il garda après la publication de son *Chant d'Harold,* firent tomber les clameurs des critiques qui se rejetèrent sur d'autres poëtes plus présents : sa renommée acheva rapidement de mûrir. Lorsqu'il revint au commencement de 1830 pour sa réception à l'Académie française et pour la publication de ses *Harmonies*, il fut agréablement étonné de voir le public gagné à son nom et familiarisé avec son œuvre. C'est à un souvenir de ce moment que se rapporte la pièce de vers suivante, dans laquelle on a tâché de rassembler quelques impressions déjà anciennes, et de reproduire, quoique bien faiblement, quelques mots échappés au poëte, en les entourant de traits qui peuvent le peindre. — A lui, au sein des mers brillantes où ils ne lui parviendront pas, nous les lui envoyons, ces vers, comme un vœu d'ami durant le voyage!

Un jour, c'était au temps des oisives années,
Aux dernières saisons, de poésie ornées

Et d'art, avant l'orage où tout s'est dispersé,
Et dont le vaste flot, quoique rapetissé,
Avec les rois déchus, les trônes à la nage,
A pour longtemps noyé plus d'un secret ombrage,
Silencieux bosquets mal à propos rêvés,
Terrasses et balcons, tous les lieux réservés,
Tout ce Delta d'hier, ingénieux asile,
Qu'on devait à quinze ans d'une onde plus facile !

De retour à Paris après sept ans, je crois,
De soleils de Toscane ou d'ombre sous tes bois,
Comptant trop sur l'oubli, comme durant l'absence,
Tu retrouvais la gloire avec reconnaissance.
Ton merveilleux laurier sur chacun de tes pas
Étendait un rameau que tu n'espérais pas ;
L'écho te renvoyait tes paroles aimées ;
Les moindres des chansons anciennement semées
Sur ta route en festons pendaient comme au hasard ;
Les oiseaux par milliers, nés depuis ton départ,
Chantaient ton nom, un nom de tendresse et de flamme,
Et la vierge, en passant, le chantait dans son âme.
Non, jamais toit chéri, jaloux de te revoir,
Jamais antique bois où tu reviens t'asseoir,
Milly, ses sept tilleuls ; Saint-Point, ses deux collines,
N'ont envahi ton cœur de tant d'odeurs divines,
Amassé pour ton front plus d'ombrage, et paré
De plus de nids joyeux ton sentier préféré !

Et dans ton sein coulait cette harmonie humaine,
Sans laisser d'autre ivresse à ta lèvre sereine
Qu'un sourire suave, à peine s'imprimant ;
Ton œil étincelait sans éblouissement,
Et ta voix mâle, sobre et jamais débordée,
Dans sa vibration marquait mieux chaque idée !

Puis, comme l'homme aussi se trouve au fond de tout,

Tu ressentais parfois plénitude et dégoût.
— Un jour donc, un matin, plus las que de coutume,
De tes félicités repoussant l'amertume,
Un geste vers le seuil qu'ensemble nous passions :
« Hélas! t'écriais-tu, ces admirations,
« Ces tributs accablants qu'on décerne au génie,
« Ces fleurs qu'on fait pleuvoir quand la lutte est finie,
« Tous ces yeux rayonnants éclos d'un seul regard,
« Ces échos de sa voix, tout cela vient trop tard !
« Le dieu qu'on inaugure en pompe au Capitole
« Du dieu jeune et vainqueur n'est souvent qu'une idole !
« L'âge que vont combler ces honneurs superflus
« S'en repaît, — les sent mal, — ne les mérite plus !
« Oh! qu'un peu de ces chants, un peu de ces couronnes,
« Avant les pâles jours, avant les lents automnes,
« M'eût été dû plutôt à l'âge efflorescent,
« Où jeune, inconnu, seul avec mon vœu puissant,
« Dans ce même Paris cherchant en vain ma place,
« Je n'y trouvais qu'écueils, fronts légers ou de glace,
« Et qu'en diversion à mes vastes désirs,
« Empruntant du hasard l'or qu'on jette aux plaisirs,
« Je m'agitais au port, navigateur sans monde,
« Mais aimant, espérant, âme ouverte et féconde!
« Oh! que ces dons tardifs où se heurtent mes yeux
« Devaient m'échoir alors, et que je valais mieux! »

Et le discours bientôt sur quelque autre pensée
Échappa, comme une onde au caprice laissée;
Mais ce qu'ainsi ta bouche aux vents avait jeté,
Mon souvenir profond l'a depuis médité.

Il a raison, pensais-je, il dit vrai, le poëte!
La jeunesse emportée et d'humeur indiscrète
Est la meilleure encor; sous un souffle jaloux
Elle aime à rassembler tout ce qui flotte en nous
De vif et d'immortel; dans l'ombre ou la tempête

Elle attise, en marchant, son brasier sur sa tête :
L'encens monte et jaillit ! Elle a foi dans son vœu ;
Elle ose la première à l'avenir en feu,
Quand, chassant le vieux Siècle, un nouveau s'initie,
Lire ce que l'éclair lance de prophétie.
Oui, la jeunesse est bonne ; elle est seule à sentir
Ce qui, passé trente ans, meurt, ou ne peut sortir,
Et devient comme une âme en prison dans la nôtre ;
La moitié de la vie est le tombeau de l'autre ;
Souvent tombeau blanchi, sépulcre décoré,
Qui reçoit le banquet pour l'hôte préparé.
C'est notre sort à tous ; tu l'as dit, ô grand homme !
Eh ! n'étais-tu pas mieux celui que chacun nomme,
Celui que nous cherchons, et qui remplis nos cœurs,
Quand par delà les monts d'où fondent les vainqueurs,
Dès les jours de Wagram, tu courais l'Italie,
De Pise à Nisita promenant ta folie,
Essayant la lumière et l'onde dans ta voix,
Et chantant l'oranger pour la première fois ?
Oui, même avant la corde ajoutée à ta lyre,
Avant le *Crucifix,* le *Lac,* avant Elvire,
Lorsqu'à regret rompant tes voyages chéris,
Retombé de Pæstum aux étés de Paris,
Passant avec Jussieu (1) tout un jour à Vincennes
A tailler en sifflets l'aubier des jeunes chênes ;
De Talma, les matins, pour *Saül,* accueilli ;
Puis retournant cacher tes hivers à Milly,
Tu condamnais le sort, — oui, dans ce temps-là même
(Si tu ne l'avais dit, ce serait un blasphème),
Dans ce temps, plus d'amour enflait ce noble sein,
Plus de pleurs grossissaient la source sans bassin,
Plus de germes errants pleuvaient de ta colline,
Et tu ressemblais mieux à notre Lamartine !

(1) M. Laurent de Jussieu, l'un des plus anciens amis de M. de Lamartine.

C'est la loi : tout poëte à la gloire arrivé,
A mesure qu'au jour son astre s'est levé,
A pâli dans son cœur. Infirmes que nous sommes!
Avant que rien de nous parvienne aux autres hommes,
Avant que ces passants, ces voisins, nos entours,
Aient eu le temps d'aimer nos chants et nos amours,
Nous-mêmes déclinons! comme au fond de l'espace
Tel soleil voyageur qui scintille et qui passe,
Quand son premier rayon a jusqu'à nous percé,
Et qu'on dit : *Le voilà,* s'est peut-être éclipsé!

Ainsi d'abord pensais-je; armé de ton oracle,
Ainsi je rabaissais le grand homme en spectacle;
Je niais son midi manifeste, éclatant,
Redemandant l'obscur, l'insaisissable instant.
Mais en y songeant mieux, revoyant sans fumée,
D'une vue au matin plus fraîche et ranimée,
Ce tableau d'un poëte harmonieux, assis
Au sommet de ses ans, sous des cieux éclaircis,
Calme, abondant toujours, le cœur plein, sans orage,
Chantant Dieu, l'univers, les tristesses du sage,
L'humanité lancée aux Océans nouveaux...,
— Alors je me suis dit : Non, ton oracle est faux;
Non, tu n'as rien perdu; non, jamais la louange,
Un grand nom, — l'avenir qui s'entr'ouvre et se range, —
Les générations qui murmurent : *C'est lui!*
Ne furent mieux de toi mérités qu'aujourd'hui.
Dans sa source et son jet, c'est le même génie;
Mais de toutes les eaux la marche réunie,
D'un flot illimité qui noierait les déserts,
Égale, en s'y perdant, la majesté des mers.
Tes feux intérieurs sont calmés, tu reposes;
Mais ton cœur reste ouvert au vif esprit des choses.
L'or et ses dons pesants, la Gloire qui fait roi,
T'ont laissé bon, sensible, et loin autour de toi
Répandant la douceur, l'aumône et l'indulgence.

Ton noble accueil enchante, orné de négligence.
Tu sais l'âge où tu vis et ses futurs accords ;
Ton œil plane ; ta voile, errant de bords en bords,
Glisse au cap de Circé, luit aux mers d'Artémise ;
Puis l'Orient t'appelle, et sa terre promise,
Et le Mont trois fois saint des divines rançons !
Et de là nous viendront tes dernières moissons,
Peinture, hymne, lumière immensément versée,
Comme un soleil couchant ou comme une Odyssée !...

Oh ! non, tout n'était pas dans l'éclat des cheveux,
Dans la grâce et l'essor d'un âge plus nerveux,
Dans la chaleur du sang qui s'enivre ou s'irrite !
Le Poëte y survit, si l'Ame le mérite ;
Le Génie au sommet n'entre pas au tombeau,
Et son soleil qui penche est encor le plus beau (1) !

Depuis les premières *Méditations* jusqu'aux *Harmonies*, Lamartine est allé se développant avec progrès, dérivant de plus en plus de l'élégie à l'hymne, au poëme pur, à la méditation véritable. Il y a bien de la grandeur dans son volume de 1820 ; il est merveilleusement composé sans le paraître ; le roman s'y glisse dans les intervalles de la religion ; l'Élégie éplorée y soupire près du Cantique déjà éblouissant. Le point central de ce double monde, à mi-chemin des Hauts-

---

(1) Les vœux que nous adressions pour le poëte durant son voyage n'ont guère été favorablement entendus. Une fois déjà, tandis que dans une précédente épître (*Consolations*) nous l'appelions *heureux*, la perte affreuse de sa mère nous venait à l'instant démentir ; et, en cette seconde circonstance, ç'a été un de ces malheurs qu'on ne peut même nommer (la mort de sa fille unique) :

Dans l'Orient désert quel devint son ennui !

lieux et du Vallon, le miroir complet qui réfléchit le côté métaphysique et le côté amoureux, est *le Lac,* le Lac, perfection inespérée, assemblage profond et limpide, image une fois trouvée et reconnue par tous les cœurs. Rien ne saurait donc être plus achevé *en soi* que ce premier volume des *Méditations*. Mais, depuis lors, le poëte n'a cessé de s'étendre aux régions ultérieures dans des dimensions croissantes. Les secondes *Méditations* en offrent assez de preuves, *les Étoiles*, *les Préludes* par exemple. Et avec cela, elles ont l'inconvénient de toute transition, moins bien composées et un peu indécises dans leur ensemble. Le roman n'a pas disparu, la nacelle flotte toujours ; mais nous sommes à Ischia, mais ce n'est plus le nom d'Elvire que la brise murmure. Et pourtant Elvire elle-même revient : *le Crucifix* l'atteste en assez immortels accents. Pourquoi donc alors ce *Chant d'Amour* tout aussitôt après *le Crucifix ?* Poétiquement, cela ne peut pas être. Les secondes *Méditations* ne finissent pas, ne s'accomplissent pas comme les premières ; elles ouvrent un chant nouveau, indéfini, plus serein, plus paisible et lumineux ; elles laissent entrevoir la consolation, l'apaisement dans l'âme du poëte ; mais elles n'apaisent pas le lecteur. Par beaucoup de détails, par le style, par le souffle et l'ampleur des morceaux pris séparément, elles sont souvent supérieures aux premières *Méditations ;* comme ensemble, comme volume définitif, j'aime mieux les premières. *La Mort de Socrate* et surtout *le Dernier Chant d'Harold* sont d'admirables méditations encore, avec un flot qui toujours monte et s'étend, mais avec l'inconvénient grave d'un cadre historique donné et de personnages d'ailleurs connus : or, Lamartine, le moins dramatique de tous les poëtes, ne sait et ne peut parler qu'en son nom. C'est donc aux *Harmonies* qu'il faut venir, pour le voir se déployer tout à l'aise, sans mélange ni entourage, dans l'effusion de sa grande manière. Là, l'élégie, la scène circonscrite, la particularité individuelle, n'existent presque plus; je n'entends qu'une voix générale qui chante pour toutes les âmes encore empreintes, à quelque degré, de christianisme. Cette voix chante les beautés et les dangers de la nuit, l'ivresse virginale du matin, l'oraison mélancolique des soirs; elle devient la douce prière de l'enfant au réveil, l'invocation en chœur des orphelins, le gémissement plaintif des souvenirs en automne, quand les feuilles jonchent la terre, et qu'au penchant de la vie soi-même, on suit coup sur coup les convois des morts. Elle exhale enfin, elle exprime dans *Novissima Verba* ces quarts d'heure de navrante agonie, qui, comme une horrible tentation ou un avertissement salutaire, s'emparent souvent des plus nobles mortels au sommet de l'existence, et les inondent d'une sueur froide, rapetissés soudain et criant grâce, au sein des félicités et de la gloire!

Lamartine avait d'abord une nacelle; il l'abritait, il la ramenait au rivage; il en détachait l'anneau par oubli; il s'y balançait tout le jour, au gré de la vague amoureuse, le long d'un golfe bordé de myrtes et d'amandiers. Bien des fois sans doute, bercé nonchalamment, il regardait le ciel, et sa pensée planait dans l'abîme d'azur; mais on avait là toujours à deux pas la terre, les fleurs, le bosquet du rivage, le phare allumé de l'amante. Puis la nacelle est devenue une barque plus hardie, plus confiante aux étoiles et aux larges eaux : le rivage s'est éloigné et a blanchi à l'horizon ; mais de la rade on y revenait encore, on y recueillait encore de tendres ou cruels vestiges ; on y voyait à chaque approche comme plusieurs phares scintillants qui vous rappelaient : c'était trop s'éloigner ou trop souvent revenir. La barque a fait place au vaisseau : ç'a été la haute mer cette fois, le départ majestueux et irrévocable; plus de rivages qu'au hasard, çà et là, et en passant; les cieux, rien que les cieux et la plaine sans bornes d'un Océan Pacifique. Le bon Océan sommeille par intervalles; il y a de longs jours, des calmes monotones; on ne sait pas bien si l'on avance; mais quelle splendeur, même alors au poli de cette surface! quelle succession de tableaux à chaque heure des jours et des nuits! quelle variété miraculeuse au sein de la monotonie apparente! et à la moindre émotion, quel ébranlement redoublé de lames puissantes et douces, gigantesques, mais belles ; et surtout, et toujours, l'infini dans tous les sens, *profundum, altitudo* (1)!

(1) A cette admiration de plus en plus sentie, je ne veux opposer qu'une pensée qui m'est familière, et qui exprime bien moins une restriction de louanges qu'une tristesse, peut-être bizarre, d'affection : « Les grands hommes, les grands écrivains et poëtes, « arrivés à un certain point de leur carrière, sont comme ces « fleuves démesurément larges à leur embouchure et trop ouver- « tement navigables. Tous les connaissent, et ils connaissent tous. « C'est une banalité que leur gloire. Oh! que je les aime bien mieux

En même temps que la matière et le fond ont augmenté chez Lamartine, le style et le nombre ont suivi sans peine et se sont tenus au niveau. Le rhythme a serré davantage la pensée; des mouvements plus précis et plus vastes l'ont lancée à des buts certains; elle s'est multipliée à travers des images non moins naturelles et souvent plus neuves. En faisant ici la part de ce qu'il y a de spontané et d'évolutif dans ce progrès du talent, nous croyons qu'il nous est permis de noter une influence heureuse du dehors. Si, en effet, Lamartine resta tout à fait étranger au travail de style et d'art qui préoccupait alors quelques poëtes, il ne restait nullement insensible aux prodigieux résultats qu'il en admirait chez son jeune et constant ami, Victor Hugo; son génie facile saisit à l'instant même plusieurs secrets que sa négligence avait ignorés jusque-là. Quand le Cygne vit l'Aigle, comme lui dans les cieux, y dessiner mille cercles sacrés, inconnus à l'augure, il n'eut qu'à vouloir, et, sans rien imiter de l'Aigle, il se mit à l'étonner à son tour par les courbures redoublées de son essor.

Un des caractères les plus propres à la manière de Lamartine, c'est une facilité dans l'abondance, une sorte de fraîcheur dans l'extase, et avec tant de souffle

« plus haut, plus proche de leur origine, presque infréquentés,
« quand leur cours est si mystérieux, si voilé encore, que deux
« vieux saules penchés sur chaque rive peuvent se toucher du
« front et leur servir de berceau! » — C'est précisément cet endroit de fraîcheur et de mystère que les Anciens choisissaient de préférence pour y dresser un autel à la source sacrée, au dieu du fleuve.

l'absence d'échauffement. S'il était possible d'assigner aux vrais poëtes des heures naturelles d'inspiration et de chant, comme cela existe dans l'ordre de la création pour certains oiseaux harmonieux, nous dirions, sans trop de crainte de nous tromper, que Lamartine chante au matin, au réveil, à l'aurore (et réellement la plupart de ses pièces, celles même où il célèbre la nuit, sont écloses à ces premiers moments du jour; il ébauche d'ordinaire en une matinée, il achève dans la matinée suivante). Il est presque évident, au contraire, qu'à part ce que la volonté impose à l'habitude, les heures instinctives où la voix éclate chez Victor Hugo doivent être celles du milieu du jour, du soleil embrasé, du couchant poudreux, ou encore de l'ombre fantastique et profonde. On devinerait également, ce me semble, que de Vigny ne réveille l'écho de son sanctuaire embaumé qu'après l'heure discrète de minuit, à la lueur de cette lampe bleuâtre qui éclaire Dolorida.

Lamartine a peu écrit en prose : pourtant son discours de réception à l'Académie française (1), sa brochure *de la Politique rationnelle,* un charmant morceau sur les Devoirs civils du Curé, un discours à l'Académie de Mâcon, indiquent assez son aisance parfaite en ce genre, et avec quelle simplicité de bon sens jointe à la grâce et à l'inséparable mélodie sa pensée se déroule sous une forme à la fois plus libre et plus sévère. La brochure politique, ou plutôt philosophique, qu'il a publiée sur

---

(1) Ce discours et l'impression qu'il fit au moment même ont été appréciés avec quelque détail dans *le Globe* du 3 avril 1830.

l'état présent de la société, indépendamment de ce vif
désir du bien qui respire à chaque ligne, révèle en lui
un coup d'œil bien ferme et bien serein au milieu des
ruines récentes d'où tant de vaincus et de vainqueurs
ne se sont pas relevés. Quoique attaché par des affections antiques aux dynasties à jamais disparues, quoique lié de foi et d'amour à ce Christianisme que la
ferveur des peuples semble délaisser et qu'on dirait
frappé d'un mortel égarement aux mains de ses Pontifes,
M. de Lamartine, pas plus que M. de La Mennais, ne
désespère de l'avenir; derrière les symptômes contraires
qui le dérobent, il se le peint également tout embelli
de couleurs chrétiennes et catholiques; mais, pas plus
que le prêtre illustre, il ne distingue cet avenir, ce
règne évangélique, comme il l'appelle, du règne de
la vraie liberté et des nobles lumières. Heureux songe,
si ce n'est qu'un songe! Consolante perspective, digne
du poëte religieux qui veut allier l'enchaînement et
l'essor, la soumission et la conquête, et qui conserve
en son cœur le Dieu individuel, le Dieu fait homme, le
Dieu nommé et prié dès l'enfance, sans rejeter pour
cela le Dieu universel et presque sourd qui régénère
l'humanité en masse par les épreuves nécessaires!
Assez d'hommes dans ce siècle, assez de cœurs et des
plus grands, n'admettent désormais à leur usage que
ce dernier aspect de Dieu, cet universalisme inexorable
qui assimile la Providence à une loi fatale de la nature,
à un vaste rouage, intelligent si l'on veut, mais devant
lequel les individus s'anéantissent, à un char incompréhensible qui fauche et broie, dans un but lointain,

des générations vivantes, sans qu'il en rejaillisse du moins sur chacun une destinée immortelle. Lamartine est plus heureux que ces hommes, qui pourtant sont eux-mêmes de ceux qui espèrent ; il est plus complétement religieux qu'eux ; il croit aussi fermement aux fins générales de l'humanité, il croit en outre aux fins personnelles de chaque âme. Il n'immole aux vastes pressentiments qu'il nourrit ni l'ordre continu de la tradition, ni la croyance morale des siècles, le rapport intime et permanent de la créature à Dieu, l'humilité, la grâce, la prière, ces antiques aliments dont le rationalisme veut enfin sevrer l'humanité adulte. Sa suprême raison, à lui, n'est autre que l'éternel *logos,* le Verbe de Jean, incarné une fois et habitant perpétuellement parmi les hommes. Il ne conçoit les transformations de l'humanité, même la plus adulte, que sur le terrain de l'héritage du Christ, dans le champ sans limites, acheté et nommé de son sang, toujours en vue de la Croix, au pied de l'indéfectible mystère. — Tel nous apparaissait Lamartine, lorsqu'hier sa voile s'enflait vers l'Orient ; tel il nous reviendra bientôt, plus pénétré et plus affermi encore, après avoir touché le berceau sacré des grandes métamorphoses.

Octobre 1832.

LAMARTINE.

1836.

— Jocelyn. —

Bien des talents poétiques, des demi-talents, après les premiers succès et un éclat passager d'espérances, ne survivent pas à la jeunesse ; ou même une première et seule production heureuse les épuise, comme ces beautés fragiles qu'un premier enfant détruit. Les vraies beautés ne sont pas ainsi, les vrais talents encore moins : ils se renouvellent, s'augmentent longtemps, se soutiennent et varient avec les âges. Pour ne prendre que les génies lyriques, c'est-à-dire ceux qui excellent à revêtir toutes les émotions de leur âme par l'image et par le nombre, leur faculté n'est jamais plus grande, plus au complet qu'après la jeunesse et durant le milieu de la vie. D'ordinaire ils ont débuté par chanter l'amour ; tout autre intérêt, tout autre charme se perdait dans celui-là : mais, à mesure que ce ravissement intérieur a cessé, leur âme s'est élargie vers plus d'objets. L'œuvre ne s'est plus reproduite peut-être aussi saillante aux yeux du public qu'au début ; mais la faculté qui se manifeste dans les œuvres successives a grandi. L'âme du vrai poëte lyrique, après qu'y a pâli l'amour, est comme un Bosphore où le feu grégeois n'illumine plus la nuit, et qui éclaire moins ses rivages, mais qui les réfléchit mieux. Tout poëte-amant dit plus ou moins à son amie :

> Aimons-nous, ô ma Bien-aimée,
> Et rions des soucis qui bercent les mortels (1) !

Quand la sublime illusion cesse, quand l'amour a revolé aux cieux, tout le monde d'alentour reparaît, dans une ombre d'abord, mais bientôt tout s'éclaire comme d'une aube croissante; l'humanité reprend sa place dans l'univers. Le sentiment unique, qui avait tout laissé désert en s'enfuyant, se retrouve successivement en beaucoup d'autres sentiments dont chacun est moindre, mais dont l'ensemble anime et reflète à un point de vue vrai la création. Que fera le poëte lyrique alors, sous l'empire de cette faculté immense, plus calme, mais qui déborde en s'amoncelant, plus désintéressée, plus froide en apparence, mais si prompte à s'ébranler au moindre souffle et à rouvrir ses profondeurs émues? Oh! que de sons inépuisables, renaissants, perpétuels, on entendrait, on noterait, près de lui, si on l'écoutait dans ses solitudes aux automnes ou aux printemps! Que de fleurs les brises commençantes vous apporteraient sous son ombre! que de feuilles demi-mortes, les premiers aquilons! Car tout lui parle;

---

(1) Les soucis ne *bercent* pas, ils *rongent*, et c'est en effet ce dernier mot que le poëte, s'il m'en souvient bien, avait mis d'abord. On le lui aura fait effacer ensuite comme trop dur. Lamartine ne s'entend pas à corriger.

si l'unique et brillante pensée ne tient plus son cœur, il n'est non plus indifférent à rien. L'oiseau qui passe, la voile qui blanchit, la mouche heureuse qui scintille dans le soleil, se peignent plus distincts que jamais dans ce lac de l'âme, uni à la surface, et dont les grandes douleurs ont creusé et abîmé le fond. Le chant du pâtre, les voix de la famille assise un moment dans le sillon, tout ce qui a le son de la vie, répond en lui à des places secrètes, et le provoque à dire les joies ou les douleurs des mortels. Tant de flambeaux chéris, qui pour lui ont disparu de la terre, éclairent par derrière au loin, en mille endroits indéterminés, la scène; à chaque reflet passager, partout où il entend un bruit, un soupir, où il voit une beauté, une grâce, il dit : *C'est là!* Le grand poëte lyrique, à cet âge de calme et de mélancolique puissance, s'il se dérobe un instant aux obsessions des affaires et du monde pour remettre le pied dans ses solitudes, sent donc aussitôt et à chaque pas déborder en lui des chants involontaires; il les livre comme la nature fait ses germes, il ne les compte plus. Et pourtant l'art est quelque chose; la gloire a ses droits; elle parle aussi à son heure, même aux plus négligentes de ces divines natures. Le besoin de recueillir dans une œuvre définitive tant de force féconde et tant de richesses nées du cœur se fait sentir et devient le rêve qui, comme l'ombre, s'accroît avec les années. On se dit que le chant tout seul n'est peut-être pas un monument suffisant dans la mémoire des hommes, de ceux qui n'auront pas, jeunes eux-mêmes, entendu la jeune voix du poëte; on se dit qu'une harpe éolienne n'éternise pas d'assez loin un tombeau. Heureux le poëte lyrique, le frère harmonieux des Coleridge et des Wordsworth, qui peut à temps, et mieux qu'eux, se ménager une œuvre d'ensemble; une œuvre (s'il est possible) qu'une lente perfection accomplisse; où ne sera pas plus de génie assurément que dans ces feuilles sibyllines éparses, âme sacrée du poëte, mais une œuvre plus commode à comprendre et à saisir des générations survenantes; — espèce d'urne portative que la Caravane humaine, en ses marches forcées, ne laisse pas derrière, et dans laquelle elle conserve à jamais une gloire!

Si les années en se déployant ne nuisent pas au cours d'inspiration du vrai poëte lyrique, les événements, les révolutions qui déconcertent et ruinent les talents de courte haleine, le servent aussi. Il a été utile à M. de Lamartine, comme au petit nombre de talents éminents qui s'étaient liés à la cause de la Restauration, que celle-ci tombât. Les barrières du champ clos n'existant plus, ces talents ont pu, sans infidélité, aller à leur tour dans tous les champs de l'avenir, qui déjà, de bien des côtés, s'ensemençaient sans eux; ils ont pu arriver à temps, et là, en perspectives sociales, en espérances, en images sublimes, prélever, par droit de génie, toutes les dîmes glorieuses, qu'ils ajoutent chaque jour à leurs vieilles moissons. Les génies abondants et forts sont comme ces villes populeuses qui croissent vite et qui reculent tous les dix ans leur enceinte. Hors de l'enceinte première, au pied du rempart qu'ils semblaient s'être tracé, des essais de culture nouvelle et d'art plus libre s'étendent, d'industrieux faubourgs naissent au hasard et bientôt prennent consistance. Mais, à ce moment, le génie qui observe, noblement jaloux, se sent à l'étroit; sourcilleux vers l'avenir, il dirait presque au pouvoir suzerain duquel il a reçu trop tôt sa limite, comme certains amants héroïques dans les fers de leurs cruelles : *Ah! que vous me gênez!* Aussi, dès qu'une occasion s'offre, il brise sa muraille, il envahit, il possède, il hâte et décore tout ce développement nouveau, il cherche à tout enserrer dans une muraille nouvelle qui soit encore marquée à sa devise et à son nom. La révolution de Juillet a été une de ces occasions d'agrandissement légitime que n'ont pas laissé passer deux ou trois génies ou talents éminents ; eux, du moins, ils ont secoué à leur manière leurs traités de 1815, et ils ont bien fait.

M. de Lamartine est un de ces génies. En politique, en pensées *sociales,* comme il dit, en religion, en poésie même à proprement parler, il a vu évidemment avec ardeur son horizon s'agrandir, et son œil a joué plus à l'aise, tout cadre factice étant tombé. Ses derniers écrits, discours ou chants, attestent cette *aspiration* nouvelle, quoique ses *Harmonies,* publiées avant Juillet 1830, en puissent également offrir bien des témoignages, et quoique ce développement semble chez lui, comme tout ce qui émane de sa nature heureuse, une inspiration facile, immédiate, une expansion sans secousse, plutôt qu'un effort impatient et une conquête.

La grande épopée qu'il prépare, et dont nous possédons déjà mieux que des promesses, ne peut que gagner à ces mouvements d'un si noble esprit. Désormais, on le voit, ce n'est plus par le côté des perspectives, ni par aucune restriction de coup d'œil, qu'elle aurait chance de manquer. Le mot même, si illimité, d'épopée *humanitaire*, a été prononcé dans sa préface récente par le poëte. C'est à lui, doué plus qu'aucun du don divin, de savoir et de vouloir enclore dans la forme durable ces grandes idées dégagées, de faire qu'elles vivent aux yeux, et qu'elles se terminent par des contours, et qu'elles se composent dans des ensembles qu'avoue l'éternelle Beauté. Mais tenons-nous-en au gage le plus sûr, tenons-nous à ce que nous possédons.

On n'a à s'inquiéter en rien de la manière dont *Jocelyn* se rattache, comme épisode, au grand poëme annoncé. Le prologue et l'épilogue font une bordure qui découpe l'épisode dans le tout, et nous l'offre en tableau complet; c'est comme tel que nous le jugerons. — Jocelyn est un enfant des champs et du hameau ; malgré ce nom breton de rare et fine race, je ne le crois pas né en Bretagne; il serait plutôt de Touraine, de quelqu'un de ces jolis hameaux voisins de la Loire, dans lesquels Goldsmith nous dit qu'il a fait danser bien des fois l'innocente jeunesse au son de sa flûte, et qui ont dû lui fournir plusieurs traits dont il a peint son délicieux Auburn. Jocelyn a seize ans au 1er mai 1786, et il se met depuis lors à se raconter à lui-même en chants naïfs ses pensées adolescentes. Il est allé à la danse du village, il y a vu Anne, Blanche, Lucie, toutes à la fois, toutes à l'envi si belles. Il rêve donc son rêve de seize ans, vaguement ému, le long de la charmille du jardin, en lisant *Paul et Virginie* (1). Jocelyn, c'est Paul lui-même, c'est Lamartine à cet âge, c'est notre adolescence à tous dans sa fleur d'alors développée, épanouie. Rien de bizarre, rien d'extraordinaire ni de farouche; rien chez Jocelyn de ce que d'admirables poëtes ont su rendre dans des types maladifs, bien qu'immortels. Ne cherchez à son front nul éclair d'Hamlet, de René ou de Prométhée, de la race vouée au vautour; il est de celle de Sem (2). Nous avons déjà eu plus d'une fois l'occasion de le remarquer, ce qui est particulier à Lamartine consiste dans un certain tour naturel de sentiments communs à tous. Il ne débute jamais par

(1) *Paul et Virginie* ne fut publié que deux ans plus tard, en 1788; mais le poëte n'est pas tenu à la chronologie du bibliographe.

(2) Toute qualité s'avoisine d'un défaut. Si Caïn a trop de bile, Abel n'en a peut-être pas tout à fait assez. C'est surtout en avançant dans la vie que le besoin se fait sentir d'un peu d'*astringent* dans le talent, de ce que Pline le Jeune appelle en plus d'un endroit *amaritudo* et qu'il associe volontiers à l'idée de *vis*. Or Lamartine manque tout à fait d'*amaritudo*, et sa vigueur, sa précision du moins, s'en ressentent. J'ai vu des hommes de l'autre race, et auxquels l'*amaritudo* avec toutes les vertus et les défauts aussi qu'elle engendre ne manquait pas, Carrel par exemple, outrés vraiment et comme irrités de cette douceur blonde et bleue de *Jocelyn*, et de cet optimisme indéfini. Quelques-uns, en très-petit nombre, sont d'un pareil sentiment sur Lamartine, et je l'ai voulu indiquer. Ce sont antipathies de tempéraments et de races. — (*Vis, amaritudo*, ces deux qualités qui s'unissaient d'elles-mêmes dans la pensée de Pline se liaient également dans l'esprit des Grecs. Lucien, ou le pseudo-Lucien, ne manque pas de joindre τὴν σφοδρότητα καὶ πικρίαν dans son *Éloge de Démosthène*, en parlant de certaines qualités du grand orateur rapprochées de celles d'Homère. Ces analyses et ces définitions de l'ancienne rhétorique tenaient à de fines observations de la nature humaine.)

rien d'exceptionnel, soit en idées, soit en sentiments; mais, dans ce qui lui est commun avec tous, il s'élève, il idéalise. Il arrive ainsi qu'on le suit aisément, si haut qu'il aille, et que le moindre cœur tendre monte sans fatigue avec lui.

Jocelyn est donc l'enfant pieux de toutes les familles heureuses, le frère de toutes les jeunes filles. Il a vu sa sœur souffrir et pâlir au retour du bal du hameau; il a entendu, caché derrière le feuillage, les timides aveux de Julie au sein de sa mère. Mais Julie est pauvre ; Ernest, qu'elle aime, a des parents exigeants. Jocelyn a tout compris, et il se décide au sacrifice. S'il entre dans l'Église, s'il renonce pour Julie à sa part du modique héritage, elle pourra épouser Ernest : il déclare donc sa vocation à sa famille, et, le cœur brisé, mais en triomphant de son trouble, mais heureux du bonheur d'Ernest et de Julie, il quitte le toit natal pour le petit séminaire.

Ce qui est vrai des sentiments de Lamartine ne l'est pas moins des aventures qu'ici il invente. Rien de bien cherché, rien de compliqué au premier abord. Dans les scènes qui vont suivre, on retrouvera des situations, la plupart connues, toujours faciles à combiner, et par ces moyens simples il obtiendra une attache croissante, il finira par atteindre au pathétique déchirant.

Là même où les situations deviendront extraordinaires, elles seront de celles que l'imagination accepte aisément, parce qu'elle est disposée, depuis d'Urfé, depuis Théocrite et bien avant, à les inventer ainsi dans ses rêves. Cette invraisemblance se trouve de la sorte plus facile à accepter pour tout lecteur naïf, que ne le serait souvent une réalité plus serrée de près et plus motivée. Par cette continuité du naturel même dans l'invraisemblable, *Jocelyn* me semble parfois un roman de l'abbé Prévost, écrit par un poëte disciple de Fénelon.

Quelques livres heureux, qui commencent à s'user, ont eu le doux honneur d'une longue popularité dans la famille : *Télémaque, Robinson, Paul et Virginie*. Dans les derniers temps, Walter Scott a pris quelque part de cet héritage domestique si enviable. Ses romans, comme Lamartine l'a remarqué dans l'Épître adressée à l'illustre enchanteur, se lisent volontiers autour de la table du soir, sans que la pudeur ait à s'embarrasser. Pourquoi *Jocelyn* ne serait-il pas à son tour un de ces livres populaires dans la famille? Pourquoi, pénétrant rapidement dans la classe moyenne de la société nouvelle, n'aurait-il pas pour lot d'initier, les femmes surtout, au sentiment poétique qui doit tempérer des habitudes de plus en plus positives? Pourquoi n'aiderait-il pas, dans l'absence de croyance véritablement régnante, à maintenir ces sentiments de christianisme moral, sans prétention dogmatique, de christianisme qui n'a plus la prière du soir en commun, mais qui (en attendant ce que réserve l'avenir) peut se nourrir encore par de touchants exemples et des effusions affectueuses? Le christianisme de *Jocelyn,* qui n'a rien d'offensif pour l'orthodoxie sévère, n'a rien de répulsif non plus pour toute philosophie qui admet Dieu. Ce poëme doux et élevé ne conviendrait-il pas exactement à cette situation mixte où se trouve la famille par rapport à la religion et à la morale? N'aurait-il pas pour effet possible de lui offrir l'idéal permanent des sentiments de fils, de frère, d'amant, de prêtre évangélique, comme toute belle âme non tourmentée les conçoit encore? Une des moralités qui transpirent de ce noble ouvrage, n'est-ce pas une conciliation insinuante de l'idée chrétienne, c'est-à-dire de l'esprit de sacrifice, avec les idées de travail et de liberté? La portion de progrès, telle qu'elle s'offre par M. de Lamartine, n'a rien d'âcre ni de blessant; jamais de bile ni au bord ni au fond; on a beau presser, il est impossible qu'aucun sentiment équivoque sorte de là. Aussi, par beaucoup de raisons, quoique ces sortes de succès soient de ceux qu'on puisse le moins prédire et provoquer, je ne sais me dérober à l'idée que *Jocelyn* en mérite un semblable et y atteindra. Les endroits quelque peu vifs de passion et de tendre amorce sont dominés, traversés et comme assainis par des courants d'une chasteté purifiante; un sentiment d'ineffable beauté plane toujours et pacifie l'âme pudique qui lit. Les familles n'ont plus aujourd'hui de filles destinées au cloître, et elles n'ont guère de fils destinés à l'autel; le mot d'amour n'est donc pas en lui-même nécessairement alarmant, et il n'a effarouché d'ailleurs ni dans *Paul et Virginie* ni dans *Télémaque*. Les objections au genre de succès que nous appelons de tous nos vœux et qui nous semble désirable pour l'honneur moral d'une nation chez qui la classe moyenne adopterait *Jocelyn*, autant que pour la fortune de *Jocelyn* lui-même, ces objections se tireraient plutôt, selon nous, des longueurs du livre et de certaines abondances descriptives; car on peut dire plus que jamais de Lamartine en ce poëme, comme il dit de certains arbres des Alpes au printemps :

> La séve débordant d'abondance et de force
> Coulait en gommes d'or aux fentes de l'écorce.

Mais, pour un livre déjà lu, dans lequel (comme je le suppose) on reprend, on relit sans cesse ; dans lequel le frère, déjà étudiant, ou la sœur aînée choisit les morceaux à lire à haute voix, le soir, autour de la table à ouvrage, cette abondance, cette richesse extrême, qui laisse au choix tant de liberté heureuse, et qui rassemble en chaque endroit tant de genres de beautés, a bien aussi ses avantages. Des critiques ont remarqué qu'il n'est pas dans Homère une seule beauté mémorable que le divin vieillard ne répète, ne varie en trois ou quatre endroits, au risque souvent de l'affaiblir ; je ne sais s'ils ont conclu de là pour ou contre l'existence d'un Homère. Chez Lamartine, chez celui que je voudrais saluer aujourd'hui comme l'Homère d'un genre domestique, d'une épopée de classe moyenne et de famille, de cette épopée dont le bon Voss a donné l'idée aux Allemands par *Louise,* que le grand Goethe s'est appropriée avec perfection dans *Hermann et Dorothée,* et dont Beattie, Gray, Collins, Goldsmith, Baggesen, parmi nous l'auteur de *Marie,* sont des rapsodes soigneux et charmants, d'inégale haleine ; — chez Lamartine, le plus abondant de tous, on pourrait noter quelque chose de l'habitude homérique dans la reprise fréquente des mêmes beautés, des mêmes images, et quelquefois presque des mêmes vers (1). Ce ne sont pas là des obstacles. Il y en aurait plutôt dans certaines incorrections grammaticales, dans quelques-unes de ces négligences de rime et de langue, que le poëte (a dit autrefois Nodier) semble jeter de son char à la foule en expiation de son génie, et qu'en prenant une plus pastorale image je comparerais volontiers à ces nombreux épis que le moissonneur opulent, au fort de sa chaleur, laisse tomber de quelque gerbe mal liée, pour que l'indigence ait à glaner derrière lui et à se consoler encore. Mais il ne faut pas cela : il ne faut pas qu'au milieu d'une émouvante lecture en cercle, un auditeur peu disposé, comme il s'en trouve, un jaloux consolé ait droit de faire entendre une remarque discordante et de susciter une discussion sèche ; il ne faut pas que l'oncle, venu là par hasard, l'oncle qui a fait autrefois de bonnes études sous l'Empire, mais qui depuis... a été dans la banque, puisse lancer sa protestation, au nom de la règle violée, à travers cette admiration affectueuse de

---

(1) Dans *Jocelyn* (3ᵉ époque), ces vers :

> L'heure ainsi s'en allait l'une à l'autre semblable,
> L'ombre tournait autour des troncs noueux d'érable,

rappellent ces beaux vers de la pièce au marquis de La Maisonfort :

> Nonchalamment couché près du lit des fontaines,
> Je suis l'ombre qui tourne autour du tronc des chênes.

En un endroit de *Jocelyn*, il est dit :

> Ses cheveux que d'un an le fer n'a retranchés ;

et dans un autre, en parlant de l'évêque :

> Sa barbe que d'un an le fer n'a retranchée.

l'aimable jeunesse ; qu'il ait lieu de jeter, pour ainsi dire, sa poignée de poussière dans cet essaim d'abeilles égayées qui se doraient au plus beau rayon. Aussi, quand, à une seconde édition prochaine, le poëte aura corrigé une douzaine (je n'ai pas compté) d'incorrections, de concessions trop largement faites à la rime et à la mesure, au détriment de la règle ou de l'analogie (1), il aura fourni une chance de plus à ce succès croissant, pacifique, établi, tout de cœur et non de lutte, que nous voulons à *Jocelyn*.

Mais, au milieu de notre propre discussion mêlée à nos conjectures et à nos désirs sur la destinée du poëme, nous oublions Jocelyn en personne, qui est entré au petit séminaire, et qui a dû, il est vrai, y rester six longues années. Nous le retrouvons en 93. L'orage grondant vient battre les murs de la sainte maison dans laquelle il prolongeait sa vie de prière, et parfois de rêverie. Bientôt l'assaut commence; l'injure et tout à l'heure la mort sont aux portes. Sa mère, sa sœur, toute sa famille, sont en fuite déjà, et vont chercher quelque abri au delà des mers ; lui-même, avec douze louis d'or qu'on lui fait secrètement remettre, il n'a

---

(1) Ainsi, à des fins de vers, *débri, chamoi, à l'envie;* ainsi *eux-même;* et des singuliers là où le pluriel est impliqué forcément dans l'idée et n'est autre que l'idée :

Combien de chose éteinte en mon cœur il réveille!

Il est aussi, par rapport à l'oreille, un certain nombre de vers brusqués et, en quelque sorte, *provisoires,* que je signalerai à la retouche de l'auteur pour cette seconde édition : tome Ier, le 15e de la page 124; le 6e de la page 264; le 13e de la page 314, etc.

que le temps de s'échapper. Comme petit détail exact, j'aimerais mieux que Jocelyn sortît du séminaire avant 93, avant la mort du roi, et dès 92, ce qui abrégerait d'autant l'année 94, trop longue dans le poëme (car par mégarde elle est double). Jocelyn s'échappe donc en changeant d'habit; il gagne le Dauphiné, Grenoble, et arrive aux Alpes. Un pâtre le recueille, et lui indique, comme plus sûre et tout à fait inviolable, une grotte, une vallée close, inconnue de tous, et dans laquelle on ne parvient que le long de rampes étroites et par un périlleux sentier. Après les horreurs des massacres, après les angoisses de la fuite, et celles même d'une route si escarpée, au moment où Jocelyn met le pied, par delà le précipice, dans la haute et douce vallée dont il s'empare, oh! en ce moment, comme il s'écrie vers le ciel, comme il foule délicieusement la mousse! comme il s'ébat tour à tour et s'agenouille! Il faut l'entendre, poëte, triompher dans sa solitude, et en des chants inextinguibles bénir la nature et Dieu. Jocelyn, seul, dans la Grotte des Aigles, rentre dans une situation qu'ont rêvée une fois tous les cœurs sensibles épris de la nature au printemps. Sa Grotte des Aigles, c'est son île Saint-Pierre plus inaccessible, une île de Robinson grandiose et poétique, une Otaïti déserte et aussi fortunée. Il me rappelle Chactas ou René dans les savanes, Oberman à Fontainebleau ou à Charrières. Ou plutôt il ignore tout cela; il ne songe qu'à se plonger dans l'ivresse sereine de ces hauts lieux, à remercier l'Auteur, à bénir sur la montagne pendant le bouleversement de la terre, sur la montagne où sa vallée est pendue au rocher comme un nid, et offerte au soleil comme une corbeille. Jocelyn recommence naïvement Éden, sans rien de creusé ni de sauvage : heureuse simplicité retrouvée! l'élévation libre et facile compense en lui la profondeur. Mais la nature ne suffit pas toujours; l'ennui va venir à l'homme solitaire, et la langueur. Jocelyn, sans être prêtre, était déjà près de l'autel; il ne pourrait désirer sans honte une Éve inconnue; il s'est enfui un jour, tout effrayé de lui-même, pour avoir trop complaisamment regardé, à travers les châtaigniers, l'adorable sourire satisfait d'un jeune pâtre et de sa compagne; mais il voudrait un cœur d'ami, un compagnon du moins de son exil et de cette félicité que ne troublent que par instants les orages et les crimes d'en bas. Ne vous étonnez pas de cette promptitude à la félicité : c'est ainsi qu'est faite naturellement la jeunesse.

Pourtant le compagnon désiré arrive : un jour que Jocelyn s'est hasardé hors de l'enceinte et par delà le périlleux sentier, il rencontre dans la montagne un proscrit, accompagné de son fils, que poursuivent deux soldats. Une lutte s'engage au bord du sentier; les soldats y glissent, et roulent, broyés, dans l'abîme; mais le proscrit blessé et mourant n'a que le temps de confier à Jocelyn Laurence. C'est le nom de l'enfant; Laurence, nom douteux, enfant charmant, virgilien, qui tient d'Euryale et de Camille, qui a quinze ans : *pene puella puer!* Jocelyn nous dit qu'en le regardant son œil hésite entre l'enfant et l'ange.

Au premier printemps, Laurence est devenu plus

beau, il étonne, il éblouit son ami; il éclaire la grotte d'alentour; c'est bien pour le jeune lévite, en effet, comme l'ange des proses d'*Alleluia* : *In albis sedens Angelus*. Le plus sublime moment de la situation, après l'hymne exhalé vers l'idéale et chaste beauté, vers la beauté sans sexe encore, est cette vaste éclosion du printemps qui éclate, en quelque sorte, un matin, dans la haute vallée : du sein de cette nature soudainement attiédie et ruisselante, s'élève le chant en chœur des deux enfants qui s'ignorent l'un l'autre et qui se regardent avec larmes. On trouverait dans les printemps de Finlande et de Russie, touchés par Bernardin de Saint-Pierre, dans ceux du nord de l'Amérique décrits par M. de Chateaubriand, des traits heureux de comparaison avec ce printemps de la vallée des Aigles (1). Si l'on a deviné que Laurence, l'angélique enfant, n'est qu'une femme, on sera reporté aussi à des scènes du pèlerinage de *Paul et Virginie* dans la Montagne-Noire. Toute cette partie du poëme de M. de Lamartine, depuis l'entrée de Laurence dans la vallée, est véritablement une grande idylle, à prendre le sens exact du

(1) Il ne faudrait pas oublier, dans la comparaison de ces printemps, de commencer par celui du second livre des *Géorgiques* : *Vere tument terræ*. — M'est-il permis d'ajouter, comme réserve, que les personnes habituées à la vie des montagnes trouvent quelques impossibilités dans la nature alpestre, telle qu'elle est peinte en cette portion de *Jocelyn?* On peut voir une note du *Canton de Vaud* par M. Juste Olivier (Lausanne), tome Ier, page 513. En général, ces personnes trouvent le paysage des hautes vallées autrement sévère, sobre et précis, que notre poëte ne l'a créé dans sa magnifique idylle luxuriante.

mot. Le caractère propre de l'idylle consiste à représenter l'homme dans un état de calme champêtre, d'innocence et de simplicité, où il jouisse librement de tout le bonheur naturel. Celui qui, dans *les Préludes,* nous avait chanté d'une voix attendrie : *Je suis né parmi les pasteurs,* réalise et déploie en ce tableau son premier vœu. Tous les rêves bucoliques des Florian, des Gessner, des Haller, sont élevés ici à la hardiesse et à la grandeur, dans ce cadre majestueux des Alpes, et 94 au fond. Abel était heureux à la face de ses parents inconsolés, le lendemain de la chute du monde : tandis que le sang d'André Chénier, de Marie-Antoinette et de madame Roland arrosait l'échafaud, l'hymne de ces deux enfants planait et montait au ciel dans le printemps d'avant Thermidor, et de dessus leur piédestal embaumé. Double triomphe, admirablement senti, perpétuellement vrai, de la jeunesse et de la nature, en face du désastre ardent de la société! C'est bien là le poëte qui déjà s'était écrié, indiquant à l'âme blessée l'immortel dictame des forêts :

> Mais la nature est là, qui t'invite et qui t'aime;
> Plonge-toi dans son sein qu'elle t'ouvre toujours!
> Quand tout change pour toi, la nature est la même,
> Et le même soleil se lève sur tes jours.

C'est bien de celui qui avait chanté par la bouche de Childe-Harold déclinant :

> Triomphe, disait-il, immortelle Nature!...

Mais la société reprend ses droits, le devoir parle, l'idylle n'a eu qu'un jour. Jocelyn apprend que son vieil évêque est dans les cachots de Grenoble, à la veille de l'échafaud, et qu'il réclame un de ses enfants. Jocelyn a découvert d'ailleurs que Laurence n'est qu'une jeune fille, que son père avait déguisée ainsi pour la commodité de la fuite, et que plus tard un confus sentiment de pudeur avait retenue. Il s'échappe donc une nuit, pendant le sommeil de Laurence, de la vallée périlleuse et troublée; il accourt à Grenoble, il se glisse dans le cachot, et là, aux pieds du saint évêque qu'il trouve implorant tour à tour, menaçant et ordonnant, s'agite en lui la lutte pathétique dans laquelle il ne se relève que prêtre et à jamais consacré (1). Jocelyn debout reçoit la confession de l'évêque, l'absout et le prépare; mais lui-même, le devoir accompli, dans l'épuisement de son effort surnaturel, il retombe saisi d'une maladie qui le jette jusqu'aux portes de la mort. Quand ses idées lui reviennent distinctes, il se trouve dans un hospice, entouré de sœurs charitables; Ther-

---

(1) Il a été fait par plusieurs critiques, et en particulier dans le *Semeur* du 23 mars 1836, des objections essentielles à la légitimité de cette conduite de l'évêque. Saint-Martin, en son temps, avait montré aussi, dans une remarquable critique de *Zaïre*, que Lusignan, Nérestan, avaient un christianisme plus formaliste que *vif*; car, selon lui, le christianisme *vif* n'aurait point interdit le mariage entre Zaïre et Orosmane, saint Paul ayant dit *que la femme fidèle justifierait le mari infidèle*. Toutes ces objections sont fondées; mais l'émotion du lecteur non dogmatique n'y regarde pas de si près et n'entre guère dans cette sphère de considérations. Voltaire l'a très-bien remarqué dans son commentaire sur *Polyeucte* (acte II, scène vi). Ce n'est pas à dire pourtant qu'il ne vaudrait pas mieux, par un art accompli, tout prévoir, tout concilier.

midor est passé, l'on respire. Sa première pensée est qu'il est prêtre, et que Laurence vit. La sœur de l'evêque va elle-même chercher à la Grotte des Aigles la pauvre agenouillée, qui attend depuis la fatale nuit, et qui ne veut pas croire à une séparation éternelle. Bref, cette séparation consommée, Jocelyn, qui a passé deux ans de convalescence morale et d'épreuve dans une maison de retraite ecclésiastique, reçoit la cure de Valneige, petit village situé tout au haut des Alpes; et c'est de là que (vers 98) il écrit à sa sœur, revenue avec sa mère de l'exil, les détails que tout le monde a lus, de son pauvre presbytère, de ses laborieuses journées, de ses nuits troublées encore.

Cette poésie de curé de campagne est neuve en France, et M. de Lamartine méritait bien de l'y introduire et de l'y naturaliser. Elle existe depuis longtemps en Allemagne, en Angleterre surtout; on ferait une douce et piquante histoire de tous les pasteurs, recteurs, curés ou vicaires, qui ont été poëtes ou que les poëtes ont chantés. La Louise de Voss est fille du vénérable pasteur de Grunau, et son amant Valter est lui-même pasteur d'un village voisin. Goldsmith, dans son délicieux poëme du *Village abandonné,* a peint l'idéal de tous ces curés modestes, de ces vicaires bienfaisants, dont il a reproduit ensuite le portrait avec plus de réalité, mais non moins de charme, dans son *Vicaire de Wakefield.* Fielding, dans *Joseph Andrews,* a également son bon curé, et la Paméla de Richardson, au défaut du jeune lord, ne doit-elle pas épouser quelque vicaire? Mais, pour nous en tenir au curé, au vicaire de campagne, poétique ou poëte, c'est à celui du *Village abandonné* qu'il faut revenir comme type aimable :

> A man he was to all the country dear,
> And passing rich with forty pounds a year.

Delille, dans *l'Homme des Champs*, en imitant ce fin et doux tableau, nous l'a tout à fait défiguré par le vague et la banalité des traits :

> Voyez-vous ce modeste et pieux presbytère ?
> Là vit l'homme de Dieu dont le saint ministère
> Du peuple réuni présente au ciel les vœux,
> Ouvre sur le hameau tous les trésors des cieux
> Soulage le malheur, consacre l'hyménée, etc. ;

et plus loin :

> Honorez ses travaux ! Que son logis antique,
> Par vous rendu décent et non pas magnifique, etc.

Et cela au lieu du frais taillis et du jardin *souriant* de l'aimable curé d'Auburn ! Qu'on mette aussi en regard l'intérieur de Jocelyn à Valneige :

> Le jardin, le verger, quelques arpents de prés,
> Les châtaignes, les noix, de petits coins de terre
> Que je bêche moi-même autour du presbytère ;
> . . . .
> Tout abonde ; le pain y cuit pour l'indigent,
> Et Marthe dans l'armoire a même un peu d'argent.

Dans son Épître au curé de Roquencourt, Ducis, plus voisin de la nature que Delille, avait dit :

> Ton presbytère étroit, sous ton humble clocher,
> A l'église attenant, suffit pour te cacher.

> Le jardin, qu'à grand'peine un quart d'arpent compose,
> Comme un autre a son lis, son œillet et sa rose.
> Un lilas, à sa porte, annonce le printemps;
> Un cyprès nous y dit : « Tout passe avec le temps. »
> Le charmant rousselet, la bergamote encore,
> D'un duvet parfumé s'y couvre et se décore, etc., etc.

En Angleterre, avant ces derniers temps, avant les réformes qui menacent, la situation d'un curé de campagne, dans un joli pays, entouré d'une tendre famille, avec de grandes roses de mer au seuil du logis et à la fenêtre, était un rêve d'idylle tout trouvé. Thompson, fils d'un ministre, avait gardé sans doute pour ses fraîches peintures bien des réminiscences gracieuses d'enfance. Le tendre William Cowper était le sixième fils d'un Révérend, car les Révérends, d'ordinaire, avaient six ou dix enfants. Avec ces nombreuses familles, ou même sans cela, la réalité était parfois pour eux moins fleurie que le rêve du poëte. Penrose, s'il m'en souvient, s'est plaint de cette vie si pauvre, si condamnée à une fatigue que la dîme toujours ne nourrissait pas. Hervey, le chantre méditatif, souffrait de la gêne. Mais celui qui a le mieux exprimé cette autre face du tableau, et qui a pris en main avec génie la cause du vrai et de la vie non convenue, dans la peinture des curés et des vicaires, c'est Crabbe. Après une jeunesse pleine de misère, étant entré lui-même dans cette humble condition de recteur de village ou de bourg, il en a retracé les alentours, les accidents de ridicule, de sujétion ou de souffrance, avec une vigueur sagace et mordante. Son premier poëme, *le*

Village, qui accuse, en dépit des Tityres et des Corydons, les mœurs grossières et la pauvreté hideuse d'une population voisine des côtes, ne nous montre guère le prêtre du lieu que comme trop affairé pour présider au convoi du pauvre, et remettant la prière funèbre jusqu'au prochain dimanche. Il poursuit la même idée de peinture réelle avec plus de détail dans son *Registre de Paroisse;* c'est une réaction formelle et déclarée contre l'idéal des Thompson et des Goldsmith. Toutes ces félicités embellies de presbytère ou de chaumière, il ne les a trouvées nulle part ; mais partout des vices, partout des douleurs : depuis le déluge, dit-il, *Auburn ni Éden n'existent plus.* Dans son poëme du *Bourg,* les deux portraits du ministre (*vicar*) et du vicaire ou second (*curate*) sont des morceaux achevés de précision, de grâce malicieuse, de relief personnel et domestique. La figure fade, douce, souriante toujours, inoffensive et circonspecte, du bon ministre, atteste dans le peintre un moraliste rival des Johnson et des Swift ; jamais l'insignifiance d'un visage n'a pris autant de consistance aux yeux. Ce bon ministre, chez qui la peur est l'unique passion dirigeante, deviendrait, en des temps orageux, le pendant exact du curé Abondio des *Fiancés* de Manzoni. Quant au vicaire (*curate*), il est admirable et touchant de vérité naïve : sa science dans les classiques grecs ; sa pauvreté, la maladie de sa femme ; ses quatre filles si belles et si pieuses, ses cinq fils qui s'affligent avec lui ; ce mémoire de marchand, entre deux feuillets, qui le vient troubler au milieu du livre grec qu'il commentait dans l'oubli de ses maux; sa joie simple, triomphante, un matin qu'il a lu au réveil et qu'il annonce à sa famille qu'une société littéraire (il le tient de bonne source) se fonde enfin, pour publier les livres des auteurs pauvres; toutes ces petites scènes successives composent un ensemble fini qui ne peut être que de Wilkie ou de Crabbe.

M. de Chateaubriand, dans ses Mémoires, a raconté, de son ancienne et pauvre vie en Angleterre, une attendrissante aventure, qui a pour objet une divine Charlotte, fille d'un ministre de campagne, d'un Révérend très-fort aussi en grec, comme ils le sont tous : le presbytère anglais encadré de ses fleurs, et avec toute sa précieuse netteté, y reluit dans une belle page. A travers des vallées où paissent des vaches, *de jolis petits chemins sablés* nous y conduisent. La vie de nos curés de campagne en France n'a rien qui ait favorisé un genre pareil d'inspiration et de poésie. S'il avait pu naître quelque part, c'eût été en Bretagne, où les pauvres *clercs*, après quelques années de séminaire dans les Côtes-du-Nord, retombent d'ordinaire à quelque hameau voisin du lieu natal. M. Souvestre nous a récemment indiqué cette veine naïve de poésie semi-ecclésiastique dans ses études des *Bretons*. M. Brizeux nous a introduit parmi ce joyeux essaim d'écoliers qui bourdonnait et gazouillait autour des haies du presbytère chez son curé d'Arzano. Quelques pages enfin des *Paroles d'un Croyant*, quelques-unes des images touchantes et non politiques, pourraient se rapporter à cette poésie de curé de campagne en Bretagne. Mais la difficulté d'une double langue en ce pays, et aussi la sévérité des habitudes catholiques, dans lesquelles l'amour humain chez le prêtre n'a point d'expression permise, n'ont pas laissé naître et grandir jusqu'à l'état de littérature ces instincts poétiques étouffés des pauvres clercs. Jocelyn est notre premier curé de campagne qui ait chanté (1).

Jocelyn, remarquons-le bien, chante, tant qu'il n'est pas tout à fait guéri encore; il chante, tant que l'image de Laurence le trouble et continue de partager son cœur. Ce qu'il nous raconte, ou plutôt ce qu'il raconte à sa sœur et ce qu'il se rappelle à lui-même, ce n'est pas vieux et apaisé qu'il y revient; depuis cette dernière maladie à laquelle il manque de succomber, peu après la mort de Laurence, le manuscrit cesse. Jocelyn guéri a vécu de longues années encore, et il s'est tu, ou du moins il n'a plus repassé ses douleurs. L'amitié du Botaniste a pu les ignorer jusqu'au moment où Marthe l'a aidé à retrouver ces papiers anciens qui n'étaient point destinés à survivre. La vraisemblance catholique du poëme est ainsi sauvée. Si, dans le Jocelyn que nous possédons, on aperçoit jusqu'à la fin quelque trait d'amour trop tendre, ce reste de faiblesse a dû être corrigé, durant les longues années suivantes, par cette vie toute pratique, de laquelle le Botaniste nous a dit :

---

(1) Voir pourtant sur Favre et Peyrot, deux curés du Midi qui ont écrit des poëmes en patois, la *Revue de Paris* du 26 novembre 1843. De ces deux beaux esprits languedociens, Peyrot est plus purement descriptif et champêtre : l'abbé Favre est plutôt un satirique de haut goût.

> La douleur qu'elle roule était tombée au fond ;
> Je ne soupçonnais pas même un lit si profond ;
> Nul signe de fatigue ou d'une âme blessée
> Ne trahissait en lui la mort de la pensée ;
> Son front, quoiqu'un peu grave, était toujours serein ;
> On n'y pouvait rêver la trace d'un chagrin
> Qu'au pli que la douleur laisse dans le sourire,
> A la compassion plus tendre qu'il respire,
> Au timbre de sa voix ferme dans sa langueur (1)...

A la fin des lettres de Jocelyn à sa sœur, après tous ces détails journaliers de prière, de travail, de charité, le curé de Valneige se représente, la nuit, veillant, agité encore, lisant tantôt *l'Imitation,* tantôt les poëtes :

> Dans mes veilles sans fin, je ressemble, ô ma sœur,
> A ce *Faust* enivré des philtres de l'école, etc., etc.

« Je ne voudrais pas ce *Faust,* » me disait une belle âme bien éclairée dans la pratique chrétienne : « quand

---

(1) J'arrête là ma citation, n'adoptant pas l'expression *fêlure du cœur,* qui se trouve dans le vers suivant. Ce rapprochement du cœur à demi brisé et d'une porcelaine (si précieuse qu'on la fasse) est d'un ordre matériel inférieur, qui déroge, selon moi, à l'impression sentimentale; j'aimerais mieux un vers métaphysique un peu vague, qu'une image matérielle si particularisée. Ceci touche à quelques innovations contestables dans le procédé de M. de Lamartine. J'ai déjà traité ce point de style, en m'appuyant précisément de son autorité, dans l'article sur madame Desbordes-Valmore (voir ci-après); mais dans *Jocelyn,* à côté du petit nombre de ces innovations contestables, combien d'autres faciles et heureuses! je voudrais qu'il se tînt à ces dernières :

> Tantôt lisant, tantôt écorçant quelque tige,
> Suivant d'un œil distrait l'insecte qui voltige,
> L'eau qui coule au soleil en petits diamants,
> Ou l'oreille clouée à des bourdonnements!

« on travaille et qu'on fait son devoir de curé le jour,
« on dort la nuit. » — Oui; mais ce Jocelyn du commencement n'est pas arrivé et fixé encore; il n'a pas encore trouvé son calme, ni peut-être toute sa foi; il n'a pas enseveli Laurence. Plus tard, quand Jocelyn a triomphé de cette maladie à laquelle se termine le manuscrit de ses confidences, quand il est tel que le Botaniste l'a connu, ses nuits sont calmes; toute fièvre de passion ou d'incertitude a cessé : il ne reste plus de lui que le ministre de charité, l'homme des admirables paraboles qu'il débite à son troupeau; et, s'il ne maudit pas le Juif, si l'on sent qu'il n'aurait d'anathème, ni contre le vicaire savoyard, ni contre un confrère vaudois de l'autre côté des Alpes, ce n'est pas doute ni tiédeur de foi, c'est qu'il est de ce christianisme assurément fort justifiable, de ce christianisme clément, comme Jésus, au bon Samaritain.

La mère de Jocelyn, affaiblie par la fatigue et la souffrance, a désiré revoir le village natal, dans lequel sa maison ancienne ne lui appartient plus; elle a désiré y embrasser un moment, encore une fois, son fils, qui abandonne pour quelque temps Valneige. Jocelyn, lorsqu'il s'était informé de la santé de cette mère bien-aimée auprès de sa sœur lors de leur retour, avait dit avec cette beauté de cœur qui n'est qu'à lui :

Mais, dis-moi, rien n'a-t-il changé dans ses beaux traits?
. . . .
Son œil a-t-il toujours ce tendre et chaud rayon,
Dont nos fronts ressentaient la tiède impression?
Sur sa lèvre attendrie et pâle, a-t-elle encore

Ce sourire toujours mourant ou près d'éclore?
Son front a-t-il gardé ce petit pli rêveur
Que nous baisions tous deux pour l'effacer, ma sœur,
Quand son âme, le soir, au jardin recueillie,
Nous regardait jouer avec mélancolie?

Mais quand il la revoit si changée, quelle douleur est la sienne, mêlée de funèbre pressentiment! La mère de Jocelyn veut parcourir une dernière fois la maison natale dans l'absence du nouveau possesseur. C'est une scène analogue à celle d'Amélie et de René revoyant le manoir paternel; plus loin, lorsque Jocelyn doit ensevelir Laurence à la Grotte des Aigles, il pourra rappeler Chactas ensevelissant Atala; car ce n'est pas, je l'ai déjà dit, par le point de départ singulier des situations que ce poëme se distingue, mais par leur naturel, par leur développement, leur fraîcheur et leur jet de source à chaque pas, par l'inspiration et l'émanation qui s'élève du tout : là vraiment se déploie l'originalité, le génie. Si vous avez perdu une mère, si, nourri aux affections de famille, vous avez éprouvé quelqu'une de ces grandes et saintes douleurs qui devraient rendre bon pour toute la vie, lisez, relisez, pour retrouver vos émotions les meilleures, la visite à la maison natale, l'évanouissement de la mère de Jocelyn, la rentrée folâtre des enfants du nouveau possesseur, courant de haie en haie, tandis qu'elle, on l'emporte par l'autre porte sans connaissance; et, après cette mort, les larmes du fils pieux, sa foi soulageante, ses retours vers les jours passés de tendres leçons et d'enfance heureuse,

Quand le bord de sa robe était mon horizon!

lisez pour vous, lisez aux autres; baignez-vous, baignez-les dans ces salutaires et abondantes douleurs!

Après un court voyage à Paris (vers 1800), où il retrouve, sans lui parler, Laurence en proie aux dissipations du monde, et après avoir aussi conçu une rapide et profonde idée de la renaissance du siècle, Jocelyn s'enfuit à la hâte vers ses montagnes et se replonge en cet air âpre et vivifiant dont il a besoin pour ne pas défaillir. C'est à cette partie de sa vie que se rapportent les admirables enseignements, si appropriés à l'esprit de son troupeau, la parabole du *Nil*, des *Deux Frères,* la leçon d'astronomie aux enfants du village, terminée par le dialogue de l'*Aigle* et du *Soleil*. On peut rapprocher moralement et littérairement ce genre familier au curé de Valneige de quelques belles paraboles des *Paroles d'un Croyant*, et de celles de Krummacher, pasteur à Brême (1). L'histoire du *Tisserand* appartient au registre de paroisse d'un Crabbe attendri et compatissant. Mais rien ne se peut comparer pour l'abondance rurale et le sacré de l'in-

---

(1) M. l'abbé Bautain en a traduit la première partie, et M. Marmier a publié la suite. Krummacher est pasteur à Brême, comme Hebel, cité plus bas, était prélat protestant à Carlsruhe, comme Tegner le poëte suédois, qui a fait, entre autres poésies ecclésiastiques, une espèce d'idylle sur *la Première Communion* et une pièce sur *la Consécration du Prêtre,* est fils de pasteur et lui-même évêque de Vexio en Suède. On me parle aussi de Théremin, pasteur en Prusse, qui a fait des vers sur les cimetières et sur la mort. C'est, on le voit, une série toute pareille à celle des curés-poëtes d'Angleterre.

spiration au morceau des *Laboureurs.* Ces antiques et éternelles géorgiques (*ascræum carmen*), reprises par une voix chrétienne, ont une douceur nouvelle et plus pénétrante; *la sainte sueur humaine,* mêlée à la sueur fumante de la terre, est bénie; le respect, la religion du travail vous gagne, et, à l'heure de midi, quand la famille épuisée s'arrête et va boire un moment à la source, on s'écrie humainement avec le poëte :

> Oh! qu'ils boivent dans cette goutte
> L'oubli des pas qu'il faut marcher!
> Seigneur, que chacun sur sa route
> Trouve son eau dans le rocher!
> Que ta grâce les désaltère!
> Tous ceux qui marchent sur la terre
> Ont soif à quelque heure du jour :
> Fais, à leur lèvre desséchée,
> Jaillir de ta source cachée
> La goutte de paix et d'amour!

et tout l'hymne qui suit.

Jocelyn nous offre beaucoup plus de particularités dans le détail, de curiosité pittoresque, domestique, locale, que les précédents poëmes de Lamartine, et marque en ce sens chez lui une nouvelle manière. Pourtant, ce qui continue de distinguer expressément le poëte, c'est encore la grandeur, l'élévation à laquelle il revient, vers laquelle il s'échappe toujours par quelque côté. Son paysage, si détaillé qu'il veuille le faire, ne représente jamais dans tous les sens de l'horizon ces autres paysages vraiment locaux et déterminés de Goldsmith, du Hollandais Pott, de Burns, de Hebel;

toujours quelque ouverture de ciel se fait sur un point, par où il monte à l'instant et plane; et alors, à ces hauteurs, le vaste paysage ondoyant recommence. La nature prise *à vol d'oiseau* est surtout familière à Lamartine et à Jocelyn; après qu'il a discerné quelque temps de son œil perçant et doux les détails qui sont à ses pieds, les bœufs qu'on attelle, les rejets de frêne qu'on leur effeuille, les rameaux ombrageux qu'on leur plante sur la tête, et les mouches que les enfants chassent à leurs flancs, le voilà, en un clin d'œil, qui revole à l'autre bout de l'horizon, ou qui repart sur une nuée. C'est en cela que son paysage, jusque dans ses acquisitions nouvelles, diffère toujours de ces paysages plus exactement clos, et comme entre deux haies, de Grunau, d'Auburn, et de certaines peintures des rives de l'Yarrow en Écosse, du Skorf en Bretagne, dans lesquelles les perspectives du ciel elles-mêmes nous apparaissent plus encadrées. S'il y perd quelque chose en confection, en fini, il y gagne en aisance, en largeur d'ensemble, et le petit détail, même quand il s'y livre, n'a jamais chez lui le *prenez-y garde* de la miniature.

Wordsworth et Coleridge, deux grands poëtes pittoresques et méditatifs, n'y ont pas échappé : il y a chez eux de la miniature, qui s'associe pourtant avec une très-haute élévation. Ce serait une assez neuve et utile manière de caractériser Lamartine, et de renouveler l'étude tant de fois faite de sa poésie, que de le comparer d'un peu près avec ces deux grands lakistes, qu'il connaît fort légèrement sans doute, et desquels il se rapproche et diffère par de frappants endroits. Coleridge, dans sa jeunesse, a fait d'admirables *Poëmes méditatifs,* dans lesquels la nature anglaise domestique, si verte, si fleurie, si lustrée, décore à ravir, et avec une inépuisable richesse, des sentiments d'effusion religieuse, conjugale ou fraternelle; soit que le soir dans son verger, entre le jasmin et le myrte, proche du champ de fèves en fleur, il montre à sa douce Sara l'étoile du soir, et se perde un moment, au son de la harpe éolienne, en des élans métaphysiques et mystiques, qu'il humilie bientôt au pied de la foi; soit qu'il abandonne ensuite ce frais *cottage,* de nouveau décrit, mais trop délicieux, trop embaumé à son gré pendant que ses frères souffrent (vers l'année 93), et qu'il se replonge vaillamment dans le monde pour combattre le grand combat non sanglant de la science, de la liberté et de la vérité en Christ; soit qu'envoyant à son frere, le révérend George Coleridge, un volume de ses œuvres, il y touche ses excentricités, ses erreurs, et le félicite d'être rentré de bonne heure au nid natal; soit qu'un matin, visité par de chers amis, dans un *cottage* encore, et s'étant foulé, je crois, le pied, sans pouvoir sortir avec eux, du fond de son bosquet de tilleuls où il est retenu prisonnier, il fasse en idée l'excursion champêtre, accompagne de ses rêves aimables Charles surtout, l'ami préféré (1), et se félicite devant Dieu d'être ainsi privé d'un bien promis, puisque l'âme y gagne à s'élever et qu'elle contemple; soit enfin que, dans son verger toujours, une nuit d'avril, entre un ami et une

---

(1) Charles Lamb.

femme qu'il appelle *notre sœur,* il écoute le rossignol et le proclame le plus gai chanteur, et raconte comme quoi il sait, près d'un château inhabité, un bosquet sauvage tout peuplé de rossignols chantant à volée, en chœur, et entrevus dans le feuillage sous la lune, au milieu des vers luisants : Oh! quand son enfant sera d'âge, nous dit-il en finissant, son cher petit, bégayant encore, et qui sait déjà reconnaître l'étoile du soir, comme il le réjouira avec de tels sons! comme il l'habituera à associer l'idée de joie à l'image de la nuit! comme il veut lui donner en toutes choses, pour compagne de jeux, la nature ! On voit, par ces traits imparfaits, quelles doivent être chez Coleridge la curiosité brillante, l'étincelle perpétuelle du détail, et en même temps l'élévation et la spiritualité des sentiments. Il y a en lui une irrésistible sympathie par tous les points avec la Vie universelle, et il cherche ensuite à réprimer cette expansion, à la ramener dans un ordre régulier de foi; il y a en lui, si je l'ose dire, du bouddhiste qui tâche d'être méthodiste. Cette lutte et ce contraste ont un grand charme; et le petit nombre de *Poëmes méditatifs* dont je parle n'ont pas été assez distingués et loués comme des exemples excellents, selon moi, d'un genre si précieux de poésie. Dans le *Jocelyn* de Lamartine, l'admirable apostrophe :

> O mon chien! Dieu seul sait la distance entre nous,
> Seul il sait quel degré de l'échelle de l'être
> Sépare ton instinct de l'âme de ton maître, etc.,

rentre, à quelques égards, dans l'universalisme idéaliste de Coleridge. Mais là encore, comme partout, Lamartine n'a pas de détour, de retour compliqué, de subtilité métaphysique ou de restriction méthodiste. En parlant de son chien avec effusion, avec charité, il est toujours dans cette large voie humaine, au bout de laquelle, du plus loin, on aperçoit près de leurs maîtres les chiens d'Ulysse et de Tobie. M. Ampère, parlant d'après Cassien des solitaires de la Thébaïde et de leurs rapports souvent merveilleux avec les lions et les divers animaux, a suivi ingénieusement dans le christianisme jusqu'à saint François d'Assise cette tendresse particulière de quelques moines pour les bêtes de Dieu. Mais ce genre de sentiments exceptionnels dans le christianisme et dans l'humanité sent déjà la secte. Au contraire, les belles apostrophes de Lamartine à Fido, loin de paraître singulières à personne, ne feront que rendre la pensée de bien des cœurs.

Mais c'est avec Wordsworth que les rapports de Lamartine, en ressemblance et en différence, me paraissent plus nombreux et plus sensibles. Wordsworth pense avec Akenside, dont il prend le mot pour devise, que « le poëte est sur terre pour revêtir par le langage « et par le nombre tout ce que l'âme aime et admire ; » et Lamartine nous dit quelque part en son *Voyage d'Orient :* « Je ne veux voir que ce que Dieu et l'homme « ont fait beau ; la beauté présente, réelle, palpable, « parlant à l'œil et à l'âme, et non la beauté de lieu « et d'époque. Aux savants la beauté historique ou « critique ; à nous, poëtes, la beauté évidente et sen-« sible, etc. » Mais ces deux poëtes, fidèles également à la beauté naturelle, d'une âme aussi largement ouverte à la réfléchir, se distinguent dans la manière dont ils s'élèvent et par laquelle ils arrivent à l'embrasser, à la dominer. Lamartine y va toujours par le plus droit chemin, d'un seul essor, en vue de tous. S'il est curieux de détail en un endroit, c'est comme par accident; il s'élance de là ensuite d'un plein vol, et ne cherche pas à lier le petit au grand par une subtilité symbolisante, heureuse peut-être, mais détournée. Ainsi, quand ses deux personnages, Jocelyn et Laurence, du sein de leur montagne, chantent le printemps, c'est tout ce qu'il y a de plus direct en naissance de sentiments, de plus trouvé d'abord, quoique bientôt aussi élevé que possible. Wordsworth, lui, ne procède pas de cette sorte. Pour arriver à des hauteurs égales, il se dérobe par des circuits nombreux, compliqués. Je prends presque au hasard, dans le dernier recueil qu'il a publié (*Yarrow revisited*) deux ou trois termes de comparaison. S'il monte au sommet d'un mont, et qu'il veuille en s'asseyant bénir Dieu au bout du pèlerinage, il fera, par exemple, le sonnet suivant auquel il donnera pour titre :

REPOSEZ-VOUS ET REMERCIEZ.

AU SOMMET DE GLENCROE.

Ayant monté longtemps d'un pas lourd et pesant
Les rampes, au sommet désiré du voyage,
Près du chemin gravi, bordé de fin nerpage,
Oh! qui n'aime à tomber d'un cœur reconnaissant?

Qui ne s'y coucherait, délassé, se berçant

Aux propos entre amis, ou seul, au cri sauvage
Du faucon, près de là perdu dans le nuage,
— Nuage du matin, et qui bientôt descend?

Mais, le corps étendu, n'oublions pas que l'âme,
De même que l'oiseau monte sans agiter
Son aile, ou qu'au torrent, sans fatiguer sa rame,

Le poisson sait tout droit en flèche remonter,
— L'âme (la foi l'aidant et les grâces propices)
Peut monter son air pur, ces torrents, ses délices!

Lamartine, très-probablement, ayant fait le même pèlerinage, eût entonné son hymne d'actions de grâces, au sommet, sans s'arrêter à cette comparaison, fort belle d'ailleurs, mais cherchée, de l'oiseau et du poisson, avec l'âme qui monte, tandis que le corps est étendu immobile. — S'il arrivait devant la hutte d'un *Highlander,* avec une femme, une dame, pour compagne de voyage, qui marquerait quelque répugnance à entrer dans cette hutte enfumée, il la lui décrirait avec détail, avec grâce, comme il fait pour Valneige, et se complairait bientôt magnifiquement à la bénédiction de Dieu sur les cœurs simples qui y sont cachés, mais sans trop s'arrêter et sans plus revenir à l'hésitation de sa compagne. Or, Wordsworth nous parle ainsi de *la cabane du Highlander* :

Elle est bâtie en terre, et la sauvage fleur
Orne un faîte croulant; toiture mal fermée,
Il en sort, le matin, une lente fumée,
(Voyez) belle au soleil, blanche, et torse en vapeur!

Le clair ruisseau des monts coule auprès; n'ayez peur
D'approcher comme lui : quand l'âme est bien formée,

On est humble; on se sait, pauvre race, semée
Aux rocs, aux durs sentiers, partout où vit un cœur!

Sous ce toit affaissé de terre et de verdure,
Par ce chemin rampant jusqu'à la porte obscure,
Venez; plus naturel, le pauvre a ses trésors :

Un cœur doux, patient, bénissant sur sa route,
Qui, s'il supportait moins, bénirait moins sans doute...
Ne restez plus ainsi, ne restez pas dehors!

Si Lamartine se souvient d'une scène, d'un paysage qu'il ne peut revoir, il le reproduit, il le décrit avec abondance et limpidité, avec tendresse : ainsi *Milly*, ainsi son *Lac*, ainsi les souvenirs de Jocelyn. Je prendrai encore dans le recueil de *Yarrow revisited* un endroit. C'est un souvenir qu'a le poëte d'un site de la Clyde, qu'il a visité autrefois, et que quelque circonstance, dans son second voyage, l'empêche de revoir. Wordsworth analyse son regret; il est près de s'affliger d'abord, puis il se dit, comme Coleridge retenu dans son bosquet de tilleuls, qu'il y a moyen d'éluder le regret, de le racheter par la mémoire, par la pensée. C'est un véritable sonnet psychologique, fait pour plaire à Reid, à Stewart, à M. Jouffroy. Nous essayerons de le rendre :

LE CHATEAU DE BOTHWELL.

Dans les tours de Bothwell, prisonnier autrefois,
Plus d'un brave oubliait (tant cette Clyde est belle!)
De pleurer son malheur et sa cause fidèle.
Moi-même, en d'autres temps, je vins là; — je vous vois

Dans ma pensée encor, flots courants, sous vos bois!
Mais, quoique revenu près des bords que j'appelle,

Je ne puis rendre aux lieux de visite nouvelle.
— Regret! — Passé léger, m'allez-vous être un poids?...

Mieux vaut remercier une ancienne journée
Pour la joie au soleil librement couronnée,
Que d'aigrir son désir contre un présent jaloux.

Le Sommeil t'a donné son pouvoir sur les songes,
Mémoire; tu les fais vivants et les prolonges :
Ce que tu sais aimer est-il donc loin de nous?

Lamartine réfléchit volontiers les objets en sa poésie, comme une belle eau de lac, parfois ébranlée à la surface, réfléchit les hautes cimes du rivage ; Wordsworth est plus difficile à suivre à travers les divers miroirs par lesquels il nous donne à regarder sa pensée. Aussi l'un est populaire, relativement à l'autre qui a eu peine à se faire accepter, à se faire lire. Jocelyn, parlant aux enfants du village ou à ses paysans, trouve de faciles et saisissables paraboles; le poëte de Rydal-Mount a plutôt le don des symboles : voilà en deux mots la différence. Dans son dernier recueil, Wordsworth, comme Lamartine, se montre accessible aux progrès futurs de l'humanité ; et, à son âge, et poëte comme il l'est de la poésie des bois, des lacs, de la poésie volontiers solitaire, son mérite d'acceptation est grand. Il a fait un majestueux sonnet à propos des *paquebots à vapeur, canaux et chemins de fer,* tous ces *Mouvements* et ces *Moyens,* comme il les appelle, qui, en tachant passagèrement les grâces aimables de la Nature, sont pourtant avoués d'elle, et reconnus sous leur fumée comme des enfants légitimes, gages de l'art et de la pensée de l'Homme ; et le Temps, le Temps saturnien, toujours jaloux, joyeux de leur triomphe croissant sur son frère l'Espace, accepte de leurs mains hardies le sceptre d'espérance qu'ils lui tendent, et leur sourit d'un grave et sublime sourire. On sent dans ce magnifique sonnet ce qu'il en coûte à la noble muse druidique des bois, à la muse des contemplations et des superstitions solitaires, pour saluer ainsi ce qui ravage déjà son empire et la doit en partie détrôner; c'est presque une abdication auguste : je m'en attendris comme quand Moïse a sacré Josué et salué le nouvel élu du Tout-Puissant, comme quand Énée, par ordre du Destin, s'arrache à la Didon aimée, pour fonder la Ville inconnue. Il obéit, il se hâte, mais il pleure, *lacrymæ volvuntur inanes*. Ces pleurs, amère et vaine rosée, à la face du héros ou du poëte, répondent à merveille à ce qui vient d'être dit de l'austère sourire du Temps,

... And smiles on you with cheer sublime.

Lamartine en son nom, ou par la bouche de Jocelyn, a moins de peine à se résigner. Non-seulement il accepte, mais il célèbre, mais il se réjouit, mais il marche l'un des premiers, et l'étoile au front. La parabole de *la Caravane*, qui terminera heureusement cette comparaison avec Wordsworth, va nous offrir trente vers qui ne me semblent pouvoir être surpassés, pour l'image et pour l'idée, en aucune poésie :

La Caravane humaine un jour était campée
Dans des forêts bordant une rive escarpée,
Et, ne pouvant pousser sa route plus avant,
Les chênes l'abritaient du soleil et du vent;

Les tentes, aux rameaux enlaçant leurs cordages,
Formaient autour des troncs des cités, des villages,
Et les hommes épars sur des gazons épais
Mangeaient leur pain à l'ombre et conversaient en paix :
Tout à coup, comme atteints d'une rage insensée,
Ces hommes se levant à la même pensée
Portent la hache aux troncs, font crouler à leurs piés
Ces dômes où les nids s'étaient multipliés;
Et les brutes des bois sortant de leurs repaires,
Et les oiseaux fuyant les cimes séculaires,
Contemplaient la ruine avec un œil d'horreur,
Ne comprenaient pas l'œuvre, et maudissaient du cœur
Cette race stupide acharnée à sa perte,
Qui détruit jusqu'au ciel l'ombre qui l'a couverte !

Or, pendant qu'en leur nuit les brutes des forêts
Avaient pitié de l'homme et séchaient de regrets,
L'homme, continuant son ravage sublime,
Avait jeté les troncs en arche sur l'abîme;
Sur l'arbre de ses bords gisant et renversé,
Le fleuve était partout couvert et traversé (1) :
Et, poursuivant en paix son éternel voyage,
La Caravane avait conquis l'autre rivage.

C'est ainsi que le Temps, par Dieu même conduit,
Passe, pour avancer, sur ce qu'il a détruit;
Esprit saint! conduis-les, comme un autre Moïse,
Par des chemins de paix à la terre promise ! ! !...

(1) Couvert *et traversé* sur *l'arbre*, c'est plus qu'il n'est permis en français. — Je me rappelle que M. Boissonade, ne pouvant supposer cette incorrection chez le grand poëte, s'était évertué, comme pour un auteur ancien, à chercher quelque leçon meilleure qui respectât la grammaire, et il m'avait proposé par écrit sa conjecture. Je lui répondis que je craignais fort que son ingénieuse critique ne portât à faux et qu'elle n'en fût pour ses frais en s'attaquant, pour le restituer, à ce qui était purement et simplement de la négligence.

Lamartine ou Jocelyn, comme on le voudra, a un optimisme serein et supérieur, qui, dans la réalité de tous les jours, pourrait ne pas se vérifier aisément, mais qui reprend son courant général de vraisemblance à mesure que la sphère s'épure et que l'horizon s'élargit. Dans la région où Jocelyn habite, à la hauteur de Valneige, le mal cesse par degrés ; les miasmes des villes expirent et se dissipent dans cet air vif des sapins et des mélèzes. Il y a de la douleur toujours (car l'homme la traîne partout), mais moins de vices ; et, tandis qu'en bas, dans les foules, nos pas se heurtent, tournent souvent sur eux-mêmes, et finalement se découragent, de loin, d'en haut, aux yeux du pasteur et du poëte, s'aperçoit mieux peut-être la marche constante de l'humanité sous le Seigneur.

Il y aurait pour nous de quoi discourir sur *Jocelyn* poëme longuement encore. Nous n'avons pas touché les détails du voyage à Paris, et plus tard ceux de la maladie, de la confession, de la mort et de l'ensevelissement de Laurence. Et dans les intervalles, que d'endroits engageants, que de sources murmurantes à chaque pas, au bord desquelles nous pourrions, comme à ce sommet de Glencroe, *tomber d'un cœur reconnaissant!* mais les propos entre amis doivent eux-mêmes prendre fin, si doux qu'ils soient. Un dernier trait seulement. Pour ceux qui aiment l'homme dans Lamartine (et le nombre en est grand), Jocelyn doit avoir une valeur biographique ou du moins psychologique bien précieuse. Le bon et tendre curé a existé sans doute, je le crois ; mais ce qui est sûr, c'est que le poëte a fait mainte fois confusion de son âme et de sa propre destinée avec lui. Jocelyn n'est bien souvent que Lamartine à peine dépaysé, ayant légèrement *romancé* et poétisé ses souvenirs, ayant reporté de quelques années en arrière son berceau, comme cela plaît tant à l'imagination et au cœur; car l'enfance d'ordinaire est si belle, si fraîche en nous de souvenirs, qu'on s'arrangerait volontiers pour avoir vécu homme durant ce temps. J'ai comparé autrefois Lamartine enfant à l'Edwin de Beattie : mais qu'avons-nous besoin d'analogies et de conjectures? Nous avons Jocelyn aujourd'hui; nous avons une révélation presque directe sur l'une des plus divines organisations de poëte qui aient été accordées au monde, sur une des plus nobles créatures.

Mars 1836.

(Des articles bien différents de caractère ont été écrits sur *Jocelyn*. Au point de vue chrétien, M. Vinet, dans *le Semeur* (23 mars 1836), l'abbé Gerbet, dans *l'Université catholique* (août 1836), se sont montrés d'une sévérité inspirée et mitigée par l'admiration et la tendresse. Le poëte, dans un célèbre épisode (*la Chute d'un Ange*) publié depuis, semble avoir pris soin de justifier quelques-unes de leurs craintes. Littérairement, un des plus grands inconvénients de ces rayons brusquement brisés est de réfléchir en arrière, et d'aller éclairer, dans les œuvres aimées, des imperfections jusque-là confuses. Notre critique, si confiante en *Jocelyn*, a donc pu être jugée à l'effet un peu imprévoyante, presque comme au lendemain des *Paroles d'un Croyant* : une vraie critique de *girondin*. Avec le poëte, pourtant, cela tire moins à conséquence : l'imagination aisément répare, surtout quand elle est plus riche que jamais. Le noble et cher talent, qui nous pardonnera cette remarque sincère, saura bien vite forcer de nouveau les habituels hommages. — Ainsi nous nous exprimions à la veille des *Recueillements poétiques*, qui ne répondirent pas à notre vœu, et qui amenèrent l'article suivant.)

LAMARTINE.

1839.

(Recueillements poétiques.)

C'est un singulier spectacle, et qu'il deviendra tout à l'heure un lieu commun de relever, que celui des variations qu'offre ce temps-ci d'heure en heure dans les doctrines, dans les talents, dans les hommes. A mesure que chacun des grands esprits qu'on a vus débuter avec éclat s'avance dans la vie, il rompt ses unités, multiplie ses bigarrures et ses aventures : cela, chez quelques-uns, peut s'appeler progrès; car toute chose a deux noms. Peut-être ce temps-ci n'est-il pas plus privilégié qu'un autre en variations, mais nous y sommes plus sensibles parce que nous les saisissons de plus près et plus en détail dans nos contemporains. On se figure toujours en commençant qu'on va être tout différent de ce qui a précédé; c'est le plus beau motif d'aller en avant et l'inspiration de la jeunesse. A un certain point la poussée manque, le ressort casse ou se retourne contre nous : d'autres déjà nous suivent, qui, à leur manière, recommenceront.

L'histoire de M. de La Mennais est plus ou moins celle de chacun, de nos jours : ce qu'il résume avec fracas, et non sans grandeur, dans ses vicissitudes étonnantes, est assez bien le type auquel se rapportent nombre de destinées. Ce qui a choqué en lui, on se le permet plus ou moins en s'en applaudissant. Dans la sphère religieuse et philosophique, il lui est arrivé de tomber précisément, comme hier tel illustre qui le plaignait est lui-même tombé dans l'enceinte parlementaire : la seule différence est dans la hauteur des questions d'où chacun est tombé (1).

Dans l'ordre poétique, de même. Chute ou progrès, la variation est manifeste. Chez M. de Lamartine, on l'a dit déjà, il s'est passé depuis peu d'années une révolution intérieure, analogue à celle qui s'est opérée en l'abbé de La Mennais : il n'y a qu'à tenir compte de la différence des formes et des caractères. Les *Harmonies* pour l'un, le livre des *Progrès de la Révolution* pour l'autre, les avaient poussés à des limites qu'après Juillet ils ont aisément franchies. Chez l'un il y a eu revirement brusque et violent : chez l'autre le simple développement a suffi. Dans les *Harmonies*, il perce déjà beaucoup d'idées de transformation chrétienne, mais arrêtées à temps. La Lettre à M. de Cazalès sur la *Politique rationnelle* était encore dans cette première mesure. Mais bientôt, à voir l'exemple de M. de La Mennais, à sentir chaque matin le souffle des temps,

(1) C'est une allusion au pitoyable rôle que venait de jouer plus d'un conservateur dans ce qu'on appela la *coalition*, — notamment M. Guizot.

l'émulation, sans qu'il se rendît compte peut-être, l'a gagné. Parmi ceux de sa couleur première, il se pouvait vanter d'être le seul avec M. de La Mennais que la révolution de Juillet n'eût pas désarçonné: Oui ; mais, en ne les désarçonnant pas visiblement, cette révolution, au moment du saut, du relais imprévu, les a pris, pour ainsi dire, et les a portés du bond, sans qu'ils eussent le temps de s'en douter et sans qu'il y parût, sur un cheval nouveau, pareils à ces coureurs de l'antiquité (*desultores*), et ils ont couru comme fraîchement dans la carrière recommençante. La différence de direction, à partir d'alors, se prononça chez tous deux, bien moins soudaine chez M. de Lamartine. Le *Voyage en Orient* donna l'éveil; par sa préface de *Jocelyn,* l'auteur attacha un sens voulu à beaucoup de parties du poëme qui seraient, sans cette indication, demeurées vagues, je le crois, et qui auraient passé sur le compte de la licence poétique. Lui et M. de La Mennais, enfin, sont devenus expressément humanitaires. Seulement M. de Lamartine, bien qu'il n'aille pas moins à pleines voiles dans cette idée, a gardé dans la forme, dans l'application en politique, dans l'extrême tolérance pour les personnes, tout ce qui faisait de lui dès l'abord un poëte d'harmonie, d'onction et de grâce ondoyante ; il procède toujours par voie d'expansion et non d'éruption.

Ce changement, il est curieux de le remarquer, se trouve précisément l'inverse de celui qu'on a vu chez les poëtes anglais de l'école des *Lacs*, les mêmes avec qui notre poëte a plus d'une ressemblance pour le génie. Wordsworth, Southey, Coleridge, de démocrates et d'humanitaires illimités, sont devenus tories : de leur plan de *pantisocratie* et de leurs rêves dithyrambiques dont M. Chasles nous a souvent et à fond entretenus, ils ont vite passé aux doctrines pures et simples de conservation et de résistance. M. de Lamartine, au contraire, de l'ode *à M. de Bonald,* en est venu à sa pièce d'*Utopie* qui couronne ses *Recueillements*.

A tant de variations diverses, religieuses, philosophiques, politiques et poétiques, que nous notons, il en est une à ajouter encore, celle même que nous autres critiques, en les remarquant, nous subissons. Selon que nous les jugeons, en effet, ces variations, à l'âge des espérances indéfinies ou à celui déjà des méfiances croissantes, nous sommes tentés de les qualifier de noms différents. Ce que nous appelions progrès, il y a peu d'années encore, nous paraîtrait plutôt une déviation aujourd'hui, non pas peut-être qu'au dehors l'état de choses du talent ait beaucoup changé, mais parce que surtout nous le revoyons nous-mêmes avec moins de soleil.

Rien n'est plus triste, sans doute, que cette nécessité où l'on croit être de venir mettre successivement une barre rigoureuse à chacune de ses admirations les plus profondes, et de prononcer ce fatal : *Tu n'iras pas plus loin,* dans une louange chère au cœur et qu'on ne croyait pas pouvoir épuiser. Tout cela, d'ailleurs, est si variable, si peu certain de jugement et d'impression, qu'on a dû hésiter longtemps. A quel point, dans un talent, le développement légitime cesse-t-il, et dégénère-t-il en débordement et en ravage? Où la transformation doit-elle convenablement s'arrêter, et où la déviation véritable commence-t-elle? Quel est l'endroit, la mesure indécise où le lac tant aimé n'est plus lui-même, et s'affaisse et se noie indéfiniment, et n'offre plus que flaque immense de poésie? Les talents de poëtes sont, en avançant, aux prises avec des difficultés de tous genres : il faudrait rester fidèle à soi-même sans s'immobiliser, se renouveler sans se rompre. Gœthe se renouvelle, mais il se rompt l'âme à toute croyance. Manzoni reste fidèle, mais il se tait. Entre tous ces écueils et bien d'autres, M. de Lamartine du moins fait-il ce qu'il peut?

Avec tout le respect, avec toute l'admiration bien grande qui nous reste, nous dirons quelque chose de ce qui menacerait d'être chez lui un parti pris et une méthode nouvelle. Ces belles paroles que Dante, au chant XIII de son *Paradis,* met dans la bouche de saint Thomas, ne sortiront pas de notre mémoire et nous feront assez rentrer en nous-même : « ... Que ceci te serve d'avertissement et te soit comme une semelle de plomb aux pieds, pour que tu n'ailles que bien lentement, et comme un homme déjà lassé, vers le *oui* ou vers le *non* des choses que tu n'as pas entendues du premier coup!... Que les hommes ne jugent pas avec trop de confiance, comme celui qui compte sur les blés aux champs avant qu'ils soient mûrs; car j'ai vu le buisson, à demi mort et tout glacé pendant l'hiver, se couronner de roses au printemps ; et j'ai vu le vaisseau, qui avait traversé rapidement la mer durant tout le voyage, périr à la fin, juste à l'entrée du port... Celui-là peut se relever, celui-ci peut tomber. »

A regarder d'un coup d'œil général le talent et l'œuvre de M. de Lamartine, il semble que le plus haut point de son développement lyrique se trouve dans ses *Harmonies*. Sans doute, aux cœurs surtout tendres et discrets, les *Méditations,* et les premières, restaient les plus chères toujours : on en aimait le délicieux et imprévu mystère, l'élévation inaccoutumée et facile, la plainte si nouvelle et si douce, le roman à demi voilé auquel on avait foi, et que chaque imagination sensible ne manquait pas de clore. Mais, du moment qu'on n'avait plus affaire au simple amant d'*Elvire,* et qu'on était décidément en face d'un poëte, force était d'aller au delà, de recommencer avec lui la vie et les chants : on eut peine à s'y résigner d'abord, et même, pour bien des cœurs épris de l'amant et qui bientôt se crurent dupés par le poëte, l'idéal, dès ce moment, fut rompu. M. de Lamartine s'élevait pourtant dans le lyrique ; sa voix s'étendait et se variait, son haleine devenait plus longue et accusait plus de puissance : le talent enfin, l'*art* (si l'on peut lui appliquer ce mot), gagnait en lui, et à la fois les sentiments divers abondaient sur ses lèvres avec assez de nouveauté et de magnificence pour racheter ce qu'ils avaient perdu de leur première unité. Depuis les *Harmonies,* on attendait une preuve poétique qui y répondît, quand *Jocelyn* vint annoncer comme une nouvelle manière : *Jocelyn* était un début dans l'ordre des compositions ; bien que la fable n'en fût pas bien difficile à inventer, elle était touchante, elle prêtait aux plus riches qualités du poëte, et l'induisait sans violence à des tons rajeunis. Malgré des incorrections de détail et des longueurs, l'essai était charmant; ce dut paraître un très-heureux commencement pour les poëmes à venir, comme *Hernani* avait pu paraître, dans ses hasards, un heureux prélude pour des drames futurs.

Mais la suite a-t-elle répondu? Cette suite, chez M. de Lamartine, ne se compose encore, il est vrai, que d'un seul poëme, mais qui a tout déjoué. Et comme, avant ce poëme et avant *Jocelyn*, les volumes du *Voyage en Orient* avaient été déjà, malgré d'admirables pages, une négligence trop prolongée et trop avouée, comme la préface de *Jocelyn* même contenait quelques assertions littéraires très-peu justifiables, qui avaient pu s'éclipser devant une charmante lecture, mais que la pratique d'aujourd'hui revient éclairer; comme, enfin, le volume en ce moment publié sous le nom de *Recueillements* affiche de plus en plus ces dissipations d'un beau génie, il est temps de le dire; au troisième chant du coq, on a droit de s'écrier, et d'avertir le poëte le plus aimé qu'il renie sa gloire.

Le volume actuel est précédé d'une *lettre-préface*, dans laquelle le poëte, écrivant familièrement à l'un de ses amis, lui explique sa manière de travailler durant les courtes heures des rares saisons qu'il accorde désormais à la poésie. Ces pages sont elles-mêmes une esquisse poétique et vivante de son intérieur de Saint-Point. Il vous initie à tout, et il n'y aurait qu'à le remercier pour tant de bonne grâce et d'aimable confidence, s'il ne partait de là pour jeter, en littérature et en poésie, certaines façons de voir qu'il est impossible d'accepter par rapport à l'art en général, et par rapport à son propre talent, car ce serait une ruine. On a vu dernièrement, on a surpris la façon de travail et d'étude d'André Chénier : on a assisté aux ébauches multipliées et attentives, dans l'atelier de la muse (1). Combien le cabinet que nous ouvre à deux battants M. de Lamartine, et dans lequel il nous force, pour ainsi dire, de pénétrer, est différent! « ... Ma vie de poëte, écrit-il, recommence pour quelques jours. Vous savez, mieux que personne, qu'elle n'a jamais été qu'un douzième tout au plus de ma vie réelle. Le bon public, qui ne crée pas, comme Jéhovah, l'homme à son image, mais qui le défigure à sa fantaisie, croit que j'ai passé trente années de ma vie à aligner des rimes et à contempler les étoiles ; je n'y ai pas employé trente mois, et la poésie n'a été pour moi que ce qu'est la prière... » Nous concevons ce qu'a d'impatientant pour le poëte, et pour tout écrivain célèbre, l'idée absolue qu'on se forme de lui, et sur laquelle, bon gré, mal gré, on veut le modeler après coup. Mais, selon cette idée que se fait le *bon* public, on n'est pas défiguré toujours, on est idéalisé quelquefois : n'en faudrait-il pas prendre son parti alors, composer avec cet idéal, et ne le pas secouer avec ce sans façon? Le devoir d'un écrivain et de tout homme public est en raison com-

---

(1) Voir l'article intitulé *Documents inédits sur André Chénier*, au tome I*er* des *Portraits littéraires*.

posée de ce qu'il est et de ce qu'il a donné à croire par ses écrits et par ses paroles. On a les bénéfices de sa gloire; il faut bien avoir pour elle quelque révérence en retour. « Vous savez comment je les écris, ajoute-t-il en parlant de ses pièces de vers, vous savez combien je les apprécie à leur peu de valeur; vous savez combien je suis incapable du pénible travail de la lime et de la critique sur moi-même. Blâmez-moi, mais ne m'accusez pas... » Si ce n'étaient là que des modesties de préface, on ne les relèverait pas; mais il est à craindre que le poëte ne pense en vérité ce qu'il dit de la sorte. Lui est-il donc permis de se prendre d'autant plus à la légère, que le public l'a pris davantage au sérieux?

Mais c'est comme poëte uniquement qu'il se prend à la légère; dès que la politique est en jeu, le ton change; il semble que le trépied n'ait été qu'un marchepied : « Je sais bien qu'on me dit : Pourquoi partez-vous (de Saint-Point)? Ne tient-il pas à vous de vous enfermer dans votre quiétude de poëte, et de laisser le monde politique travailler pour vous? Oui, je sais qu'on me dit cela; mais je ne réponds pas, j'ai pitié de ceux qui me le disent..... (*Suit un exposé de ses nobles doctrines sociales.*) Voilà, ajoute-t-il, la politique telle que nous l'entendons, vous, moi, tant d'autres, et presque toute cette jeunesse qui est née dans les tempêtes, qui grandit dans les luttes et qui semble avoir en elle l'instinct des grandes choses qui doivent graduellement et religieusement s'accomplir. Croyez-vous qu'à une pareille époque, et en présence de tels problèmes, il y ait honneur et vertu à se mettre à part dans le petit troupeau des sceptiques, et à dire comme Montaigne : *Que sais-je?* ou comme l'égoïste : *Que m'importe?* »

Il y a peu de mois, lorsqu'il échappa à un spirituel chef de parti (1), dans la discussion de l'adresse, un mot présomptueux, qui alla atteindre M. de Lamartine sur le banc où il écoutait jusque-là en silence, le noble orateur se leva, et demanda avec émotion qu'on lui laissât du moins, à lui et à ceux qui demeuraient en dehors des querelles du quart d'heure, *la dignité de ce silence.* Sans avoir aucune autorité pareille, ne serait-il donc pas permis à ceux qui ne sont, qui ne veulent être que littérateurs et poëtes, qui croient ainsi servir le monde à leur manière et y remplir leur humble rôle, qui s'y attachent d'autant plus que la vue des intrigues présentes leur donne plus fort la nausée ; à ceux qui écoutent avec bonheur la voix de M. de Lamartine s'élever un moment avec pureté du milieu des récriminations, et qui regrettent qu'elle n'y soit qu'une trêve, ne leur serait-il pas permis de lui demander qu'il leur laissât au moins *la dignité de leur silence* en politique ? Quoi ! il n'y a pas de milieu entre viser à la Chambre et se faire du troupeau des égoïstes ? On ne pourrait remplir son rôle utile en s'enfermant, non pas dans sa *quiétude,* mais dans son *ministère* de poëte et d'écrivain, en gar-

---

(1) M. Thiers, vis-à-vis de qui M. de Lamartine s'était posé de bonne heure en antagoniste, et qui le lui rendait. Un jour que M. de Lamartine arrivait à la Chambre après la séance commencée, M. Thiers dit assez haut pour être entendu : « Voilà le parti social qui entre. »

dant, pour toute tribune, sa chaire de philosophie, d'histoire ou même d'éloquence? La politique, dont M. de Lamartine renouvelle le programme dans sa préface, est belle et désirable ; je me reprocherais de rien dire qui pût en décourager un seul esprit : seulement, pour la rendre possible, il importe précisément de ne pas la croire si facile, si prochaine, si universellement agréée. Je cherche en vain cette foule d'adhérents et *presque toute cette jeunesse,* qui, loin de *grandir dans les luttes,* me semble bien plutôt aujourd'hui les déserter. M. de Lamartine finit éloquemment sa préface par un appel à Dieu, comme Scipion entraînait les Romains au Capitole ; il suppose le divin Juge mettant au dernier jour dans la balance, d'une part les rimes du poëte, et de l'autre ses actions sociales : on devine ce qui l'emporte. Mais il est toujours très-périlleux de faire parler Dieu; on pourrait aussi bien, et sans plus de témérité, supposer qu'il vous demandera compte du talent spécial qu'il vous aura confié; s'il y a diversité de dons parmi les hommes, il peut y avoir diversité de ministères, et cela semble surtout plausible, quand le signe est aussi glorieux et aussi évident que dans le cas de M. de Lamartine.

On se méprendrait au reste sur notre pensée si l'on croyait que nous voulons en rien blâmer l'illustre poëte de sa participation aux choses politiques : nous ne faisons qu'être sur la défensive au nom de sa littérature et de sa poésie qu'il offense. L'intérêt politique même, mieux entendu, devrait, ce nous semble, lui interdire ce langage. Nous nous trompons fort, ou cette manière de traiter son talent, quand on est surtout grand par là, cette facilité de faire bon marché de sa renommée quand elle est si haute et si légitime, est peu propre à prévenir les hommes politiques spéciaux, parmi lesquels il aurait à prendre rang. S'il y avait en eux un préjugé défavorable contre les poëtes, ce ton à l'égard de soi-même et de son public ne le dissiperait pas et l'augmenterait plutôt. C'est après tout, pourraient-ils penser, le même tour d'esprit qu'on apporte dans des sujets divers ; l'élévation s'y retrouverait sans doute, mais la négligence aussi dans le détail et dans l'emploi. Un poëte, au contraire, qui, avec les hautes facultés et le renom de M. de Lamartine, arrivant à la politique (puisqu'il faut de la politique absolument), ne donnerait que des livres plus rares, mais venus à terme, et de plus en plus mûris par le goût, ne ferait qu'apporter à tout l'ensemble de sa conduite politique, dans l'opinion, un appui véritable et solide ; il finirait, en étant de plus en plus un poëte incontestable, bien économe et jaloux de sa gloire, par triompher plus aisément sur les autres terrains, et par forcer les dernières préventions de ses collègues les plus prosaïques, même dans les questions de budget et dans le pied-à-terre des chemins vicinaux.

Nous n'aurions pas attaché tant d'importance à la préface, si le recueil la démentait absolument. Plusieurs pièces pourtant sont d'une grande beauté ; car ce n'est pas le talent du poëte qui diminue en rien, veuillez le croire : il se poursuit, dans toute la largeur du souffle, dans l'entière puissance de la veine ; mais c'est l'emploi et l'écart de ce talent qui appellent une sorte de répression. Dès qu'on n'est plus inspiré par un sentiment souverain, impétueux, unique, qui décide et apporte avec lui l'expression ; dès qu'on flotte entre plusieurs sentiments, et qu'on peut choisir ; qu'on en est à redire les choses profondes, à exhaler le superflu des émotions nouvelles, il faut que le travail, l'art, ou, pour exiger le moins possible, un certain soin quelconque aide à l'exécution, et y ajoute, y retranche à l'extérieur par le goût ce que l'âme, tout directement et du premier coup, n'a pas imprimé. Or, M. de Lamartine fait craindre à ses admirateurs d'avoir de moins en moins du loisir pour ce soin, même le plus rapide, qui n'est que la toilette du matin de la pensée; il s'en excuse, il s'y résigne plus vite que nous. Il s'ensuivrait formellement que la critique n'aurait plus rien désormais à faire avec lui; c'est une manière complète de la récuser, de la déjouer. On avait déjà remarqué qu'un autre grand poëte (1) l'enfermait, la pauvre critique, dans un cercle étroit, inflexible, et la sommait d'y demeurer ou d'y venir, avec menace autrement de la rejeter. M. de Lamartine, par un procédé tout inverse, à force de lui donner raison d'avance et de lui faire beau jeu, lui ôte également toute prise et l'annule. L'autre l'écrasait; lui, il se dérobe : cela ne saurait se passer ainsi.

Une des plus jolies pièces du volume, l'épître à M. Adolphe Dumas, reprenant les idées de la préface, les redouble agréablement, et tend à consacrer tout à

---

(1) M. Victor Hugo.

fait cette théorie de négligence et de laisser aller indéfini que trop d'autres pièces confirment sans en parler. M. Adolphe Dumas, homme d'imagination généreuse et d'essor aventureux, écrivit, à ce qu'il paraît, à M. de Lamartine une épître pour le consoler du peu de succès de son *Ange :* c'était lui signifier ce peu de succès, et j'imagine que le premier mouvement dut être une légère impatience contre le consolateur malencontreux. Oh! pourquoi M. de Lamartine n'a-t-il pas cédé à ce mouvement? Pourquoi pas un grain d'ironie dès l'abord? Cela eût relevé un peu l'éloge qui ne va pas moins, en vingt vers, qu'à comparer M. Adolphe Dumas à Horace, *ce Béranger romain!* Je ne connais pas l'épître, mais il me paraît impossible que M. Adolphe Dumas ressemble à Horace; il a de l'élévation, du mysticisme, du socialisme, des portions hautes et rudes de talent; comparez-le à Dante le théologien, si vous le voulez absolument, ou à l'Eschyle du *Prométhée* encore, ou, au pis, à Claudien,... mais à Horace! Le poëte le lui redit en vingt façons; il croyait lire *Tibur, à l'exergue de la bague* (du cachet), mais c'était *Eyrague;* la dureté du vers l'a puni de sa pensée (1).

(1) Oui, M. Adolphe Dumas est Horace selon Lamartine, à peu près comme M. Méry est *fils de Virgile,* selon Victor Hugo :

> .... Méry, le poëte charmant
> Que Marseille la Grecque, heureuse et noble ville,
> Blonde fille d'Homère, a fait fils de Virgile!

Cela se lit dans cette gracieuse pièce, *les Oiseaux envolés* des *Voix intérieures.* Quoi! Virgile, le plus pieux, le plus chaste et le plus sensible des poëtes, le voilà père d'un spirituel et sémillant improvisateur! Encore si M. Hugo avait dit *fils de Stace.* — Quel

Au milieu d'un paysage délicieusement décrit, dans l'oubli de toutes choses lointaines, et au sein amoureux de la nature, le poëte reçoit donc l'épître de M. Adolphe Dumas, et lui répond que toutes ces critiques l'affectent peu, qu'il en faut prendre son parti, boire, sans murmurer, le nectar ou l'absinthe, et ne pas trop compter sur les réparations du siècle et de l'avenir :

Nous venger? l'avenir? lui, gros d'un univers!
Lui, dans ses grandes mains peser nos petits vers!...

dommage que le *sens du vrai* soit si souvent en défaut chez ces hommes en qui prédomine le talent! — Les années écoulées permettent de tout dire ou presque tout. Savez-vous pourquoi, au fond, j'étais si révolté de voir M. de Lamartine comparer Adolphe Dumas à Horace? C'est que c'était moi-même qui, sur la demande d'Adolphe Dumas, l'avais présenté un soir à M. de Lamartine. Adolphe Dumas, homme de cœur et d'une certaine imagination confuse, très-ambitieux, ne doutant de rien, et avec cela boiteux comme Thersite, avait dès le premier jour, et dans ce premier entretien, parlé à Lamartine de poëte à poëte et un peu d'égal à égal, sans beaucoup de tact. Or, le lendemain, Lamartine me voyant seul me dit pour premier mot : « Vous m'avez présenté hier un « fameux animal. » Je trouvai le mot rude pour l'animal, et même peu poli pour moi. Et voilà que quelque temps après, Adolphe Dumas nous revient par Lamartine sous forme d'Horace! — C'est ce même Adolphe Dumas qui un soir de première représentation à l'Odéon, où l'on jouait une pièce d'Alexandre Dumas, étant dans une loge où l'auteur vint un moment, se présenta de lui-même à lui à brûle-pourpoint, en lui disant : « Il y aura les deux Dumas, comme il y a eu les deux Corneille. » Alexandre Dumas, tout ferme qu'il est sur ses étriers en fait d'amour-propre, fut quasi désarçonné du coup et ne dit mot. Il sortit; puis, à peine dans le corridor, et se ravisant, il refrappa à la loge, entre-bâilla la porte et, avançant la tête, il tapa sur l'épaule de son homonyme avec ces seuls mots : « Adieu, Thomas! » et il court encore. On voit d'ici le jeu de scène. — Tel était Adolphe Dumas.

Et ici, en beaux et grands vers que chacun a pu lire, revient l'utopie immense, trop immense, mais enfin bornée (il était temps) par une vive peinture de vie heureuse dans une bastide du Midi. Quel regret pourtant le poëte me laisse au lieu du charme ! De quelle façon il traite ses vers en nous les prodiguant ! On voudrait qu'il crût, qu'il parût croire davantage à l'avenir de sa poésie : il compte si fort sur l'avenir en toutes choses ! Je concevrais Lucrèce parlant de la sorte ; l'épicurien Hesnault, qui a fait quelque épître sur ce sujet-là, peut marier son scepticisme poétique à tous ses autres scepticismes (1) ; mais M. de Lamartine n'est pas si dépourvu encore de belles illusions qu'on ne puisse lui souhaiter celle-là de plus, d'autant qu'elle tournerait tout aussitôt à notre plaisir. Il accorde tant à l'humanité en général et à je ne sais quelle apothéose de l'espèce ; dans le particulier, il a l'air de croire si

(1) Ce poëte Hesnault, camarade de collége de Molière, et qui avait du talent, du feu poétique, s'endormit dans la paresse, se berça dans l'épicuréisme, et, comme bien d'autres, manqua la gloire en n'y croyant pas. Selon lui, l'avenir a bien d'autres choses à faire que de s'occuper de nous, et, même quand il s'en occupe, ce n'est qu'une fausse apparence ; car n'est-il pas certain, après tout, s'écrie-t-il,

> Qu'Homère et que Virgile, autrefois si fameux,
> Mourront un jour pour nous, comme ils sont morts pour eux ?

Ainsi, cette prétendue immortalité, en la supposant obtenue, n'est qu'une suite de naufrages et de morts ; ni ceux qui l'obtiennent, ni ceux qui la donnent, n'en perçoivent la durée persistante ; ce n'est, en quelque sorte, qu'un bout à bout continuel, une rallonge précaire, qui tôt ou tard manque : autant vaut la rompre en commençant.

aisément à l'esprit horatien de ses amis, qu'il pourrait croire par là-dessus à l'immortalité des beaux vers. Tout le monde y gagnerait (1).

Et puis, quels que soient l'avenir et le prix, est-ce qu'en art comme en morale il ne faut pas faire de son mieux? Ce n'est pas même une comparaison que j'établis là, c'est une identité que j'exprime : l'art, pour l'artiste, fait partie de sa conscience et de sa morale.

Les réflexions abondent, et je parlerai comme Job, dans l'amertume de mon cœur : cette négligence, cette prodigalité des beaux vers jetés sans aucun soin ni respect est-elle donc de la vraie humilité? et quelle est, je vous le demande, la vraie charité, ou celle qui jette-

---

(1) Tout le monde n'y gagnait-il pas, lorsque dans de beaux vers de son Épître à Barthélemy, qu'il a depuis changés en les réimprimant, il s'écriait :

> Car je sais que le temps est fidèle au génie,
> Et mon cœur croit à l'avenir!

Tout n'était-il pas au mieux, lorsqu'aux années des divines amours, dans la plus mélodieuse élégie, il ravissait par des promesses bien d'accord avec de tels accents :

> Heureuse la beauté que le poëte adore!
> Heureux le nom qu'il a chanté!
> Toi qu'en secret son culte honore,
> Tu peux, tu peux mourir! dans la postérité
> Il lègue à ce qu'il aime une éternelle vie;
> Et l'amante et l'amant, sur l'aile du génie,
> Montent d'un vol égal à l'immortalité!.....

Et toute cette fin idéale et passionnée qui éclate par cette note suprême :

> Mais les siècles auront passé sur ta poussière,
> Elvire, et tu vivras toujours!

rait du haut de son char une poignée de louis au nez du pauvre, ou celle qui s'approche de lui, passe et repasse deux fois, le considère et lui met dans le fond de la main un louis, un seul louis d'or, qu'elle y renferme avec étreinte, le laissant immobile et pénétré? — O pieux Virgile, ainsi tu faisais pour les vers!

Ne prenez pas Virgile au mot quand il vous parle, presque en rougissant, de son loisir sans honneur, *ignobilis oti;* ou c'est qu'en latin le mot n'a pas ce sens-là: Passe pour Malherbe (qui lui-même ne le disait que par coquetterie) de se comparer, poëte, au joueur de quilles. Pascal pensait qu'un bon poëte n'est pas plus nécessaire à l'État qu'un bon brodeur : il venait de lire un sonnet de Voiture. Mais qui donc plus que Virgile a été consolant au monde? et M. de Lamartine est de la race de Virgile; il lui appartenait, et il l'a prouvé, de compter parmi les grands, les immortels bienfaiteurs.

J'ai dit que ce volume n'était pas dépourvu de hautes beautés. La nouvelle conclusion de *Jocelyn,* qui nous est donnée par manière de variante, a une ampleur et une sublimité merveilleuses : elle s'accorde dignement avec le souvenir de cet aimable poëme. On a eu raison de louer le Cantique sur la mort de madame de Broglie; j'y remarque pourtant des longueurs qui nuisent à l'effet, quelques mots discordants, et surtout un manque de décision dans le sentiment religieux avec lequel il eût fallu aborder cette admirable personne, d'une foi si précise, et dont l'âme présente doit, ce semble, moins que jamais souffrir rien d'évasif à ce sujet. Au nombre des mots que j'appelle discordants, on peut noter cette comparaison avec la poule qui *gratte :*... ceci tient à toute une innovation des plus contestables dans le talent de M. de Lamartine.

Jocelyn ne la laissait encore percer qu'à peine; *la Chute d'un Ange* y a donné pleine excroissance. Ici l'habitude semble prise. Le public ami du poëte en a souffert amèrement. Conçoit-on que, dans une pièce de vers inspirée par un tableau de la *Charité,* la femme soit décrite avec des traits et des mots qui semblent réservés aux alcôves de nos romans modernes?

L'odeur de nos soupirs vous parfume les vents;

et ce second vers de la page 284 que je ne transcrirai pas. Le mot est d'usage en Orient, dira-t-on; peu importe! En français il offense partout, il révolte presque devant la chaste image de la Charité. Dans sa première manière, dans son plus jeune abandon, M. de Lamartine eût-il jamais proféré cela? Il avait de tout temps ses défauts, ses inadvertances; il faisait rimer *ciel* et *soleil,* il disait *l'une après l'une;* on ne lui demandait qu'à peine de s'en corriger; la grammaire souffrait plus que l'esprit; il y avait encore une certaine mesure et comme une harmonie dans ses négligences. Mais ici, c'est d'un autre ordre; la faute crie; il sort de ses tons; grâce à ces mots étranges, même sans se flatter d'être de ceux dont parle La Bruyère et qui ont le cœur justement ouvert à la perfection d'un ouvrage, on court risque de remporter désormais un regret mortel des plus belles pages de Lamartine. Tel mot, en effet, suffit pour tout gâter, comme un mauvais son, ou plutôt comme une mauvaise odeur dans un concert. Un poëte qui a tant de choses n'aurait-il donc pas le goût? N'aurait-il pas ce qui, dans les talents heureux, tient lieu d'ordinaire, en avançant, de la pudeur instinctive de la jeunesse? N'aurait-il pas ce *petit parfum* dont je félicitais Fontanes et qui a été jusqu'ici le sens français?

Le fâcheux de l'innovation n'est pas seulement aujourd'hui dans ces mots singuliers et ces crudités matérielles qui jurent pour le fond avec la région épurée du poëte spiritualiste; le ton général est de plus changé, et la dureté de l'accent devient habituelle. Dans la pièce à M. Guillemardet,

. . . . . . Jeune ami dont la lèvre,
Que le fiel a *touché, de sourire se sèvre,*

ce vers me choque encore moins par la faute grammaticale du premier hémistiche que par le rauque et le contourné du second. Un peu plus loin, l'expression est tout à fait convulsive :

Et je sens dans mon front l'assaut de tes pensées
Battre l'oreiller que je mords!

Dans la pièce sur la *Charité*, en parlant de la femme, celui qui fut le plus harmonieux des poëtes dit sans hésiter :

Mais si tout regard d'homme à ton visage aspire,
Ce n'est pas seulement parce que *ton sourire*
Embaume sur les dents l'air qu'il fait palpiter...

Évidemment, une révolution s'est opérée : M. de Lamartine veut prendre, en quelque sorte, dans son rhythme le trot de Victor Hugo; ce qui ne lui va pas. M. Hugo rachète ses duretés de détail par des beautés qui, jusqu'à un certain point, les supportent et s'en accommodent. Le vers de M. de Lamartine était comme un beau flot du golfe de Baïa : il le brise, il le saccade, il le fait trotter aujourd'hui comme le cheval bardé d'un baron du moyen âge. Toute harmonie est troublée.

J'aurais beaucoup à ajouter; je pourrais poursuivre en détail dans les conceptions, comme dans le style et dans le rhythme, cette influence singulière, inattendue, ce triomphe presque complet des défauts de l'école dite matérielle sur le poëte qui en était le plus éloigné d'instinct et qui y parut longtemps le plus contraire de jugement ; triomphe d'autant plus bizarre qu'elle-même paraissait déjà comme vaincue : mais est-ce bien à moi qu'il conviendrait d'y tant insister? M. Daunou, racontant les variations et les récriminations du critique La Harpe, lui souffle sagement à l'oreille ce mot de Cicéron plaidant pour Ligarius : *Nimis urgeo,... ad me revertar, iisdem in armis fui* (1)!

---

(1) Il faut citer la page tout entière ; les variations étant fréquentes et souvent nécessaires de nos jours, nous croyons utile de mettre sous les yeux la parfaite théorie morale posée par M. Daunou en cette matière : elle complète dignement ce que nous avons recueilli, en commençant, de la bouche de Dante : « Telle est, dit M. Daunou, la mobilité de l'esprit humain, qu'il peut également persister dans ses erreurs ou y renoncer, acquérir des lumières qu'il n'avait pas ou se livrer à des illusions nouvelles. L'homme qui se sent éclairé, ou par des méditations profondes, ou par des

Restant dans le général, je dirai seulement : Quand on a une lyre, et une telle lyre, pourquoi donc à plaisir la briser, ou la défaire en la voulant étendre à l'infini? La lyre première de Lamartine avait je ne sais combien de cordes, une seule, disaient les jaloux, mais plusieurs, je le crois, mais surtout des cordes assorties ; elle était bornée ; elle était vague, éolienne, mais elle n'était pas indéfinie ; tant mieux ! Qu'a-t-il fait? Ambitieux et négligent à la fois, il a voulu y ajouter des cordes en tous sens; au lieu d'une lyre, c'est-à-dire un instrument chéri, à soi, qu'on serre sur son cœur, qui palpite avec vous, qu'on élève au-dessus des flots au sein du naufrage, qu'on emporte de l'incendie comme un trésor, il a fait une espèce de machine-monstre qui n'est plus à lui, un corridor sans fin tendu de cordes disparates, à travers lequel passant, courant nonchalamment, et avec la baguette, avec le bras, avec le coude autant qu'avec les doigts, il peut tirer tous les sons imaginables, puissants, bronzés, cui-

---

affections irrésistibles, n'a qu'un seul devoir à remplir, c'est d'exprimer fidèlement sa pensée et de rendre hommage à ce qu'il croit être la vérité, soit qu'il l'ait depuis longtemps connue, soit qu'elle vienne de lui apparaître. Il n'y a de répréhensible et de pleinement déraisonnable, dans la communication des idées, que le mensonge. Seulement on peut regretter que La Harpe ait combattu ses anciennes opinions avec encore plus d'emportement et d'aigreur qu'il n'en avait mis pendant quarante ans à les soutenir. La modération eût à la fois convenu au caractère de ses nouvelles croyances et à ce long empire qu'avaient exercé sur lui les doctrines qu'il abjurait. Il devait se dire, comme Cicéron : *Nimis urgeo,* etc. » (Discours préliminaire en tête du *Cours de Littérature* de La Harpe, 1826.)

vrés, mais sans plus d'harmonie entre eux, sans mélodie surtout. O Lac des premiers jours, cadre heureux, écho plaintif et modéré, chose amoureuse et close, qu'es-tu devenu ?

Oh! encore une fois, quand on l'a, — quand on en a une, — qu'on garde chacun sa lyre!

Dans sa pièce à M. Guillemardet, M. de Lamartine va jusqu'à accuser la sienne, celle d'autrefois, à s'en excuser.

Ma personnalité remplissait la nature...
Pardonnez-nous, mon Dieu! tout homme ainsi commence...

Puis, expliquant sa transformation et comment il est arrivé à *perdre sa voix dans le grand chœur,* il ajoute :

Alors, par la vertu, la pitié m'a fait homme ;...
Passé, présent, futur, ont frémi sur ma fibre...

et dans cette longue et pénible incarnation de l'humanité en lui, qu'il nous développe, il croit qu'il ne parle plus de lui, tandis que le *je* y revient sans cesse et s'y articule à chaque vers. N'admirez-vous pas l'illusion ? Le lyrique a beau faire ; il n'échappera pas à ses propres émotions ni à son âme ; c'est absolument comme dans la romance :

En songeant qu'il faut qu'on l'oublie,
On s'en souvient.

L'*humanitarisme* est devenu une préoccupation si chère au poëte, qu'il l'introduit partout, jusque dans le *Toast* porté au banquet des Gallois et des Bas-Bretons. Ce banquet est destiné précisément à fêter la vieille race, la tribu, la famille, la langue distincte, le contraire, en un mot, des dîners de l'ancienne *Revue encyclopédique* sous M. Jullien. N'importe! voilà l'Humanité en personne, le *Cosmopolitisme* qui arrive dans les chants du poëte; c'est un tiers un peu immense et qui engloutit tout.

Un grain de Voltaire manque depuis longtemps à nos poëtes lyriques, quelque chose comme le sentiment du rire ou du sourire. A deux pas du *toast* humanitaire où l'on pourrait craindre que le sentiment individuel ne se noyât, on rencontre une pièce qui a pour titre : *A une jeune fille qui me demandait de mes cheveux.* Ce singulier sujet, qui ne choquera peut-être que médiocrement, me suggère une réflexion qui doit s'appliquer bien moins à l'auteur qu'à tous les poëtes de ce temps-ci.

C'est que maintenant le poëte se livre en scène de la tête aux pieds : le contraire avait lieu du temps de Racine. Alors il n'y avait qu'un homme ou plutôt un demi-dieu, Louis XIV, *le Roi,* qui fût en scène de la tête aux pieds, et il y restait, il est vrai, depuis le lever jusqu'au coucher, dans toutes les situations les plus privées, depuis la chemise que lui présentaient ses gentilshommes, jusqu'à ses amours dans les bosquets que célébraient les peintres et que roucoulaient les chanteurs. La perruque était la seule pièce, dit-on, qui tînt bon contre le déshabillé; personne ne l'avait jamais vu sans. Racine, au contraire, c'est-à-dire le poëte d'alors, dérobait chastement tout ce qui était de sa personne et de son domestique, pour n'offrir ses sentiments même et ses larmes qu'à travers des créations idéales et sous des personnages enchantés. De nos jours, le Louis XIV est descendu partout; chaque Racine s'habille et se déshabille devant le public : et la perruque elle-même, dont ne se séparait jamais le roi, n'est plus restée au poëte, puisqu'on lui demande de ses cheveux.

La conclusion de tout ceci est triste; un grand trouble, en achevant ce volume et en repassant mes propres impressions, m'a saisi; on doute de soi; les notions du beau et du vrai se confondent : y a-t-il telle chose qu'un art, et n'est-ce pas chimère que d'y croire et de s'y dévouer? Qui sait? me disais-je, peut-être qu'après-tout le grand poëte que voici n'a pas tort, et qu'en se donnant plus de peine, elle serait perdue. Sujets, style, composition et détail, il a raison peut-être de tout lâcher ainsi au courant de l'onde, satisfait de son flot puissant; car la génération qui nous jugera n'est pas la génération qui déjà finit : ceux qui auront le dernier mot sur nos œuvres auront appris à lire dans nos fautes; ils brouilleront un peu tout cela, et nos barbarismes même entreront avec le lait dans le plus tendre de leur langue.

Mais c'est trop douter; la conscience aussi, en pareil cas, dit non et se soulève; je reviens à la règle sûre, déjà posée : l'art, comme la morale, comme tous les genres de vérités, existe indépendamment du succès même.

Quant au génie poétique de M. de Lamartine, qui, malgré tant de déviations récentes, n'a jamais été plus puissant dans son jet et dans sa source, c'est à lui de voir si, par ce cri d'alarme, nous signalons un naufrage ou si nous le prévenons. Dans tous les cas, en acceptant ce pénible rôle de noter les arrêts, les chutes et les déclins avant terme, de tant d'esprits que nous admirons, nous voulons qu'on sache bien qu'aucun sentiment en nous ne peut s'en applaudir. Hélas! leur ruine (si ruine il y a) n'est-elle pas la nôtre, comme leur triomphe tant de fois prédit eût fait notre orgueil et notre joie? La sagacité du critique se trouvait liée à leurs destinées de poëtes fidèles et d'écrivains révérés; le meilleur de nos fonds était embarqué à bord de leurs renommées, et l'on se sent périr pour sa grande part dans leur naufrage.

Avril 1839.

J'ai peu à ajouter à ces articles au point de vue littéraire, et toute la gamme des sentiments du critique, depuis l'enthousiasme premier jusqu'au temps d'arrêt et à la résistance finale, vient d'être, ce me semble, parcourue et comme épuisée. (Joignez-y encore, si vous le voulez, ce que j'ai dit des *Confidences* et de *Raphaël,* au tome Ier des *Causeries du Lundi,* et l'article sur l'*Histoire de la Restauration,* au tome IV des mêmes *Causeries.*) — J'avoue mon faible et ma chimère : j'avais conçu pour tous ces grands hommes, ces grands esprits et talents de ma génération, ou de la génération immédiatement antérieure, un idéal de caractère et de carrière qu'ils n'ont pas rempli ou qu'ils ont vite dépassé et traversé d'outre en outre. J'aurais voulu, par exemple, un La Mennais devenu catholique et libéral, comme au lendemain de *l'Avenir,* mais ayant la force de demeurer tel sous le coup même des encycliques et malgré l'appel et l'attrait de la démocratie : je l'aurais désiré s'enfermant pendant quelque temps dans un religieux silence, et n'en sortant depuis qu'à de rares intervalles par des écrits de réflexion et d'éloquence où il aurait tout concilié, tout maintenu du moins, où il n'aurait rien sacrifié, où il serait resté opiniâtrément le prêtre de la tradition antique et des espérances nouvelles; en s'attachant à un tel rôle bien difficile sans doute, mais si fait pour imposer à tous le respect et l'estime, il aurait fini, sans la chercher, par retrouver son heure d'action et d'influence, et il n'aurait pas eu à l'acheter au prix de la considération. De même pour Lamartine : j'aurais aimé qu'en développant son talent poétique aussi grandement, aussi démesurément même, que sa nature de génie l'y portait, il fût demeuré en politique d'accord avec lui-même, fidèle à ses origines, à ses précédents, à l'ordre d'opinions, de doctrines et, pour tout dire, de bienséances où il avait passé toute sa jeunesse et qui lui étaient comme son cadre naturel, — un M. Lainé jeune, plus libéral que l'ancien, plus libéral que les ci-devant libéraux eux-mêmes, leur mettant sous les yeux à l'occasion et développant aux yeux de tous leurs inconséquences, leurs imprudences et leur manque de vue (comme il fit dans ce magnifique discours au sujet des cendres de Napoléon), — un M. Lainé plus énergique et moins fébrile, aussi pur, assistant, non sans une ombre de tristesse, à l'orgie parlementaire, à ce marché d'intrigues et de corruptions qui se démena durant tout le règne de Louis-Philippe, et sans y prendre d'autre part que de s'y pencher de temps en temps, et d'y plonger le regard pour le juger avec honnêteté et dégoût et pour le flétrir (comme il fit à un moment pour la coalition sous le ministère Molé), mais, je le répète, sans jamais en revendiquer profit pour lui ni en tirer prétexte à des combinaisons ambitieuses : je l'eusse voulu, en un mot, plus platonique et plus désintéressé, plus parfait qu'il n'est donné sans doute à la nature humaine de l'être. Cela dit, on voit de reste quelle dut être l'étendue de mon désillusionnement et de mon mécompte, — le mot est trop faible, — de mon deuil sur Lamartine, même dans ce qui parut à d'autres son plus beau triomphe. Je me bornerai à extraire ici, d'un cahier où je notais alors mes impressions au jour le jour, quelques traits qui le concernent au lendemain du 24 février 1848. Cela donnera idée, mieux que tout, de la contradiction et de la confusion de pensées qui se combattirent longtemps en moi à son sujet, et pour lesquelles je ne veux chercher d'autre conclusion que leur exposé même :

« (Février 1848.) Lamartine est une harpe éolienne : l'ouragan populaire en tire aujourd'hui des sons sublimes, tout comme autrefois faisait la brise amoureuse de Baïa.

« Cet homme aura bu le succès par tous les pores, » dit Saint-Priest (l'académicien) de Lamartine.

« C'est parce qu'il sentait qu'il avait en lui de quoi suffire à cette situation (au moins dans un grand moment) et de quoi y vibrer dans le tonnerre, que Lamartine a tout fait pour amener cette situation et pour la créer. — Le talent qui veut sortir est comme un fleuve qui creuse jusqu'à ce qu'il se soit fait un lit, fût-ce un lit de torrent. »

« — Ce qui me frappe dans ces événements si étonnants, c'est, à travers tout, un caractère d'imitation, — et d'imitation littéraire. On sent que la phrase a précédé.

« Ordinairement la littérature et le théâtre s'emparaient des grands événements historiques pour les célébrer, pour les exprimer ; ici c'est l'histoire qui s'est mise à *imiter* la littérature.

« En un mot, on sent que bien des choses ne se sont faites que parce que le peuple a vu au boulevard *le chevalier de Maison-Rouge* de Dumas, et a lu *les Girondins* de M. de Lamartine. »

« — (Mars 1848.) Il est curieux de relire en ce moment *les Girondins*. On y voit mille perspectives éclairées aujourd'hui par les événements. Lamartine s'y dessine à l'avance à tout moment, lui et son rêve. Il se dessine dans Mirabeau, dans Vergniaud et dans bien d'autres personnages ; le profil de Jocelyn-tribun se projette partout.

« Ce livre des *Girondins* pourrait s'intituler *les Lamartine*.

« Le Jocelyn se profile jusque dans les balafres de Mirabeau. »

« — La révolution à laquelle nous assistons est sociale plus encore que politique; l'acte de M. de Praslin y a contribué peut-être autant que les actes de M. Guizot.

« Lamartine l'a caractérisée énergiquement quand il a dit « C'est la révolution du mépris. »

« — Lamartine appelait l'orage afin d'y briller héroïquement sous l'éclair. »

« — Lamartine, dans son ambition même, ne prévoyait pas ce qui est arrivé. Cette ambition, en tant qu'elle se proposait une forme un peu précise, se bornait sans doute à rêver un premier ministère à côté de la duchesse d'Orléans régente; mais au moment décisif, avec cette divination de la pensée publique qu'ont les poëtes et que n'eurent jamais les doctrinaires, il sentit que la duchesse d'Orléans devenait impossible, et il fut le premier à franchir le pas et à le faire franchir aux autres. »

« — L'ambition de Lamartine était vaste et flottante comme toutes les grandes ambitions. »

« — Lamartine, en 1829 et durant les premiers mois de 1830, sollicitait du prince de Polignac l'ambassade de Grèce, et je l'ai vu revenir enchanté de l'audience du prince. Il avait le dégoût de la presse et des discussions politiques. — Après Juillet 1830, il revint à Paris de la campagne où il était, et je le vois encore allant à une réunion de légitimistes qui se tenait chez M. Arthur de La Bourdonnaye. — Il fit peu après sa brochure de la *Politique rationnelle* dédiée à Cazalès, très-raisonnable et noble manifeste. — Puis il alla en Orient mettre une page blanche entre son passé et son avenir. — Il entra à la Chambre, et fut d'abord à peu près seul du *parti social*, s'exerçant à manier la parole. — Il devint conservateur en défendant le ministère Molé contre la coalition. — Peu après il eut l'idée un peu brusque d'être président de la Chambre, et, n'y ayant pas réussi, il reprit son vol et passa à gauche, et par delà la gauche. Depuis cinq ou six ans, il avait pris hautement position, n'attendant rien que de l'avenir et y poussant de toutes ses forces. Évidemment son grand talent cherchait une situation à sa hauteur et où il pût se déployer. Ç'a été là son mobile secret et instinctif, indépendamment des convictions. Le fleuve cherche son niveau, l'oiseau cherche sa région. »

« — Quelle carrière pour Lamartine depuis le jour où il chantait dans *l'Isolement* :

> Souvent sur la montagne, à l'ombre du vieux chêne,
> Au coucher du soleil tristement je m'assieds!...

depuis ce jour-là jusqu'à la soirée du 24 février!

« Que de chemin depuis le jour où, répondant à un ami (1) qui l'aiguillonnait au début et qui lui disait en vers : *N'as-tu pas l'âge de la gloire?* il s'écriait comme le plus tendre et le plus consumé des amants :

> La gloire est le rêve d'une ombre.
> . . . .
> Tu veux que je lui sacrifie
> Ce dernier souffle de ma vie!
> Je veux le garder pour aimer.

« Pour le bien comprendre et pour deviner dans le poëte tout l'homme qui en est sorti, il faut lire le passage de *Novissima verba* :

> Aux faux biens d'ici-bas nous dévouons nos cœurs,...

et *les Préludes* :

> Non, non, brise à jamais cette corde amollie...

Ce qu'il disait là et ce qu'il chantait encore, il l'a fait depuis. »

« — J'ai fait autrefois ce vers que je crois très-juste :

> Lamartine ignorant, qui ne sait que son âme.

Mais le correctif essentiel doit être aussitôt dans ce mot de Béranger : « Lamartine ne sait pas toutes les idées qu'il a (2). »

« — J'aimais, j'adorais dans Lamartine le poëte, mais il y a longtemps que j'ai fui en lui l'ambitieux.

---

(1) M. Rocher, depuis conseiller à la Cour de Cassation, l'un des plus anciens amis de Lamartine, à qui il prêtait quelquefois son appartement rue Saint-Dominique pour des déjeuners de jeunesse. C'est dans l'une de ces gaies réunions qu'il lui avait adressé une ode pour l'exhorter aux beaux vers et à l'ambition lyrique. J'ai entendu réciter cette ode à M. Rocher lui-même; Lamartine lui répondit par l'ode de *l'Enthousiasme*.

(2) Un mot que Béranger a cru devoir démentir dans le temps, mais trop joli et trop vrai pour qu'il ne l'ait pas dit.

« J'avais cessé presque entièrement de le visiter dès 1839, le traitant un peu comme une ancienne maîtresse qu'on craint de revoir pour ne pas retomber sous le charme. »

« — Lamartine est l'homme qui a su dire le plus de fois dans sa vie :

Ce qui n'est plus pour l'homme a-t-il jamais été ? »

« — Saint-Priest (1) relit maintenant Lamartine, et il me dit que cette lecture rétrospective, éclairée par le jour des événements récents, est d'un intérêt tout nouveau. Mille échappées, où l'on ne voyait auparavant que des accès de fantaisie, prennent un sens profond et précis qu'elles n'avaient pas. Le Voyage d'Orient est tout plein de ces premières grandes bouffées d'ambition qui ressemblaient de loin à des vapeurs. Même dans le discours de réception de Lamartine à l'Académie, en 1830, on trouve un grand parallèle établi entre la poésie et l'action, entre la vie du littérateur en temps régulier et cette même existence dans les siècles d'orage, en « ces époques funestes au monde, glorieuses pour l'individu. » Dans les temps calmes, chacun est classé, chacun suit sa voie; avec plus ou moins de distinction, selon nos forces ou nos faiblesses, « nous arrivons au terme. Si nous en valons la peine, « on nous nomme, on nous caractérise en deux mots, et voilà la « page de notre vie dans un siècle. » Dans les temps d'orage, au contraire, « dans ces drames désordonnés et sanglants qui se re- « muent à la chute ou à la régénération des empires, quand l'ordre « ancien s'est écroulé et que l'ordre nouveau n'est pas encore « enfanté, *dans ces sublimes et affreux interrègnes de la raison et* « *du droit*,... tout change; la scène est envahie, les hommes ne « sont plus des acteurs, ils sont des hommes... Tout a son règne, « son influence, son jour; l'un tombe, parce qu'il porte l'autre; « nul n'est à sa place, ou du moins nul n'y demeure; *le même* « *homme, soulevé par l'instabilité du flot populaire, aborde tour à*

---

(1) Alexis de Saint-Priest, de l'Académie française, — qui avait tant désiré d'en être et qui mourut bien peu de temps après son vœu exaucé, un homme de beaucoup d'esprit, — plein d'esprit, « et il fallait qu'il en eût terriblement pour en être plein, » a dit quelqu'un, car il était d'une grosseur monstrueuse. Il se définissait gaiement lui-même « un esprit français dans un corps oriental. »

« *tour les situations les plus diverses, les emplois les plus opposés;*
« *la fortune se joue des talents comme des caractères; il faut des*
« *harangues pour la place publique, des plans pour le Conseil,*
« *des hymnes pour les triomphes... On cherche un homme! son*
« *mérite le désigne : point d'excuse, point de refus, le péril n'en*
« *accepte pas; on lui impose au hasard les fardeaux les plus dis-*
« *proportionnés à ses forces, les plus répugnants à ses goûts...*
« *L'esprit de cet homme s'élargit, ses talents s'élèvent, ses facultés*
« *se multiplient; chaque fardeau lui crée une force, chaque em-*
« *ploi un mérite,* chaque dévouement une vertu. » Et c'est ainsi
qu'en croyant peindre M. Daru et lui assigner son cadre, Lamartine
s'esquissait déjà à lui-même son programme, — un programme en
lettres d'or. Lamartine académicien récipiendaire prophétisait le
Lamartine du Gouvernement provisoire.

« — Dînant un jour chez la duchesse de Duras, vers 1820, il
dit à Saint-Priest très-jeune : « Je n'aime pas l'aristocratie. » Et
comme Saint-Priest remarquait que le lieu était singulièrement
choisi pour cette confidence, Lamartine ajouta : « J'aime les per-
« sonnes, mais je n'aime pas la chose. » — Moi, au contraire, un
peu plus tard, je l'ai vu rattaché à l'aristocratie et nageant en
pleine Restauration. »

« — Quels que soient les torts et les fautes de Lamartine depuis
quelques années, il les a rachetés par sa conduite au moment du
péril : il a eu là un moment sublime, héroïque, — un moment
immortel.
« Lamartine a bien mérité de la patrie à un moment décisif, et
la critique littéraire ou celle du moraliste n'a plus guère rien à
faire avec lui : l'acclamation publique la ferait taire. Et pourtant... Mais avec Lamartine il ne faut jamais analyser. »

« — Ces mêmes gens qui, hier encore, auraient voulu lapider
Lamartine à cause de ses *Girondins* et de ses discours de Mâcon,
lui élèveraient aujourd'hui des autels : mais sur cet autel il faudrait inscrire : *Élevé par la Reconnaissance et par la* Peur. »

« — Lamartine est au fond un roué, mais un roué de la race
de Fénelon.
« Il s'est corrompu, — peut-être. Mais c'est la corruption de l'ambroisie. Cette corruption elle-même est angélique et divine. »

« — Sir Henri Bulwer, l'ambassadeur, écrit de Madrid : « Vous avez une invasion de barbares dirigée par Orphée... » et avec cet esprit positif qui est bien des Anglais, il ajoute : « Mais les *chœurs* se payent bien cher, 30 sols par jour ! Comment les finances y pourront-elles suffire? »

« — Lamartine veut aujourd'hui (Voir son discours aux Italiens, du 28 mars 1848) qu'on raye Machiavel de la liste des grands hommes politiques. Il proclame d'avance un *Washington européen,* et il se mire déjà lui-même dans ce Washington. Jocelyn se profile partout ! »

« — Voilà Lamartine professeur de je ne sais quoi au Collége de France! Cela me rappelle qu'un jour il me dit (au commencement de sa carrière politique) : « Avez-vous jamais lu de l'économie poli-
« tique?... » et sans attendre ma réponse : « Avez-vous jamais mis
« le nez dans ce grimoire? Rien n'est plus facile, rien n'est plus
« amusant. » Eh bien ! le voilà à même de pratiquer et de professer ces sciences *faciles.* »

« — Ce n'est pas en lui-même ni dans son bon sens personnel que Lamartine puise ce qui lui reste de bon aujourd'hui ; il le doit à ses habitudes antérieures, au milieu social d'où il est sorti, à une certaine atmosphère d'*homme comme il faut* dont il ne pourra jamais se défaire. Là est sa garantie et la nôtre, — non pas dans son caractère, mais uniquement dans son éducation. »

« — Il y a encore de la poésie dans les choses. J'étais sorti dimanche 16 avril (1848) à deux heures, au moment où l'on battait le rappel et où le gouvernement semblait gravement menacé. J'allais de l'Institut (1) à la place Royale chez mes amis Olivier, pour leur lire le premier chapitre de *Port-Royal* (du troisième volume qu'on imprime). J'évitai les quais et la Grève, qui devaient être encombrés de peuple ; je pris la Cité, Notre-Dame, l'île Saint-Louis, et j'arrivai à la place Royale, où la garde nationale du quartier s'assemblait. Je lus mon chapitre à travers les tambours. Vers cinq heures je quittai mes amis. L'attitude de Paris était rassurante ; l'émeute avait avorté, et la garde nationale en foule remplissait les rues. Après m'être promené vers la Bastille, je rabattis sur la

---

(1) Je demeurais alors à l'Institut, à titre de conservateur de la Bibliothèque Mazarine.

Grève par les quais, oubliant que la foule devait encore obstruer le passage. Je perdis une demi-heure à essayer de me frayer un chemin. Bref je renonçai, et je me mis en devoir de tourner l'Hôtel de Ville par les petites rues de derrière, afin de rentrer chez moi par ce circuit. J'étais près de l'église Saint-Gervais, je prenais une *ruelle,* à moi bien connue, qui longe la nef et le chevet; deux hommes étaient devant moi : l'un d'eux se retourne, c'était Lamartine, lequel, sorti de l'Hôtel de Ville par une porte de derrière, essayait de rentrer à son hôtel des Affaires étrangères en se dérobant à son triomphe. Je l'accompagnai et le guidai sans qu'il fût reconnu jusqu'à une place de fiacres proche l'Imprimerie royale. Durant les cinq ou six minutes du trajet, je causai vivement avec lui. Je ne l'avais pas vu depuis l'an passé, au convoi de notre confrère le poëte Guiraud. Je le lui rappelai, car ce jour-là, comme il était à la veille de publier ses *Girondins* et qu'il me témoignait son inquiétude sur son succès, qu'il aurait voulu populaire, je lui avais dit : « Populaire, soyez tranquille, vous l'êtes, et plus que
« vous ne le croyez. Écoutez! je ne le souhaite pas, mais si ja-
« mais il y avait *deux* hommes à choisir dans la rue par accla-
« mation pour faire un président de la République, vous courriez
« risque d'être un de ces deux hommes. » — « Oui, peut-être
« bien, me répondit-il, si l'on avait à en prendre *dix.* » — « Non,
« si c'était seulement *deux,* » lui dis-je. — Je lui rappelai ce mot-là, afin de donner plus de poids à ce que j'essayai de lui dire sur les circonstances présentes, et je crois pouvoir assez fidèlement résumer cette conversation brusque et rapide depuis le premier mot en ces termes : — « (Lamartine.) Ah! c'est vous, je ne m'atten-
« dais pas à vous trouver là. » — « (Moi.) Ni moi, certainement :
« comment allez-vous? » — « (L.) Comme un homme qui vient de
« faire cent discours et d'embrasser cent mille hommes » (toujours le poëte qui se pose un peu). — « (M.) Voilà de grandes choses et
« une bonne journée. » — « (L.) J'étais sorti ce matin de chez
« moi, sans savoir si j'y rentrerais. Je savais bien que les pro-
« vinces étaient bonnes, mais je ne croyais pas que Paris fût
« aussi bon, surtout les ouvriers. » — « (M.) Vous êtes bien fort,
« vous le voyez; eh bien! vous l'êtes encore plus que vous ne le
« croyez, je vous en réponds; mais usez de votre force au besoin,
« prenez sur vous, et vous serez appuyé. » — « (L.) Oh! je pren-
« drais bien sur moi, s'il le fallait, et je monterais à cheval. Toute
« cette démonstration d'ouvriers de ce matin avait été montée par

« ce petit *béta* d'Alb... » — « (M.) Tenez ferme, tirez-nous de là « et vous aurez des autels. » — Lamartine monta avec son monsieur (1) dans une citadine près la rue du Grand-Chantier ; je le quittai et j'allais devant, lorsque à la hauteur de la rue Sainte-Avoie je fus arrêté, et la citadine qui venait derrière aussi, par la légion du quartier du Temple qui défilait en revenant de l'Hôtel de Ville et qui criait à tue tête : *Vive la république ! à bas les communistes ! à bas la communauté !* Cela nous retint près de vingt minutes. Je m'approchai encore sur le trottoir du côté de la portière où était Lamartine, et je lui dis : « Vous voilà empêché « dans votre triomphe ; vous voyez comme vous êtes fort, si vous « voulez en profiter. Ce sont des bulletins comme celui de Ledru-« Rollin, d'hier (le bulletin du 14 ou 15 avril), qui font tout le « mal. » Il me répondit : « Ledru-Rollin est venu ce matin à dix « heures se rallier à nous, il s'est repenti. Je pourrais vous en « dire long un jour là-dessus. » — Et je le quittai en lui touchant la main.

« Qu'il y avait loin de cette journée à celle (en 1829) où Lamartine me menait avec lui en fiacre à l'École militaire, pour voir une revue de troupes qui se faisait au Champ de Mars devant M. le dauphin et autres d'alors !

« Au reste je le trouvai plus grand et plus sec que jamais, le profil noble et roide, bien portant malgré sa fatigue et sa maigreur, soutenant à merveille ce rôle de chef populaire, avec cet œil d'oiseau de haut vol qui plane et qui discerne toutes choses de sa hauteur. O le plus grand des ambitieux, comme je n'ai jamais cherché en toi que le poëte ! — Je rentrai tout ému de cette rencontre. »

Il me semble maintenant que j'ai tout dit, et même un peu plus peut-être qu'il ne faut. Oh ! si Lamartine avait pu disparaître et s'évanouir dans les airs comme Romulus, le lendemain ou le soir même de cette triomphante journée du 16 avril, qui fut sa dernière grande journée politique, quelle idée il aurait laissée de lui ! quelle figure historique et légendaire !

(1) J'ai su depuis que c'était M. Payer.

VICTOR HUGO
EN 1831 (1).

Ce siècle avait deux ans! Rome remplaçait Sparte,
Déjà Napoléon perçait sous Bonaparte,
Et du premier Consul, trop gêné par le droit,
Le front de l'Empereur brisait le masque étroit.
Alors dans Besançon, vieille ville espagnole,
Jeté comme la graine au gré de l'air qui vole,
Naquit d'un sang breton et lorrain à la fois
Un enfant sans couleur, sans regard et sans voix;
Si débile, qu'il fut, ainsi qu'une chimère,
Abandonné de tous, excepté de sa mère,
Et que son cou ployé comme un frêle roseau
Fit faire en même temps sa bière et son berceau.
Cet enfant que la vie effaçait de son livre,
Et qui n'avait pas même un lendemain à vivre,

(1) L'espèce de biographie qui suit ne saurait avoir qu'une valeur approximative. On a publié depuis sur Victor Hugo, *raconté par un témoin de sa vie,* deux volumes qui ne sont point eux-mêmes définitifs. Je n'avais point écrit mon article, qui était destiné primitivement à une *Biographie des Contemporains,* sans m'informer et sans puiser à la meilleure source; mais il ne m'avait point été donné de contrôler ces premières informations. Qu'on veuille donc ne voir dans ces esquisses anticipées, mais pourtant fidèles et vraies à bien des égards, que des morceaux provisoires, utiles à leur moment, des essais qui ouvraient la voie et qui étaient faits pour être dépassés.

C'est moi.
        Je vous dirai peut-être quelque jour
Quel lait pur, que de soins, que de vœux, que d'amour,
Prodigués pour ma vie en naissant condamnée,
M'ont fait deux fois l'enfant de ma mère obstinée ;
Ange, qui sur trois fils attachés à ses pas
Épandait son amour et ne mesurait pas!

O l'amour d'une mère! amour que nul n'oublie!
Pain merveilleux qu'un Dieu partage et multiplie!
Table toujours servie au paternel foyer!
Chacun en a sa part, et tous l'ont tout entier!

Je pourrai dire un jour, lorsque la nuit douteuse
Fera parler, les soirs, ma vieillesse conteuse,
Comment ce haut destin de gloire et de terreur,
Qui remuait le monde aux pas de l'Empereur,
Dans son souffle orageux m'emportant sans défense,
A tous les vents de l'air fit flotter mon enfance ;
Car, lorsque l'aquilon bat ses flots palpitants,
L'Océan convulsif tourmente en même temps
Le navire à trois ponts qui tonne avec l'orage
Et la feuille échappée aux arbres du rivage!

Maintenant, jeune encore, et souvent éprouvé,
J'ai plus d'un souvenir profondément gravé,
Et l'on peut distinguer bien des choses passées
Dans ces plis de mon front que creusent mes pensées.
Certes, plus d'un vieillard sans flamme et sans cheveux,
Tombé de lassitude au bout de tous ses vœux,
Pâlirait, s'il voyait, comme un gouffre dans l'onde,
Mon âme où ma pensée habite comme un monde,
Tout ce que j'ai souffert, tout ce que j'ai goûté,
Tout ce qui m'a menti comme un fruit avorté,
Mon plus beau temps passé sans espoir qu'il renaisse,
Les amours, les travaux, les deuils de ma jeunesse,

Et quoique encore à l'âge où l'avenir sourit,
Le livre de mon cœur à toute page écrit!

Si parfois de mon sein s'envolent mes pensées,
Mes chansons par le monde en lambeaux dispersées;
S'il me plaît de cacher l'amour et la douleur
Dans le coin d'un roman ironique et railleur;
Si j'ébranle la scène avec ma fantaisie,
Si j'entre-choque aux yeux d'une foule choisie
D'autres hommes comme eux, vivant tous à la fois
De mon souffle, et parlant au peuple avec ma voix;
Si ma tête, fournaise où mon esprit s'allume,
Jette le vers d'airain, qui bouillonne et qui fume,
Dans le rhythme profond, moule mystérieux,
D'où sort la Strophe, ouvrant ses ailes dans les cieux;
C'est que l'amour, la tombe, et la gloire, et la vie,
L'onde qui fuit, par l'onde incessamment suivie,
Tout souffle, tout rayon, ou propice ou fatal,
Fait reluire et vibrer mon âme de cristal,
Mon âme aux mille voix, que le Dieu que j'adore
Mit au centre de tout comme un écho sonore!

D'ailleurs j'ai purement passé les jours mauvais,
Et je sais d'où je viens, si j'ignore où je vais.
L'orage des partis, avec son vent de flamme,
Sans en altérer l onde, a remué mon âme :
Rien d'immonde en mon cœur, pas de limon impur
Qui n'attendît qu'un vent pour en troubler l'azur!

Après avoir chanté, j'écoute et je contemple,
A l'Empereur tombé dressant dans l'ombre un temple,
Aimant la Liberté pour ses fruits, pour ses fleurs,
Le Trône pour son droit, le Roi pour ses malheurs;
Fidèle enfin au sang qu'ont versé dans ma veine
Mon père vieux soldat, ma mère Vendéenne!

Telle est la pièce inédite qui doit servir de préface

au prochain recueil lyrique de M. Victor Hugo. Composée il y a un peu plus d'un an, le 23 juin 1830, et empreinte en quelques endroits du cachet de cette date, elle se retrouve, comme tout ce qui émane du génie, aussi vraie aujourd'hui et aussi belle que ce soir-là, quand d'une voix émue et encore palpitante de la création, il nous la récitait, à quelques amis, au sein de l'intimité. Depuis lors, le trône qui conservait une ombre de droit, et auquel M. Victor Hugo s'était rattaché de bonne heure, a croulé par son propre penchant, et le poëte, en respectant la ruine, n'a pas dû s'y ensevelir (1). Il a compris l'enseignement manifeste de

(1) On lit dans l'ouvrage de Mme Victor Hugo intitulé *Victor Hugo raconté par un témoin de sa vie* (tome II, p. 341) que, quelques jours après la révolution de Juillet 1830, le poëte qui venait de tenter par *Hernani* sa révolution au théâtre, ne voulant pas être inconséquent avec lui-même, se rallia hautement au mouvement national par une pièce de vers *à la jeune France*. Le journal *le Globe*, qui publia l'ode, la fit précéder de ces lignes non signées, mais qui étaient de moi, et je tiens à honneur de les revendiquer aujourd'hui : « La poésie s'est montrée empressée de
« célébrer la grandeur des derniers événements; ils étaient faits
« pour inspirer tous ceux qui ont un cœur et une voix. Voici
« M. Victor Hugo qui se présente à son tour, avec son audace
« presque militaire, son patriotique amour pour une France libre
« et glorieuse, sa vive sympathie pour une jeunesse dont il est
« un des chefs éclatants; mais en même temps, par ses opinions
« premières, par les affections de son adolescence, qu'il a con-
« sacrées dans plus d'une ode mémorable, le poëte était lié au
« passé qui finit, et avait à le saluer d'un adieu douloureux en
« s'en détachant. Il a su concilier dans une mesure parfaite les
« élans de son patriotisme avec ces convenances dues au malheur;
« il est resté citoyen de la nouvelle France, sans rougir des sou-
« venirs de l'ancienne; son cœur a pu être ému, mais sa raison

la Providence, l'aveuglement incorrigible des vieilles races, et il s'est dit qu'à l'ère expirante des dynasties succédait l'ère définitive des peuples et des grands hommes. Longtemps mêlée à ces orages des partis, à ces cris d'enthousiasme ou d'anathème, sa jeunesse n'avait pourtant rien à rayer de son livre ni à désavouer de sa vie; le témoignage qu'il se rendait dans la pièce citée plus haut, il peut le redire après comme avant; nul ne lui contestera ce glorieux jugement porté par lui sur lui-même. Pour nous, il nous a semblé que dans ce grand dépouillement du passé, qui se fait de toutes parts et sur toutes les existences, c'était peut-être l'occasion de confier au public ce que depuis longtemps nous savions de la vie première, de l'enfance, des débuts et de l'éducation morale du poëte, notre ami, dont le nom se popularise de jour en jour. Notre

« n'a pas fléchi : *Mens immota manet, lacrymæ volvuntur inanes.*
« Déjà, dans l'*Ode à la Colonne*, M. Hugo avait prouvé qu'il sa-
« vait comprendre toutes les gloires de la patrie; sa conduite, en
« plus d'une circonstance, avait montré aussi qu'il était fait à la
« pratique de la liberté : son talent vivra et grandira avec elle, et
« désormais un avenir illimité s'ouvre devant lui. Tandis que
« Chateaubriand, vieillard, abdique noblement la carrière pu-
« blique, sacrifiant son reste d'avenir à l'unité d'une belle vie,
« il est bien que le jeune homme qui a commencé sous la même
« bannière continue d'aller, en dépit de certains souvenirs, et
« subisse sans se lasser les destinées diverses de son pays. Cha-
« cun fait ainsi ce qu'il doit, et la France, en honorant le sacrifice
« de l'un, agréera les travaux de l'autre. » (Suivait la pièce de vers de Victor Hugo : *A la jeune France.*) — Ce petit article, qui avait pour intention de piloter l'ode à travers les passes encore étroites du libéralisme triomphant, est du 19 août, vingt jours après la révolution.

admiration bien connue pour ses ouvrages nous dispense et nous interdit presque de l'aborder uniquement de ce dernier côté. Le rôle de simple narrateur nous va mieux, et ne mène pas moins directement à notre but, qui est de faire apprécier d'un plus grand nombre notre célèbre contemporain. Littérairement, d'ailleurs, nous nous sommes dit qu'écrire ces détails sur un homme bien jeune encore, sur un poëte de vingt-neuf ans, à peine au tiers de la carrière qu'il promet de fournir, ce n'était, pour cela, ni trop tôt ni trop de soins; que ces détails précieux qui marquent l'aurore d'une belle vie se perdent souvent dans l'éclat et la grandeur qui succèdent; que les contemporains les savent vaguement ou négligent de s'en enquérir, parce qu'ils ont sous les yeux l'homme vivant qui leur suffit; que lui-même, avec l'âge et les distractions d'alentour, il revient moins volontiers sur un passé relativement obscur, sur des souvenirs trop émouvants qu'il craint de réveiller, sur des riens trop intimes dont il aime à garder le mystère; et qu'ainsi, faute de s'y être pris à temps, cette réalité originelle du poëte, cette formation première et continue, dont la postérité est si curieuse, s'évanouit dans une sorte de vague conjecture, ou se brise au hasard en quelques anecdotes altérées. L'incertitude planant sur les premières années d'un grand homme semblera peut-être à certaines gens plus poétique : pour moi, je ne vois pas ce que perdraient Corneille et Molière à ce que leurs commencements fussent mieux connus. Nous ne sommes plus tout à fait aux temps homériques où un nuage allait si bien sur un berceau. De nos jours, les poëtes ont beau faire, la réalité les tient de toutes parts et les envahit; ils sont, bon gré, mal gré, un objet de publicité : on les coudoie, on les lithographie, on les lorgne à loisir, on a leur adresse dans l'almanach, et ce n'est qu'en vers que l'un d'entre eux a pu dire :

> . . . . . . Ils passent, et le monde
> Ne connaît rien d'eux que leur voix.

Donc, Victor-Marie Hugo naquit en 1802 (26 février), dans Besançon, *vieille ville espagnole,* de Joseph-Léopold-Sigisbert Hugo, colonel du régiment en garnison, et de Sophie Trébuchet, fille d'un armateur de Nantes; d'un *père soldat* et d'une *mère Vendéenne* (1). Chétif et moribond, il n'avait que six semaines quand le régiment dut quitter Besançon pour l'île d'Elbe. L'enfant l'y suivit et y demeura jusqu'à l'âge de trois ans. La première langue qu'il balbutia fut l'italien des îles; la première nature qui se réfléchit dans sa prunelle fut cette âpre et sévère physionomie d'un lieu peu remarqué alors, désormais insigne. Cette jeune vie s'harmonisait déjà par des rapports anticipés et fortuits avec la grande destinée qu'elle devait célébrer un jour; ce frêle écheveau invisible se mêlait déjà à la trame splendide, et courait obscurément au bas de la pourpre encore neuve dont plus tard il rehaussa le lambeau.

(1) On peut voir, à l'article *Victor Hugo* de la *Biographie* publiée par M. de Boisjolin, quelques autres détails de famille et de généalogie qn'il a semblé superflu de reproduire ailleurs.

En 1805, l'enfant revint à Paris avec sa mère, qui se logea dans la rue de Clichy. Il allait à l'école rue du Mont-Blanc. Les souvenirs de ce temps ne lui retracent qu'une chèvre et un puits surmonté d'un saule dans la cour de la maison ; il jouait là autour avec son jeune camarade Delon, depuis frappé d'une condamnation capitale dans l'affaire de Saumur, et mort en Grèce commandant de l'artillerie de lord Byron. En 1807, Mme Hugo repartit en Italie avec ses fils pour rejoindre son mari, gouverneur de la province d'Avellino, où il extirpait les bandes de brigands, entre autres celle de *Fra-Diavolo*. L'enfant y resta jusqu'en 1809 ; il en rapporta mille sensations fraîches et graves, des formes merveilleuses de défilés, de gorges, de montagnes, des perspectives gigantesques et féeriques de paysages, tels qu'ils se grossissent et qu'ils flottent dans la fantaisie ébranlée de l'enfance.

De 1809 à 1811, le jeune Hugo demeura en France avec ses frères et sa mère. Mme Hugo, femme supérieure, d'un caractère viril et *royal,* comme dirait Platon, s'était décidée à ne pas voir le monde, et à vivre retirée dans une maison située au fond du cul-de-sac des Feuillantines, faubourg Saint-Jacques, pour mieux vaquer à l'éducation de ses fils. Une tendresse austère et réservée, une discipline régulière, impérieuse, peu de familiarité, nul mysticisme, des entretiens suivis, instructifs et plus sérieux que l'enfance, tels étaient les grands traits de cet amour maternel si profond, si dévoué, si vigilant, et de l'éducation qu'il lui dicta envers ses fils, envers le jeune Victor en particulier. Un incident presque merveilleux, jeté au sein de cette vie de couvent, dut aussi influer beaucoup sur l'esprit et la gravité précoce de l'enfant poëte. Le général Lahorie, compromis en 1804 dans l'affaire de Moreau, était parvenu à se dérober aux poursuites en se cachant chez un ami. Il y tomba malade, et un jour qu'il avait entrevu quelque inquiétude sur la physionomie de son hôte, craignant de lui être un sujet de péril, et dans l'exaltation de la fièvre qui l'enflammait, il se fit transporter le soir même, sur un brancard, rue de Clichy, où Mme Hugo logeait alors. Mme Hugo, généreuse comme elle était, n'hésita pas à recueillir l'ami de son mari, et le garda deux ou trois jours. Sa fièvre passée, Lahorie put sortir et chercher une retraite plus sûre. En 1809, après bien des épreuves et des fuites hasardées, il revint frapper à la porte de Mme Hugo; mais cette fois la retraite était profonde, l'asile était sûr, et il y demeura. Il y demeura près de deux ans, caché à tous, vivant dans une petite chambre à l'extrémité d'un corps de logis désert. La plus douce occupation du guerrier philosophe, au milieu de cette inaction prolongée qui le dévorait, était de s'entretenir avec le jeune Victor, de le prendre sur ses genoux, de lui lire Polybe en français, s'appesantissant à plaisir sur les ruses et les machines de guerre, de lui faire expliquer Tacite en latin; car l'intelligence robuste de l'enfant mordait déjà à cette forte nourriture. Un ancien prêtre marié, bon homme, M. de La Rivière, lui avait débrouillé, à lui et à ses frères, les premiers éléments, et la méthode libre du maître s'était laissée aller à l'esprit rapide des élèves. Cependant Lahorie, par suite d'une machination odieuse, dont l'auteur, alors puissant, vit encore, et que M. Victor Hugo se propose de révéler un jour, fut découvert, arrêté aux Feuillantines, en 1811, et jeté de là dans le cachot d'où il ne sortit que pour mourir avec Malet. On sent quelle impression profonde et amère durent jeter dans l'âme ardente du jeune enfant de l'Empire, et les discours du mécontent, et le supplice de la victime : cela le préparait dès lors à son royalisme de 1814. A côté de ce souvenir sanglant et fatal, les Feuillantines lui en laissèrent d'autres plus doux. Dans *le Dernier Jour d'un Condamné,* il s'est plu à rappeler le *vieux puisard,* la charmante *Pepita l'Espagnole,* et le tome II des *Voyages de Spallanzani;* ailleurs il parle de l'*escarpolette sous les marronniers;* le dôme gris et écrasé du Val-de-Grâce, si mélancolique à voir entre la verdure des arbres, lui apparaît sans doute encore toutes les fois qu'il se représente des jardins de couvent : c'est aussi dans ce lieu de rêverie qu'il commença de connaître et d'aimer cette autre Pepita non moins charmante, la jeune enfant qui, plus tard, devint sa femme.

Au printemps de 1811, il partit avec sa mère et ses frères pour l'Espagne, où il rejoignit son père, général dès 1809, puis premier majordome du palais et gouverneur de deux provinces; il logea quelque temps au palais Macerano, à Madrid, et de là fut mis au séminaire des nobles, où il resta un an; on le destinait à entrer dans les pages du roi Joseph, qui l'aimait beaucoup. C'est à ce séjour au collége des nobles qu'il faut rapporter *les combats d'enfants pour le grand Empereur,* dont le poëte fait quelque part mention. On ne se battait pas moins qu'à coups de couteau, et l'un des frères de Victor fut grièvement blessé dans l'un de ces petits duels à l'espagnole. En 1812, comme les événements devenaient menaçants à l'horizon, et que les trônes groupés autour de l'Empire craquaient de toutes parts, Mme Hugo ramena à Paris ses deux fils cadets, Eugène et Victor ; l'aîné, déjà sous-lieutenant, demeura avec son père. Elle reprit son logement des Feuillantines, et leur fit achever, sous le vieux M. de La Rivière, leur éducation classique : Tacite et Juvénal furent toujours la moelle de lion dont ils se nourrirent. Les idées religieuses tenaient très-peu de place dans cette forte et chaste discipline. Le fond de la philosophie de leur mère était le voltairianisme, et, femme positive qu'elle était, elle ne s'inquiéta pas d'y substituer une croyance pour ses fils. Tous deux, le jeune Victor surtout, avaient rapporté de l'Espagne, outre la connaissance pratique et l'accent guttural de cette belle langue, quelque chose de la tenue castillane, un redoublement de sérieux, une tournure d'esprit haute et arrêtée, un sentiment supérieur et confiant, propice aux grandes choses. Ce soleil de la Sierra, en bronzant leur caractère, avait aussi doré leur imagination. Victor commença, à treize ans, au hasard, ses premiers vers, il s'agissait, je crois, de Roland et de chevalerie. Quelques dissidences domestiques, élevées précédemment entre leur mère et le général, et qu'il ne nous appartient pas de pénétrer, avaient réveillé au foyer des Feuillantines les sentiments déjà anciens d'opposition à l'Empire, et la mère vendéenne, l'enfant élève de Lahorie, se trouvèrent tout naturellement royalistes quand l'heure de la première Restauration sonna. .

Victor Hugo n'avait que douze ans; une idée singulière, bizarre dans sa forme, le préoccupait au milieu de ce grand changement politique; il se disait que c'était déchoir pour la France de tomber d'un Empereur à un Roi. Mais, à part cette velléité d'orgueil national qui se prenait à un nom, ses vœux et ses penchants, d'accord avec tout ce qu'il entendait autour de lui, étaient pour l'ordre nouveau. Il passa cette année, non plus aux Feuillantines, mais rue Cherche-Midi, en face l'hôtel des Conseils de guerre, à étudier librement, à lire toute sorte de livres, même *les Contemporaines* de Rétif, à apprendre seul la géographie, à rêver et surtout à accompagner chaque soir sa mère dans la maison de la jeune fille qu'il épousa par la suite, et dont en secret son cœur était déjà violemment épris. Vinrent les Cent-Jours : les dissidences domestiques entre madame Hugo et le général s'étaient envenimées : celui-ci, redevenu influent, usa des droits de père, et reprit d'autorité ses deux fils, ce qui augmenta encore la haine des enfants contre le gouvernement impérial. Comme il les destinait à l'École polytechnique, il les plaça dans la pension Cordier et Decote, rue Sainte-Marguerite; ils y restèrent jusqu'en 1818 et suivirent de là les cours de philosophie, de physique et de mathématiques au collége Louis-le-Grand.

L'aptitude d'Eugène et de Victor pour les mathématiques frappa beaucoup leurs maîtres; ils obtinrent même des accessits au concours de l'Université. Les solutions habituelles qu'ils donnaient des problèmes étaient promptes, rigoureuses, mais en même temps indirectes, imprévues, d'une construction singulièrement rare et d'une symétrie compliquée. En 1816, après la seconde Restauration, Victor composa, dans ses moments de loisir, une tragédie classique de circonstance sur le retour de Louis XVIII, avec des noms égyptiens : elle avait pour titre *Irtamène*. En 1817, il en commença une autre intitulée *Athélie ou les Scandinaves*, mais il n'alla qu'à la fin du troisième acte et s'en dégoûta à mesure qu'il avançait : son goût se fit plus vite que sa tragédie. Cette même année, il avait envoyé de sa pension, au concours de l'Académie française, une pièce de vers sur les *Avantages de l'Étude*, qui obtint une mention. Ce concours eut cela de particulier que MM. Lebrun, Casimir Delavigne, Saintine et Loyson y débutèrent également. La pièce du jeune poëte de quinze ans se terminait par ces vers :

> Moi, qui toujours fuyant les cités et les cours,
> De trois lustres à peine ai vu finir le cours.

Elle parut si remarquable aux juges, qu'ils ne purent croire à ces *trois lustres*, à ces quinze ans de l'auteur, et, pensant qu'il avait voulu surprendre par une supercherie la religion du respectable corps, ils ne lui accordèrent qu'une mention, un encouragement avec réserve. Tout ceci fut exposé dans le rapport prononcé en séance publique par M. Raynouard. Un des amis de Victor, qui assistait à la séance, courut à la pension Cordier avertir le quasi-lauréat, qui était en train d'une partie de barres et ne songeait plus à sa pièce. Victor prit son extrait de naissance et l'alla porter à M. Raynouard, qui fut tout stupéfait comme d'une merveille; mais il était trop tard pour réparer la méprise (1). M. François de Neufchâteau, qui avait été aussi dans son temps un enfant précoce, adressa à Victor Hugo des vers de félicitation et de confraternité. On y lisait, entre autres choses :

. . . .
Dans ce concours heureux brillaient de toutes parts
Le sentiment, le charme et l'amour des beaux-arts.
Sur quarante rivaux qui briguaient son suffrage,
    Est-ce peu qu'aux traits séduisans
    De votre muse de quinze ans,
L'Académie ait dit : « Jeune homme, allons! courage! »

(1) Je vois que ce récit a été fort contesté dans une publication en deux volumes, *les Poëtes lauréats de l'Académie française*, recueillis par MM. Edmond Biré et Émile Grimaud (1864). M. Ed. Biré, auteur de l'article qui me réfute, a fort triomphé en m'opposant le récit de la même anecdote littéraire, un peu autrement présentée dans le livre intitulé *Victor Hugo raconté par un témoin de sa vie*. Il se pourrait pourtant que ce témoin et moi nous eussions puisé à la même source. Mais on sait que de tels souvenirs, quand on les raconte de vive voix et qu'on ne les serre pas de près, sont sujets à s'exagérer un peu, et c'est ce qui sera arrivé ici. Il reste bien certain que les académiciens doutèrent de l'âge réel de l'auteur (« *Si véritablement il n'a que cet âge,* » est-il dit dans le rapport de M. Raynouard), et ce doute, qui impliquait le soupçon d'une certaine supercherie, put bien influer sur leur jugement.

Tendre ami des Neuf Sœurs, mes bras vous sont ouverts;
Venez, j'aime toujours les vers.

. . . .

Ce digne et naïf littérateur, lorsqu'il entendait plus tard retentir les succès bruyants, parfois contestés, de celui qui était devenu un homme, ne pouvait s'empêcher de dire avec componction : « Quel dommage! il « se perd; il promettait tant! Jamais il n'a fait si bien « qu'au début. »

En 1818, les deux frères obtinrent du général Hugo la grâce de ne pas entrer à l'École polytechnique, bien qu'ils fussent prêts par leurs études. Eugène avait gagné un prix aux Jeux floraux; l'émulation de Victor en fut excitée; il concourut à son tour, tout en prenant ses inscriptions de droit, et remporta deux prix coup sur coup, en 1819, l'un pour *la Statue de Henri IV*, l'autre pour *les Vierges de Verdun*. L'Académie des Jeux floraux, en couronnant ces odes, éprouva plus d'étonnement encore que l'Académie française n'en avait eu précédemment, et M. Soumet écrivait de Toulouse au jeune lauréat : « Vos dix-sept ans n'ont trouvé que des « incrédules. »

L'*Ode sur la Statue de Henri IV* avait été composée en une nuit. Voici comment : madame Hugo était malade d'une fluxion de poitrine, et chacun de ses fils la veillait à son tour. La nuit du 5 au 6 février, c'était le tour de Victor. Sa mère, qui tenait beaucoup (car elle y croyait déjà) à la gloire future de son fils, regretta qu'il eût laissé passer un concours sans s'y essayer : les pièces, en effet, devaient être envoyées à Toulouse avant le 15, et il aurait fallu que Victor eût expédié la sienne dès le lendemain matin pour qu'elle pût arriver à temps. La malade s'endormit sur ce regret, et, le lendemain, au réveil, elle trouva pour bonjour l'ode pieuse composée à son chevet, et le papier, mouillé de ses larmes de mère, partit dans la journée même.

En 1820, un troisième prix remporté pour *Moïse sur le Nil* valut à Victor le grade de maître ès Jeux floraux. Les années 1819 et 1820 furent sans doute les plus remplies, les plus laborieuses, les plus ardentes, les plus décisives de sa vie. Amour, politique, indépendance, chevalerie et religion, pauvreté et gloire, étude opiniâtre, lutte contre le sort en vertu d'une volonté de fer, tout en lui apparut et grandit à la fois à ce degré de hauteur qui constitue le génie. Tout s'embrasa, se tordit, se fondit intimement dans son être au feu vulcanien des passions, sous le soleil de canicule de la plus âpre jeunesse, et il en sortit cette nature d'un alliage mystérieux, où la lave bouillonne sous le granit, cette armure brûlante et solide, à la poignée éblouissante de perles, à la lame brune et sombre, vraie armure de géant trempée aux lacs volcaniques. Sa passion pour la jeune fille qu'il aimait avait fini par devenir trop claire aux deux familles, qui, répugnant à unir un couple de cet âge et sans fortune, s'entendirent pour ne plus se voir momentanément. Il a consacré cette douleur de l'absence dans une pièce intitulée *Premier Soupir*; une tristesse douce et fière y est empreinte. Mais ce qu'il n'a pas dit et ce que je n'ai le droit ici que d'indiquer, c'est la fièvre de son cœur durant ces années continentes et fécondes, ce sont les ruses, les plans, les intelligences de cet amour merveilleux qui est tout un roman. *Han d'Islande,* qui le croirait? *Han d'Islande,* commencé dès 1820, et qu'il ne publia par suite d'obstacles matériels qu'en 1823, devait être, à l'origine et dans la conception première, un tendre message d'amour destiné à tromper les argus, et à n'être intimement compris que d'une seule jeune fille. On se rappelle, en effet, les scènes délicieuses de cet ouvrage étrange, la pureté virginale d'Ordener, le baiser d'Éthel dans le long corridor ; le reste n'eût été qu'un fond noirci, un repoussoir pour faire ressortir le tableau, une ombre passagère et orageuse de désespoir. Durant ce même temps, Victor Hugo composait son premier volume d'Odes royalistes et religieuses. On sait comment son royalisme lui était venu : quant à la religion, elle lui était entrée dans le cœur par l'imagination et l'intelligence ; il y voyait avant tout la plus haute forme de la pensée humaine, la plus dominante des perspectives poétiques. Le genre de monde qu'il fréquentait alors, et qui l'accueillait avec toutes sortes de caresses, entretenait journellement l'espèce d'illusion qu'il se faisait à lui-même sur ses croyances ; mais le fond de sa doctrine politique était toujours l'indépendance personnelle, et le philosophisme positif de sa première éducation, quoique recouvert des symboles catholiques, persistait obscurément dessous. Aidé de ses frères et de quelques amis, il rédigeait dans ce temps un recueil périodique intitulé *le Conservateur littéraire,* dont la

collection forme trois volumes. Il y écrivit une foule de
vers politiques et d'articles critiques qui n'ont jamais
été reproduits et qu'il est difficile aujourd'hui de
reconnaître sous les initiales diverses et les noms empruntés dont les signait l'auteur. Les traductions de
Lucain et de Virgile, par M. d'Auverney, *les Tu et les
Vous, Épître à Brutus,* par Aristide, appartiennent réellement à Victor Hugo ; la facture de ces vers est classique, c'est-à-dire ferme et pure ; ce sont d'excellentes
études de langue, et, dans la satire, l'auteur a la verve
amère et mordante. Je recommanderai encore plusieurs
articles sur Walter Scott, un sur Byron, un sur Moore,
un sur les premières *Méditations poétiques* qui avaient
paru d'abord sans nom d'auteur. Ce qui domine dans
ce dernier et remarquable jugement, c'est un cri de
surprise, un étonnement profond qu'un tel poëte s'élève, qu'un tel livre paraisse, un grain de sévérité littéraire et puriste, un sourire de pitié au siècle qui se
dispose sans doute à railler le noble inconnu. Je ne puis
résister à en donner quelques phrases ; le critique vient
de faire une citation : « A de pareils vers, dit-il, qui ne
« s'écrierait avec La Harpe : *Entendez-vous le chant du
« poëte?...* Je lus en entier ce livre singulier, je le
« relus encore, et, malgré les négligences, les néolo-
« gismes, les répétitions et l'obscurité que je pus quel-
« quefois y remarquer, je fus tenté de dire à l'auteur :
« Courage, jeune homme! vous êtes de ceux que Platon voulait combler d'honneurs et bannir de sa république. Vous devez vous attendre aussi à vous voir
« banni de notre terre d'anarchie et d'ignorance ; et

« il manquera à votre exil le triomphe que Platon
« accordait du moins aux poëtes, les palmes, les
« fanfares et la couronne de fleurs. » Victor Hugo
ne connut Lamartine qu'un ou deux ans plus tard, en
1821, par l'intermédiaire de l'abbé de Rohan ; il voyait
déjà M. de Bonald, surtout M. de La Mennais. M. de
Chateaubriand, au moment où parut l'Ode sur *la Mort
du duc de Berry,* l'ayant qualifié d'*Enfant sublime* (1),
Victor Hugo, conduit par M. Agier, l'alla remercier, et
il s'ensuivit une liaison de bienveillance d'une part,
d'enthousiasme de l'autre, qui, durant quatre ou cinq
ans, s'entretint très-vive et très-cultivée.

Un mot encore sur cette période du *Conservateur
littéraire,* et sur les deux frères, Eugène et Victor, qui
en étaient les rédacteurs assidus. L'un et l'autre jeunes,
à peu près obscurs, livrés à des convictions ardentes,
exagérées, plus hautes et plus en arrière que le présent ; avec un fonds d'ironie sérieuse et d'austère
amertume, unique en de si fraîches âmes ; tous deux
roidis contre le flot vulgaire, en révolte contre le torrent, le pied sur la médiocrité et la cohue ; examinant,

---

(1) Ce n'est point dans une note du *Conservateur,* comme je
l'avais dit d'abord, que M. de Chateaubriand lui décerna cet éloge,
c'était dans une conversation avec M. Agier, lequel au sortir de
là n'eut rien de plus pressé que de le répéter à l'auteur et le
consigna même publiquement dans un article de journal. Bien
des années après, M. de Chateaubriand faisait la grimace quand
on lui rappelait cette généreuse parole : il l'avait dite bien réellement, mais il avait acquis cette faculté, en vieillissant, de ne
vouloir précisément se souvenir que de ce qui convenait à son
humeur et à ses affections présentes.

épiant avec anxiété, mais sans envie, les œuvres de
leurs rivaux plus hâtés, et sans relâche méditant leur
propre gloire à eux-mêmes, ils vécurent ainsi d'une
vie condensée, rapide, haletante pour ainsi dire. Avant
que la lumière et l'harmonie pussent se faire en eux,
bien des orages gros d'éclairs, bien des nuées tumultueuses et grondantes balayèrent leur face, et s'abattirent
dans l'insomnie sur leur *sourcil visionnaire,* comme dit
Wordsworth en parlant du front des poëtes. Eugène
surtout (à qui nous devons bien, puisque nous l'avons
nommé, ce triste et religieux souvenir), adolescent
mélancolique, plus en proie à la lutte, plus obsédé et
moins triomphant de la vision qui saisit toutes les âmes
au seuil du génie et les penche, échevelées, à la limite
du réel sur l'abîme de l'invisible, Eugène a exprimé
dans le recueil cette pensée pénible, cet antagonisme
désespéré, ce *Duel du précipice;* la poésie soi-disant
erse, qu'il a composée sous ce nom, est tout un symbole de sa lugubre destinée. Les nombreux articles de
critique dans lesquels il juge les ouvrages et drames
nouveaux respirent une conscience profonde, et accu-
sent un retour pénétrant sur lui-même, un souci comme
effaré de l'avenir. Après le succès de la *Marie Stuart*
de M. Lebrun, il écrivait : « En général, une chose
« nous a frappé dans les compositions de cette jeunesse
« qui se presse maintenant sur nos théâtres; ils en
« sont encore à se contenter facilement d'eux-mêmes;
« ils perdent à ramasser des couronnes un temps
« qu'ils devraient consacrer à de courageuses médita-
« tions ; ils réussissent, mais leurs rivaux sortent

« joyeux de leurs triomphes. Veillez, veillez, jeunes
« gens; recueillez vos forces, vous en aurez besoin le
« jour de la bataille : les faibles oiseaux prennent leur
« vol tout d'un trait; les aigles rampent avant de s'éle-
« ver sur leurs ailes. » Et pourtant son hardi et heureux frère ne rampait déjà plus.

Victor Hugo perdit sa mère en 1821 : ce fut pour lui une affreuse douleur, tempérée seulement par l'idée que son mariage n'était plus désormais si impossible. Il passa une année dans une petite chambre rue Mézières, puis rue du Dragon, étudiant et travaillant à force, jaloux de prouver à son père qu'il pouvait se suffire à lui-même. Le parti dit *royaliste* arrivait aux affaires dès cette époque; Hugo jeune, non envié encore, caressé de tous, eût pu aisément se laisser porter et parvenir vite et haut. Sa fortune en dépendait; et le seul obstacle alors à son mariage, à son bonheur, c'était sa fortune! Dans cette crise délicate, il demeura opiniâtrément fidèle à la dignité morale, à la gloire, à la poésie, à l'avenir. Des insinuations lui furent faites; il ne les releva pas et se tint à l'écart, pur de toute congrégation et de toute intrigue. Il ne demanda rien, ne voulut rien, et voici à quelle occasion seulement il reçut une pension du roi.

C'était après la conspiration de Saumur : Delon, son ancien camarade d'enfance, venait d'être condamné à mort, et la police cherchait à l'atteindre. Victor avait cessé de le voir depuis quelques années, à cause de la profonde division de leurs sentiments politiques. Mais il apprend son danger : il avait deux logements, celui

de la rue du Dragon, qu'il occupait, et celui de la rue
Mézières, abandonné depuis peu et disponible ; vite il
écrit à la mère de Delon, lui offrant un asile sûr pour
son fils. « Je suis trop royaliste, madame, lui disait-il,
« pour qu'on s'avise de le venir chercher dans ma
« chambre. » La lettre fut simplement adressée à madame
Delon, femme du lieutenant-de-roi, à Saint-Denis,
et mise à la poste. Nulle réponse : Delon s'était déjà
soustrait aux poursuites. Deux ans après, comme Hugo
passait la soirée chez un académicien fonctionnaire mêlé
à l'administration secrète, celui-ci, à propos d'un incident
de la conversation, le plaisanta sur ses intelligences
avec les conspirateurs, et lui fit une leçon de
prudence. Hugo n'y comprenait rien : il fallut lui
expliquer que, dans le temps, sa lettre avait été décachetée
à la poste, et mise le soir même sous les yeux
du roi Louis XVIII, comme c'était l'usage pour toutes
les révélations de quelque importance (1). Louis XVIII,
après l'avoir lue, avait dit : « Je connais ce jeune
« homme ; il se conduit en ceci avec honneur : je lui
« donne la prochaine pension qui vaquera. » La lettre,
recachetée par les suppôts de police, n'était pas moins
arrivée à madame Delon, qui aurait pu donner dans
le guet-apens. D'autre part, le brevet de pension était
aussi arrivé à Victor Hugo vers l'époque où parut son
premier volume d'Odes, et il avait attribué cette faveur

---

(1) Cet académicien, qui n'était autre que M. Roger, secrétaire
général des Postes, lui dit en propres termes : « Mon cher ami,
laissez-moi vous dire que vous êtes un innocent : vous écrivez à
la mère d'un conspirateur, et vous mettez votre lettre à la poste ! »

royale à sa publication récente : il n'en sut que plus tard la vraie origine.

Victor Hugo, après avoir passé la belle saison de 1822 à Gentilly, près de la famille de sa fiancée, se maria au mois d'octobre, et dès lors son existence de poëte et d'homme fut fondée telle qu'elle nous apparaît aujourd'hui ; elle n'a fait, depuis ces neuf années, que monter et s'élargir sur cette base première. Voici une liste complète de ses travaux jusqu'à ce jour :

Le premier volume d'*Odes*, publié en juin 1822 ;

Han d'Islande, publié en janvier 1823 ;

Le second volume d'*Odes et Ballades,* publié en février 1824 ;

La Muse française : ce recueil, qui commence en juillet 1823 et finit en juillet 1824, comprend plusieurs articles de Hugo ;

Bug Jargal, publié en janvier 1826 ;

Relation d'un Voyage au Mont-Blanc, fait en 1825 avec M. Ch. Nodier : le manuscrit vendu n'a pas été publié ;

Le troisième volume d'*Odes,* publié en octobre 1826 ;

Cromwell, publié en décembre 1827 ;

Les Orientales, publiées en décembre 1828 ;

Le Dernier Jour d'un Condamné, publié en janvier 1829 : cette même année, il fait *Marion Delorme* en juin, et *Hernani* en septembre ;

Hernani, joué le 26 février 1830 ;

Une *Préface* aux Poésies de Dovalle ;

Notre-Dame de Paris, publiée le 15 mars 1831.

Telles sont les réponses de Victor Hugo aux détracteurs que sa gloire croissante a soulevés; telles sont les marques de ses pas infatigables dans la carrière. Chaque degré vers le temple a son autel, et quelquefois double; chaque année dans ses domaines a plus d'une moisson. Sa course lyrique, qui est bien loin d'être close, offre pourtant assez d'étendue pour qu'on en saisisse d'un seul regard le cycle harmonieux; mais il n'est encore qu'au seuil de l'arène dramatique; il y entre dans toute la maturité de son observation, il s'y pousse de toutes les puissances de son génie : l'avenir jugera. Mais revenons encore.

Depuis neuf ans, la vie de Victor Hugo n'a pas changé; pure, grave, honorable, indépendante, intérieure, magnifiquement ambitieuse dans son désintéressement, de plus en plus tournée à l'œuvre grandiose qu'il se sent appelé à accomplir. Ses opinions politiques et religieuses ont subi quelque transformation avec l'âge et la leçon des événements; ses idées de poésie et d'art se sont de jour en jour étendues et affermies. Sa fièvre de royalisme passée, il est revenu à la liberté, mais à la liberté vraie, plénière et pratique, à celle que bien des libéraux n'ont jamais comprise, et que nous réclamons vainement encore. En même temps que le culte d'une pâle et morte dynastie s'évanouissait dans l'âme sévère du poëte, celui de Napoléon y surgissait rayonnant de merveilles, et Victor Hugo devenait le chantre élu de cette gloire à jamais chère au siècle :

Napoléon, soleil dont je suis le Memnon!...
A l'Empereur tombé dressant dans l'ombre un temple...

Dès 1824, lors de la retraite de M. de Chateaubriand, il avait pris parti pour l'opposition. La première marque éclatante qu'il en donna fut l'*Ode à la Colonne*, publiée en février 1827. Le général Hugo, qui ne mourut qu'en 1828, vécut assez pour jouir avec larmes de ce trophée tout militaire, que dédiait son fils aux vétérans de l'Empire. En août 1829, Victor Hugo refusa la pension que M. de La Bourdonnaye s'empressait de lui offrir en dédommagement des obstacles ministériels opposés à *Marion Delorme*. La révolution de Juillet le trouva donc libre, sans obligation politique, ayant donné des gages au pays, prêt à lui en donner encore. Il a chanté les *Trois jours* dans les plus beaux vers qu'ils aient inspirés; il a vengé par une deuxième *Ode à la Colonne* les mânes de Napoléon, qu'outrageait une Chambre pusillanime. Les voûtes du Panthéon ont retenti de sa cantate funèbre en l'honneur des morts de Juillet. Voilà jusqu'à ce jour les principaux faits de cette vie du poëte; il nous reste seulement à en caractériser plus en détail deux portions qui se mêlent intimement à la chronique fugitive de notre poésie contemporaine : ce sont les deux périodes que j'appellerai de *la Muse française* et du *Cénacle*.

Si l'on se reporte par la pensée vers l'année 1823, à cette brillante ivresse du parti royaliste, dont les gens d'honneur ne s'étaient pas encore séparés, au triomphe récent de la guerre d'Espagne, au désarmement du carbonarisme à l'intérieur, à l'union décevante des habiles et des éloquents, de M. de Chateaubriand et de M. de Villèle; si, faisant la part des passions, des fanatimes et des prestiges, oubliant le sang généreux, qui, sept ans trop tôt, coulait déjà des veines populaires; — si on consent à voir dans cette année, qu'on pourrait à meilleur droit appeler *néfaste,* le moment éblouissant, pindarique, de la Restauration, comme les dix-huit mois de M. de Martignac en furent le moment tolérable et sensé; on comprendra alors que des jeunes hommes, la plupart d'éducation distinguée ou d'habitudes choisies, aimant l'art, la poésie, les tableaux flatteurs, la grâce ingénieuse des loisirs, nés royalistes, chrétiens par convenance et vague sentiment, aient cru le temps propice pour se créer un petit monde heureux, abrité et recueilli. Le public, la foule n'y avait que faire, comme bien l'on pense; en proie aux irritations de parti, aux engouements grossiers, aux fureurs stupides, on laissait cet éléphant blessé bondir dans l'arène, et l'on était là tout entre soi dans la loge grillée. Il s'agissait seulement de rallier quelques âmes perdues qui ignoraient cette chartreuse, de nourrir quelques absents qui la regrettaient, et *la Muse française* servit en partie à cela. C'était au premier abord dans ces retraites mondaines quelque chose de doux, de parfumé, de caressant et d'enchanteur; l'initiation se faisait dans la louange; on était reconnu et salué poëte à je ne sais quel signe mystérieux, à je ne sais quel attouchement maçonnique; et dès lors choyé, fêté, applaudi à en mourir. Je n'exagère pas; il y avait des formules de tendresse, des manières adolescentes et pastorales de se nommer; aux femmes, par exemple, on ne disait *madame* qu'en vers; c'étaien tdes noms galants comme dans *Clélie* (1). Le mépris pour la *vulgarité* libérale avait provoqué dans un coin cette quintessence. La chevalerie dorée, le joli Moyen-Age de châtelaines, de pages et de marraines, le christianisme de chapelles et d'ermites, les pauvres orphelins, les petits mendiants faisaient fureur et se partageaient le fonds général des sujets, sans parler des innombrables mélancolies personnelles. Un écho de la *sentimentalité* de M*me* de Staël y retentissait vaguement. Après le bel esprit, on avait le règne du *beau cœur,* comme l'a si bien dit l'un des plus spirituels témoins et acteurs de cette période. Le même a dit encore : « Ce poëte-là, une étoile! dites plutôt une bougie (2). » M. de Latouche, dans son piquant article de *la Camaraderie,* a mis sur le compte d'une société qui n'était plus celle-là beaucoup des travers qu'il avait remarqués lui-même, et peut-être excités pour sa part, durant le premier enivrement de *la Muse.* Le plus beau jour, ou plutôt le plus beau soir (car c'étaient des soirées) du petit monde poétique fut celui de la représentation de *Clytemnestre,* si digne à tant d'égards de son succès. Ici point de contestation, de luttes comme plus

(1) A l'une on disait *Anna* tout court, à l'autre *Aglaé*. Passe encore pour les hommes de s'appeler entre eux *Alfred, Emile, Gaspard* ou *Jules*. Un jour, Jules de Rességuier, le plus confit de tous en ces douceurs et qui les résumait précieusement en sa personne, s'y prenant de son plus doux grasseyement, s'avisa de demander à Victor qu'on appelât sa femme de son petit nom d'*Adèle :* le jeune et grave poëte s'y refusa.

(2) C'était Émile Deschamps, qui ne pouvait s'empêcher de dire cela de son ami Jules de Rességuier.

tard, et de victoire arrachée, mais un concert de ravissement, des écharpes flottantes, une vraie fête de famille. On aurait pu compter ce soir-là tout le bataillon sacré, tout le chœur choisi : de peur de froisser personne en mentionnant, en qualifiant ou en omettant, j'aime mieux renvoyer pour les noms le lecteur curieux aux collections de *la Muse.* Le seul Lamartine échappait à ces fades mollesses et les ignorait; après avoir poussé son chant, il s'était enfui vers les lacs comme un cygne sauvage. Qu'on ne juge point pourtant que le résultat dernier de cette période fut d'être fatale à la poésie et à l'art; ceux qui étaient condamnés au mauvais goût en furent infectés et en périrent, voilà tout : les natures saines et fortes triomphèrent. De Vigny, avec son beau et chaste génie, ne garda de la subtile mysticité d'alors que ce qui lui sied comme un faible et comme une grâce. Pour Hugo, il ne s'en est pas guéri seulement, il s'en est puni quelquefois. Ces vrais poëtes gagnèrent aux réunions intimes dont ils étaient l'âme, d'avoir dès lors un public, faux public il est vrai, provisoire du moins, artificiel et par trop complaisant, mais délicat, sensible aux beautés, et frémissant aux moindres touches. L'autre public, le vrai, le définitif, et aussi le plus lent à émouvoir, se dégrossissait durant ce temps, et il en était encore aux quolibets avec nos poëtes, ou, qui mieux est, à ne pas même les connaître de nom, que déjà ceux-ci avaient une gloire. Ils dûrent à cette gloire précoce et restreinte de prendre patience, d'avoir foi et de poursuivre. Cependant Hugo, par son humeur active et militante, par son peu de penchant à la rêverie sentimentale, par son amour presque sensuel de la matière, et des formes, et des couleurs, par ses violents instincts dramatiques et son besoin de la foule, par son intelligence complète du Moyen-Age, même laid et grotesque, et les conquêtes infatigables qu'il méditait sur le présent, par tous les bords enfin et dans tous les sens, dépassait et devait bientôt briser le cadre étroit, l'étouffant huis clos, où les autres jouaient à l'aise, et dans lequel, sous forme de sylphe ou de gnome, il s'était fait tenir un moment. Aussi les marques qu'il en contracta sont légères et se discernent à peine : ses premières ballades se ressentent un peu de l'atmosphère où elles naquirent; il y a trop sacrifié au joli : il s'y est trop détourné à la périphrase : plus tard, en dépouillant brusquement cette manière, il lui est arrivé, par une contradiction bien concevable, d'attacher une vertu excessive au mot propre, et de pousser quelquefois les représailles jusqu'à prodiguer le mot cru. A part ces inconvénients passagers, l'influence de la période de *la Muse* n'entra point dans son œuvre; ces sucreries expirèrent à l'écorce contre la verdeur et la séve du jeune fruit croissant. Et puis la dissolution de la coterie arriva assez vite par l'effet d'un contre-coup politique. La chute de M. de Chateaubriand mit la désunion dans les rangs royalistes, et une bouffée perdue de cet orage emporta en mille pièces le pavillon couleur de rose, guitares, cassolettes, soupirs et mandores : il ne resta debout que deux ou trois poëtes.

On continua de se voir isolément et de s'aimer à distance. Hugo travaillait dans la retraite, et se dessinait de plus en plus. Vers 1828, à cette époque que nous avons appelée le moment calme et sensé de la Restauration, le public avait fait de grands progrès ; l'exaspération des partis, soit lassitude, soit sagesse, avait cédé à un désir infini de voir, de comprendre et de juger. Les romans, les vers, la littérature, étaient devenus l'aliment des conversations, des loisirs ; et mille indices, éclos comme un mirage à l'horizon, et réfléchis à la surface de la société, semblaient promettre un âge de paisible développement où la voix des poëtes serait entendue. Autour de Hugo, et dans l'abandon d'une intimité charmante, il s'en était formé un très-petit nombre de nouveaux ; deux ou trois des anciens s'étaient rapprochés ; on devisait les soirs ensemble, on se laissait aller à l'illusion flatteuse qui n'était, après tout, qu'un vœu ; on comptait sur un âge meilleur qu'on se figurait facile et prochain. Dans cette confiante indifférence, le présent échappait inaperçu, la fantaisie allait ailleurs ; le vrai Moyen-Age était étudié, senti, dans son architecture, dans ses chroniques, dans sa vivacité pittoresque ; il y avait un sculpteur (1), un peintre (2) parmi ces poëtes, et Hugo qui, de ciselure et de couleur, rivalisait avec tous les deux. Les soirées de cette belle saison des *Orientales* se passaient innocemment à aller voir coucher le soleil dans la plaine, à contempler du haut des tours de Notre-Dame les reflets

---

(1) David (d'Angers).
(2) Louis Boulanger.

sanglants de l'astre sur les eaux du fleuve; puis, au retour, à se lire les vers qu'on avait composés. Ainsi les palettes se chargeaient à l'envi, ainsi s'amassaient les souvenirs. L'hiver, on eut quelques réunions plus arrangées, qui rappelèrent peut-être par moments certains travers de l'ancienne *Muse,* et l'auteur de cet article doit lui-même se reprocher d'avoir trop poussé à l'idée du *Cénacle,* en le célébrant. Quoi qu'il en soit, cette année amena pour Victor Hugo sa plus paisible et sa plus riche efflorescence lyrique : *les Orientales* sont, en quelque sorte, son architecture gothique du xv° siècle; comme elle, ornées, amusantes, épanouies. Nulles poésies ne caractérisent plus brillamment le clair intervalle où elles sont nées, précisément par cet oubli où elles le laissent, par le désintéressement du fond, la fantaisie libre et courante, la curiosité du style, et ce trône merveilleux dressé à l'art pur. Et, toutefois, pour sortir de la magnifique vision où il s'était étalé et reposé, Victor Hugo n'attendit pas la révolution qui a soufflé sur tant de rêves. Là où d'autres eussent mis leur âge d'or, tâchant de l'éterniser, lui, ardent et inquiet, s'était vite retrouvé avec de plus vastes désirs. Par *Hernani,* donc, il aborda le drame, et par le drame, la vie active. Face à face désormais avec la foule, il est de taille à l'ébranler, à l'enlever dans la lutte; et nous avons, comme lui, confiance en l'issue. Après cela, faut-il l'avouer? qu'il y ait eu des regrets de notre part, hommes de poésie discrète et d'intimité, à voir le plus entouré de nos amis nous échapper dans le bruit et la poussière des théâtres, on le concevra sans peine : notre poésie aime le choix, et toute amitié est jalouse. Mais nous avons bientôt pensé que, même au milieu des plus enivrantes acclamations dramatiques, il y aurait toujours dans l'âme de Victor Hugo un lyrisme caché, plus sévère, plus profond peut-être, plus vibrant encore par le refoulement, plus gravement empreint des images dispersées et des émotions d'une jeunesse irréparable. Le futur recueil dont on a lu le prologue, sera pour le public la preuve de ceci, nous l'espérons.

VICTOR HUGO.

1831.

(Les Feuilles d'Automne.)

Il est pour la critique de vrais triomphes; c'est quand les poëtes qu'elle a de bonne heure compris et célébrés, pour lesquels, se jetant dans la cohue, elle n'a pas craint d'encourir d'abord risées et injures, grandissent, se surpassent eux-mêmes, et tiennent au delà des promesses magnifiques qu'elle, critique avant-courrière, osait jeter au public en leur nom. Car, loin de nous de penser que le devoir et l'office de la critique consistent uniquement à venir après les grands artistes, à suivre leurs traces lumineuses, à recueillir, à ranger, à inventorier leur héritage, à orner leur monument de tout ce qui peut le faire valoir et l'éclairer! Cette critique-là sans doute a droit à nos respects; elle est grave, savante, définitive; elle explique, elle pénètre, elle fixe et consacre des admirations confuses, des beautés en partie voilées, des conceptions difficiles à atteindre, et aussi la lettre des textes quand il y a lieu. Aristarque pour les poëmes homériques, Tieck pour Shakspeare, ont été, dans l'antiquité et de nos jours, des modèles de cette sagacité érudite appliquée de longue main aux chefs-d'œuvre de la poésie : *vestigia semper adora*! Mais outre cette critique réfléchie et lente des Warton, des Ginguené, des Fauriel, qui s'assied dans une silencieuse bibliothèque, en présence de quelques bustes à demi obscurs, il en est une autre plus alerte, plus mêlée au bruit du jour et à la question vivante, plus armée en quelque sorte à la légère et donnant le signal aux esprits contemporains. Celle-ci n'a pas la décision du temps pour se diriger dans ses choix; c'est elle-même qui choisit, qui devine, qui improvise; parmi les candidats en foule et le tumulte de la lice, elle doit nommer ses héros, ses poëtes; elle doit s'attacher à eux de préférence, les entourer de son amour et de ses conseils, leur jeter hardiment les mots de gloire et de génie dont les assistants se scandalisent, faire honte à la médiocrité qui les coudoie, crier *place* autour d'eux comme le héraut d'armes, marcher devant leur char comme l'écuyer :

> Nous tiendrons, pour lutter dans l'arène lyrique,
> Toi la lance, moi les coursiers.

Quand la critique n'aiderait pas à ce triomphe du poëte contemporain, il s'accomplirait également, je n'en doute pas, mais avec plus de lenteur et dans de plus rudes traverses. Il est donc bon pour le génie, il est méritoire pour la critique qu'elle ne tarde pas trop à le discerner entre ses rivaux et à le prédire à tous, dès qu'elle l'a reconnu. Il ne manque jamais de critiques circonspects qui sont gens, en vérité, à proclamer hautement un génie visible depuis dix ans; ils tirent gravement leur montre et vous annoncent que le jour va paraître, quand il est déjà onze heures du matin. Il faut leur en savoir gré, car on en pourrait trouver qui s'obstinent à nier le soleil, parce qu'ils ne l'ont pas prévu; mais pourtant si le poëte, qui a besoin de la gloire, ou du moins d'être confirmé dans sa certitude de l'obtenir, s'en remettait à ces agiles intelligences dont l'approbation marche comme l'antique châtiment, *pede pœna claudo,* il y aurait lieu pour lui de défaillir, de se désespérer en chemin, de jeter bas le fardeau avant la première borne, comme ont fait Gilbert, Chatterton et Keats. Lors même que la critique, douée de l'enthousiasme vigilant, n'aurait d'autre effet que d'adoucir, de parer quelques-unes de ces cruelles blessures que porte au génie encore méconnu l'envie malicieuse ou la gauche pédanterie; lorsqu'elle ne ferait qu'opposer son antidote au venin des Zoïles, ou détourner sur elle une portion de la lourde artillerie des respectables *reviewers,* c'en serait assez pour qu'elle n'eût pas perdu sa peine, et qu'elle eût hâté efficacement, selon son rôle auxiliaire, l'enfantement et la production de l'œuvre. Après cela, il y aurait du ridicule à cette bonne critique de se trop exagérer sa part dans le triomphe de ses plus chers poëtes; elle doit se bien garder de prendre les airs de la nourrice des anciennes tragédies. Diderot nous parle d'un éditeur de Montaigne, si modeste et si vaniteux à la fois, le pauvre

homme, qu'il ne pouvait s'empêcher de rougir quand
on prononçait devant lui le nom de l'auteur des *Essais*.
La critique ne doit pas ressembler à cet éditeur. Bien
qu'il y ait eu peut-être quelque mérite à elle de donner le signal et de sonner la charge dans la mêlée, il
ne convient pas qu'elle en parle comme ce bedeau si
fier du beau sermon *qu'il avait sonné*. La critique, en
effet, cette espèce de critique surtout, ne crée rien, ne
produit rien qui lui soit propre ; elle convie au festin,
elle force d'entrer. Le jour où tout le monde contemple et goûte ce qu'elle a divulgué la première, elle
n'existe plus, elle s'anéantit. Chargée de faire la leçon
au public, elle est exactement dans le cas de ces bons
précepteurs dont parle Fontenelle, *qui travaillent à se
rendre inutiles*, ce que le prote hollandais ne comprenait pas.

Toutefois, pour être juste, il reste encore à la critique, après le triomphe incontesté, universel, du génie auquel elle s'est vouée de bonne heure, et dont
elle voit s'échapper de ses mains le glorieux monopole,
il lui reste une tâche estimable, un souci attentif et
religieux : c'est d'embrasser toutes les parties de ce
poétique développement, d'en marquer la liaison avec
les phases qui précèdent, de remettre dans un vrai jour
l'ensemble de l'œuvre progressive, dont les admirateurs
plus récents voient trop en saillie les derniers jets.
Mais elle doit elle-même se défier d'une tendance
excessive à retrouver tout l'homme dans ses productions du début, à le ramener sans cesse, des régions
élargies où il plane, dans le cercle ancien où elle l'a

connu d'abord, et qu'elle préfère en secret peut-être, comme un domaine plus privé; elle a à se défendre de ce sentiment d'une naturelle et amoureuse jalousie qui revendique un peu forcément pour les essais de l'artiste, antérieurs et moins appréciés, les honneurs nouveaux dans lesquels des admirateurs nombreux interviennent. Et, d'autre part, comme ces admirateurs plus tardifs, honteux tout bas de s'être fait tant prier, et n'en voulant pas convenir, acceptent le grand écrivain dans ses dernières œuvres au détriment des premières qu'ils ont peu lues et mal jugées, comme ils sont fort empressés de le féliciter d'avoir fait un pas vers eux, public, tandis que c'est le public qui, sans y songer, a fait deux ou trois grands pas vers lui, il est du ressort d'une critique équitable de contredire ces points de vue inconsidérés et de ne pas laisser s'accréditer de faux jugements. Les grands poëtes contemporains, ainsi que les grands politiques et les grands capitaines, se laissent malaisément suivre, juger et admirer par les mêmes hommes dans toute l'étendue de leur carrière. Si un seul conquérant use plusieurs générations de braves, une vie de grand poëte use aussi, en quelque sorte, plusieurs générations d'admirateurs; il se fait presque toujours de lustre en lustre comme un renouvellement autour de sa gloire. Heureux qui, l'ayant découverte et pressentie avant la foule, y sait demeurer intérieur et fidèle, la voit croître, s'épanouir et mûrir, jouit de son ombrage avec tous, admire ses inépuisables fruits, comme aux saisons où bien peu les recueillaient, et compte avec un orgueil toujours aimant les automnes et les printemps dont elle se couronne !...

Le récent ouvrage de M. Victor Hugo, auquel toute notre digression préliminaire ne se rattache qu'autant qu'on le voudra bien et qu'on en saisira la convenance, *les Feuilles d'Automne* nous paraissent, comme à tout le monde, son plus beau, son plus complet, son plus touchant recueil lyrique. Nous avons entendu prononcer le mot de *nouvelle manière;* mais, selon nous, dans *les Feuilles d'Automne,* c'est le fond qui est nouveau chez le poëte plutôt que la manière. Celle-ci nous offre le développement prévu et l'application au monde moral de cette magnifique langue de poésie, qui, à partir de la première manière, quelquefois roide et abstraite, des *Odes politiques,* a été se nourrissant, se colorant sans cesse, et se teignant par degrés à travers les *Ballades* jusqu'à l'éclat éblouissant des *Orientales.* Il est arrivé seulement que, durant tout ce progrès merveilleux de son style, le poëte a plus particulièrement affecté des sujets de fantaisie ou des peintures extérieures, comme se prêtant davantage à la riche exubérance dont il lui plaisait de prodiguer les torrents, et qu'il a, sauf quelque mélange d'épanchements intimes, laissé dormir cette portion si pure et si profonde dont sa jeune âme avait autrefois donné les plus rares prémices. Pour qui a lu avec soin les livres IV et V des Odes, les pièces intitulées *l'Ame, Épitaphe,* et tout ce charmant poëme qui commence au *Premier Soupir* et qui finit par *Actions de Grâces,* il est clair que le poëte, sur ces cordes de la lyre, s'était arrêté à son premier mode, mode suave et simple, bien plus parfait que celui des *Odes politiques* qui y correspond, mais peu en rapport avec l'harmonie et l'abondance des compositions qui ont succédé. On entrevoyait à peine ce que deviendrait chez le poëte cette inspiration personnelle élevée à la suprême poésie, en lisant la pièce intitulée *Promenade,* qui est contemporaine des *Ballades,* et *la Pluie d'été,* qui est contemporaine des *Orientales;* le sentiment en effet, dans ces deux morceaux, est trop léger pour qu'on en juge, et il ne sert que de prétexte à la couleur. Il restait donc à M. Victor Hugo, ses excursions et voyages dans le pays des fées et dans le monde physique une fois terminés, à reprendre son monde intérieur, invisible, qui s'était creusé silencieusement en lui durant ce temps, et à nous le traduire profond, palpitant, immense, de manière à faire pendant aux deux autres ou plutôt à les réfléchir, à les absorber, à les fondre dans son réservoir animé et dans l'infini de ses propres émotions. Or, c'est précisément cette œuvre de maturité féconde qu'il nous a donnée aujourd'hui. Si l'on compare avec *les Feuilles d'Automne* les anciennes élégies que j'ai précédemment appelées un charmant petit poëme, et qu'on pourrait aussi bien intituler *les Feuilles* ou *les Boutons de Printemps,* on aperçoit d'abord la différence de dimension, de coloris et de profondeur, qui, comme art du moins, est tout à l'avantage de la maturité; il y a loin de l'horizon de *Gentilly* à *Ce qu'on entend sur la Montagne,* et du *Nuage* à *la Pente de la Rêverie.* Cette comparaison de la muse à ces deux saisons, qu'un été si brûlant sépare, est pleine d'enseignements sur la vie. A la verte confiance de la première jeunesse, à la croyance ardente, à la virginale prière d'une âme stoïque et chrétienne, à la mystique idolâtrie pour un seul être voilé, aux pleurs faciles, aux paroles fermes, retenues et nettement dessinées dans leur contour comme un profil d'énergique adolescent, ont succédé ici un sentiment amèrement vrai du néant des choses, un inexprimable adieu à la jeunesse qui s'enfuit, aux grâces enchantées que rien ne répare; la paternité à la place de l'amour; des grâces nouvelles, bruyantes, enfantines, qui courent devant les yeux, mais qui aussi font monter les soucis au front et pencher tristement l'âme paternelle; des pleurs (si l'on peut encore pleurer), des pleurs dans la voix plutôt qu'au bord des paupières, et désormais le cri des entrailles au lieu des soupirs du cœur; plus de prière pour soi ou à peine, car on n'oserait, et d'ailleurs on ne croit plus que confusément; des vertiges, si l'on rêve; des abîmes, si l'on s'abandonne; l'horizon qui s'est rembruni à mesure qu'on a gravi; une sorte d'affaissement, même dans la résignation, qui semble donner gain de cause à la fatalité; déjà les paroles pressées, nombreuses, qu'on dirait tomber de la bouche du vieillard assis qui raconte, et dans les tons, dans les rhythmes pourtant, mille variétés, mille fleurs, mille adresses concises et viriles à travers lesquelles les doigts se jouent comme par habitude, sans que la gravité de la plainte fondamentale en soit altérée. Cette plainte obstinée et monotone, qui se multiplie sous des formes si diverses, et tantôt lugubres, tantôt adorablement suppliantes, la voici :

> Que vous ai-je donc fait, ô mes jeunes années,
> Pour m'avoir fui si vite et vous être éloignées,
>   Me croyant satisfait?
> Hélas! pour revenir m'apparaître si belles,
> Quand vous ne pouvez plus me prendre sur vos ailes,
>   Que vous ai-je donc fait?

Et plus loin :

> C'en est fait! son génie est plus mûr désormais;
> Son aile atteint peut-être à de plus fiers sommets;
> La fumée est plus rare au foyer qu'il allume;
> Son astre haut monté soulève moins de brume;
> Son coursier applaudi parcourt mieux le champ clos;
> Mais il n'a plus en lui, pour l'épandre à grands flots,
> Sur des œuvres, de grâce et d'amour couronnées,
> Le frais enchantement de ses jeunes années.

Et ailleurs, toute la pièce ironique et contristée qui commence par ces mots : *Où donc est le bonheur? disais-je. Infortuné!...*

L'envahissement du scepticisme dans le cœur du poëte, depuis ces premières et chastes hymnes où il s'était ouvert à nous, cause une lente impression d'effroi, et fait qu'on rattache aux résultats de l'expérience humaine une moralité douloureuse. Vainement, en effet, le poëte s'écrie mainte fois *Seigneur! Seigneur!* comme pour se rassurer dans les ténèbres et se fortifier contre lui-même; vainement il montre de loin à son amie, dans le ciel sombre, la double étoile de *l'Ame immortelle* et de *l'Éternité de Dieu;* vainement il fait agenouiller sa petite fille aînée devant le Père des hommes, et lui joint ses petites mains pour prier, et lui pose sur sa lèvre d'enfant le psaume enflammé du prophète : ni *la Prière pour Tous* si sublime, ni *l'Aumône* si chrétienne, ne peuvent couvrir l'amère réalité; le poëte ne croit plus. Dieu éternel, l'humanité égarée et souffrante, rien entre deux! L'échelle lumineuse qu'avait rêvée dans sa jeunesse le fils du patriarche, et que le Christ médiateur a réalisée par sa croix, n'existe plus pour le poëte : je ne sais quel souffle funèbre l'a renversée. Il est donc à errer dans ce monde, à interroger tous les vents, toutes les étoiles, à se pencher du haut des cimes, à redemander le mot de la création au mugissement des grands fleuves ou des forêts échevelées ; il croit la nature meilleure pour cela que l'homme, et il trouve au monstrueux Océan une harmonie qui lui semble comme une lyre au prix de la voix des générations vivantes. L'Océan n'a-t-il donc, ô poëte, que des harmonies pacifiques, et l'humanité que des grincements? Ce n'est plus croire à la rédemption que de parler ainsi ; c'est voir l'univers et l'humanité comme avant la venue, comme avant Job, comme en ces jours sans soleil où l'esprit était porté sur les eaux. Cela est beau, cela est grand, ô poëte! mais cela est triste; cela fait que votre esprit s'en revient, comme vous l'avez dit,

. . . . avec un cri terrible,
Ébloui, haletant, stupide, épouvanté!

Oui, cela vous fait pousser des cris d'aigle sauvage, au

lieu des sereins cantiques auxquels vous préludiez autrefois avec l'aigle sacré de Patmos, avec l'aigle transfiguré de Dante en son paradis. De là, dans les moments résignés et pour toute maxime de sagesse, ces fatales paroles :

> Oublions, oublions ! Quand la jeunesse est morte,
> Laissons-nous emporter par le vent qui l'emporte
>   A l'horizon obscur.
> Rien ne reste de nous : notre œuvre est un problème ;
> L'homme, fantôme errant, passe sans laisser même
>   Son ombre sur le mur.

L'autre vie, celle qui suit la tombe, est redevenue un crépuscule nébuleux, boréal, sans soleil ni lune, pareil aux limbes hébraïques ou à ce cercle de l'enfer où souffle une perpétuelle tempête ; des faces mornes y passent et repassent dans le brouillard, et l'on sent à leur souffle ce frisson qui *hérisse le poil ;* les *ailes d'or* qui viennent ensuite et les âmes comparées aux hirondelles ne peuvent corriger ce premier effroi de la vision. J'ai besoin, pour me remettre, de m'étourdir avec le poëte au gai tumulte des enfants, à la folle joie de leur innocence, et de m'oublier au sourire charmant du dernier-né.

Il y a donc, en ce livre de notre grand poëte, progrès d'art, progrès de génie lyrique, progrès d'émotions approfondies, amoncelées et remuantes ; mais de progrès en croyance religieuse, en certitude philosophique, en résultats moraux, le dirai-je ? il n'y en a pas. C'est là un mémorable exemple de l'énergie dissolvante du siècle et de son triomphe à la longue sur les convictions individuelles les plus hardies. On les croit indestructibles, on les laisse sommeiller en soi comme suffisamment assises, et un matin on se réveille, les cherchant en vain dans son âme : elles s'y sont affaissées comme une île volcanique sous l'Océan. On a déjà pu remarquer un envahissement analogue du scepticisme dans les *Harmonies* du plus chrétien, du plus catholique de nos poëtes, tandis qu'il n'y en avait pas trace dans les *Méditations,* ou du moins qu'il n'y était question du doute que pour le combattre. Mais l'organisation intime, l'âme de M. de Lamartine, est trop encline par essence au spiritualisme, au Verbe incréé, au dogme chrétien, pour que même les négligences de volonté amènent chez lui autre chose que des éclipses passagères : dans M. Victor Hugo, au contraire, le tempérament naturel a un caractère précis à la fois et visionnaire, raisonneur et plastique, hébraïque et panthéiste, qui peut l'induire en des voies de plus en plus éloignées de celles du doux Pasteur. L'intuition libre, au lieu de le réconcilier insensiblement par l'amour, engendre familièrement en son sein des légions d'épouvantes. Il n'y avait donc qu'une volonté de tous les instants qui pût le diriger et le maintenir dans la première route chrétienne où sa muse de dix-neuf ans s'était lancée. Or le poëte, qui possède cependant une vertu de volonté si efficace et qui en donne chaque jour des preuves assez manifestes dans le cours de son infatigable carrière, semble en être venu, soit indifférence pratique, soit conscience de l'infirmité humaine en ces matières, à ne plus appliquer cette volonté à la recherche ou à la défense de certaines solutions religieuses, à ne plus faire assaut avec ce rocher toujours instable et retombant. Il laisse désormais flotter son âme, et reçoit, comme un bienfait pour la muse, tous les orages, toutes les ténèbres, et aussi tous les rayons, tous les parfums. Assis dans sa gloire au foyer domestique, croyant pour dernière et unique religion à la famille, à la paternité, il accepte les doutes et les angoisses inséparables d'un esprit ardent, comme on subit une loi de l'atmosphère ; il reste *l'heureux et le sage* dans ce qui l'entoure, avec des anxiétés mortelles aux extrémités de son génie ; c'est une plénitude entourée de vide. Quelle étrange vigueur d'âme cela suppose ! On trouverait quelque chose de semblable dans la sagesse du Roi hébreu. Le poëte n'espère plus, ni ne se révolte plus ; il a tout sondé, il a tout interrogé, depuis le cèdre jusqu'à l'hysope ; il recommence encore bien souvent, mais par irrésistible instinct et pur besoin de se mouvoir. Quand il marche, voyez-le, le cou penché, voyageur sans but, rêveur effaré, courbant son vaste front sous la voûte du monde :

> Que faire et que penser ? Nier, douter ou croire ?
> Carrefour ténébreux ! triple route ! nuit noire !
> Le plus sage s'assied sous l'arbre du chemin,
> Disant tout bas : J'irai, Seigneur, où tu m'envoies ;
> Il espère ; et de loin, dans ces trois sombres voies,
> Il écoute, pensif, marcher le genre humain !

Et pourtant il s'était écrié autrefois, dans les *Actions de Grâces* rendues au Dieu qui avait frappé d'abord, puis réjoui sa jeunesse :

J'ai vu sans murmurer la fuite de ma joie;
Seigneur, à l'abandon vous m'aviez condamné.
J'ai sans plainte au désert tenté la triple voie,
Et je n'ai pas maudit le jour où je suis né.

Voici la vérité qu'au monde je révèle :
Du ciel dans mon néant je me suis souvenu.
Louez Dieu! La brebis vient quand l'agneau l'appelle :
J'appelais le Seigneur, le Seigneur est venu.

Nous avons essayé de caractériser, dans la majesté de sa haute et sombre philosophie, ce produit lyrique de la maturité du poëte ; mais nous n'avons qu'à peine indiqué le charme réel et saisissant de certains retours vers le passé, les délicieuses fraîcheurs à côté des ténèbres, les mélodies limpides et vermeilles qui entrecoupent l'éternel orage de la rêverie. Jamais jusqu'ici le style ni le rhythme de notre langue n'avaient exécuté avec autant d'aisance et de naturel ces prodiges auxquels M. Victor Hugo a su dès longtemps la contraindre; jamais toutes les ressources et les couleurs de l'artiste n'avaient été à ce point assorties. Exquis pour les gens du métier, original et essentiel entre les autres productions de l'auteur, qu'il doit servir à expliquer, le recueil des *Feuilles d'Automne* est aussi en parfaite harmonie avec ce siècle de rénovation confuse. Cette tristesse du ciel et de l'horizon, cette piété du poëte réduite à la famille, est un attrait, une convenance, une vérité de plus, en nos jours de ruine, au milieu d'une société dissoute, qui se trouve provisoirement retombée à l'état élémentaire de famille, à défaut de patrie et de Dieu. Ce que le poëte fait planer là-dessus d'inquiet, d'indéterminable, d'éperdu en rêverie, ne sied pas moins à nos agitations insensées. Ce livre, avec les oppositions qu'il enferme, est un miroir sincère : c'est l'hymne d'une âme en plénitude qui a su se faire une sorte de bonheur à une époque déchirée et douloureuse, et qui le chante.

Juillet 1831.

VICTOR HUGO.

1832.

(Romans.)

La réimpression des romans de M. Victor Hugo nous est une occasion naturelle d'examiner le jeune et célèbre auteur sous un point de vue assez neuf, de suivre son développement et son progrès dans un genre de composition où il débuta tout d'abord, qu'il a toujours cherché à mener de front avec les autres parties de son talent, et qu'il nous promet (le catalogue du libraire en répond) de ne pas déserter pour l'avenir.

Pourtant, et quoiqu'il en ait donné quatre jusqu'ici, les romans de M. Hugo laissent entre eux, pour le talent et la manière, de grandes inégalités, des lacunes que l'examen de ses autres ouvrages peut seul aider à combler; ils n'offrent pas en eux-mêmes une continuité bien distincte, une loi de croissance aussi évidente, par exemple, que celle qui se manifeste dans la série de ses productions lyriques. Ces dernières, venues année par année, automne par automne, comme les fruits d'un même arbre, expriment fidèlement par leur saveur et par leur éclat les phases, les accidents divers sous le soleil, les greffes plus ou moins heureuses, les variétés du tronc et des rameaux. Il n'en est pas ainsi de ses romans : ils ne lui sont pas venus et n'ont pas dû lui venir aussi naturellement et, pour ainsi dire, par une voie de végétation régulière et harmonieusement successive. Les romans ne sont pas l'œuvre propre de la première jeunesse. Quelles qu'on en suppose la forme, l'inspiration et l'humeur, ils se réduisent toujours à être une excursion d'assez longue haleine dans le monde et dans la vie. Or, le monde qu'on n'entrevoit à cet âge que dans une confusion éblouissante, la vie qui ne s'offre aux yeux encore que comme une tour magique dont les vives arêtes étincellent, les hommes qu'on se figure alors tout bons ou tout méchants, détestables ou sublimes, comment rentrer chez soi pour les peindre, comment cheminer au dehors pour les connaître, et s'en laisser coudoyer sans les heurter? comment les prendre en patience, en moquerie, en longanimité, en compassion; consentir aux disparates, aux inconséquences qui sont le train ordinaire? comment s'amuser aux causeries, quand on se précipite aux conclusions; comment vouloir des intervalles, quand on ne cherche que les saillies? comment se souvenir, quand on rêve et qu'on invente? Non, le roman n'est pas le fait du jeune homme. Le jeune homme a le cœur plein; qu'il parle, qu'il chante, qu'il soupire! Les longues routes qu'on fait lentement et où souvent l'on s'arrête, prenant intérêt à tout, montrant du geste ou de la canne chaque perspective un peu riante, ne lui vont pas; même quand la catastrophe est au bout, ces lenteurs et ces circuits le fatiguent; il les dévore. Quand son entretien solitaire, ses chants dans les bois, ses confidences d'ami à ami, sa misanthropie ou sa folle gaîté d'amant ne lui suffisent pas ; quand il veut sortir de lui-même, du pur lyrisme, du monologue ou du dithyrambe; quand il a le don des combinaisons singulières, des nœuds de forte étreinte et des péripéties surprenantes, eh bien! ce sera des drames encore qu'il fera et qu'il pourra entamer à ses risques et périls, plutôt que des romans. Le drame est plus court, plus concentré, plus fictif; il est plus à la merci d'un seul événement, d'une seule idée; l'exaltation en dispose aisément; il peut se détacher, s'arracher davantage du fond de la vie commune. Je ne dis pas que ce drame, fait à dix-huit ans, sera le meilleur et le plus mûr; mais c'est celui par lequel le jeune homme débute, c'est la première manière de Schiller. Quant au roman, encore une fois, ou il n'offrira que l'analogue de cette espèce de drame, et sera de même héroïque, trempé de misanthropie, candide ou amer, tranché sans nuances, avec les inconvénients particuliers d'un développement plus continu; ou bien il faudra l'ajourner jusqu'à une époque plus rassise, après la pratique des hommes et l'épreuve des choses. Le bel âge dans la vie pour écrire des romans, autant qu'il me semble, c'est l'âge de la seconde jeunesse; ce qui répond, dans une journée d'été, à cette seconde matinée de deux à cinq heures qui est peut-être le plus doux temps à la campagne, sur un sopha, le store baissé, pour les lire. La seconde jeunesse me semble donc une saison très-convenable à ce genre de composition, animée qu'elle est et chaude encore, se teignant de teintes plus larges et plus changeantes au soleil de l'imagination à mesure qu'il décline au couchant, nourrie de souvenirs, se développant volontiers, reposée sans être appesantie, capable de tout comprendre. On a traversé les passions, et tout à l'heure on était humide de leur naufrage; on sent déjà en plein, et souvent par soi-même, hélas! ce que c'est chez l'homme que le vice, le ridicule et la manie; la science et le goût sont formés; on a de tolérance et de pitié ce qu'on en aura jamais; on a presque inévitablement l'ironie avec un fond d'indifférence.

Dans une courte préface ajoutée à cette cinquième édition de *Bug-Jargal*, M. Hugo nous apprend qu'en 1818, à seize ans, il paria qu'il écrirait un roman en quinze jours, et que *Bug-Jargal* provint de cette gageure. En effet, au second volume du *Conservateur littéraire*, journal que le jeune écrivain, aidé de ses frères et de quelques amis, rédigeait dès 1819, on trouve, comme faisant partie d'un ouvrage inédit intitulé *les Contes sous la Tente,* la première édition de cette nouvelle que l'auteur ne publia qu'en 1825, remaniée et récrite presque en entier. C'est une étude piquante et profitable à faire que de rapprocher l'une de l'autre ces deux productions, dont le fond essentiel et la forme, restés les mêmes, ont subi pourtant bien des intercalations et des refontes, à six ans de distance, dans un âge où chaque année, pour le poëte, est une révolution, et lui amène, comme pour l'oiseau, une mue dans la voix et dans les couleurs. Cette étude, qui nous a servi d'ailleurs à vérifier nos précédentes vues sur le roman, est inappréciable pour faire suivre à la trace et mettre à nu le travail intérieur qui s'est opéré dans l'esprit du poëte.

Le premier récit a beaucoup de simplicité : c'est une espèce de nouvelle racontée à un bivouac par le capitaine Delmar; les commentaires plus ou moins heureux dont ses camarades entrecoupent son histoire, les interruptions du sergent Thadée, qui pourrait bien être quelque neveu dépaysé du caporal Trimm, le rôle du chien boiteux Rask, tout cela a du naturel, de l'à-propos, de la proportion. Quant au sentiment du récit, on le trouvera assurément exagéré : l'amitié exaltée du capitaine pour Bug, ce désespoir violent qu'il éprouve en repassant sur la fatale circonstance, cette douleur durable, mystérieuse, qui depuis ce temps enveloppe sa vie, n'ont pas de quoi se justifier suffisamment aux yeux du lecteur déjà mûr, et qui sait comment les affections se coordonnent, comment les douleurs se cicatrisent. Delmar a perdu son ami, son frère par serment, le nègre Bug, qui lui a sauvé la vie, et dont il a causé involontairement la mort : de là son deuil éternel et ses soupirs étouffés. Quand l'auteur écrivait cette nouvelle, c'était encore l'amitié, l'amitié solennelle et magnanime, l'amitié lacédémonienne telle qu'on l'idéalise à quinze ans, qui occupait le premier plan dans son âme (1).

(1) Jean-Paul a dit dans son *Titan :* « Lorsque l'histoire conduit

Quelques mois plus tard, cette statue de l'antique Pylade était déjà détrônée chez lui par l'amour : le sentiment qui avait inspiré au poëte sa nouvelle dut lui sembler arriéré, et par trop adolescent; il ne jugea pas à propos d'accorder à celle-ci une publicité à part. Ce fut sur *Han d'Islande* que ses soins et ses préférences se concentrèrent.

Puis, lorsque plus tard encore il vit sans doute qu'illusions pour illusions il ne fallait pas être trop dédaigneux des premières, il revint à *Bug,* le remania, conserva le cadre, mais le redora en mille manières, enrichit le paysage de ces couleurs où la Muse lui avait récemment appris à puiser, compliqua les événements, introduisit entre ses personnages le seul sentiment qui ait un attrait souverain pour la jeunesse, et d'où sortent les rivalités, les perfidies, les sacrifices, les incurables blessures; il mit l'amour, il montra la douce Marie. Bug aussitôt devint ému et radieux sous sa royale beauté d'ébène; le mélancolique d'Auverney rougit d'une délicate nuance; les jardins se fleurirent, les mornes verdoyants embaumèrent, tout s'anima. Il y eut bien encore un certain serment, une parole d'honneur donnée par le capitaine au féroce Biassou, dont il est prisonnier, et qu'il ne semble pas très-naturel de lui faire tenir, quand cela peut coûter la vie à son

---

« un jeune homme dans la plaine de Marathon ou au Capitole, il
« éprouve le besoin d'avoir près de lui un ami, un frère d'armes,
« mais rien de plus; car il n'y a rien qui nuise plus au héros
« qu'une héroïne. Dans le jeune homme à l'âme forte, l'amitié
« paraît avant l'amour. »

ami, à sa jeune épouse et à lui-même. Cette parole d'honneur à Biassou, qui se trouvait dans le premier récit, y choquait moins que dans le second, où elle se joint au refus opiniâtre de corriger les fautes de français de la proclamation. Sans être de l'école d'Escobar ou de Machiavel, on pourrait, je crois, qualifier ces scrupules de gloriole hors de saison et de préjugé formaliste : c'est un travers naïf de l'entière et puritaine bonne foi de la jeunesse. Les développements considérables que reçut *Bug-Jargal* sous sa dernière forme ont amené quelques défauts de proportion qui jurent avec l'encadrement primitif du récit, lequel, on ne doit pas l'oublier, se débite de vive voix, en cercle, à un bivouac. Les descriptions, les analyses de cœur, les conversations rapportées, les pièces diplomatiques citées au long, nous font plus d'une fois perdre de vue l'auditoire ; et quand le chien Rask remue la queue, ou que le sergent Thadée pousse une exclamation, on a besoin de quelques efforts pour se rappeler le lieu et les circonstances.

Mais ce qu'il y a de plus caractéristique dans les additions, et ce qui signale une notable intention chez l'auteur, c'est qu'à côté de Marie, c'est-à-dire de la grâce, de la beauté virginale et du bonheur vertueux de l'existence, presque parallèlement se révèle et grossit l'aspect haineux, contrefait, méchant, de la nature humaine, le mal personnifié dans le nain Habibrah, frère africain de Han d'Islande, de même que Marie est la sœur d'Éthel, de Pépita l'Espagnole et de la vive Esméralda. Marie et Habibrah, ce sont deux germes ennemis, un œuf de colombe, un œuf de serpent, que dans ses splendeurs ce jeune soleil en montant a fait éclore. Cette perception du grotesque et du mal est un véritable progrès, un premier pas fait hors du simple idéal de quinze ans vers les mécomptes de la réalité; seulement elle tourne d'abord au faux, en revêtant une enveloppe à part, difforme, monstrueuse, imaginaire, là aux feux du climat calciné des tropiques, ailleurs dans les grottes rigides de l'Islande. De même qu'on nous représente Jupiter avec un double tonneau où il puise, de même le poëte a deux types, le bien et le mal purs; mais Jupiter mélange les doses, et le poëte ne les mélange pas; il reste dans l'abstrait, surtout relativement à la perception du mal et du laid, à force de les vouloir individualiser sous un seul type constamment infernal. On le voit, il n'a pas encore senti la vie, selon la mesure infinie qui la tempère; il n'a pas éprouvé à la fois un goût de miel et d'absinthe dans la fusion d'un même breuvage. Ivresse d'une part, âcreté de l'autre; ici tout le nectar, là tout le venin, c'est ainsi qu'il arrange la création. — Chantez, Poëte, chantez ! Exhalez donc l'allégresse ou le désespoir; épuisez votre superbe, *combattez votre combat;* ou envolez-vous plus haut, aux régions de la féerie; les cordes nombreuses de la lyre vous appartiennent : chantez! mais vous n'êtes pas encore descendu à la vie de tous, à cette vie humaine; vous n'êtes pas encore au roman!...

Quand M. Hugo publia *Bug-Jargal* modifié de la sorte, il venait de donner son deuxième volume d'*Odes et Ballades* qui reluit de couleurs pareilles et nous rend en rhythmes merveilleux le même point de vue doublement tranché. *Han d'Islande,* depuis longtemps composé, avait paru antérieurement. Cet autre roman étrange, moins brillant, moins haut en couleur que le *Bug-Jargal* définitif, et plus analogue à la manière sobre et précise des premières odes dont il forme le lien avec les secondes, fut compris de travers à sa naissance, et on y chercha je ne sais quelle inspiration désordonnée, au lieu de le classer parmi les romans chevaleresques dont il remplissait à la rigueur toutes les conditions. L'héroïne, en effet, est captive ; elle est comtesse ; elle est enfermée dans une tour avec son vieux père, prisonnier d'État. Le héros, fils d'un ennemi mortel, fils d'un prince, garde le plus qu'il peut l'incognito ; pour sauver celle qu'il aime et le vieillard que des félons veulent perdre, il ne voit rien de mieux que d'aller par monts et par vaux attaquer dans son antre un monstre effroyable, et de lui ravir les preuves d'une machination odieuse, qui, retirées des mains où elles sont tombées, pourront démasquer les traîtres.

Han d'Islande est donc un roman idéal de la famille presque de ceux de la Table-Ronde, tels que les arrangeurs les rimaient au xiiie siècle. L'amour d'Éthel et d'Ordener, l'invincible union du noble couple, le dévouement fabuleux du héros, composent le fond essentiel, l'âme de l'action : le chapitre xxiie, qui est le point central et culminant du livre, ne nous montre pas autre chose ; on y trouve le canevas exactement tracé, le *motif* d'un des plus touchants souvenirs d'amour des *Feuilles d'Automne;* mais la crudité du dessin, l'impitoyable précision que l'auteur a mise à décrire les portions hideuses, cruelles, et à faire saillir le nain, le bourreau, le mauvais conseiller Musmédon, a donné le change aux autres sur son intention, et par moments l'en a dérouté lui-même. On remarquera, au reste, combien la tournure des personnages, dans ce roman, était conforme à l'âge du poëte, à sa naïve loyauté, à cette inflexible logique qui construit *a priori* les hommes avec une seule idée. Le vieux prisonnier d'État a été trompé, trahi, donc il hait les hommes, donc son idée unique, durant vingt-deux ans de reclusion, est la misanthropie, jusqu'au dénoûment où en un clin d'œil il se corrige. Musmédon est corrompu, donc il l'est à tous les degrés et dans tous les cas, sans un seul vestige de bon mouvement, ou même, par instants, d'indifférence. Le sot lieutenant frivole n'a, durant toutes les conversations où il apparaît, qu'une seule parole à la bouche, *la Clélie.* Ainsi des autres caractères; les poëtes adolescents, encore entiers, n'imaginent pas d'autre nature humaine que celle-là, double en général, et absolue, excessive dans chaque sens. Notre bon Corneille, qui avait l'âme naïve et pas mal entière aussi, n'a guère vu différemment en la plupart de ses créations.

Cependant M. Hugo gagna de l'âge; il heurta des hommes; il remua des idées; il multiplia ses œuvres; il se mesura avec des géants historiques, Cromwell, Napoléon, et reconnut en eux un mélange de bien et de mal, qu'il n'eût pas d'abord aperçu dans de moindres exemples. Sa fièvre politique s'était calmée. Son *Dernier Jour d'un Condamné* proclama avec une saisissante éloquence, quoique d'un ton plus irrité peut-être qu'il n'eût convenu en matière de miséricorde, le respect pour la vie humaine, alors même qu'elle s'est souillée de sang. Il scruta beaucoup, il conversa, il controversa, il vécut. La maturité vint à son génie comme à son humeur, du moins une maturité relative; dès lors le roman s'ouvrit véritablement pour lui, non pas le roman, sans doute, pris dans le milieu de l'expérience habituelle, dans le courant ordinaire des mœurs, des passions et des faiblesses, non pas le roman familier à la plupart, mais le sien, un peu fantastique toujours, anguleux, hautain, *vertical* pour ainsi dire, pittoresque sur tous les bords, et à la fois sagace, railleur, désabusé : *Notre-Dame de Paris* put naître.

Dans *Notre-Dame* l'idée première, vitale, l'inspiration génératrice de l'œuvre est sans contredit l'art, l'architecture, la cathédrale, l'amour de cette cathédrale et de son architecture. Le poëte a pris cette face ou, si l'on veut, cette façade de son sujet au sérieux, magnifiquement : il l'a décorée, illustrée avec une incomparable verve d'enthousiasme. Mais ailleurs, dans les alentours, et le monument excepté, c'est l'ironie qui joue, qui circule, qui déconcerte, qui raille et qui fouille, ou même qui hoche de la tête en regardant tout d'un air d'indifférence, si ce n'est vers le second volume où la fatalité s'accumule, écrase et foudroie; en un mot, c'est Gringoire qui tient le dez de la moralité, jusqu'à ce que Frollo précipite la catastrophe. Le poëte songeait à sa *Notre-Dame* lorsqu'il disait dans le prologue des *Feuilles d'Automne :*

> S'il me plaît de cacher l'amour et la douleur
> Dans le coin d'un roman ironique et railleur.

Gringoire nous représente à merveille cette somme *ironique et railleuse*, produit de l'expérience acquise. Le bon philosophe éclectique et sceptique porte les vérités, les manies, le bon sens, les ridicules, la science et l'erreur, pêle-mêle dans sa besace, tantôt d'un air piètre, tantôt se rengorgeant, tout comme Panurge et Sancho. Il est *quelque chose comme le raisonnement opposé au sentiment,* ainsi que *le Docteur noir* de M. Alfred de Vigny ; mais il a moins de tenue et de rigorisme que notre important docteur avec sa canne à pomme d'or. Gringoire ne va qu'au hasard, pauvre diable rabelaisien, trébuchant à chaque pavé, se relevant, se consolant toujours, promené de mécomptes en engouements, raisonneur et pipé, vêtu de bigarrures, se guérissant d'une manie par une autre ; véritablement homme, moins la chaleur, il est vrai, moins la fécondité et le cœur ; admirable Sosie chargé de la friperie de l'âme. Gringoire nous promet, au nom de M. Hugo, bien des romans : il nous les promettrait plus attrayants encore, si quelque affection modérée humanisait davantage, interrompait parfois et liait entre elles ses humeurs bizarres (1).

(1) Qu'on se rappelle un moment le mélancolique Jacques dans *Comme il vous plaira* de Shakspeare, et l'on sentira combien,

Par Gringoire, M. Hugo est allé jusqu'à railler ce culte de l'architecture qui constitue la croyance et comme la religion de son livre. Après nous l'avoir montré poëte tragique, sifflé et délaissé, il nous le fait voir examinant dévotement les sculptures extérieures de la chapelle de *For-l'Évêque, dans un de ces moments de jouissance égoïste, exclusive, suprême, où l'artiste ne voit dans le monde que l'art et voit le monde dans l'art.* Jusque-là tout est bien. La disposition satirique s'accorde encore avec le personnage de Phœbus, avec celui des jeunes filles si gracieuses et si naïvement coquettes de l'hôtel Gondelaurier; mais quand le poëte aborde ses caractères vraiment passionnés, le prêtre, Quasimodo, la Esméralda, la recluse, en même temps que l'ironie disparaît dans l'ardeur exaltée des sentiments, c'est la fatalité seule qui la remplace, une fatalité forcenée, visionnaire, à la main de plomb, sans pitié. Or, cette pitié, le dirai-je? je la demande, je l'implore, je la voudrais quelque part autour de moi, au-dessus de moi, sinon en ce monde, du moins par delà, sinon dans l'homme, du moins dans le ciel. Il manque un jour céleste à cette cathédrale sainte; elle est comme éclairée d'en bas par des soupiraux d'enfer. Le seul Quasimodo en semble l'âme, et j'en cherche vainement le Chérubin et l'Ange. Dans le sinistre dénoûment, rien ne tempère, rien ne relève; rien de suave ni de lointain ne se fait sentir. L'ironie sur Gringoire qui sauve sa chèvre, sur Phœ-

chez le personnage créé par celui-ci, l'*affection* parvient à lier avec charme les résultats ironiques de l'expérience et toutes sortes d'ingrédients divers.

bus et *sa fin tragique,* c'est-à-dire son mariage, ne me suffit plus; j'ai soif de quelque chose de l'âme et de Dieu. Je regrette un accent pathétique, un reflet consolateur comme en a Manzoni. L'auteur nous fait suivre les corps au gibet; il nous fait toucher du doigt les squelettes; mais des destinées morales, spirituelles, pas un mot. La sensibilité, qui est à la passion poignante ce que la douce lumière du ciel est à un coup de tonnerre, faisait faute ailleurs en bien des endroits; mais ici c'est la religion même qui manque. Tant qu'on reste en effet sur le terrain moyen des aventures humaines dans la zone mélangée des malheurs et des passions d'ici-bas, comme l'ont fait Le Sage et Fielding, on peut garder une neutralité insouciante ou moqueuse, et corriger les larmes qui voudraient naître par un trait mordant et un sourire; mais dès qu'on gravit d'effort en effort, d'agonie en agonie, aux extrémités funèbres des plus poétiques destinées, le manque d'espérance au sommet accable, ce rien est trop, ce ciel d'airain brise le front et le brûle. Durant toute cette portion finale de *Notre-Dame,* l'orchestre lyrique, l'orgue en quelque sorte, pourrait jouer, par manière d'accompagnement, *Ce qu'on entend sur la Montagne,* cette admirable et lugubre symphonie des *Feuilles d'Automne.*

Bref, *Notre-Dame* est le fruit d'un génie déjà consommé pour le roman, et qui, tout en produisant celui-ci, achevait de mûrir encore. On y trouve des points extrêmes de la nature humaine qui ne sont pas ramenés au degré possible de fusion et d'*atténuissement.*

La pensée en reste un peu dure. Mais style et magie de l'art, facilité, souplesse et abondance pour tout dire, regard scrutateur pour beaucoup démêler, connaissance profonde de la foule, de la cohue, de l'homme vain, vide, glorieux, mendiant, vagabond, savant, sensuel ; intelligence inouïe de la forme, expression sans égale de la grâce, de la beauté matérielle et de la grandeur ; reproduction équivalente et indestructible d'un gigantesque monument ; gentillesse, babil, gazouillement de jeune fille et d'ondine, entrailles de louve et de mère, bouillonnement dans un cerveau viril de passions poussées au délire, l'auteur possède et manie à son gré tout cela. Il a composé dans *Notre-Dame* le premier en date, et non certes le moindre des romans grandioses qu'il est appelé à continuer pour l'avenir.

Juillet 1832.

VICTOR HUGO.

1835.

(Les Chants du Crépuscule.)

C'est toujours un bonheur quand les hommes qui ont le don de la Muse reviennent à la poésie pure, aux vers. Cette forme d'expression pour l'imagination et pour le sentiment, lorsqu'on la possède à un haut degré, est tellement supérieure, d'une supériorité absolue, à l'autre forme, à la prose; elle est si capable d'immortaliser avec simplicité ce qu'elle enferme, de fixer en quelque sorte l'élancement de l'âme dans une attitude éternelle, qu'à chaque retour d'un grand et vrai talent poétique vers cet idiome natal il y a lieu à une attente empressée de toutes les âmes musicales et harmonieuses, à un joyeux éveil de la critique qui sent l'art, et peut-être, disons-le aussi, au petit dépit mal caché des gens d'esprit qui ne sont que cela.

M. Hugo, au milieu des diversions laborieuses et brillantes qu'il s'est données, dans les intervalles de ses romans qu'il ne multiplie pas assez au gré du public, et de ses drames que, selon nous, il ménage trop peu, n'a jamais perdu l'habitude du rhythme lyrique auquel il dut ses premiers triomphes. Il est attentif à ne pas laisser passer vainement ces plaintes, ces allégresses, ces terreurs, qui sortent tour à tour d'une âme profonde, ces échos fréquents par lesquels elle répond aux grands événements du dehors. Il recueille au fur et à mesure dans une corbeille préparée les fruits intérieurs des saisons diverses, les récoltes des années successives ; il ne les laisse pas mourir sur pied, ni se dessécher à la branche. Après *les Orientales,* œuvre de maturité radieuse et de soleil, nées, pour ainsi dire, dans l'août de sa jeunesse, sont venues *les Feuilles d'Automne,* comme une production plus lente, mûrie plus à l'ombre et plus savoureuse aussi : *les Chants du Crépuscule* offrent maintenant une autre nuance. C'est, comme l'indique le titre, une heure déjà assombrie, le déclin des espérances, le doute qui gagne, l'ombre allongée qui descend sur le chemin, et avec cela, à travers les aspects funèbres, des douceurs particulières comme il en est à cette heure charmante ; la nuit qui s'avance, mais *la nuit que la tristesse aime comme une sœur.* A ces impressions personnelles et intimes, le poëte a marié, par une analogie symbolique, l'état du siècle lui-même qui nage dans une espèce de crépuscule aussi, crépuscule qui n'est peut-être pas celui du soir comme pour l'individu, car l'humanité a plus d'une jeunesse. On voit d'abord combien le nouveau cadre peut devenir heureux, naturel, et conforme à la pente des ans et des choses. Pourtant un inconvénient est à craindre dans ces productions lyriques trop fréquentes, surtout quand on tient à les rattacher, ainsi que fait l'auteur, à des cadres distincts et composés : c'est qu'au lieu de réfléchir fidèlement dans les vers les nuances vraies qui se succèdent dans l'âme, on ne crée, on ne force un peu, on n'achève exprès des nuances qui ne sont qu'ébauchées encore; c'est que, pour compléter sa corbeille de fruits, on n'en ajoute, aux naturels et aux plus beaux, d'autres plus énormes d'apparence, mais artificiels et nés à la hâte dans la serre échauffée de l'imagination. Je sais bien qu'après tout la manière dont les fruits naissent en poésie *ne fait rien à l'affaire;* l'essentiel est ce qu'ils sont et ce qu'ils paraissent au goût; mais le mal serait que le goût y découvrît quelque chose du procédé factice, artificiel, qu'un redoublement d'art eût peut-être recouvert, fondu, dissimulé. M. Hugo a-t-il entièrement évité l'inconvénient que nous signalons? N'y a-t-il pas dans la composition des *Chants du Crépuscule* quelques ombres grossies à dessein, quelques lueurs plus sensibles à l'œil que l'âme du poëte ne semble naturellement accoutumée à les voir? J'avoue qu'en relisant dans ce volume plusieurs des pièces politiques déjà imprimées, et en lisant pour la première fois certaines pièces politiques et sociales plus nouvelles, j'ai été singulièrement frappé, après le premier éblouissement, de tout ce qu'il y avait chez le poëte de propos délibéré, de thème voulu, de besoin d'assortir le siècle à sa donnée poétique particulière, ou, si l'on veut, d'assortir sa propre poésie à une tournure d'idées de plus en plus ordinaire au siècle. Beaucoup de poëtes lyriques, dans le genre de l'*ode,* n'ont pas fait autrement, je le sais. L'*ode*, à proprement parler, depuis Pindare et à commencer par lui, n'a guère été jamais qu'un thème de circonstance, accepté plutôt que choisi, et plus ou moins richement exécuté. M. Ampère, dans une de ses ingénieuses et judicieuses leçons du Collége de France, remarquait qu'en France, chez les quatre principaux lyriques des trois derniers siècles, chez Ronsard, Malherbe, Jean-Baptiste Rousseau et Le Brun, il y avait une faculté de chant, ou du moins une faculté de sonner avec éclat de la trompette pindarique, indépendamment même d'une certaine nature de sensibilité, d'une certaine conviction habituelle et antérieure de l'âme. Un des Valois se marie, Richelieu foudroie La Rochelle, le prince Eugène gagne une bataille, le vaisseau *le Vengeur* s'abîme avec gloire, et voilà tous nos poëtes qui ont chanté. Il y a quelque chose d'évidemment extérieur dans cette faculté grandiose de l'ode. C'est bien exactement une trompette qu'on prend ou qu'on laisse. M. Hugo, dans une très-belle pièce, et même la plus belle du volume, compare l'âme du poëte à une cloche en son beffroi ; la cloche retentissante, et qui sonne pour chaque fête ou pour chaque deuil, a de la ressemblance encore avec cette faculté de l'ode ; *tanquam æs tinniens;* je ne sais quoi de puissant et de magnifique, de creux et de sonore. Dans ses premières odes politiques, M. Hugo, plus qu'aucun des lyriques précédents, avait fait preuve d'une conviction naïve fondue au talent, d'une inspiration spontanée et sincère. Puis, ces premières croyances monarchiques et chevaleresques s'étant dissipées, M. Hugo a continué sa série d'*odes* ou pièces politiques et sociales, avec une pensée plus mûre, vraiment progressive, honnête et indépendante, aidée d'une incomparable imagination. Mais, dans toutes ces pièces récentes, louables de pensée, grandioses de forme, sur le bal de l'Hôtel de Ville, sur le gala du budget; dans ces prières à Dieu sur les révolutions qui recommencent; dans ces conseils à la royauté d'être aumônière comme au temps de saint Louis; dans ce mélange, souvent entre-choqué, de réminiscences monarchiques, de phraséologie chrétienne et de vœux saint-simoniens, il n'est pas malaisé de découvrir, à travers l'éclatant vernis qui les colore, quelque chose d'artificiel, de voulu, d'acquis : toute cette portion des *Chants du Crépuscule* me fait l'effet d'une tenture magnifique dressée tout exprès pour une scène. Depuis que M. Hugo s'occupe de théâtre, on dirait que chez lui, même dans le lyrique, le théâtral a gagné.

C'est en ce qui tient davantage à la méditation, à l'élégie, que M. Hugo nous semble avoir, dans les *Chants du Crépuscule*, produit quelques-unes de ces choses de l'âme et de l'imagination qui sont *venues* plutôt que *voulues*. De ce nombre, la belle pièce xiii sur les suicides multipliés, plusieurs pièces d'amour qui sont de véritables élégies, xxi, xxiv, xxv, xxvii, surtout la vingt-neuvième, qui commence par ces vers :

> Puisque nos heures sont remplies
> De trouble et de calamités;

> Puisque les choses que tu lies
> Se détachent de tous côtés...

Cette dernière est, selon nous, d'une beauté de mélancolie, d'une profondeur rêveuse et d'une tendresse de cœur à laquelle n'avait pas atteint jusqu'ici le poëte. Pas un mot n'y choque, pas un son n'est en désaccord avec la note fondamentale. Tout y est funèbre sans désespoir, tout y est religieux sans faux emblème. D'ordinaire, le dessin de l'auteur, dans ses moindres pièces, est précis ; il dira, par exemple, à sa maîtresse au bord de la mer : « Vois-tu ceci » (*grande description du golfe, du rivage*), « c'est la terre! Vois-tu ceci » (*grande description des nuages, du couchant*), « c'est le « ciel! Eh bien, ni le ciel ni la terre ensemble ne « valent l'amour » (*grande description de l'amour*). Mais ici rien de tel, aucun canevas de cette sorte, aucune amplification. Le souffle harmonieux y sort comme une plainte vague, abondante ; la plainte monte à chaque stance comme une marée sans étoile sur quelque grève de Bretagne :

> Quand la nuit n'est pas étoilée,
> Viens te bercer aux flots des mers;
> Comme la mort elle est voilée,
> Comme la vie ils sont amers.

L'impression que cause cette pièce me semble tout à fait musicale ; plus on la relit, plus on s'en pénètre. A la dixième fois, on la sent mieux encore, et les larmes involontaires qu'elle fait naître recommencent de couler.

La plus belle pièce du recueil, après celle-là, est incontestablement *la Cloche,* adressée à M. Louis Boulanger. Réalité et grandeur des images, vérité et sincérité d'inspiration, elle offre tous ces caractères, mais avec quelques taches de détail. Le poëte est en voyage : un soir, plus triste que de coutume, plus en proie aux pensées du doute et du mal, il monte au haut d'un de ces beffrois lugubres qu'il aime ; il y voit l'énorme cloche immobile, sommeillante, ou plutôt vibrante encore d'une vibration obscure, murmurante de je ne sais quelle confuse rumeur :

> Car même en sommeillant, sans souffle et sans clartés,
> Toujours le volcan fume et la cloche soupire ;
> Toujours de cet airain la prière transpire,
> Et l'on n'endort pas plus la cloche aux sons pieux
> Que l'eau sur l'Océan ou le vent dans les cieux !

En regardant de près cette cloche auguste et sévère, le poëte y voit, sur l'airain, mainte injure empreinte. Chaque passant, *avec son clou rouillé,* y a écrit un nom profane, un mot quelquefois impie, impur. La couronne qu'elle porte a été déchirée du couteau ; la rouille, autre ironie, s'y mêle et la souille. Et le poëte, en cet instant, assailli de pensées, se met à comparer cette cloche, ainsi défigurée, mais puissante encore et entière de timbre, à son âme, à l'âme du poëte, qui d'abord sans tache, et sortie du baptême natal aussi vierge que la cloche de Schiller, a été bientôt souillée, hélas ! *rayée* à son tour par d'injurieux passants, par les passions insultantes et railleuses :

> Mais qu'importe à la cloche, et qu'importe à mon âme?
> Qu'à son heure, à son jour, l'Esprit saint les réclame,
> Les touche l'une et l'autre, et leur dise : Chantez!
> Soudain par toute voie et de tous les côtés
> De leur sein ébranlé rempli d'ombres obscures,
> A travers leur surface, à travers leurs souillures,
> Et la cendre et la rouille, amas injurieux,
> Quelque chose de grand s'épandra dans les cieux.

Et c'est alors que les foules au loin écoutent et s'inclinent, que le sage pieux redouble de croyance, que la vierge et le jeune homme enthousiastes adorent dès ici-bas la réalisation de leurs rêves infinis. Oh! non, tout cela n'est pas menteur; c'est la voix de Dieu même qui parle par ces instruments magnifiques, où, pendant le saint moment, a disparu toute souillure. — Nous renvoyons bien vite le lecteur, excité par notre analyse, à ce grand morceau de poésie; nous n'y voudrions retrancher ou corriger que deux endroits. Dans la peinture des passions qui s'essayent tour à tour à ternir notre âme, le poëte les montre

> Qui viennent bien souvent trouver l'homme au saint lieu,
> Et qui le font *tinter* pour d'autres que pour Dieu.

Il est fâcheux que, par son besoin immodéré de suivre l'analogie de l'image matérielle jusque dans ses moindres circonstances, M. Hugo fasse ainsi *tinter l'homme*. Il sied aux comparaisons et similitudes dans la poésie, à part les grands traits généraux, d'être libres chemin faisant et diverses. Les Anciens dans leurs comparaisons excellaient à cette généreuse liberté des détails; et si les modernes, par suite de l'esprit croissant d'analyse, ont dû se ranger à plus de précision, il ne faudrait jamais que cela devînt d'une rigueur mécanique appliquée aux choses de la pensée. L'autre endroit que je voudrais corriger est celui où l'auteur montre la cloche et l'âme chantant et sonnant à la voix du Seigneur, quelles que soient les souillures contractées ; le passage finit par ce vers :

Chante, l'amour au cœur et le *blasphème* au front.

J'aimerais mieux :

Chante, l'amour au cœur et *la couronne* au front ;

car, du moment que le chant part et s'élance, plus de blasphème ! on l'oublie, il disparaît. Pourquoi donc le désigner, en finissant, comme la chose qui subsiste *au front* et qui a l'air de défier Dieu ?

Mais, à part ces taches légères et faciles à enlever, cette pièce en son ensemble est tout un poëme qui unit (alliance si rare dans un certain mode lyrique !) le solennel et le vrai, le magnifique et le senti. Elle donne la meilleure et la plus profonde réponse à cette question souvent débattue : si les grands poëtes qui nous émeuvent et rendent de tels sons au monde ont en partage ce qu'ils expriment ; si les grands talents ont quelque chose d'indépendant de la conviction et de la pratique morale ; si les œuvres ressemblent nécessairement à l'homme ; si Bernardin de Saint-Pierre était effectivement tendre et évangélique ; quelle était la moralité de Byron et de tant d'autres, etc., etc.? Oui, à l'origine, au moment voisin de la fusion du métal, au sortir du baptême de la cloche, l'homme et l'œuvre se ressemblent, la pureté du son répond à celle de l'instrument. Puis la vanité vient et raye, égratigne avec son poinçon aigu la surface jusque-là vierge; puis l'impiété, l'impureté aux grossières images. Et cependant, quand l'instrument a été de bonne fonte, le timbre n'en est pas altéré; dès qu'il vibre, il rend le même son pieux, plein, enivrant, qui étonne et scandalise presque celui qui l'a pu observer de près à l'état immobile. André Chénier, qui, je le crois bien, songeait en ce moment au poëte Le Brun, son ami, dont il ne pouvait concilier le talent et le caractère, s'écriait :

> Ah! j'atteste les cieux que j'ai voulu le croire,
> J'ai voulu démentir et mes yeux et l'histoire :
> Mais non; il n'est pas vrai que des cœurs excellents
> Soient les seuls en effet où germent les talents.
> Un mortel peut toucher une lyre sublime
> Et n'avoir qu'un cœur faible, étroit, pusillanime,
> Inhabile aux vertus qu'il sait si bien chanter,
> Ne les imiter point et les faire imiter.

Ce qu'André Chénier avait exprimé sous une forme morale et philosophique, M. Hugo l'a revêtu d'une exacte et merveilleuse image. Il a figuré, dans un moule qui ne s'oubliera plus, ce don divin du talent, avec tout ce qu'il y entre à la fois de grandeur, de tristesse et de misère.

Non loin de cette haute et sombre poésie, on rencontre une toute petite pièce de huit vers sur *Anacréon*, que je ne puis laisser passer sans remarque. La voici :

> Anacréon, poëte aux ondes érotiques,

Qui filtres du sommet des sagesses antiques,
Et qu'on trouve à mi-côte alors qu'on y gravit,
Clair, à l'ombre, épandu sur l'herbe qui revit,
Tu me plais, doux poëte au flot calme et limpide !
Quand le sentier, qui monte aux cimes, est rapide,
Bien souvent, fatigués du soleil, nous aimons
Boire au petit ruisseau tamisé par les monts.

Rien de plus joliment tourné que ces huit vers, rien de plus inintelligent d'Anacréon, malgré l'apparente louange. Si ce n'était qu'une épigramme par boutade, nous n'y insisterions pas; mais bien des défauts et des caractères marquants de M. Hugo ont leur origine dans le sentiment qui a dicté ces huit vers. Il semble que M. Hugo qui, dans le présent volume, a rimé de charmants messages de *la Rose au Papillon,* devrait mieux juger le maître antique. Non, Anacréon n'est pas un petit ruisseau *tamisé par les monts;* c'est bien un ruisseau sacré, *nunc ad aquæ lene caput sacræ!* Anacréon n'est pas à *mi-côte;* il a, à lui seul, toute sa colline (1). Mais c'est qu'il y a un genre de beautés

(1) Callimaque dans son Hymne à Apollon, repoussant un trait de son ennemi le poëte Apollonius auquel il fait dire : « Je n'admire pas un poëte qui n'a pas autant de chants que la mer a de flots, » répond : « Vois le fleuve d'Assyrie, son cours est immense, mais il entraîne la terre mêlée à son onde et la fange. Non, les prêtresses légères ne portent pas à Cérès de l'eau de tout fleuve; mais celle qui, pure et transparente, coule en petite veine de la source sacrée, celle-là lui est chère. » — (Il y a mieux : l'Anacréon primitif, non celui des imitateurs, mais le joyeux vieillard, tel qu'il se peignait et vivait dans l'imagination des Anciens, a bien de la largeur et de la puissance. Témoin les pièces de vers qui le célèbrent, au livre vii de l'*Anthologie.* Dans toutes respirent la mollesse, l'ivresse et une douce fureur.)

que M. Hugo apprécie peu et qu'il heurte volontiers dans sa manière; il se soucie médiocrement, j'imagine, de l'aimable simplicité des Grecs, de ce qu'eux-mêmes appelaient *aphéleia,* mot que le poëte Gray a traduit quelque part heureusement par *tenuem illum Græcorum spiritum* (1), qualité délicate et transparente qui décore chez eux depuis l'ode *à la Cigale* d'Anacréon jusqu'aux chastes douleurs de leur Antigone. M. Hugo, loin d'avoir en rien l'organisation grecque, est plutôt comme un Franc énergique et subtil, devenu vite habile et passé maître aux richesses latines de la décadence, un Goth revenu d'Espagne, qui s'est fait Romain, très-raffiné même en grammaire, savant au style du Bas-Empire et à toute l'ornementation byzantine (2).

Dans quelques *vers écrits sur la première page d'un Pétrarque,* M. Hugo a bien mieux apprécié l'auteur des sonnets et sa forme élégamment ciselée; mais, par suite du défaut signalé tout à l'heure, il s'est glissé, dans les vingt-deux vers consacrés à la louange du

---

(1) Horace avait dit déjà : *Spiritum graiæ tenuem camœnæ.* — C'est aussi le λεπτόν des Grecs.

(2) Voici une remarque qui rentre jusqu'à un certain point dans la mienne; je l'emprunte à un critique suisse (ou français) que j'aime à citer : « Un écrivain de goût et modéré finirait admirablement plus d'un de ses paragraphes avec la phrase par laquelle Hugo commence les siens. Hugo, dans l'expression, rencontre le plus souvent ce qui est bien, ce qui est lumineux et éclatant, mais il part de là pour redoubler et pousser à l'exagéré, à l'éblouissant et à l'étonnant. Du Parthénon lui-même, il ne ferait que la première assise de sa Babel. En fait d'ordres grecs il entend surtout le cyclopéen. »

mélodieux amant de Laure, deux mots criards qui rompent toute l'harmonie du ton :

Je prends ton livre saint qu'un feu céleste embrase,
Où si souvent murmure à côté de l'extase
La Résignation au sourire *fatal.*

Ce mot *fatal* est une note fausse; c'est tout le contraire de *fatal* qu'il faudrait dire. Cette *Résignation* au sourire *fatal* n'est pas de la religion espérante et clémente de Pétrarque; elle appartiendrait plutôt à la religion dure de Frollo. A quelques lignes plus bas, on voit les nobles et pudiques élégies de Pétrarque opposées aux bruits du monde et aux sombres *orgies*, comme si, dans des vers sur Pétrarque, le mot d'*orgie* pouvait trouver place. Ces deux mots malencontreux sont deux taches à la bordure d'une robe blanche et gracieuse. Un poëte, qui aurait senti tout à l'heure Anacréon dans la pureté grecque, n'aurait pas ici commis pareille faute.

Presque toutes les fautes de détail, qu'on peut reprocher à M. Hugo, viennent du même principe violent qui méconnaît le prix d'une convenance heureuse et d'une harmonie ménagée. Nous avons noté à regret les images suivantes : Napoléon qui va *glanant tous les canons,* une charte de plâtre qu'on oppose à des *abus de granit,* des écueils aux *hanches* énormes, Rome qui n'est plus que l'*écaille* de Rome, etc. Le poëte, par manque de ce tact que j'appellerai grec ou attique, et qui n'est pas moins français, ne recule jamais devant le choquant de l'expression, quand il doit en résulter quelque similitude matérielle plus rigoureuse qu'il pousse à outrance. Dans la pièce xxxiii, sur une vue d'église le soir, il montre l'orgue silencieux :

> La main n'était plus là qui, vivante et jetant
> Le bruit par tous les pores,
> Tout à l'heure pressait le clavier palpitant
> Plein de notes sonores,
>
> Et les faisait jaillir sous son doigt souverain
> Qui se crispe et s'allonge,
> Et ruisseler le long des grands tubes d'airain
> *Comme l'eau d'une éponge.*

Qu'on me démontre, tant qu'on le voudra, l'exactitude de la comparaison, et l'harmonie coulant le long des tuyaux, comme ferait l'eau d'une éponge dans un lavage général de l'orgue, l'impression que j'en éprouve est déplaisante, désobligeante; et, loin de l'augmenter, elle amoindrit tout l'effet des beaux vers précédents, effet déjà compromis par ce doigt qui *se crispe* et *s'allonge*. Ailleurs, dans la petite pièce xiv, *Oh! n'insultez jamais une femme qui tombe !* on lit :

> Quand le vent du malheur ébranlait leur vertu,
> Qui de nous n'a pas vu de ces femmes brisées
> S'y *cramponner* longtemps de leurs mains épuisées,
> Comme au bout d'une branche on voit étinceler
> Une goutte de pluie où le ciel vient briller, etc.

En lisant cela, l'esprit n'a pas eu le temps de se détacher de ce mot si rude, *cramponner,* qu'il lui faut déjà passer à ce qu'il y a de plus fluide et mobile, à la goutte d'eau qui tremble au bout de la branche. Cette critique de détail, quoique depuis longtemps on ait perdu l'habitude d'en faire, nous a paru indispensable en présence d'une production aussi importante de la maturité d'un poëte de génie. Ces sortes de fautes, qu'on peut passer à une rude et vigoureuse jeunesse, auraient dû disparaître avec les crudités inhérentes à cet âge. Il nous semble, si le souvenir ne nous abuse pas, que *les Feuilles d'Automne* en contenaient moins et annonçaient un travail d'élaboration que *les Chants du Crépuscule* ne réalisent qu'en partie; ou peut-être ces fautes ne nous choquent-elles ici davantage que par le caractère plus élégiaque des morceaux qui les entourent et les font ressortir, et aussi par la susceptibilité d'un goût malheureusement plus difficile et plus rebuté avec l'âge. Nous n'en sommes pas moins sensible, qu'on veuille nous croire, à tout ce qui s'y trouve à profusion d'images riches, de traits inattendus et heureusement pittoresques, d'observations naturelles et domestiques de promeneur et de père, soit que le poëte nous indique du doigt dans la plaine *le sentier qui se noue au village,* la vallée toute fumante de vapeurs au soleil *comme un beau vase où brûlent des parfums,* soit qu'il se montre lui-même éveillé avec ses soins et ses doutes rongeurs, dès avant l'aube,

>Même avant les oiseaux, même avant les enfants!

Charmante observation prise à la vie de famille! car les enfants, comme on sait et comme l'a dit un autre poëte, ont

>Un gai sommeil qui sent l'aurore
>Et qui s'enfuit dans un rayon.

Les douze ou treize pièces amoureuses, élégiaques, qui forment le milieu du recueil dans sa partie la plus vraie et la plus sincère, sont suivies de deux ou trois autres, et surtout d'une dernière, intitulée *Date Lilia,* qui a pour but, en quelque sorte, de couronner le volume et de le protéger. Littérairement, ces pièces finales, prises en elles-mêmes, sont belles, harmonieuses, pleines de détails qui peuvent sembler touchants. En admirant dans le voile l'éclat du tissu, il nous a paru toutefois qu'il y a eu parti-pris de le broder de cette façon pour l'étendre ensuite sur le tout. Cette mythologie d'*anges* qui a succédé à celle des *nymphes,* les *fleurs de la terre* et les *parfums des cieux,* un excès même de charité aumônière et de petits orphelins évoqués, tout cela nous a paru, dans ces pièces, plus prodigué qu'un juste sentiment de poésie domestique n'eût songé à le faire. On dirait qu'en finissant l'auteur a voulu jeter une poignée de lis aux yeux. Nous regrettons que l'auteur ait cru ce soin nécessaire. L'unité de son volume en souffre ; son titre de *Chants du Crépuscule* n'allait pas jusqu'à réclamer cette dualité. Le même manque de tact littéraire (au milieu de tant d'éclat et de puissance !) qui plus haut, nous l'avons vu, lui a fait comparer l'harmonie de l'orgue à *l'eau d'une éponge,* et parler du sourire *fatal* de la résignation à propos de Pétrarque, lui a inspiré d'introduire dans la composition de son volume deux couleurs qui se heurtent, deux encens qui se repoussent. Il n'a pas vu que l'impression de tous serait qu'un objet respecté eût été mieux honoré et loué par une omission entière.

Au résumé, et malgré nos critiques, qui se réduisent presque toutes à une seule, à un certain manque d'harmonie parfaite et de délicate convenance, *les Chants du Crépuscule* non-seulement soutiennent à l'examen le renom lyrique de M. Hugo, mais doivent même l'accroître en quelque partie. Mainte pièce du recueil décèle chez lui des sources de tendresse élégiaque plus abondantes et plus vives qu'il n'en avait découvert jusqu'ici, quoique, même en cela, le grave et le sombre dominent. On suit avec un intérêt respectueux, sinon affectueux, ce front sévère, opiniâtre, assiégé de doutes, d'ambitions, de pensées nocturnes qui le battent de leurs ailes. On contemple *cet homme au flanc blessé,* comme il s'appelle quelque part, saignant, mais debout dans son armure, et toujours puissant dans sa marche et dans sa parole. On le voit, rôdeur à l'œil dévorant, *au sourcil visionnaire,* comme Wordsworth a dit de Dante (1), tour à tour le long des grèves de l'Océan, dans les nefs désertes des églises au tomber du jour, ou gravissant les degrés des lugubres beffrois. Ce beffroi altier, écrasant, où il a placé la cloche à laquelle il se compare, représente lui-même à merveille l'aspect principal et central de son œuvre : de toutes parts le vaste horizon, un riche paysage, des

---

(1) Wordsworth parle ailleurs (*Evening volontaries*) de cette douceur (MEEKNESS) *qui est la pente chérie de tous les vraiment grands et les innocents.* Il est lui-même de cette dernière famille, qui, du reste, n'est pas la seule grande, et qui a, en face d'elle, l'autre famille illustre des poëtes *au sourcil visionnaire.* Nous sommes revenu sur ce contraste dans l'article de *Jocelyn.*

chaumières riantes, et aussi, plus l'on approche, d'informes masures et des toits bizarres entassés.

Novembre 1835.

En les relisant aujourd'hui, j'avouerai que ces articles sur Victor Hugo ne me satisfont que très-imparfaitement. Ce sont pourtant (si l'on y ajoute deux anciens et tout premiers articles sur les *Odes et Ballades* insérés dans *le Globe* à la date des 2 et 9 janvier 1827), ce sont les seuls morceaux critiques que j'aie écrits expressément à l'occasion de ses œuvres. Je n'ai traité ni de son théâtre, ni de ses derniers romans, ni d'aucun de ses recueils poétiques postérieurs à 1835, ou s'il m'est arrivé d'écrire pour moi quelque chose, je l'ai supprimé. Aujourd'hui que cette vaste et gigantesque carrière s'est tout entière déroulée sans parvenir encore à s'accomplir, je suis le premier à reconnaître qu'avec Victor Hugo, si admirateur que j'aie été et que je sois toujours de toute une partie de sa prodigieuse production, je n'ai jamais réussi ou consenti à prendre son talent pour ce qu'il était, à l'accepter et à l'embrasser dans toute la vigueur et la portée de son développement, tel qu'il était donné par sa nature première et qu'il devait successivement se manifester et jaillir au choc des circonstances. Toujours, en le louant ou en le critiquant, je l'ai désiré un peu autre qu'il n'était ou qu'il ne pouvait être, toujours je l'ai plus ou moins tiré à moi, selon mes goûts et mes préférences individuelles; toujours j'ai opposé à la réalité puissante, en face de laquelle je me trouvais, un idéal adouci ou embelli que j'en détachais à mon choix. Ce procédé, qui n'est point celui du critique impartial et tout à fait naturaliste, tenait à la fois, sans doute, à l'affection tendre que j'avais mise dès l'abord au succès et au triomphe de ce talent, et aussi à ma tournure d'esprit personnelle. La Bruyère parle quelque part des grands et sublimes artistes qui sortent de l'art pour l'étendre et l'ennoblir ou le rehausser, qui marchent seuls et sans compagnie, et qui tirent de leur irrégularité même des avantages supérieurs ; et il ajoute : « Les esprits justes, doux, modérés, « non seulement ne les atteignent pas, ne les admirent pas, « mais ils ne les comprennent point, et voudraient encore « moins les imiter. Ils demeurent tranquilles dans l'étendue « de leur sphère, vont jusques à un certain point qui fait les « bornes de leur capacité et de leurs lumières ; ils ne vont « pas plus loin, parce qu'ils ne voient rien au delà. Ils ne « peuvent au plus qu'être les premiers d'une seconde classe, « et exceller dans le médiocre. »

Je ne sais si je suis précisément de ces *esprits doux* définis par le savant moraliste, mais sans me faire plus sévère envers moi-même que je ne le dois, je ne serais pas éloigné d'avouer et de confesser quelque chose de cette *médiocrité* de nature qu'il leur attribue, si ce n'est que je ne suis jamais demeuré tranquille dans ma sphère, que je me suis continuellement inquiété des grandes choses et des productions singulières que je voyais surgir autour de moi et qui me dépassaient de beaucoup, et qu'à leur occasion je me suis bien souvent posé cette question épineuse : Pourquoi suis-je si sensible à l'admiration pour certaines parties, et tout à côté à la répulsion pour certaines autres ? Pourquoi, par exemple, avec le grand poëte dont il s'agit et en le relisant, suis-je presque toujours dans la situation d'un homme qui se promènerait dans un jardin oriental magnifique où le conduirait un enchanteur ou un Génie, mais où un méchant petit nain difforme lui donnerait à chaque pas de sa baguette à travers les jambes, le Génie ne faisant pas semblant de s'en apercevoir ? Pourquoi suis-je ainsi à la fois charmé et heurté, rompu et ravi ?... Ce qui est certain, c'est que quand je considère aujourd'hui tout l'ensemble de l'œuvre étonnante de Victor Hugo, dans laquelle il a mis de plus en plus hardiment et fait sortir tout ce qu'il avait en lui de force, de qualités et de défauts, en les poussant jusqu'au bout et à outrance, je sens combien je suis demeuré timide à son égard et insuffisant comme critique : j'en suis resté avec lui très en arrière, à l'autre versant de la montagne, sans doubler le sommet et sans redescendre les dernières pentes si déchirées et si rapides. Aujourd'hui même le moment ne me semble pas encore venu pour chercher et pour donner la clef de cette organisation d'artiste et de poëte qui est assurément la plus extraordinaire et la plus inattendue qu'ait vue paraître la littérature française (1). Que si ma pensée se reporte, non plus sur le poëte, mais sur l'homme auquel tant de liens de ma jeunesse m'avaient si étroitement uni et en qui j'avais mis mon orgueil, ressongeant à celui qui était à notre tête dans nos premières et brillantes campagnes romantiques et pour qui je conserve les sentiments de respect d'un lieutenant vieilli pour son ancien général, je me prends aussi à rêver, à chercher l'unité de sa vie et de son caractère à travers les brisures apparentes; je m'interroge à son sujet dans les circonstances intimes et décisives dont il me fut donné d'être témoin; je remue tout le passé, je fouille dans de vieilles lettres qui ravivent mes plus émouvants, mes plus poignants souvenirs, et tout à coup je rencontre une page jaunie qui me paraît aujourd'hui d'un à-propos, d'une signification presque prophétique; je n'en avais été que peu frappé dans le moment même. Hugo en 1830 était surtout un homme littéraire; il se ralliait à la révolution de Juillet par un principe général de libéralisme plutôt que par un enthousiasme personnel. Dans les premières années qui suivirent, il semblait que, sauf un peu plus de vivacité dans ce qui concernait les droits du poëte au théâtre, il fût resté dans cette même mesure. Et pourtant, lorsque après les événements de juin 1832, à la suite de l'insurrection, Paris fut mis en état

---

(1) A s'en tenir aux impressions du goût, il n'y a pas tant à chercher, et le résumé serait simple : « J'aime moins ses romans, quelque succès qu'ils aient eu ; mais ce qui ne fait pas question pour moi, c'est que quand Hugo enfourche bien le coursier lyrique, il va plus loin que nul n'est jamais allé avant lui. » Qui donc a dit cela? Il me semble que je l'aurais dit moi-même.

de siége, quand on put craindre à un moment une réaction sanglante et qu'il fut question d'insérer dans *le National* une protestation revêtue de signatures, Victor Hugo, que j'avais prévenu de la part de Carrel, me répondit par cette lettre, à laquelle je ne change pas un seul mot :

« Je ne suis pas moins indigné que vous, mon cher ami, de ces misérables escamoteurs politiques qui font disparaître l'article 14 et qui se réservent la mise en état de siége dans le double fond de leur gobelet!

« J'espère qu'ils n'oseront pas jeter aux murs de Grenelle ces jeunes cervelles trop chaudes, mais si généreuses. Si les faiseurs d'ordre public essayaient d'une exécution politique, et que quatre hommes de cœur voulussent faire une émeute pour sauver les victimes, je serais le cinquième.

« Oui, c'est un triste, mais un beau sujet de poésie que toutes ces folies trempées de sang! Nous aurons un jour une république, et quand elle viendra, elle sera bonne. Mais ne cueillons pas en mai le fruit qui ne sera mûr qu'en août. Sachons attendre. La république proclamée par la France en Europe, ce sera la couronne de nos cheveux blancs.

« Mais il ne faut pas souffrir que des goujats barbouillent de rouge notre drapeau. Il ne faut pas, par exemple, qu'un F. S., dévoué il y a un an à la quasi-censure dramatique de M. d'Argout, clabaude à présent en plein café qu'il va fondre des balles. Il ne faut pas qu'un F..... annonce en plein cabaret, pour la fin du mois, quatre belles guillotines permanentes dans les quatre principales places de Paris. Ces gens-là font reculer l'idée politique, qui avancerait sans eux. Ils effrayent l'honnête boutiquier qui devient féroce du contre-coup. Ils font de la république un épouvantail. 93 est un triste asticot. Parlons un peu moins de Robespierre et un peu plus de Washington.

« Adieu. Nous nous rencontrerons bientôt, j'espère. Je travaille beaucoup en ce moment. Je vous approuve de tout ce que vous avez fait, en regrettant que la protestation n'ait pas paru. En tout cas, mon ami, maintenez ma signature près de la vôtre.

« 12 juin 1832. »

Tout l'avenir d'un homme marquant est contenu à l'avance

dans chaque moment de sa vie : il ne s'agirait que de le dégager. Une foule de pensées et de sentiments roulent en lui et se combattent ou se confondent : comment démêler le principe qui dominera? Il faudrait être prophète; car ce sont les événements aussi qui contribueront à mettre en saillie et à développer cette dominante. Et cependant après coup, si l'on y revient, si l'on repasse sur ce fond moral antérieur, pour peu qu'on ait des éléments suffisants, on distingue la veine qui devait prévaloir. Ainsi nous avons fait pour Lamartine dans ce discours de réception à l'Académie en 1830; ainsi nous faisons pour Victor Hugo en retrouvant par hasard et en détachant cette lettre intime de 1832 qui tranche par le ton sur toutes les autres. Le Victor Hugo de Jersey et de Guernesey y était en germe et levait déjà le front : déjà le tribun perçait sous le songeur.

Et maintenant, si de ces hauteurs nous descendons à de menus détails littéraires, à ces petites choses auxquelles pour ma part j'attache de l'importance, j'ai besoin de rectifier sur quelques points le passage, très-bienveillant d'ailleurs et tout favorable, qui m'est accordé dans le livre de biographie domestique intitulé : *Victor Hugo raconté par un témoin de sa vie;* on y lit (t. II, p. 154) :

« Il y avait alors un journal auquel le nom de ses rédacteurs, MM. Guizot, Dubois, Jouffroy, Cousin (1), etc., donnait une certaine importance, surtout dans les salons : *le Globe,* universitaire et gourmé, avait pour les novateurs une sorte de bienveillance protectrice. Il s'interposait entre les combattants, enseignant le progrès à droite et la modération à gauche. M. Dubois fit un article plus chaleureux que l'auteur ne l'avait attendu et presque enthousiaste de l'ode intitulée *les Deux Iles.*

« M. Victor Hugo ne fermait jamais sa porte, même pendant ses repas. Un matin, il déjeunait, quand la domestique annonça M. Sainte-Beuve. Elle introduisit un jeune homme qui se pré-

---

(1) M. Cousin avait tous ses amis dans *le Globe,* et il put bien leur communiquer un ou deux morceaux qu'on y inséra; mais il n'était point, à proprement parler, l'un des rédacteurs : encore moins M. Guizot.

senta comme voisin et comme rédacteur d'un journal ami : il demeurait rue Notre-Dame des Champs, et il écrivait dans *le Globe*. *Le Globe* ne s'en tiendrait pas, dit-il, à un seul article sur *Cromwell;* c'était lui-même qui ferait les autres. Il avait demandé à s'en charger, redoutant un retour de M. Dubois, qui n'était pas tous les jours d'une humeur si admirative et qui redeviendrait bien vite professeur. L'entrevue fut fort agréable, et l'on se promit de se revoir, ce qui était d'autant plus facile que M. Victor Hugo allait se rapprocher encore de son critique et loger lui-même rue Notre-Dame des Champs. »

Dans ces récits faits en courant et à si longue distance, la mémoire, si on ne la contrôle de près, a bien de la peine à ne pas être involontairement infidèle. C'est ce qui est arrivé dans ce cas au bienveillant narrateur. Ainsi ce ne fut point à l'occasion du *Cromwell* que j'allai pour la première fois chez Victor Hugo (en janvier 1827); le *Cromwell* n'avait point encore paru, et l'auteur devait seulement en faire prochainement lecture, ou en partie, dans le salon de son beau-père. Je n'y allais pas non plus pour m'offrir d'en parler, ni pour faire des avances : j'étais trop critique, même dans ma jeunesse, pour aller d'emblée me jeter à la tête des auteurs dont je pouvais avoir à parler. Mais voici ce qui se passa : j'avais été chargé par M. Dubois de rendre compte dans *le Globe* du recueil des *Odes et Ballades;* je l'avais fait avec des réserves, mais dans un assez vif sentiment de sympathie et de haute estime. Victor Hugo étant allé voir M. Dubois lui demanda mon nom et mon adresse pour me remercier. Or, précisément, je demeurais porte à porte, et sans le savoir, près de Victor Hugo, non pas encore rue Notre-Dame-des-Champs, mais bien rue de Vaugirard. Hugo y occupait un modeste appartement au second, n° 90, et moi j'y habitais avec ma mère au n° 94. Hugo étant venu chez moi sans me rencontrer et m'ayant laissé sa carte, j'allai lui rendre sa visite le lendemain vers midi, et je le trouvai à déjeuner. La conversation, dès les premiers mots, roula en plein sur la poésie : Mme Hugo me demanda à brûle-pourpoint de qui

donc était l'article un peu sévère qui avait paru dans *le Globe*
sur le *Cinq-Mars* de De Vigny : je confessai qu'il était de
moi. Hugo, au milieu de ses remercîments et de ses éloges
pour la façon dont j'avais apprécié son recueil, en prit occasion de m'exposer ses vues et son procédé d'art poétique,
quelques-uns de ses secrets de rhythme et de couleur. Je
faisais dès ce temps-là des vers, mais pour moi seul et sans
m'en vanter : je saisis vite les choses neuves que j'entendais
pour la première fois et qui, à l'instant, m'ouvrirent un jour
sur le style et sur la facture du vers ; comme je m'occupais
déjà de nos vieux poëtes du xvie siècle, j'étais tout préparé à
faire des applications et à trouver moi-même des raisons à
l'appui. Une seconde visite acheva de me convertir et de
m'initier à quelques-unes des réformes de l'école nouvelle.
Rentré chez moi, je fis un choix de mes pièces de vers et les
envoyai à Victor Hugo, ce que je n'avais osé jusqu'alors avec
personne ; car je sentais bien que mes maîtres du *Globe,*
vraiment maîtres en fait d'histoire ou de philosophie, ne
l'étaient point du tout en matière d'élégie. Hugo, en me répondant à l'instant, et en louant mes vers, sut très-bien indiquer, par les points mêmes sur lesquels portait son éloge,
quelles étaient tout à côté mes faiblesses. J'étais conquis dès
ce jour à la branche de l'école romantique dont il était le
chef. Quelques mois après, nous allions, lui et moi, habiter
rue Notre-Dame-des-Champs où, par un nouvel et heureux
hasard, je me trouvai encore son proche voisin, lui au n° 11
et moi au 19. Une vive intimité s'ensuivit. Mon *Joseph Delorme,* déjà commencé dans la solitude et le silence, s'augmenta d'élégies plus fermes et d'un accent plus précis. Une
période tout enthousiaste de trois années commença pour
moi (1827-1830) ; elle acheva de se consacrer dans mon
culte intérieur par le recueil des *Consolations* qui est resté à
mes yeux comme le sanctuaire ardent et pur des plus belles
heures de ma jeunesse.

GEORGE SAND.

—Indiana, 1832 (1).—

On peut parler d'*Indiana*, quoiqu'il y ait déjà un certain nombre de semaines que le livre ait produit son effet et qu'il ait recueilli presque partout en abondance son contingent d'articles et d'éloges, son nombre d'acheteurs et de lecteurs, en un mot tout ce qui constitue la vogue. *Indiana* n'est pas seulement un livre de vogue ; son succès n'est pas en grande partie dû à une surprise longtemps ménagée, à une complaisante duperie du public, à l'appât d'un nom gonflé de faveur, aux amorces habiles d'un titre bizarre ou mystérieux, promené, six mois à l'avance, de l'élégant catalogue en vélin aux couvertures *beurre frais* des nouveaux chefs-d'œuvre : la veille du jour où *Indiana* a paru, personne ne s'en inquiétait par le monde ; d'insinuantes annonces n'avaient pas encore prévenu les amateurs

(1) En attendant que nous nous hasardions à embrasser et à apprécier dans leur ensemble les œuvres de l'auteur, ce que nous espérons faire un jour, nous reproduisons ces impressions premières et successives que nous avons reçues de son talent. (1836.) — Ce projet d'un travail d'ensemble sur George Sand est resté à l'état de désir.

de se hâter pour avoir, les premiers, un jugement à
mettre en circulation ; la seconde édition n'était probablement pas toute satinée et brochée avant la première ; bref, *Indiana* a fait son premier pas naïvement,
simplement, sous un nom d'auteur peu connu jusqu'ici
et suspect même d'en cacher un autre moins connu
encore. Mais dès qu'en ouvrant le livre on s'est vu introduit dans un monde vrai, vivant, *nôtre,* à cent lieues
des scènes historiques et des lambeaux de moyen âge,
dont tant de faiseurs nous ont repus jusqu'à satiété ;
quand on a trouvé des mœurs, des personnages comme
il en existe autour de nous, un langage naturel, des
scènes d'un encadrement familier, des passions violentes, non communes, mais sincèrement éprouvées ou
observées, telles qu'il s'en développe encore dans bien
des cœurs sous l'uniformité apparente et la régularité
frivole de notre vie ; quand Indiana, Noun, Raymon de
Ramière, la mère de Raymon, M. Delmare, se montrèrent de prime abord comme d'attachantes nouveautés
qui réalisaient nos propres réminiscences, et que plus
d'un profil entrevu, plus d'une aventure ébauchée, les
situations qu'on rêve, celles qu'on regrette ou qu'on
déplore, se ranimèrent pour nous et se composèrent à
nos yeux dans un émouvant tableau, autour d'une romanesque, mais non pas imaginaire créature, alors
on s'est laissé aller à aimer le livre, à en dévorer les
pages, à en pardonner les imperfections, même les
étranges invraisemblances vers la fin, et à le conseiller
aux autres sur la foi de son impérieuse émotion : « Avez-vous lu *Indiana?* s'est-on dit ; lisez donc *Indiana!* »

Indiana n'est pas un chef-d'œuvre; il y a dans le livre un endroit, après la mort de Noun, après la découverte fatale qui traverse l'âme d'Indiana, après cette matinée de délire où elle arrive jusque dans la chambre de Raymon qui la repousse, — il y a là un point, une ligne de démarcation où la partie vraie, sentie, observée, du roman se termine; le reste, qui semble d'invention presque pure, renferme encore de beaux développements, de grandes et poétiques scènes; mais la fantaisie s'efforce de continuer la réalité, l'imagination s'est chargée de couronner l'aventure. On admire le talent dans cette dernière moitié; mais ce n'est plus la vérité palpitante, l'impression franche, l'émotion du commencement. *Indiana*, par ce manque d'ensemble et, pour ainsi dire, de continuité, se trouve au-dessous de quelques romans de moindre dimension, et peut-être aussi de moindre portée, qu'on doit à la plume de femmes célèbres : *Eugène de Rothelin, Valérie,* comme œuvres, sont autrement complets et harmonieux dans leur simplicité. *Indiana* rappelle davantage *Delphine,* à laquelle je ne la trouve pas de bien loin inférieure, et qui, dans son étendue, offre également des disparates de composition. Les deux romans ont en outre cela de commun, d'obéir à une tendance philosophique, de viser à une moralité analogue, plus explicite et tout en dehors chez Mme de Staël, plus sous-entendue et laissée à la sagacité du lecteur dans *Indiana*; les divagations métaphysiques à la mode, du temps de Mme de Staël, et dont elle ne s'est pas fait faute dans *Delphine,* sont remplacées de préférence, dans le roman de 1832, par les hors-d'œuvre pittoresques, les descriptions d'intérieur et de boiseries de salon, si à la mode aujourd'hui, et auxquelles l'auteur d'*Indiana* s'est laissé quelquefois aller un peu complaisamment, mais qui sont après tout assez de mise dans le roman domestique.

Comme l'auteur de *Delphine,* l'auteur d'*Indiana*, assure-t-on, est une femme : ainsi le nom qui se trouve au titre du livre n'y serait que comme le nom de Segrais en tête des romans de Mme de La Fayette, comme le nom de Pont-de-Vesle en tête de ceux de Mme de Tencin. On se complaît et on se confirme dans cette supposition en avançant dans la lecture. Si en effet quelques traits de style et de pinceau, aux endroits particulièrement descriptifs et littéraires, dénotent plus de fermeté et d'habitude qu'il n'est naturel d'en accorder à une femme toute seule, dans un premier essai d'aussi longue haleine, une foule d'observations fines et profondes, de nuances intérieures, de sensations progressives; l'analyse du cœur d'Indiana, de ses flétrissants ennuis, de son attente morne, fiévreuse et désespérée, pauvre esclave! puis sa flamme rapide, son naïf et irrésistible abandon, son attache soudaine et forcenée; le caractère de Raymon surtout, ce caractère décevant, mis au jour et dévoilé en détail dans son misérable égoïsme, comme jamais homme, fût-il un Raymon, n'eût pu s'en rendre compte et ne l'eût osé dire; une certaine amertume, une ironie mal déguisée contre la morale sociale et les iniquités de l'opinion, qui laisse entrevoir qu'on n'y a pas échappé; tout, selon nous, dans cette production déchirante, justifie le soupçon qui a circulé, et en fait une lecture doublement romanesque, et par l'intérêt du récit en lui-même, et par je ne sais quelle identité mystérieuse et vivante que derrière ce récit le lecteur invinciblement suppose.

Indiana est une créole de l'île Bourbon, une créole triste et pâle, qui a du sang espagnol dans les veines; une Indienne malade du mal d'Europe, menue, frêle et fluette (*gracilis*); âme souffrante, étiolée, avide d'un amour qu'elle attend et qu'elle n'espère plus; organisation débile, défaillante par elle-même, peu sensuelle, tout éthérée, toute soumise à l'âme, et capable, quand il le faudra, des plus robustes épreuves. Son père, qui était un *joséphin*, avait pris le parti prudent de quitter l'Espagne, en 1814, et de s'établir aux colonies ; Indiana y est née, y a été élevée dans la naïveté et l'ignorance; privée de sa mère dès le bas âge, elle s'est trouvée presque entièrement abandonnée, pour l'éducation et les soins, à un cousin de dix ans plus âgé qu'elle, sir Rodolphe Brown, ou plus brièvement sir Ralph. Ce cousin, fort singulier original, rebuté et comprimé lui-même dès l'enfance, sacrifié par ses parents à un frère aîné qu'on lui préfère, s'attache à la petite Indiana comme au seul être qui lui sourie au monde et qui lui rende amitié pour amitié. Il est probable que, malgré la différence des âges, il aurait fini par épouser sa cousine : car elle était devenue une charmante jeune fille, et par la mort de ce frère aîné, qu'environnait une injuste préférence, sir Ralph était devenu un riche héritier; mais, durant un voyage lointain qu'il fit à cette époque, la soumise Indiana fut mariée par son père à un ancien colonel français, le baron Delmare, alors négociant très-riche de Bourbon. Bientôt après, Indiana vint habiter la France avec son mari, et sir Ralph, libre de son côté par la mort de ses parents et celle de sa femme (car il s'était laissé marier également par soumission), les avait rejoints. Malgré l'humeur volontiers jalouse de M. Delmare, sir Ralph, dans sa loyale cordialité, s'était installé chez sa cousine, ou du moins y passait presque toute sa vie. M. Delmare avait fini par s'y faire. Il faut voir, dès la première scène du roman, ces trois personnes, ce petit monde, sans oublier le beau chien griffon *Ophélia*, par une pluvieuse soirée d'automne, dans le vaste salon du castel de Lagny. La triste Indiana s'ennuie comme toujours et garde le silence; sir Ralph s'ennuie peut-être, mais on le dirait impassible sous son masque vermeil et fleuri. Le baron Delmare s'impatiente, tisonne, essaye d'être jaloux, chasse du salon la pauvre Ophélia pour avoir bâillé. Et pourtant le vent siffle, la pluie chasse; Indiana frissonne, comme à l'approche d'une crise mystérieuse. Pressentiment! silence! attente! le roman va commencer.

On saura qu'Indiana a amené de Bourbon avec elle une femme de chambre, ou plutôt une amie d'enfance qui ne l'a jamais quittée, une vraie créole, une vive et piquante Indienne, Noun. La belle Noun a fait sensation dans le pays, dans les bals champêtres du village voisin; un jeune monsieur des environs, M. de Ramière, l'a vue, s'est mis en avant, a fait arriver ses aveux brûlants à ce cœur inflammable et crédule; depuis ce jour, Noun est sa conquête; il lui a sacrifié un voyage à Paris qu'il devait faire; il la vient visiter de nuit, par-dessus les murs du parc, au risque de se casser le cou : il va venir ce soir-là même; mais le factotum, ancien sergent, a prévenu le colonel que des voleurs de charbon s'introduisent depuis plusieurs nuits, qu'on a saisi des traces, et qu'il est prudent de surveiller. M. Delmare trouve l'occasion heureuse pour secouer son ennui, et voyant que l'aventure prend une tournure guerrière, il sort, malgré la pluie et ses rhumatismes, avec son fusil de chasse, décidé à se faire justice.

Les voleurs soupçonnés ne sont autre que Raymon de Ramière : il est blessé; on le transporte au logis; Indiana le soigne. Revenu à lui, il prétexte à son escapade un motif improvisé qui ne paraît pas trop chimérique. Plus tard, à Paris, il retrouve Indiana dans un bal. Bref, le séducteur de la femme de chambre devient amoureux de la maîtresse, et n'est pas rejeté. Cette situation difficile est admirablement ménagée et déduite dans le roman; dès le début, le drame est à son comble. Indiana ignore que l'homme qu'elle distingue, et qui semble lui devoir rendre l'espérance, le goût de la vie, s'est adressé à une autre qu'elle, et si près : le jour où Noun sait tout, ou plutôt la nuit orageuse et sinistre de cette découverte, la pauvre fille se noie. Indiana ne comprend pas encore, elle s'explique moins profondément qu'il ne convient cette catastrophe funeste arrivée à sa compagne chérie; elle ne peut et n'ose deviner.

Ce n'est pas une analyse que j'essaye; mais j'avais besoin de préciser les situations pour juger les caractères. Tout va bien jusqu'à la moitié et même jusqu'aux trois quarts du roman. Les personnages restent vrais, les scènes sont vraisemblables dans leur complication : sir Ralph seul touche un peu, par moments, à la caricature, mais nous ne le remarquerions pas, n'était le rôle final, le *volte-face* miraculeux auquel il est destiné. Nous consentirions volontiers à cette créature refoulée, contrainte, silencieuse, qui cache les débris d'une âme trop sensible sous un vermillon de santé bienheureuse, la délicatesse des sentiments sous une gaucherie épaisse; qui a tout fait pour s'*égoïser* et qui ne l'a pu qu'en apparence; qui épie, devine, sait tout et n'en laisse rien voir, mais veille à chaque minute sur l'objet de son dévouement avec l'instinct d'un animal domestique. Le moment où, pendant la chasse, apprenant qu'Indiana est renversée et expirante, sir Ralph tire flegmatiquement son couteau pour se couper la gorge, me paraît d'un sublime effet. Mais le sir Ralph de la quatrième partie ne ressemble plus à celui-ci, que nous croyons apprécier et comprendre; le sir Ralph qui démasque, après des années de silence, son amour pour Indiana épuisée, qui prête à cet amour le langage fortuné des amants adolescents et des plus harmonieux poëtes, le sir Ralph dont la langue se délie, dont l'enveloppe se subtilise et s'illumine; le sir Ralph de la traversée, celui de la cataracte, celui de la chaumière de Bernica, peut bien être le sir Ralph de notre connaissance, transporté et comme transfiguré dans une

27.

existence supérieure à l'homme, de même que l'Indiana, de plus en plus fraîche et rajeunie, à mesure qu'on avance, peut bien être notre Indiana retournée parmi les anges; mais à coup sûr ce ne sont pas les mêmes et identiques personnages humains, tels qu'on peut les rencontrer sur cette terre, après ce qu'ils ont souffert et dévoré.

Indiana, dès l'abord, prend l'amour au sérieux; elle choisit, elle désigne du cœur Raymon comme l'être idéal qu'elle a constamment attendu, comme celui qui doit porter le bonheur dans ses jours. Ses premiers mécomptes, la manière naturelle et facile dont Raymon les répare, dont il la fascine et l'enchante; l'éclair sinistre qu'un mot de sir Ralph sur l'aventure de Noun jette dans l'esprit d'Indiana, le coup qu'elle en reçoit et qu'elle rend à Raymon; sa croyance en lui, malgré la découverte, sa résolution de fuir avec lui, de se réfugier chez lui, plutôt que de suivre son mari au départ; cet abandon immense, généreux, inébranlable, sans souci de l'opinion, sans remords, et mêlé pourtant d'un superstitieux refus; toute cette analyse vivante est d'une vérité, d'une observation profonde et irrécusable, qu'on ne saurait assez louer. C'est bien là l'amour chez la femme que le vice de nos éducations, l'étroitesse de nos convenances et nos finesses vaniteuses n'ont pas tournée au frivole et rabaissée au médiocre; c'est l'amour placé comme il doit l'être, dès qu'une fois on l'admet, au-dessus des vains bruits et des biens apparents, sans balance, hors de pair, sur le trône du monde. Mais, après avoir senti de la sorte, après avoir épuisé jusqu'au bout son erreur, je ne puis plus concevoir qu'Indiana guérisse si facilement, qu'elle recouvre un front serein, un sourire purement heureux, une félicité presque virginale sous les palmiers de sa chaumière : idylle en tout surchargée, tableau final qui renchérit trop sur celui par lequel *Paul et Virginie* commence! Je conçois bien qu'à l'âge d'Indiana, et malgré la blessure d'une si furieuse passion, on s'adoucisse, on vive, on oublie un peu, et qu'après un intervalle assez long, on finisse même par aimer ailleurs ; mais ici le passage est brusque, la guérison magique ; sir Ralph joue le rôle d'un véritable *Deus ex machinâ*, qui, déguisé jusqu'alors en quelque rustre, et demeuré témoin insignifiant du drame, se révèle soudain, reprend sa haute beauté et ravit à lui l'Ariane: l'histoire réelle finit comme un poëme mythologique.

Le caractère de Raymon de Ramière offre une personnification effrayante, mais non exagérée, de cet égoïsme séduisant, de cette grâce affectueuse, de cette éloquence, de cette sensibilité toujours au service de sa propre satisfaction et de son plaisir. Combien de natures originellement riches et tendres se sont ainsi perverties, tout en continuant de plaire, et d'abuser les autres, et de s'abuser elles-mêmes ! Que de sourires enchanteurs, que de larmes faciles et hypocrites, dont celui qui les prodigue est dupe jusqu'à un certain point, et qui cachent à tous les yeux même aux siens, un fonds hideux de personnalisme ! Si les Raymon de Ramière au complet sont assez rares, grâce à Dieu, parce qu'une si agréable corruption suppose une réunion délicate d'heureuses qualités et de dons brillants, la plupart des hommes dans la société, à la manière dont ils prennent les femmes, se rapprochent autant qu'ils le peuvent de ce type favorisé. Honneur à l'auteur d'*Indiana* de lui avoir arraché sa fausse enveloppe, et d'avoir étalé à nu son misérable bonheur ! Il y a cependant quelque ironie peu fidèle à nous montrer vers la fin Raymon, si frais, si beau, si calme, au centre des pauvres destinées égarées dont il est le fléau, et n'ayant pas gagné une ride, pas perdu un cheveu. Cette force d'indifférence n'existe pas réellement, même au cœur du plus ingénieux égoïsme. La vanité, le caprice, les sens, le besoin de succès et de plaisir à tout prix, deviennent en ces sortes d'âmes des passions moins nobles, mais non moins acharnées, qui gravent aussi leurs rides au front et en arrachent les cheveux. Dans le monde, le visage de ces hommes se compose et sourit invariablement par habitude, par artifice : dans la solitude, dans les moments de réflexion, en robe de chambre et en pantoufles, surprenez-les, ils sont sourcilleux, sombres ; ils se font, à la longue, un visage dur, mécontent et mauvais. — J'aurais autant aimé, de plus, qu'en accordant à Raymon de Ramière de grands talents et un rôle politique remarquable, on insistât moins sur son génie et sur l'influence de ses brochures : car, en vérité, comme les hommes de génie ou de talent qui écrivent des brochures en France, qui en écrivaient vers le temps du ministère Martignac ou peu auparavant, dans le cercle sacré de la monarchie selon la Charte, ne sont pas innombrables, je n'en puis voir qu'un seul (1) à qui cette partie du signalement de Raymon convienne à merveille ; le nom de l'honorable écrivain connu vient donc inévitablement à l'esprit, et cette confrontation passagère, qui lui fait injure, ne fait pas moins tort à Raymon : il ne faut jamais supposer aux simples personnages de roman une part d'existence trop publique qui prête flanc à la notoriété et qu'il soit aisé de contrôler au grand jour et de démentir. Le charme particulier, attaché aux existences romanesques, en est irréparablement atteint.

L'auteur d'*Indiana*, depuis son roman, a donné à une Revue une nouvelle intitulée *Melchior*, où se retrouvent dans un moindre espace les mérites d'observation et de passion que nous venons de signaler. Le succès d'*Indiana* va mettre son auteur à une rude épreuve ; nous voudrions qu'il y prît garde ; les libraires, les éditeurs de livres et de journaux doivent déjà l'investir et lui demander nouvelles et romans coup sur coup, sans relâche. L'auteur d'*Indiana*, en cédant avec mesure à ces instances, qui expriment à leur manière le vœu du public, fera bien de se consulter toujours, de se ménager le temps et l'inspiration, de ne jamais forcer un talent précieux, si fertile en belles promesses.

5 octobre 1832.

(1) Narcisse-Achille de Salvandy.

GEORGE SAND.

— Valentine, 1832. —

Ce n'est pas sans quelque sentiment de crainte, et même, l'avouerai-je, sans quelque prévention défavorable, que j'ai ouvert *Valentine*. Ce roman nous arrivait si vite après le premier ; deux mois à peine d'intervalle ! Il semblait que le succès de son aîné l'eût fait pousser et se produire à la hâte, comme un enfant précoce qui devance l'âge d'être homme, séduit et perdu qu'il est par l'exemple de son grand frère. Les critiques un peu retardataires, comme nous sommes, avaient tout juste achevé d'introduire l'un, que c'était déjà le tour de l'autre. Hélas ! encore un talent, me disais-je, que la rapacité des libraires et du public, que cette impatience d'une époque où rien ne mûrit, où tout se dévore, va mettre au pillage sans doute, et dont les semences précieuses iront chaque matin au vent ; car de nos jours, dans les Lettres autant qu'ailleurs, il semble que tout soit devenu le prix de la vitesse et de l'empressement. Chaque auteur, si jeune, si plein d'avenir qu'il soit, du moment qu'il a levé la tête et que son nom a été prononcé dans la cohue, est comme un ambitieux qui, se sentant miné d'une fievre lente et voulant arriver au ministère, fait œuvre, sur l'heure, de toutes ses ressources, accumule et jette aux yeux tous ses expédients, et blanchit en deux ou trois chétives saisons plus qu'autrefois Sully en quarante ans. A cette raison générale et assez naturelle que je me donnais à moi-même pour me méfier de *Valentine,* il s'en joignait d'autres plus particulières, tirées du caractère et du genre de mérite d'*Indiana*. Quelque saillant en effet que fût ce mérite sous le rapport de l'exécution et du drame, il semblait facile à la critique la critique aujourd'hui s'étant raffinée à proportion du reste) de discerner dans *Indiana* la portion des souvenirs et celle de l'invention, de conjecturer jusqu'à quelle page l'auteur était allé avec sa part d'émotions propres et de confidences plus ou moins déguisées. Or, précisément au delà de ce point, bien que certes l'éclat de peinture fût loin de défaillir, l'intérêt et le charme s'évanouissaient. Une telle différence d'impression, si tranchée et si brusque, ne paraissait-elle pas signifier que probablement le talent de l'auteur d'*Indiana,* ainsi que celui de tant de femmes, avait pour limites la réalité restreinte d'une situation unique; et que, cette situation une fois exprimée, il ne fallait guère espérer en dehors, pour les excursions futures de ce talent, que d'heureuses rencontres de hasard, des traits et des coins délicatement sentis, mais point de création ni d'œuvre ? A vrai dire, toute personne qui, dans sa jeunesse, a vécu d'une vie d'émotions et d'orages, et qui oserait écrire simplement ce qu'elle a éprouvé, est capable d'un roman, d'un bon roman, et d'autant meilleur que la sincérité du souvenir y sera moins altérée par des fantaisies étrangères : il ne s'agirait pour chacun que de raconter, sous une forme presque directe et avec très-peu d'arrangement, deux ou trois années détachées de ses mémoires personnels. Mais, de là au don créateur et magique des Le Sage, des Fielding, des Prévost, des Walter Scott, il y a évidemment une distance infinie : d'un côté, le fait réel, le cas particulier, l'historien encore rempli de lui-même, qui intéresse par une reproduction animée et fidèle; de l'autre la diversité des combinaisons, la fécondité des sentiments, tout un monde de créatures pour les revêtir et les exprimer; la réalité à la fois transformée et partout reconnaissable; l'univers, en un mot, et l'homme, aux mains de l'art et du génie.

Dès les premières pages de *Valentine,* je me hâte de le dire, ces théories laborieuses de la critique avaient fait place à d'autres pensées plus légères; mes préventions chagrines ne tinrent pas; le charme me saisit. Une fois dans ce riant paysage du Berry, sous les érables si frais de la *Vallée noire,* à deux pas de l'Indre qui n'est là qu'un joli ruisseau, après le premier regard de connaissance jeté à la famille Lhéry et aux jeunes habitants de la ferme Grangeneuve, j'oubliai tout le reste, je me laissai vivre et aller au cours des choses ; je me sentais introduit dès l'abord dans un monde facile et nouveau. Non, *Indiana* n'était pas une œuvre isolée, née d'un concours de circonstances fortuites, et qui ne dût pas avoir de sœur; non, l'auteur n'était pas seulement doué d'une âme qui eût souffert et d'un souvenir qui sût se peindre. Sa propre histoire contée (si tant est que ce fût sa propre histoire), l'auteur d'*Indiana* en savait d'autres, il en pouvait recommencer et dire à l'infini ; avec la clef des cœurs humains, il avait la création et le jeu des figures. Valentine me le prouvait, le nom de G. Sand cachait un de ces maîtres à qui la baguette et le miroir d'enchanteur ont été donnés, à qui le monde est ouvert pour qu'ils s'y promènent, et qui, s'ils veulent faire de leur art un juste emploi, peuvent nous entraîner sur leurs traces et nous retenir longtemps.

Nous sommes donc dans la famille Lhéry, bons fermiers enrichis, dont la fille est une *demoiselle* et s'appelle Athénaïs : elle a passé deux ans dans un pensionnat d'Orléans ; on la destine à Bénédict, son cousin germain, jeune homme orphelin et pauvre que son bon oncle et sa bonne tante Lhéry ont recueilli chez eux en bas âge et ont, plus tard, envoyé étudier à Paris. Bénédict, spirituel, instruit, ironique et *né ennuyé* comme les jeunes gens de ces dernières générations, a rapporté, à vingt-deux ans, sous le toit rural, un cœur ambitieux, mécontent, un besoin vague de passion et d'action, le dégoût de tout travail positif, des talents d'ailleurs, des idées, surtout des désirs, un sentiment très-vif et très-amer de son infériorité de condition et des ridicules de ses bons parents ; il n'épargne pas, dans son dédain, sa jolie et fraîche cousine Athénaïs qui n'aspire qu'à lui plaire. La beauté d'Athénaïs est de celles qui réussissent généralement ; mais si les hommes d'une éducation vulgaire, suivant la remarque de l'auteur, aiment les grâces qui attirent, les yeux qui préviennent, le sourire qui encourage, il n'en va pas ainsi de Bénédict : ses observations malignes ont plus d'une fois troublé jusqu'aux larmes la coquetterie naïve et réjouie de sa fiancée. Bénédict est bien fait de sa personne; son visage, d'une pâleur bilieuse, exprime la fierté et la distinction ; il a les lèvres minces et mobiles et un certain regard singulier qui marque une force étrange de caractère et qui fascine.

Outre le bon couple Lhéry, leur fille Athénaïs et leur neveu Bénédict, il se trouve, depuis deux mois environ, à la ferme, un nouvel habitant qu'un respect mêlé de mystère environne et qu'on désigne simplement sous le nom de Mme ou Mlle Louise : c'est une femme petite, de taille bien prise, de visage noble à la fois et joli, naturellement élégante dans son négligé, qui paraît vingt-cinq ans au premier abord, mais à laquelle on en accorde au moins trente en la regardant de près; car elle porte les traces de la vie et des chagrins. Or, on est au premier mai, jour de grande fête champêtre, à deux lieues de là; toute la *Vallée noire* y va danser et s'épanouir; les habitants de Grangeneuve font de grands frais de toilette : Mlle Athénaïs surtout nage dans ses étoffes et luit dans ses joyaux. Le père Lhéry en bas blancs, en culotte rayée, en gilet à fleurs, avec ses cheveux noués en queue, attend béatement l'heure, les mains sur les genoux, et se chauffe par habitude. La mère Lhéry hésite encore entre le chaudron plein d'eau et de son, dans lequel elle prépare à manger à ses canards, et la robe de soie somptueuse dont il s'agit de se revêtir. Athénaïs presse et gronde. Bénédict, qui a fait atteler la carriole, rentre s'asseoir nonchalamment et raille toute cette scène d'un long sourire. Ce sera pourtant une belle fête que celle où il va conduire sa fiancée ; et Athénaïs ne peut manquer d'être la première, la reine du bal, à moins que ces dames du château ne viennent et que Mlle Valentine de Raimbault n'y montre sa pure et noble beauté. Mais Athénaïs et Valentine sont des amies d'enfance; elles se tutoient, elles se promèneront ensemble devant tous avec une familiarité dont Athénaïs sera plus fière encore qu'elle ne pourrait l'être de se voir la première et sans rivale. Quant à Mme ou Mlle Louise, il est évident, à sa mise négligée, qu'elle n'ira pas. Bénédict laisse voir qu'il aimerait mieux la ferme et la causerie avec Mlle Louise que la bruyante corvée de la fête.

Bénédict n'est pas amoureux de Mlle Louise, bien qu'il se soit mis cela dans la tête depuis deux ou trois jours, et qu'il ait déjà essayé de le lui faire entendre.
— Mais ce n'est pas un récit que je veux faire. Suivez-le vous-même à la fête; conduisez avec lui la carriole dans la *traîne* si verte, si ombragée, si embaumée; voyez-le déposer orgueilleusement sa fiancée au milieu d'un cercle d'admirateurs et d'envieux, et se perdre bientôt dans la foule, jusqu'à ce que, la rumeur publique lui annonçant ces dames de Raimbault, il monte, pour les mieux apercevoir, sur une croix de pierre, au

grand scandale des curieux moins bien placés que lui. Mlle Valentine n'est pas telle qu'il se l'était figurée ; elle n'est ni brune, ni ardente, ni Espagnole : « Elle est
« blanche, blonde, calme, grande, fraîche, admirable-
« ment belle de tous points... Dans la courbure de son
« profil, dans la finesse de ses cheveux, dans la grâce
« de son cou, dans la largeur de ses blanches épaules,
« il y avait mille souvenirs de la cour de Louis XIV. On
« sentait qu'il avait fallu toute une race de preux pour
« produire cette combinaison de traits purs et nobles,
« toutes ces grâces quasi royales qui se trahissaient
« lentement, comme celles du cygne jouant au soleil
« avec une langueur majestueuse. »

Quoi qu'il en soit de l'explication dont je ne suis pas garant, la beauté fine et aristocratique de Valentine, qui ne répond point, dans le premier instant, au type rêvé de Bénédict, le gagne peu à peu, et la pauvre Athénaïs, déjà si compromise dans son cœur, lui semble une *bourgeoise* plus *frelatée* que jamais. Si les jeunes hommes de la génération de Bénédict lisaient et savaient Voltaire, il n'aurait pas manqué de se redire à lui-même, en voyant danser à ce bal de mai Mlle de Raimbault, ces vers noblement voluptueux qui eussent rassemblé pour lui comme de flottants souvenirs :

> L'étranger admirait dans votre auguste cour
> Cent filles de héros conduites par l'Amour,
> Ces belles Montbazons, ces Châtillons brillantes,
> Ces piquantes Bouillons, ces Nemours si touchantes,
> Dansant avec Louis sous des berceaux de fleurs.

Tous les détails de cette soirée, la présentation de
Bénédict aux orgueilleux parents de Valentine, l'invitation à la danse, l'embarras du baiser, l'aisance de bel
air de M. de Lansac, fiancé de Valentine, tout cela est
délicieusement conduit; et le départ ensuite, le retour,
la manière dont Valentine s'égare, la rencontre des
deux jeunes gens près des buissons fleuris de l'Indre;
cette voix limpide et nerveuse de Bénédict, qui le précède et l'annonce, et dont Valentine a de loin admiré
le chant; cette arrivée à la ferme par les jardins de
derrière et à travers les haies, leurs deux haleines se
confondant au passage dans les fleurs; cette visite nocturne de Valentine à Louise, à sa sœur aînée, si longtemps perdue, si merveilleusement retrouvée, et qu'une
faute amère, déjà bien ancienne, avait bannie d'un lieu
qu'elle a voulu revoir; — oui, tout, jusqu'à cette façon
naturelle et rusée d'éconduire M. de Lansac, tout, dans
cette première partie du récit, captive, enchante
et satisfait. Les moindres motifs, dont aucun n'est oublié, sont jetés, chemin faisant, sans affectation; c'est
quelque chose de mystérieux et d'aventureux dès l'abord, et toutefois pas une circonstance forcée, pas un
hasard invraisemblable, pas un anneau de la chaîne
qui fasse obstacle sous le doigt et qui crie. Je ne sais
aucun début de roman qui soit plus irrésistible et plus
engageant. Après l'intérieur de la ferme et le bal
champêtre qu'un critique très-spirituel, dans la *Revue
des deux Mondes* (1), a comparés à quelque tableau mali-

---

(1) M. Planche.

cieux et tendre de Wilkie, on a, au retour, cette nature si fleurie et si odorante, sur laquelle la nuit jette ses ombres grandioses et que la lune éclaire avec beauté ; on a, dans ces solitudes suaves, un chant mélodieux de jeune homme qui arrive tout d'abord au cœur d'une amazone égarée comme Herminie. La vie réelle reprend bientôt, et nous découvre soudainement ce qu'elle a de plus pathétique : on a les embrassements convulsifs et l'effusion des deux sœurs. Je veux indiquer toutefois deux points qui m'ont paru moins justement touchés et comme artificiels dans cette trame si parfaitement liée. Le premier, c'est le songe de Louise, au moment où Valentine arrive à son chevet. Ce songe si détaillé, et qui semble d'abord d'une grâce si ingénieuse, n'ajoute rien au dramatique de la situation, et la refroidit plutôt par une intention trop évidente ; c'est là un songe trop poétique et prophétique ; c'est presque un songe épique, un songe d'Athalie. L'autre point qui m'a choqué, le dirai-je ? et que j'hésite à signaler, tant les effets en sont charmants, c'est le baiser solennel et fraternel que Louise, dans sa reconnaissance, fait donner à Bénédict par Valentine. Si Louise était une toute jeune sœur de Valentine, une sœur de huit à dix ans au plus ; si, dans son bonheur de retrouver son aînée, et au milieu des baisers reçus et rendus avec ivresse, l'enfant naïve s'écriait : « Et ce pauvre Bénédict, il n'y « a donc rien pour lui, ma sœur, pour lui qui a été « assez bon pour vous amener à moi ! » je sourirais et je comprendrais cette joie enfantine qui a besoin de se répandre à l'entour par des témoignages ; mais Louise,

Louise, la fille autrefois séduite, la femme sérieuse et prudente, qui a connu la passion et s'est usée dans les pleurs, Louise ne joue pas avec un baiser ; elle ne dira pas à Valentine d'en déposer un, même sacré, même fraternel, sur le front de Bénédict : Louise n'a jamais dit ni fait cela.

La visite de Bénédict au château trois jours après, cette voix mélodieuse et virile par laquelle il s'annonce encore, son apparition brusque et légère au tournant du ravin, les scènes du piano, et de si gracieux subterfuges opposés à la hauteur sèche de la comtesse et à la familiarité cynique de la vieille marquise, composent une suite de préludes amoureux, un enchaînement romanesque, que les visites de Valentine à la ferme, durant le voyage de sa mère, achèvent de dérouler et de resserrer. Ces courses de Valentine avec Louise et Athénaïs, Bénédict toujours présent, par les prairies, à travers le foin des granges et au bord de la rivière ; le moment surtout où Bénédict, lassé de courir et de pêcher, en blouse, négligemment assis les jambes pendantes sur un tronc de chêne au-dessus des eaux, est admiré pour la première fois et trouvé beau par Valentine qui le regarde du bord ; ce moment et les tendresses folâtres qui l'amènent et le suivent sont le triomphe du roman. Dans ces doux lieux, le long de ces jours si simplement remplis, on partage l'ivresse et le gonflement de cœur du jeune homme entouré et aimé de trois femmes (car la pauvre Louise l'aime aussi), de trois femmes dont une seule suffirait à un moindre orgueil. Parmi les trois, Bénédict, comme on le croira sans peine, choisit précisément celle qui est impossible, la fiancée de M. de Lansac, Valentine ; ou plutôt il ne choisit pas : l'amour, qui n'est pas un choix, mais un don et un destin, l'amour entre eux deux se déclare. Il est à regretter qu'ayant su si bien conduire le roman à son point de maturité, l'auteur en ait développé la seconde moitié avec une précipitation qui laisse beaucoup de traces. A partir du double mariage de Valentine et d'Athénaïs, la vérité parfaite du commencement ne se montre plus que par retour : le talent essaye en vain de racheter à force de scènes le naturel et la vraisemblance qui ne peuvent sortir que de l'ensemble des situations lentement approfondies. On a remarqué avec raison que M. de Lansac était un homme tout d'une pièce, une utilité de roman, un chiffre commode et invariable. La scène du cabinet, au fond du jardin, et celle de la chambre à coucher, dans la nuit des noces, ont été indiquées comme fort belles et le sont en effet, quoique je préfère pour ma part les courses moins arrangées et moins *dramatisées* du premier volume. Au sujet de la scène de chambre à coucher, j'avoue que le délire éloquent que l'auteur a su tirer de la potion d'opium bue par Valentine ne me fait point passer sur la convenance de ce moyen fantastique, devenu si à la mode : y aura-t-il donc inévitablement dans chaque roman nouveau une scène d'opium, comme il y avait autrefois un songe et une tirade : *Où suis-je? où vais-je?...* dans chaque tragédie ? J'aurais mieux aimé incomparablement entendre ce que se seraient dit l'un à l'autre, tout éveillés et en proie à leurs seules émotions naturelles, les deux amants durant cette nuit de périls, d'angoisses et de délices peut-être. Je n'ai point pardonné non plus à Valentine, dans la matinée qui suit la scène du cabinet, d'offrir à M. de Lansac de le suivre partout où il le voudra. Nulle femme, capable d'amour, et qui s'est engagée autant que Valentine vient de le faire avec Bénédict, ne se démentira ainsi du soir au matin : le prétexte du remords n'est pas bon dans un bon roman qui doit ressembler à la vie. En général toute cette fin du livre accumule trop d'événements et compte trop peu sur les situations intérieures.

Ce roman de *Valentine*, comme on le voit, dont une grande partie a tant d'attrait et de beauté, n'est pas un livre tout à fait excellent; mais il en promet d'autres, à coup sûr, qui le seront. *Valentine* promet plus qu'*Indiana*, parce qu'*Indiana*, avec plus de profondeur, je crois, et d'originalité, pouvait sembler à la rigueur un de ces romans personnels et confidentiels comme on n'en a qu'un à faire avant de mourir, tandis que *Valentine* est véritablement l'œuvre d'un romancier peintre du cœur et de la vie, fécond en personnages, et qui n'a qu'à vouloir cheminer un peu patiemment pour arriver jusqu'au bout. Ce que nous demandons ici, l'auteur de *Valentine* l'a même déjà fait, quoique dans des dimensions moindres. Nous voulons parler d'une nouvelle insérée dans une Revue et intitulée *la Marquise*. Excepté trois ou quatre pages du commencement, qui, par leur prétention philosophique, forment une entrée en matière assez pénible, cette nouvelle est d'un bout à l'autre un profond et passionné tableau, comparable, sans y ressembler, à ce que M. Mérimée a produit d'excellent en ce genre. Que l'auteur de *la Marquise,* en reprenant une toile plus grande, demeure désormais aussi consciencieux et aussi sévère : il aura beaucoup fait pour nos plaisirs.

31 décembre 1832.

GEORGE SAND.

— Lélia, 1833. —

On doit être frappé du singulier mouvement moral et littéraire qui se déclare en France chez les femmes, d'une manière croissante, depuis les dernières années. A toutes les époques, sans doute, des personnes du sexe, nées la plupart dans des conditions de loisir où la culture de l'esprit est facile, avaient attiré l'attention par des romans, des lettres, des poésies, des livres d'éducation. Mme de Staël avait uni à des dons puissants d'imagination et de sensibilité un coup d'œil politique et philosophique fort étendu ; mais elle faisait exception dans son sexe, et, depuis elle, la prétention de nos femmes, même les plus distinguées, s'était restreinte à des chants suaves, à de délicates peintures, à une psychologie fine et tendre sous l'aile du christianisme. Or, voici que depuis trois ans environ, depuis que, d'une part, le bon ton rangé et le vernis moral de la Restauration ont disparu, et que, d'autre part, le Saint-Simonisme a fait entendre ses cris d'émancipation et ses appels multipliés, voici que l'esprit d'indépendance a remué les femmes comme le reste, et qu'une multitude d'entre elles prenant la parole, dans des journaux, dans des livres de contes, dans de longs romans, sont en train de confesser leurs peines, de réclamer une part de destinée plus égale, et de plaider contre la société. Est-ce là un pur caprice sans importance, une mode passagère qui ne tient à aucune cause sérieuse et qui ne vise à aucun effet? Est-ce un dernier écho perdu de la tentative saint-simonienne? Cette tentative, qui a été si impuissante pour rien édifier, a eu le mérite de mettre à nu plusieurs plaies de l'ordre social; on a mieux senti en particulier ce qu'avaient d'irrégulier et de livré au hasard la condition de la femme, son éducation d'abord, et plus tard dans le mariage son honneur et son bonheur. Les peintures que faisaient à ce sujet les prédicateurs saint-simoniens étaient sans doute excessives et ne tenaient nul compte de beaucoup des adoucissements de la réalité; mais sur certains points, le trait n'était que juste, et bien des cœurs jusque-là muets et contenus y répondirent avec tressaillement. Aujourd'hui donc, de toutes parts, les femmes écrivent; chacune a son secret, son roman douloureux à l'appui du plaidoyer d'émancipation, et chacune le livre. Ce ne sont plus seulement des femmes du monde et d'un rang distingué, comme on disait, qui se délassent de la sorte; ici comme ailleurs il n'y a plus de rang, et la démocratie coule à pleins bords. De quelque manière qu'on veuille interpréter ces symptômes évidents, qu'on y voie, comme les plus illuminés semblent le croire, l'annonce de je ne sais quelle femme miraculeuse destinée à tout pacifier; qu'on y voie simplement, comme certains esprits plus positifs, la nécessité de réformer trois ou quatre articles du Code civil, nous pensons qu'il doit y avoir sous ce singulier phénomène littéraire une indication sociale assez grave ; nous aimons surtout à y voir un noble effort de la femme pour entrer en partage intellectuel plus égal avec l'homme, pour manier toutes sortes d'idées et s'exprimer au besoin en sérieux langage. Le sexe en masse ne deviendra jamais auteur, nous l'espérons bien ; mais beaucoup d'ignorances et d'interdictions seront levées pour lui, dussent même quelques grâces d'Agnès y disparaître. Aux abords de l'ordre social où nous touchons, en des situations de plus en plus rapprochées et nivelées, la femme aura à se pourvoir de moins de culte et de plus d'estime.

Parmi les femmes qui se sont ainsi lancées, la plainte à la bouche, dans cette mêlée, la plus éloquente, la plus hardie, la première de bien loin en talent, a été sans aucun doute l'auteur d'*Indiana,* l'accusatrice de Raymon de Ramière. Nous avons essayé autrefois de caractériser le genre de mérite et d'intérêt de ce premier ouvrage, mais sans faire assez ressortir peut-être l'inspiration philosophique et l'esprit de révolte contre la société qui perçait en maint endroit ; ce même esprit, qui ne s'était montré dans *Valentine* que sous des nuances moins directes et plus distrayantes, vient d'éclater avec toute son énergie et sa plénitude dans *Lélia,* roman lyrique et philosophique. Vers l'âge de trente ans, combien n'est-il pas actuellement de femmes qui, belles encore, ayant devant elles, ce semble, un riant automne de jeunesse, sentent pourtant en leur cœur l'ennui, la mort, l'impuissance d'aimer et de croire! Elles ont été trompées une ou deux fois; elles se sont heurtées en leur premier élan contre l'égoïsme et la fatuité vulgaire : les unes se veulent guérir en trompant désormais à leur tour; les autres gardent en leur sein la cendre et dévorent leurs pleurs. S'il en est de plus fortes, de plus puissantes d'essor, de plus orgueilleusement douées, sentant ainsi cette vie d'amour éteinte, elles doivent frémir de colère, se frapper souvent la poitrine, redemander la flamme perdue à tous les êtres, et, dans leurs moments égarés, en vouloir aux hommes et à Dieu, à la société, à la création elle-même. Telle est l'idée de *Lélia*.

Mais cette idée, qui, si elle avait été réalisée selon des conditions naturelles d'existence, dans un lieu, dans un encadrement déterminé, et à l'aide de personnages vivant de la vie commune, aurait été admise des lecteurs superficiels et probablement amnistiée, cette même idée venant à se transfigurer en peinture idéale, à se déployer en des régions purement poétiques, et à s'agiter au loin sur le trépied, a dû être l'objet de mille méprises sottes ou méchantes : on n'a jamais tant déraisonné ni calomnié qu'à ce sujet.

Comme il était arrivé qu'aux approches et aux environs de *Lélia* le mot de *roman intime* avait été prononcé par je ne sais qui (1), et sans qu'on eût, je le

---

(1) Par moi-même, à l'occasion du roman de M. Delécluze, *Mademoiselle de Liron* (voir dans le volume de *Portraits de Femmes*, 1855).

crois bien, la pensée de faire à *Lélia* l'application de ce mot, les plus subtils et les plus clairvoyants critiques ont à l'instant dénoncé l'œuvre nouvelle comme un formidable signal d'invasion, comme le monstre du genre. Il est merveilleux de voir combien, en ce temps-ci, une idée vraie ou fausse, une fois trouvée, devient précieuse. On en vit, on se la passe, elle circule d'un feuilleton à l'autre; c'est la multiplication des cinq pains et des deux poissons, c'est une économie miraculeuse. Au lieu de signaler dans *Lélia* la véritable donnée génératrice, la pensée mi-partie saint-simonienne et mi-partie byronienne, au lieu d'y relever le côté original et senti, d'y blâmer le côté rebattu et déclamatoire, au lieu de saisir la filiation étroite de cette œuvre avec les précédentes de l'auteur, et d'apprécier cette Lélia au sein de marbre comme une sorte d'héroïne vengeresse de la pauvre Indiana, on a chicané sur une question de forme et d'école, on a reproché à l'écrivain l'abus du *genre intime,* comme s'il y avait le moindre rapport entre le genre intime et le ton presque partout dithyrambique, grandiose, symbolique ainsi qu'on l'a dit, et même par moments apocalyptique de ce poëme.

Mais c'était peu, et une autre découverte moins innocente, ayant succédé à la première, n'a pas tardé à être mise en circulation et à tout dominer. Je me garderai bien de répéter ici les accusations voilées que la pudeur de ces autres critiques n'osait articuler sur le sens ineffable du livre : il faut laisser certaines pensées où elles sont nées. Deux ou trois passages de *Lélia* pouvaient mériter, à coup sûr, des reproches et soulever des scrupules par une grande nudité d'aveu ; mais le sérieux continu et l'élévation du sentiment rendaient ces passages mêmes beaucoup plus chastes que les trois quarts des scènes triviales qu'admirent et célèbrent nos critiques dans les romans de chaque jour. Aussi ç'a été un curieux spectacle que ce débordement soudain de continence et de chasteté virginale de la part des vigoureux convertis ; chaque critique, subitement recouvert du bouclier de diamant de la vertu, est venu en accabler à son tour l'impie, l'effrontée Tarpéia.

L'idée réelle de *Lélia,* avons-nous dit, est l'impuissance d'aimer et de croire, la stérilité précoce d'un cœur qui s'est usé dans les déceptions et dans les rêves. Le front reste uni et pur, les cheveux sont noirs, abondants comme toujours; la taille élégante et haute n'a pas fléchi. Le regard se promène avec dédain ou sérénité sur le monde, l'intelligence des choses n'a jamais été si limpide; mais où est la vie, où est l'amour ? Si l'on me demande ce que je pense de la moralité de *Lélia,* dans le seul sens où cette question soit possible, je dirai que, les angoisses et le désespoir d'une telle situation d'âme ayant été admirablement posés, l'auteur n'a pas mené à bon port ses personnages ni ses lecteurs, et que les crises violentes par où l'on passe n'aboutissent point à une solution moralement heureuse. Le souffle général du livre est un souffle de colère par la bouche de Lélia; et l'on n'a pour se délasser, pour se rafraîchir de ce vent âpre et contraire, que le stoïcisme glacé de Trenmor. Ce Trenmor, qui représente la vertu et l'impassibilité finale après l'expiation, n'est pas un être à l'usage des hommes ; il ne console ni ne dirige personne. C'est un dieu d'Épicure, baptisé d'un nom d'Ossian et descendu assez mal à propos sur la terre. Il n'empêche aucun malheur ni aucune faute. Sténio se moque de lui vers la fin; Magnus ne l'attend pas pour faire son crime. Ce Trenmor signifie simplement qu'on se guérit à la longue des vices et des douleurs, si toutefois on est assez fort et assez heureux pour s'en guérir. Or, excepté lui, pourtant, il n'y a dans le livre entier qu'une grande complication de plainte et d'amertume; il y a le sentiment immense d'un mal sans remède ; et ce mal, au lieu de se rapporter à certaines circonstances sociales et d'être relatif au sort des individus en question, envahit tout, se généralise dans la création comme dans la société, accuse la Providence autant que les lois humaines. Il est arrivé de là qu'une œuvre si pleine de puissance et souvent de grâce, mais où ne circule aucun zéphyr mûrissant, a paru extraordinaire plutôt que belle, et a effrayé plutôt que charmé ceux qui admirent sur la foi de leur cœur.

Comme la donnée première de *Lélia* est tout à fait réelle et a ses analogues dans la société où nous vivons, j'ai eu peine à ne pas regretter, malgré l'éclat prestigieux de cette forme nouvelle, que l'auteur ne se fût pas renfermé dans les limites du roman vraisemblable. Cette situation de Lélia et de Sténio, qui était exactement l'inverse de celle d'Adolphe et d'Ellénore dans le roman de Benjamin Constant, cette présence de Trenmor, c'est-à-dire d'un homme mûr, ironique, que Lélia estime, qui comprend Lélia, et qui porte ombrage à Sténio ; c'était là un germe heureux que la réflexion eût pu développer dans le sens de la réalité aussi bien que dans celui de la poésie et du symbole. Les plaintes sur la société, les conversations métaphysiques elles-mêmes y auraient trouvé place, mais avec plus de précision souvent, dans des scènes plus particularisées ; et ainsi eût été évité le voisinage de Byron, dont l'ombre doit se rencontrer trop aisément sur ces cimes imaginaires de Monte-Verdor ou de Monte-Rosa. En passant d'ailleurs à l'état de représentation idéale et de symbole, les personnages ou les scènes, dont la première donnée était, pour ainsi dire, à terre, n'ont pu éviter, au moment indécis de leur métamorphose, de revêtir un caractère mixte et fantastique qui ne satisfait pas. On s'accoutume difficilement à l'idée que Trenmor, cet homme et ce nom des régions inconnues, ait été dix ans au bagne à Toulon. Dans la scène du choléra, Lélia atteinte et déjà bleue discute avec le docteur et s'exhale vers son amant, comme les demi-dieux blessés n'auraient pas assez d'haleine pour le faire. Je ne reprocherai pas l'invraisemblance au bal du prince *de' Bambuccj* et à tout ce qui s'y passe : là, nous sommes en pleine féerie, dans le songe d'une nuit d'été, d'une nuit orientale ; mais nous n'y sommes plus, ou du moins nous ne devrions plus y être, lors de la description du couvent des Camaldules, et pourtant la fantaisie continue. Ce mélange de réel et d'impossible, qui était presque inévitable dans un roman-poëme, déconcerte un peu et nuit à la suite de l'émotion. L'auteur a heurté à plusieurs reprises cet écueil, bien que chaque fois il ait tâché de le recouvrir sous d'immenses richesses.

Comme témoignage de lui-même, comme déploiement de sa force et de son talent, si l'auteur n'avait visé qu'à cela, *Lélia* atteindrait certes le but. On peut plus ou moins aimer cette œuvre, selon qu'on y reconnaît plus ou moins les pensées et la situation de son âme, selon qu'on est plus ou moins facile à la vibration poétique; on peut la réprouver plus ou moins vivement, selon qu'on est plus ou moins sûr d'avoir trouvé le remède moral et la vérité ; mais on ne peut qu'être émerveillé de ces ressources infinies dans une femme qui a commencé, il y a environ dix-huit mois, à écrire. En lui désirant plus de calme dans la conception, et une continuité plus réfléchie, on admire cette rare faculté de style et cette source variée de développements. J'irai même jusqu'à reprocher à ce style ses formes trop savantes, trop arrêtées, qui n'ont jamais de défaillances gracieuses, de négligences irrégulières, comme Jean-Jacques ne se les permettait pas, comme Mme de Sévigné et tant d'écrivains du grand siècle en offrent délicieusement. Il y a certains replis délicats de la pensée qui ne se trahissent que par ces oublis de l'écrivain. L'auteur de *Lélia* n'a point de ces oublis : il m'a semblé que quelquefois même son talent seul achevait un développement qui était commencé avec l'âme. Les couleurs, la science, l'harmonie, affluent, se combinent et ne font jamais faute; mais je préférerais encore une expression plus voisine du sentiment, fût-elle incomplète par endroits. J'attribue à la rapidité de l'exécution ce surcroît de talent qui, d'après ma conjecture, vient au secours de la pensée primitive et la perd bientôt de vue en allant au delà. Il est nécessaire à un auteur, en ces sortes de compositions, de s'arrêter souvent et de n'avancer que pas à pas, pour suivre sans écart le courant caché.

Mais il y a bien des passages dans *Lélia* où toutes les grâces du talent ne sont employées qu'à nuancer et à revêtir les sentiments les plus éprouvés, les émotions les plus présentes. Ainsi dans la confession même de Lélia, lorsqu'elle raconte les mystères de sa solitude, sa retraite au vieux couvent, et tous les détails enchanteurs de sa claustration volontaire : « Je relevai
« en imagination les enceintes écroulées de l'abbaye;
« j'entourai le préau, ouvert à tous les vents, d'une
« barrière invisible et sacrée; je posai des limites à
« mes pas, et je mesurai l'espace où je voulais m'en-
« fermer pour une année entière. Les jours où je me
« sentais agitée au point de ne pouvoir plus reconnaî-
« tre la ligne de démarcation imaginaire tracée autour
« de ma prison, je l'établissais par des signes visibles;
« j'arrachais aux murailles décrépites les longs ra-
« meaux de lierre et de clématite dont elles étaient
« rongées, et je les couchais sur le sol aux endroits
« que je m'étais interdit de franchir : alors, rassurée
« sur la crainte de manquer à mon serment, je me
« sentais enfermée dans mon enceinte avec autant de

« rigueur que je l'aurais été dans une bastille. » J'indiquerai encore dans le début toute cette promenade poétique du jeune Sténio sur la montagne, la description si animée de l'eau et de ses aspects changeants, et, au sein de la nature vivement peinte, les secrets surpris au cœur : « Couché sur l'herbe fraîche et lui-
« sante qui croît aux marges des courants, le poëte
« oubliait, à contempler la lune et à écouter l'eau, les
« heures qu'il aurait pu passer avec Lélia : car à cet
« âge tout est bonheur dans l'amour, même l'absence. ».
On pourrait, chemin faisant, noter dans *Lélia* une foule de ces douces et fines révélations, dont l'effet disparaît trop dans l'orage de l'ensemble.

Quoi qu'il en soit, *Lélia,* avec ses défauts et ses excès, est un livre qui méritait grandement d'être osé. Si la rumeur du moment lui semble contraire, la violence même de cette rumeur prouve assez pour l'audace de l'entreprise. Nous aurions souhaité au livre un ton plus apaisé, des conclusions plus consolantes, plus de conduite et de tempérance, en quelque sorte ; mais n'eût-ce pas été en changer la nature et y retrancher une portion notable des qualités ou défauts extraordinaires? *Lélia,* d'ailleurs, est un ouvrage une fois fait ; il n'est pas à craindre que l'auteur continue cette manière et donne suite à ce genre. L'auteur, nous l'espérons, reviendra au roman de la vie réelle, comme *Indiana* et *Valentine* l'ont posé ; mais il y reviendra avec toute la force acquise dans une excursion supérieure. Parmi les personnages et portraits charmants déjà en foule échappés à sa plume, nous en savons un dont nous voudrions lui inculquer le souvenir, parce qu'en même temps qu'il est proche parent de Lélia pour les principales circonstances, il a, dans le caractère et dans l'expression, la mesure, la grâce, la nuance qu'on aime et qui attire tout lecteur : ce personnage est celui de Lavinia, que l'auteur a peinte dans *une Vieille Histoire*. Si le souffle et l'accent de Lavinia se font sentir dans les productions futures de l'auteur, au lieu de l'ironie et de l'invective éloquente de Lélia, nous louerons alors *Lélia* avec beaucoup plus de sécurité. Nous admirerons encore plus le poëte d'avoir enfanté cette grande figure, dès que nous verrons qu'il ne vit plus sous son ombre.

Septembre 1833.

C'est ici le lieu tout naturel de parler de mes premières relations avec George Sand. Je voudrais pouvoir le faire aussi complétement que possible, parce que rien, selon moi, ne plaiderait plus en faveur de ce beau génie que les confidences d'amitié dont j'ai été le dépositaire à un moment bien décisif et critique de sa vie. Dès aujourd'hui pourtant je puis indiquer le caractère d'une liaison dont elle-même a si bien parlé en ses *Mémoires*.

Lorsque je commençai à écrire sur George Sand et que je donnai au *National* les articles qu'on a pu lire sur *Indiana* et sur *Valentine*, je ne la connaissais nullement. Ces deux romans m'avaient été signalés comme écrits par une jeune femme qui venait assez souvent dans un cabinet de lecture de la place de l'Odéon et qui vivait d'une vie originale, d'une vie de garçon et d'étudiant. Je ne savais rien de plus, que de la manière la plus vague et par ouï-dire. L'article sur

Indiana passa sans que je reçusse de ses nouvelles ; mais après l'article sur *Valentine,* Planche qui la connaissait déjà me dit que l'auteur désirait me voir pour me remercier. Nous y allâmes un jour vers midi ; elle habitait depuis peu, et seule, le logement du quai Malaquais. Je vis en entrant une jeune femme aux beaux yeux, au beau front, aux cheveux noirs un peu courts, vêtue d'une sorte de robe de chambre sombre des plus simples. Elle écouta, parla peu et m'engagea à revenir. Quand je ne revenais pas assez souvent, elle avait le soin de m'écrire et de me rappeler. En peu de mois ou même en peu de semaines une liaison étroite d'esprit à esprit se noua entre nous. J'étais garanti alors contre tout autre genre d'attrait et de séduction par la meilleure, la plus sûre et la plus intime des défenses. Ce préservatif contre un sentiment d'amour en présence d'une jeune femme qui excitait l'admiration fut précisément ce qui fit la solidité et le charme de notre amitié. George Sand voulut bien me prendre, à ce moment délicat de sa vie où elle arrivait à la célébrité, pour confident, pour conseiller, presque pour confesseur. J'ai entre les mains les lettres les plus vraies, les plus naïves, les plus modestes, dans lesquelles elle s'ouvrait à moi et de son cœur et de son talent. C'est trop vif, trop sincère, trop plein surtout de noms propres, pour pouvoir être donné en entier. Voici pourtant quelques-uns de ces billets pris au hasard et qui me font trop d'honneur ainsi qu'à elle pour que je ne saisisse pas l'occasion qui s'offre de les montrer aux amis comme aux ennemis, si elle pouvait en avoir encore. Les deux ou trois premiers qui tranchent par le ton sont les seuls qui soient légèrement cérémonieux ; le *monsieur* tomba vite entre nous.

« (Janvier 1833.) Serai-je bien indiscrète si je vous demande deux places pour la première représentation de *Lucrèce Borgia?* Vous êtes l'ami de Victor Hugo, et nous sommes, mon pseudonyme et moi, ses fervents admirateurs. Il ne peut pas vous refuser, et il ne doit pas nous repousser de la foule qui veut son triomphe.

« Si je suis importune, cependant, dites-le moi, mais venez me le dire vous-même. J'en subirai l'arrêt avec plus de résignation. »

« (Février 1833.) Je vous remercie, monsieur, de ne m'avoir pas oubliée pour ces places de théâtre; mais ce que je désire le plus, c'est de vous voir. Voulez-vous venir jeudi à onze heures du matin? car c'est jeudi le jour de la représentation, je crois, et je suis forcée de sortir à midi. J'ai si rarement le plaisir de vous recevoir, que je ne veux pas le perdre encore cette fois. »

« (18 février 1833.) Vous êtes venu me voir, aujourd'hui, monsieur, et je n'y étais pas; et vous venez si rarement! Vous avez demandé à M. Planche à quelles heures il fallait venir pour me trouver. Il faut venir à toutes les heures que vous voudrez; j'y serai toujours pour vous, tant que j'y serai réellement; et, quand réellement je n'y serai pas, il ne faudra pas me compter votre carte pour une visite; il faudra revenir le lendemain.

« Il faut surtout que vous ne me haïssiez pas; car moi, je désire beaucoup votre amitié. Cela est peut-être ridicule à vous dire, mais quand on se sent dans le vrai, on ne recule pas devant la crainte des fausses interprétations. D'ailleurs ce n'est pas vous, qui comprenez si bien la pensée de toutes choses, qui pouvez être un mauvais juge de la mienne. »

Vers ces premiers temps de notre connaissance, qui coïncidait avec l'entrée de George Sand à la *Revue des Deux-Mondes*, les directeur et propriétaires de cette *Revue* réunirent les principaux de leurs rédacteurs ou amis à un dîner chez Lointier, rue Richelieu. Mme Sand y fut invitée, elle était la seule femme. Elle y fut amenée par Planche qui lui servait de cavalier, et qui était alors dans une de ses courtes et rares périodes d'élégance; elle connaissait très-peu d'entre nous, trois ou quatre au plus; elle fut l'objet d'une vive curiosité qu'elle soutint simplement et avec bon goût, observant, parlant peu; elle se retira de bonne heure. Jouffroy, Alexandre Dumas, Auguste Barbier, s'il m'en souvient, étaient de ce dîner; point Alfred de Musset. Le lendemain j'avais précisément rendez-vous le soir chez George Sand pour lui lire quelques chapitres du roman que je faisais alors (*Volupté*) : elle devait elle-même me lire des pages de *Lélia* qu'elle écrivait dans le même temps. Il est question de cette double lecture dans les lettres qui suivent : elle m'y loue plus que je ne le méritais, et elle se montre plus sévère pour elle qu'il n'était juste. Elle était alors dans une veine d'amertume et de misanthropie sociale, à la veille de rompre un lien déjà ancien, dans un véritable isolement moral, et se demandant quels amis et quel ami elle se pourrait choisir parmi tous ces visages nouveaux de gens à réputations diverses qu'elle affrontait pour la première fois. Elle nous croyait meilleurs que nous n'étions, et elle se croyait pire. On va voir qu'elle eut envie, d'après quelques paroles que je lui en avais dites, de se faire présenter Jouffroy. L'idée d'Alfred de Musset, dont elle me savait ami, lui traversa dès lors l'esprit, mais elle la rejeta pour l'instant. Le mieux, maintenant, est de la laisser parler elle-même :

« (Mars 1833.) Sauf à passer pour une écriveuse comme Mme A..., je veux vous faire l'injure d'un billet. Je ne vous ai pas assez dit l'impression que m'a faite votre livre. Vous savez comme on est gêné par la figure des gens,... et *juger* n'est pas mon état. Mais il m'a pénétré le cœur comme eût fait le récit d'une vie douloureuse et puissante, dite avec des mots simples et profonds... Comme vous valez mieux que moi, mon ami ! comme vous êtes plus jeune, plus vertueux et plus heureux ! Après avoir écouté *Lélia*, vous m'avez dit une chose qui m'a fait de la peine : vous m'avez dit que vous aviez peur de moi. Chassez cette idée-là, je vous en prie, et ne confondez pas trop l'homme avec la souffrance. C'est la souffrance que vous avez entendue, mais vous savez bien comme en réalité l'homme se trouve souvent au-dessous, et par conséquent moins poétique, moins méchant et moins damné que son démon...

« Dites-moi le soir que vous pourrez me donner, afin que j'aie l'autre moitié de mon manuscrit. Vos encouragements me donneront la force d'achever. Vraiment c'est une chose triste que ce livre, et s'il pouvait me faire concevoir *l'ennui de mon ennui*, ce serait le seul bien dont il fût capable. Mais travaillez au vôtre

afin qu'il serve de contre-poison... Et ne croyez pas trop à tous mes airs sataniques : je vous jure que c'est *un genre* que je me donne. A propos, réflexion faite, je ne veux pas que vous m'ameniez Alfred de Musset. Il est très-dandy, nous ne nous conviendrions pas, et j'avais plus de curiosité que d'intérêt à le voir. Je pense qu'il est imprudent de satisfaire toutes ses curiosités, et meilleur d'obéir à ses sympathies. A la place de celui-là, je veux donc vous prier de m'amener Dumas en l'art de qui j'ai trouvé de l'âme, abstraction faite du talent. Il m'en a témoigné le désir, vous n'aurez donc qu'un mot à lui dire de ma part : mais venez avec lui la première fois, car les premières fois me sont toujours fatales.
« Dimanche soir. »

Elle entendait par là que les premières fois elle était toujours embarrassée, silencieuse, et ne laissant point à ceux dont elle faisait cas l'impression qu'elle aurait voulu.

Consulté par elle sur les personnes et leur caractère, et me tenant un peu trop sans doute à mon propre point de vue, je lui conseillais de se faire des amis distingués, sérieux, et à force de m'écarter du genre camarade, je ne prenais pas garde que j'allais donner dans le doctrinaire. Elle me le faisait assez bien sentir, tout en s'y prêtant avec une sorte de docilité gracieuse :

« Mardi soir.

« Mon ami, je recevrai M. Jouffroy de votre main. Quelque peu disposée que je sois à m'entourer de figures nouvelles, je vaincrai cette première suggestion de ma sauvagerie, et je trouverai, sans doute, dans la personne recommandée par vous si chaleureusement toutes les qualités qui méritent l'estime.

« Prévenez-le, je vous prie, de mon extérieur sec et froid, de la paresse insurmontable et de l'ignorance honteuse qui me rendent silencieuse la plupart du temps, afin qu'il ne prenne pas pour de l'impertinence ce qui est chez moi une habitude, un travers, mais non pas une malveillante intention. J'ai vu, à la figure de M. Jouffroy, qu'il pouvait avoir l'âme belle et l'esprit bien fait, mais je lui reconnaîtrai peut-être la possession de ces choses (très-rares et très-estimables à coup sûr) sans une très-grande admiration. Il y a des hommes qui viennent au monde tout faits et qui n'ont pas de lutte à soutenir contre les écueils où les autres s'engagent et se choquent : ils passent au travers sans savoir seulement qu'ils existent, et parfois ils s'étonnent de voir tant de débris flotter autour d'eux. Je crains un peu ces hommes vertueux de naissance. Je les apprécie bien comme de belles fleurs et de beaux fruits, mais je ne sympathise pas avec eux ; ils m'inspirent une sorte de jalousie mauvaise et chagrine : car, après tout, pourquoi ne suis-je pas comme eux ? Je suis auprès d'eux dans la situation des bossus qui haïssent les hommes bien faits : les bossus sont généralement puérils et méchants, mais les hommes bien faits ne sont-ils pas insolents, fats et cruels envers les bossus ?

« Au reste, tout ceci doit être pris par vous d'une façon plutôt générale qu'applicable absolument à M. Jouffroy. Je ne prétends pas le juger sans le connaître ; je ne veux pas négliger de le connaître par la seule crainte de le trouver trop régulièrement bon. Vous me dites de lui des choses qui s'accordent fort bien avec l'idée que j'en ai, et qui me confirment dans une opinion que j'ai de tous les hommes, c'est qu'il n'y a pas de confiance entière possible à réaliser : les gens qu'on estime, on les craint, et on risque d'en être abandonné et méprisé en se montrant à eux tel qu'on est ; les gens qu'on n'estime pas comprendraient mieux, mais ils trahissent.

« Cela est triste ; mais ce qui prouve que c'est vrai, c'est que, cela même, il faudrait le penser et ne pas le dire.

« Or, cette idée de solitude éternelle qui vous saisit et vous serre au sein des plus vives et des plus saintes affections, c'est une idée très-sombre et très-difficile à accepter. Tant qu'elle m'a semblé nouvelle, elle m'a fait désespérer : je commence à l'admettre, j'en parle encore comme d'une chose étonnante et rude, comme on parlait du choléra huit jours encore après le choléra, et bientôt, sans doute, je m'en tairai comme d'une chose triviale et de mauvais goût ; je n'en souffrirai peut-être plus. Quand on consent à vieillir, on vieillit si vite.

« Je dis donc que M. Jouffroy doit être bon, candide, inexpérimenté pour un certain ordre d'idées où j'ai vécu et creusé, où vous avez creusé aussi, quoique beaucoup moins avant que moi. Par exemple, je me suis dit : Est-ce qu'il ne serait pas permis de manger de la chair humaine ? — Vous vous êtes dit : Il y a peut-être des gens qui se demandent si l'on peut manger de la chair humaine.— Et M. Jouffroy s'est dit : L'idée n'est jamais venue à aucun homme de manger de la chair humaine. — Pourtant il y a des peuplades entières qui en mangent, et qui n'en sont peut-être pas plus mal avec Dieu pour cela.

« Moi, je ne m'estime pas, car, après m'être adressé de semblables questions, je ne les ai pas résolues et j'en suis restée là ; M. Jouffroy, n'ayant pas appris que ces questions existent, n'a pas grand mérite à les nier ; mais vous qui, ayant songé à tout et peut-être goûté à des choses immondes comme font les chimistes, avez déclaré que la chair humaine est mauvaise et malsaine, et vous êtes décidé à vivre d'aliments choisis, apparemment vous avez le discernement, c'est-à-dire, dans le sens moral, la lumière et la force. Vous voyez que je m'explique très-froidement et sans engouement ni prévention le cas extrême que je fais de vous, préférablement à beaucoup d'autres qui me ressemblent ou ne me ressemblent pas. — Bon soir, mon ami.

« Tout à vous,
« GEORGE S. »

Cependant la fatalité avait son cours : cette nature exceptionnelle de femme et d'artiste, livrée à elle-même et sans appui, ne pouvait se retenir sur cette pente : il y eut, en ces mois avant-coureurs du printemps, des ennuis, des déchirements, des essais brisés et des reprises dont je ne fus parfaitement informé qu'un peu plus tard. En supprimant même ce qui est d'une confession trop positive et trop détaillée, on en suivrait la trace dans quelques-uns de ces billets, à la fois discrets et douloureux :

« (7 mars 1833.) Mon cher Sainte-Beuve, j'aurais été bien heureuse de vous voir aujourd'hui, quand vous êtes venu. Serez-vous assez bon pour revenir bientôt ? Je suis dans un grand redoublement de douleur. Je ne vous ennuierai pas à vous dire mes causes de chagrin ; mais je vous verrai, ce sera beaucoup : on a besoin d'amitié quand on souffre. Voici un commencement d'épreuve pour la vôtre.

« G. SAND.

« Mercredi soir. »

« (Mars 1833.) Mon ami, je vous envoie les feuilles que je vous ai promises, et je désire que vous les lisiez avec attention ; car j'ai besoin de votre jugement et de vos conseils. Soyez-moi moins indulgent que votre amitié ne vous porte à l'être. Il faut que vous veniez m'écrire cette lettre que vous savez bien, et dîner avec moi après-demain ou le jour suivant. Pouvez-vous?

« Si vous avez travaillé à votre livre, vous seriez bien bon de m'en apporter la suite.

« Adieu. Je voudrais bien mériter votre affection, mais je m'aperçois de plus en plus que vous valez mieux que moi, et cela me fâche.

« GEORGE. »

« (Mars 1833.) Eh bien! mon ami, quand viendrez-vous dîner avec moi? Que vous n'ayez pas faim, ce n'est pas une raison ; je ne tiens pas à vous faire manger, mais à causer avec vous sans être dérangée, et à ces heures-là je suis libre. Voulez-vous venir demain ou après-demain? Je serai bien aise que vous me fassiez toutes vos objections contre *Lélia*, et je suis bien contrariée que les fautes signalées dans votre lettre soient sur les *bonnes pages* (style d'imprimeur). Si je vous lisais le manuscrit, il y aurait au moins du remède pour l'avenir. Mais vous me traitez beaucoup trop bien. J'ai peur de votre admiration, parce qu'on dit que c'est chez vous une disposition généreuse de l'âme ; mais la raison reprend, dit-on, ses droits un peu plus tard. Je voudrais pourtant bien me tenir à la place où vous m'avez mise d'abord ; je la trouve fièrement belle.

« J'ai vu le docteur Louis. C'est un bien grand homme. Il m'a recommandé de me distraire, d'*éloigner* toute cause de chagrin, d'*éviter* toute contrariété, de prendre l'air, de tâcher d'avoir de l'appétit, enfin de faire tous mes efforts pour me bien porter.

« Je vous en souhaite autant, mon ami, et vous recommande d'être heureux le plus possible.

« GEORGE S.

« Vendredi. »

« (11 mai 1833.) Mon ami, vous êtes venu et j'étais sortie. Quand vous reviendrez, tâchez que ce soit le matin, de midi à deux ou trois heures. Je suis restée hier au gîte, espérant que vous viendriez. Comment êtes-vous? Vous m'avez écrit une lettre un peu folle, à moi qui suis devenue excessivement grave. C'est à mon tour à vous faire des sermons, je le vois : ce sera neuf et surprenant. — Sermonneur ou pénitent, je suis votre amie à présent et toujours.

« George. »

« Mon ami, m'avez-vous encore une fois oubliée ? Je ne vous le permets pas, moi. »

« (20 juin 1833.) Qu'est-ce que vous devenez, mon ami ? Il y a bientôt quinze jours que je ne vous ai vu. Seriez-vous malade ? Je désirerais bien vous parler pour une affaire qui ne m'est pas personnelle, mais qui m'intéresse et à laquelle vous pouvez quelque chose.

« Est-ce que, vous aussi, vous boudez les hommes et repoussez l'amitié ? Vous empiétez sur les priviléges des méchants comme moi. Vous usurpez un droit qu'il faut nous laisser, entendez-vous ?

« A v.

« George. »

« (18 juillet 1833.) Mon ami, tout cela est bien cruel, bien triste, bien malheureux et me jette dans un très-grand découragement de la vie et de la société. Si j'ai été amère, vraiment je n'en sais rien, je ne m'en souviens plus. J'ai des jours comme cela ; il faut me les pardonner, car j'ai beaucoup souffert et je souffre beaucoup encore de toutes choses. Je vois à tout cela une bien déplorable conclusion, c'est que rien n'est vrai. Je vous le disais bien, l'amitié n'est pas une affection qui puisse faire vivre. Vous prétendiez que si. Vous voyez bien ! Nous sommes tristes, malheureux, souffrants ; l'amertume nous vient de tous côtés ; nous donnerions le reste des jours qui nous sont comptés pour voir, ne fût-ce qu'une heure, un visage ami, pour presser une main sincère, pour entendre des paroles d'encouragement et de bonté. Eh bien ! ce sont de vains besoins du cœur qu'il faut étouffer, car à cette heure-là nos amis sont occupés ailleurs : l'un songe à la gloire, l'autre à ses amours, un autre boude on ne sait pourquoi, et l'on reste seul. C'est une bonne et rude leçon, et l'on en profite ; mais il est bien des malheureux qui ont longtemps porté leur joug avec courage, et qui un jour se sont enfin soustraits à ce joug de plomb : ceux-là, on les plaint et on les oublie, et c'est encore bien ; mais je suis sûre que, si l'on eût pu recueillir les dernières plaintes de leur agonie, on eût entendu sur leurs lèvres d'amers et justes reproches pour leurs amis.

« Et nous aurions tort après tout de nous accuser : car nous ne valons pas mieux les uns que les autres ; moi qui me plains de vous aujourd'hui, j'ai eu mille égoïsmes semblables envers ceux qui m'appelaient et me réclamaient en vain. C'est qu'il n'y a pas d'amitié, c'est qu'il n'y a rien et que nous sommes une fourmilière d'orgueilleux et de menteurs.

« Faites donc comme vous voudrez, mon ami, je ne vous tourmenterai pas davantage. Êtes-vous heureux ? Tant mieux ! j'en bénis le Ciel et trouve que vous faites bien de m'éviter. Je n'ai pas le front joyeux, moi, et la solitude me convient. Si votre bonheur trouve sa fin, et que vous ayez besoin de me retrouver dans un jour de tristesse ou d'ennui, comptez sur moi toujours.

« G. S.

« Mercredi. »

Cependant ces ennuis, ces amertumes avaient tout d'un coup cessé. Le mois d'août avait été témoin d'un changement soudain, d'un renouvellement moral dans cette riche nature, dont le désespoir et les malédictions n'étaient le plus souvent que dans le trop-plein d'ambitions, de désirs et d'espérances. *Lélia* paraissait à peine que déjà l'astre funeste, sous lequel elle avait été conçue, était conjuré. La passion immortelle, qui a été chantée, romancée et déplorée des deux parts avec tant d'éclat, et qui est désormais entrée dans la poésie du siècle, venait de naître et s'éclairait, au début, d'une lune clémente. Mais, en même temps, ce grand talent n'arrivait pas à la pleine renommée et au triomphe sans beaucoup d'insultes. C'est la loi commune, et la femme célèbre y est doublement sujette. George Sand fit donc appel en cette heure critique à ses amis. Je ne donnerai ici que ce qui se rapporte principalement à la littérature, à cette *Lélia* si diversement commentée, et à ce rôle de critique, de conseiller véridique et amical qui m'était si gracieusement déféré, et que je continuais de tenir de mon mieux :

« (21 septembre 1833.) Mon ami, vous rendrez compte de *Lélia* dans *le National*, n'est-il pas vrai? Je n'ai pas renoncé à espérer qu'un défenseur littéraire se lèverait enfin pour moi, non pour louer mon talent que j'abandonne à la plus sévère critique, mais pour écarter de mon livre les sottes et sales interprétations que l'on y donne. Vous seul pouvez en toute liberté élever la voix pour moi. Rien ne s'opposera à ce que vous me rendiez ce service, n'est-ce pas? Je me soumets non sans chagrin, mais du moins sans humeur à ne point vous voir; mais je ne veux pas cesser de compter sur votre dévouement, comme vous comptez, j'espère, sur le mien. Vous m'aviez promis de m'écrire quelquefois. Parce que je ne suis plus en danger de désespoir et de mort, pensez-vous que votre souvenir me serait un bonheur superflu? Donnez-moi au moins des nouvelles de votre santé, et dites-moi quelque chose de vos occupations. Moi, j'ai été malade, mais je suis bien. Et puis je suis heureuse, très-heureuse, mon ami. Chaque jour je m'attache davantage à *lui;* chaque jour je vois s'effacer en lui les petites choses qui me faisaient souffrir; chaque jour je vois luire et briller les belles choses que j'admirais. Et puis encore, par dessus tout, ce qu'il est, il est *bon enfant*, et son intimité m'est aussi douce que sa préférence m'a été précieuse (1)... Vous êtes heureux aussi, mon ami... Tant mieux. Après tout, voyez-vous, il n'y a que cela de bon sur la terre. Le reste ne vaut pas la peine qu'on se donne pour manger et dormir tous les jours.

« Tout à vous,

« GEORGE SAND. »

« (Septembre 1833.) J'ai bien tardé, mon ami, à vous remercier de votre bel et bon article. Je voulais vous en parler longuement et, dans l'intention de profiter de vos conseils, vous adresser quelques questions *littéraires* et *philosophiques;* mais je n'en ai pas pu trouver le temps, et je ne l'ai pas encore. Mon cerveau est entre-

---

(1) Et dans une autre lettre précédente, du 25 août : « ... Ici, bien loin d'être affligée et méconnue, je trouve une candeur, une loyauté, une tendresse qui m'enivrent. C'est un amour de jeune homme et une amitié de camarade. C'est quelque chose dont je n'avais pas l'idée, que je ne croyais rencontrer nulle part, et surtout là. Je l'ai niée cette affection, je l'ai repoussée, je l'ai refusée d'abord, et puis je me suis rendue, et je suis heureuse de l'avoir fait. Je m'y suis rendue par amitié plus que par amour, et l'amitié que je ne connaissais pas s'est révélée à moi sans aucune des douleurs que je croyais accepter. »

pris par des nouvelles que je maçonne pour gagner, comme dit ma fille, *tout l'argent à Buloz*, et qui ne m'amusent pas du tout. Je vais cependant commencer bientôt un livre, et quand j'en aurai éclairci l'idée, je vous demanderai ce qu'il faut en faire. Vous êtes moral, vous, mon ami : le suis-je aussi, ou ne le suis-je pas? Je ne sais pas ce que c'est. Je crois qu'être moral, c'est espérer : moi, je n'espère pas ; j'ai blasphémé la nature et Dieu peut-être, dans *Lélia;* Dieu qui n'est pas méchant, et qui n'a que faire de se venger de nous, m'a fermé la bouche en me rendant la jeunesse du cœur et en me forçant d'avouer qu'il a mis en nous des joies sublimes; mais la société, c'est autre chose : je la crois perdue, je la trouve odieuse, et il ne me sera jamais possible de dire autrement. Avec cela je ne ferai jamais que des livres qu'on appellera méchants et dangereux, et qui le seront peut-être. Comment faire, dites-moi?

« Votre article a excité par lui-même beaucoup d'admiration (1) : je vous remercierai surtout d'avoir pris ma défense avec tant de hardiesse. Vos paroles valent bien mieux et me sont bien plus utiles que les coups d'épée de mes autres amis (2). Il y a aussi des mots de sympathie qui m'ont été au cœur et qui m'ont consolée de tous les maux de ma vie, autant que je puis l'être.

« On me dit que votre santé est fort altérée. Soignez-vous donc, mon ami. Peut-être songez-vous trop. Personne ne comprend rien à votre vie et n'en sait les plaisirs ou les peines. Puisse-t-elle être aussi belle que vous le méritez et que je le désire! Adieu; donnez-moi quelquefois de vos nouvelles sans que je vous en demande.

« Votre amie,
« G. S. »

---

(1) Je laisse cette phrase comme nécessaire au sens et à la liaison des idées : personne ne sait mieux que moi à quoi s'en tenir sur le mérite absolu de ces articles qui sont tout au plus, et même lorsqu'ils réussissent le mieux, des choses sensées dans un genre médiocre. Ce qu'ils ont eu d'alerte et d'à-propos à leur moment suffit à peine à expliquer ces exagérations de l'amitié. Réservons l'admiration pour les œuvres de poésie et d'art, pour les compositions élevées : la plus grande gloire du critique est dans l'approbation et dans l'estime des bons esprits.

(2) Il y avait eu en effet des coups d'épée, et Planche, dans un mouvement chevaleresque, s'était battu, je crois, avec Capo de Feuillide, l'un des insulteurs.

On a souvent dit que les hommes de notre génération étaient, dans leurs rapports littéraires, d'une camaraderie effrénée, qu'ils étaient avides et insatiables d'éloges, et qu'ils ne se les plaignaient pas entre eux. Déjà l'on a pu voir, dans les précédents morceaux de critique, à quel point, même après m'être engagé d'abord par une admiration sincère, je ne craignais pas de revenir et de poser mes réserves quand il y avait lieu. J'ajouterai, à l'honneur des auteurs critiqués, qu'il n'en est aucun, ni La Mennais, ni Lamartine, ni Hugo, qui ne m'ait donné, même après ces articles restrictifs, des témoignages de pardon indulgent et de bienveillance. Ici l'on va voir comment, dans l'intimité, George Sand allait au-devant des critiques, les acceptait ou les discutait avec une entière bonne foi et une absence complète d'amour-propre. Il est peu de pages plus honorables au point de vue de la conscience littéraire, de la part surtout d'un écrivain aussi accepté déjà, aussi acclamé du jeune public et en pleine possession de la vogue :

« (14 novembre 1833.) J'ai été bien reconnaissante et bien touchée, mon ami, de votre prédilection pour *Métella* Maintenant, je viens vous demander non plus une marque d'indulgence, mais une preuve d'amitié. C'est de lire le manuscrit de *Le Secrétaire intime,* avant que l'impression en soit commencée. Donnez-moi votre avis tandis qu'il est temps encore de faire des corrections. Je ne promets pas de me rendre aveuglément à toutes vos critiques (quoique vous en soyez trop avare avec moi) : nous avons tous une partie de nous-même en jeu dans nos œuvres, et nous tenons souvent autant à nos défauts qu'à nos qualités ; mais un lecteur éclairé voit mieux que nous, quand nous rendons bien ou mal nos idées les plus personnelles, et nous empêche de donner une mauvaise forme à nos sentiments. Si c'est une corvée trop pénible que de déchiffrer le plus barbouillé des manuscrits, refusez-moi pourtant. J'abuse bien de votre bonté en vous adressant ma demande, mais Buloz m'a fait espérer que vous l'accepteriez. Je fais du reste fort peu de cas de ce que je vous envoie. Ce n'est ni un roman ni un conte; c'est, je le crains, un pastiche d'Hoffmann et de moi. J'ai voulu m'égayer l'esprit, je ne sais si j'égayerai le public. Je crois que l'ouvrage est beaucoup trop étendu pour la valeur du sujet, qui est frivole. J'en avais d'abord fait une nouvelle ; le besoin d'argent et je ne sais quelles dispositions facétieuses de mon esprit m'ont fait barbouiller beaucoup plus de papier qu'il n'aurait fallu. Prenez toutes ces choses en considération, et, si vous trouvez le livre pitoyable, ne me découragez pas trop. Je n'ai pas dessein de faire beaucoup de choses aussi futiles, et je vais entreprendre, à l'heure qu'il est, un travail plus soigné.

« Il faut que je vous demande un autre conseil, au risque de vous ennuyer de moi à mort. J'ai vu Béranger une fois, je l'ai trouvé excellent, et j'ai beaucoup désiré le revoir et cultiver une connaissance qui me semble précieuse. Je n'ai pas le désir de faire de nouveaux amis : j'ai tout ce qu'il me faut en ce monde ; ma vie de cœur est arrangée et ne cherche plus rien ; mais causer de temps en temps avec un homme aussi distingué et aussi bon me serait agréable. Je lui ai écrit et l'ai invité à dîner, en lui demandant la permission de lui présenter Musset. Il m'a répondu une lettre charmante, et quelques jours après il est venu me voir, pour me dire qu'il partait pour la campagne pour huit ou dix jours, et qu'à son retour il viendrait dîner avec moi. Il a dit ces choses à ma duègne, car, comme il n'était guère que deux heures de l'après-midi, je n'étais pas levée. Il y a, je crois, six semaines de tout cela, et je n'ai plus entendu parler de lui. J'ai eu envie de lui écrire, mais je n'ai pu m'y décider. Je suis très-orgueilleuse, mon ami, et plus on dit de mal de moi, plus je deviens hautaine et concentrée. Il fallait que je vous aimasse bien sincèrement pour solliciter de vous des explications et pour vous en donner comme je l'ai fait : je ne m'en repens certes pas, puisque vous m'avez rendu votre confiance et que rien, j'espère, ne la troublera plus ; mais avec personne au monde je ne voudrais recommencer. Et non-seulement cela, mais toute espèce d'avance affectueuse ou d'insistance quelconque pour entretenir une liaison qui semblerait me fuir serait pour moi chose odieuse et impossible. Cependant, si Béranger est sincère dans les expressions de ses lettres, il n'y aurait rien de cela ; mais je suis maintenant craintive et méfiante, et je n'ose plus faire un pas, même quand le cœur me le dit. Dites-moi donc ce qu'il faut faire. Vous connaissez Béranger, vous savez s'il y a en dessous de ses paroles ces petites ruses de politesse auxquelles je n'entends rien, et si ses excuses sont des prétextes. En causant avec lui (quand vous en aurez l'occasion), il vous sera facile de savoir ce qu'il pense à mon égard et quelles sont ses vraies idées. Si elles sont défavorables, je ne vous impose pas, mon ami, la corvée de me les dire, mais vous pouvez d'un mot m'engager à insister ou m'en empêcher. Je m'inquiète peu de ce qui est *convenable* selon le monde, mais maintenant je respecte beaucoup la dignité et la paix de ma retraite, et comme je crois que vous êtes bien de cet avis-là, je me fie à vous pour me bien conseiller.

« Nous parlons continuellement de vous et nous nous affligeons de ne pas vous voir. Je n'insiste pas, vous le savez, mais il m'est bien permis de vous regretter comme un absent. Musset a souvent envie d'aller vous voir et de vous tourmenter pour que vous veniez chez nous, mais je l'en empêche, quoique je fusse toute prête à y aller avec lui, si je ne craignais que ce fût inutile. Adieu, mon ami, nous vous aimons quand même. Je voudrais que vous fussiez aussi heureux que moi, vous le méritez bien mieux. Donnez-moi de vos nouvelles et parlez-moi de vous.

« Votre ami, GEORGE.

« Mercredi. »

« Mardi.

« (27 novembre 1833.) Non, mon ami, vos critiques ne m'ont pas fâchée contre vous, mais bien contre moi qui les mérite. Je vous remercie au contraire mille fois de votre obligeance et de votre bonté. J'en ferai bien mon profit, et je l'ai déjà fait pour le plus important ; j'ai retranché toute la partie champêtre, et j'ai abordé tout de suite la Cavalcanti : de cette manière, le conte se passe tout entier dans ce monde de fantaisie où je l'avais conduit maladroitement. Vous avez raison d'aimer mieux les choses complétement réelles : moi, j'aime mieux les fantastiques ; mais je sais que j'ai tort ; aussi n'en ferai-je que peu, de temps en temps et pour m'amuser. J'aurais bien fait, dans mes intérêts, de publier, après *Lélia*, un roman plus rapproché du genre de Walter Scott, mais cette *Quintilia* était avancée dans mon portefeuille, et le besoin d'argent ne m'a pas permis de l'y garder plus longtemps. La même raison m'empêche de changer la manière générale du conte ; pour cela, il faudrait le recommencer, et il n'en vaut d'ailleurs pas la peine. Si vous avez la bonté d'en rendre compte, comme je vous en prie, faites-en donc *bon marché*, comme vous dites fort bien, et traitez-le comme une chose sans importance. La seule pensée que j'y aie cherchée, c'est la confiance dans l'amour présentée comme une belle chose, et la butorderie de l'opinion comme une chose injuste et bête. — J'avais, comme vous l'avez très-bien aperçu, commencé cette histoire de Saint-Julien dans d'autres vues, et les deux corps se joignaient fort mal. Je l'ai donc retirée pour en faire le commencement d'une historiette toute rustique, et j'ai mis dans la bouche de mon secrétaire intime, dans le courant de son séjour à Monteregale, un récit de sa jeunesse où j'ai tâché de tracer son humeur d'une manière qui s'harmonie mieux avec la suite. Je ne suis pas de votre avis sur deux choses : d'abord l'amour que Quintilia devrait avoir, selon vous, pour lui ; ensuite l'indulgence qu'elle devrait avoir à la fin. Je crois que dans l'un et l'autre cas ce serait altérer le caractère étourdi, mais probe et ferme, que je veux donner à ma princesse. Seulement je profiterai encore de vos objections, qui sont bonnes par elles-mêmes : je me chargerai, moi conteur, ou bien quelqu'un de mes personnages, d'avouer au lecteur que la Cavalcanti n'est pas sans imprudence et sans tort. C'était bien là mon idée, en la montrant et si sage et si folle ; mais votre remarque me prouve que je ne l'ai pas assez expliquée. — Je ferai attention aussi, en corrigeant les épreuves, aux expressions louches et aux mauvaises constructions que vous m'avez signalées. Merci donc mille fois, mon ami, et pour vos avis utiles et pour la peine que vous avez prise pour m'obliger, et pour ce que vous me dites de Béranger. Tout cela me sera salutaire, et en outre il m'est bien doux de trouver en vous toujours le zèle et l'amitié que je réclame toujours avec confiance sans crainte d'être indiscrète. Moi, je ne vous rendrai jamais la pareille en avis judicieux et en critiques sages, mais au moins j'aurai la même affection et le même dévouement à votre service. Adieu, mon très-cher. Musset vous donne la main, et moi aussi de tout mon cœur. Portez-vous donc bien, et donnez-nous donc bientôt ce beau livre dont le commencement m'a charmée.

« T. à v. George. »

Tout ceci est antérieur au voyage d'Italie ; les confidences purement littéraires s'arrêtent là. Je ne donnerai plus que le billet suivant, écrit après le retour, après les orages, au terme des déchirements et à la veille d'un départ pour le Berri :

« Mercredi.

« (Été de 1834.) Mon ami, je vous remercie de votre aimable envoi. Je vous offrirai *Jacques*, aussitôt que l'inflexible Buloz voudra bien m'en donner un exemplaire. Je ne vous ai pas vu, pour ainsi dire; ces saints-simoniens se sont mis entre nous; j'avais pourtant bien à vous parler. Je suis triste à la mort, et je ne sais pas vraiment si je sortirai de cette affreuse crise du sixième lustre. Venez me voir ce soir, si vous pouvez. Je vais partir : je veux vous dire adieu. Apportez-moi quelques bonnes paroles de consolation et d'amitié.

« A vous,
« GEORGE. »

J'ai beaucoup dit, je n'ai pourtant que laissé entrevoir la profondeur de cette *crise du sixième lustre.* C'en est assez pour aujourd'hui. Des années s'écoulèrent : notre amitié subit dans l'intervalle bien des interruptions, des silences, des intermittences, sans que jamais aucun tort réel d'un côté ou de l'autre y vînt porter une sérieuse atteinte. Il n'y eut que des éclipses, et qui étaient surtout dues à des interpositions étrangères. Dès le début de mes articles au *Constitutionnel*, en 1850, je saisis l'occasion de parler agréablement de George Sand, pour sa veine pastorale incontestée de *la Mare au Diable,* de *la Petite Fadette,* etc. (*Causeries du Lundi,* tome I); mais je reculai toujours devant une Étude complète où le critique n'eût plus été libre de choisir et où il n'aurait eu en face de lui que l'écrivain seul, et tout l'écrivain : la personne, à mes yeux, était bien supérieure et préférable. Aussi l'on ne s'étonnera point que Mme Sand, ayant parlé de moi dans ses *Mémoires* d'une manière très-flatteuse et affectueuse, je lui aie écrit, pour la remercier, la lettre suivante, qui se rejoint bien aux confidences anciennes et qui résume mes sentiments :

« Ce 10 août 1855.

« Tout le monde me fait des compliments, tout le monde me félicite, et moi je ne sais, je m'étonne, je me dis en me considérant si bien peint et si flatté de la sorte : Est-ce donc moi? étais-je

donc ainsi?—Les souvenirs, en général, me sont chose si chère et si
douloureuse que je n'aime pas à y insister à moins qu'on ne m'y
oblige. — Mais à ceux qui m'interrogent sur ce que je pense à
mon tour de l'auteur des éloquents Mémoires, je réponds : Vous
la connaissez par là comme par tant d'autres endroits de ses écrits,
mais vous ne la connaissez encore qu'à demi : il y a des parties plus
profondes, plus vives, qu'elle a raison, du moins maintenant, de ne
pas dire, et seulement d'indiquer : si on savait tout d'elle, je ne
parle pas de l'admiration, mais l'estime pour sa nature et la sympathie même augmenteraient. Elle a pu et dû se tromper quelquefois, et avec violence, mais toujours avec sincérité ; personne n'a
joué plus franc qu'elle à ce jeu si périlleux de la vie. Son
talent, son âme, toute son organisation, ne sont qu'un dans les
grands moments; elle est femme et très-femme, mais elle n'a
rien des petitesses du sexe, ni des ruses ni des arrière-pensées ;
elle aime les horizons larges et vastes, et c'est là qu'elle va d'a-
bord ; elle s'inquiète du bien de tous, de l'amélioration du
monde, ce qui est au moins le plus noble mal des âmes et la
plus généreuse manie. En un mot, elle a la puissance et le cœur,
et plus on la connaîtrait en tous ses orages, plus on lui resterait
attaché par cet attrait qui intéresse aux natures singulières en
même temps que par ce nœud qui lie aux êtres profondément
humains. Elle a su être naturelle sous les systèmes, comme elle
s'est trouvée passionnée sous ses magnificences de talent. — Je
dis encore bien des choses que j'ai besoin qu'on aille chercher en
moi en m'interrogeant; car, seul et abandonné à moi-même, j'aime
mieux laisser dormir, sans en remuer les abîmes, tous ces beaux
lacs profonds du passé. »

FIN DU TOME PREMIER.

Ceci serait à ajouter à la note de la page 163, et vient à l'appui de la remarque que j'ai faite, que chaque écrivain a son mot de prédilection, lequel, en revenant fréquemment dans le discours, peut servir à qualifier celui même qui l'emploie :

« — Un des *Essayists* distingués des États-Unis d'Amérique, M. Tuckerman, faisant de son côté la même remarque, l'applique à lord Chesterfield, dans les écrits duquel se rencontre fréquemment, dit-il, l'épithète de *brillant, shining*, objet de sa préoccupation favorite. (*Essays biographical and critical, or Studies of character*, by Henry T. Tuckerman, Boston, 1857, page 29.) »

TABLE.

		Pages.
Avertissement		1
Avertissement de la première édition		3
Chateaubriand...	Mémoires.	7
	Vie de Rancé.	45
Béranger.....	En 1832	83
	Chansons nouvelles, 1833	119
M. de Sénancour.	En 1832	143
	Oberman, édition nouvelle, 1833.	173
La Mennais....	En 1832	198
	Paroles d'un Croyant, 1834	231
	Affaires de Rome, 1836	248
Lamartine....	En 1832	275
	Jocelyn, 1836.	308
	Recueillements poétiques, 1839.	349
Victor Hugo...	En 1830.	384
	Les Feuilles d'Automne, 1831	416
	Romans, 1832.	431
	Les Chants du Crépuscule, 1835	446
George Sand...	Indiana, 1832.	470
	Valentine, 1832.	482
	Lélia, 1833.	495

www.ingramcontent.com/pod-product-compliance
Lightning Source LLC
Chambersburg PA
CBHW071612230426
43669CB00012B/1912